히에로니무스 보쉬, 「지복의 정원 The Garden of Earthly Delights」

프라 안젤리코, 「성도들의 춤 The Dance of the Blessed」

히에로니무스 보쉬, 「최후의 날 The Last Day」

카를 포겔 폰 포겔스타인이 그린 단테의 『신곡 Divine Comedy』의 한 장면

Heaven: A History
천국의 역사 I

HEAVEN : A HISTORY

Colleen McDannell and Bernhard Lang

copyright ⓒ 1988 by Colleen McDannell and Bernhard Lang

Korean edition published by arrangement with
Yale University Press
through SHIN WON AGENCY Co., Seoul

Translation copyright ⓒ 1998 by DONG YEUN PUBLISHING Co.

Heaven: A History
천국의 역사 I

콜린 맥다넬 · 베른하르트 랑 지음
고진옥 옮김 / 이양호 감수

동연

서 언

본서는 콜린 맥다넬Colleen McDannell과 베른하르트 랑Bernhard Lang 의 공저로 1988년 미국 예일 대학교에서 출판한 『heaven : A History』 를 번역한 것이다. 저자들은 제목을 『천국 역사』라고 하였으며, 국역 판에서도 『천국의 역사』라고 하였지만, 사실상 '천국관의 역사' 또는 '천국론의 역사'이다. '천국의 역사'는 하나님이나 천사만이 쓸 수 있 을 것이며, 인간들은 다만 인간들이 역사적으로 천국을 어떻게 보아 왔느냐 하는 것만 다룰 수 있을 것이다.

본서는 구약성서의 배경이 되는 셈 족의 내세관으로부터 최근의 내 세관에 이르기까지 내세관의 장구한 역사를 다루고 있다. 또한 단순 히 신학자들의 내세관만을 다룬 것이 아니라, 신학자들을 위시하여 전통적 교회의 지도자들, 종파 지도자들, 철학자들, 문인들, 예술가들, 심령주의자들의 내세관까지 폭넓게 다루고 있다. 저자들은 본서의 특 징을 천국에 대한 '사회, 문화적 역사'라는 말로 표현하였다. 실로 본 서는 천국론의 사회 문화사라 할 수 있다.

본서에 따르면, 구약성서의 배경이 되는 셈 족 문화에서는 죽은 조 상들에 대한 제사가 중요하였으며, 죽은 자들은 산 자들의 제사에 의해 혜택을 받고, 동시에 산 자들에게 혜택을 줄 수 있는 것으로 보았다. 그러나 야훼 예언자들의 등장과 함께 이런 생각은 비판을 받고 야훼 하나님에 대한 예배만이 강조되고 사후死後의 문제는 뒷전으로 물러났다. 그러나 페르시아의 영향으로 부활 사상이 도입되었으며, 다시 희랍의 영향으로 영혼불멸 사상이 들어왔다. 그리고 이런 사상들 위에서 발전한 중세기의 천국관은 하나님 중심적이었는데 반해, 르네상스의 천국관은 인간 중심적이었다. "스콜라 신학자들은 천국에서 누리게 될 지복의 비전에 초점을 맞추고 있기 때문에 천국관에 인간적인 특성을 도입하기 위해서 천국을 양면적인 모습으로 그렸다. 그래서 한 장소에서는 하나님의 장엄한 현존이 부각되도록 했고, 다른 장소에서는 성도들이 그들 나름대로 피조물로서의 독립된 위엄을 가질 수 있도록 하였다. 아름다운 자연에서 사랑하는 연인과 함께 살고 싶어하는 인간적인 소망을 충족시키고, 신학적인 요구에도 부합하기 위해서 위와 같은 이중적인 천국관이 형성되었던 것이다." 중세의 천국관 르네상스의 천국관은 이후의 천국관들의 원형이 되었다고 할 수 있다.

   천국관은 내세관인 동시에 이상향에 대한 인간의 꿈이기도 하다. 인간은 꿈을 꾸는 존재다. 날아가는 새를 보면서 새처럼 날고 싶다는 꿈을 꾸던 인간들은 마침내 비행기를 발명해 냈다. 그처럼 아름다운 천국관은 이 세상을 아름다운 세계로 변화시킬 수 있다. 본서는 다가오는 21세기에 아름다운 천국관을 형성하는 데 자극제가 될 것이다.

1997년 12월 연세동산에서
이 양 호

서 문

우리가 천국에 관한 연구를 시작하면서 친구나 동료들과 이 주제에 관해 논의했을 때 그들은 놀라운 반응을 보였다. 도대체 사람이 천국의 역사를 어떻게 쓸 수 있겠는가? 천국에 가 본 적이 있는가? 누구나 천국에는 하나님이 있고, 그 주위를 소수의 사람들이 천사처럼 날아 다니고 있는 곳으로 알고 있지 않은가? 일단 이런 놀라운 반응들이 나타나기 시작하자, 곧바로 또 다른 의견들이 홍수처럼 몰려왔다. 당신은 이런 책(천국과 관련된)을 읽은 적이 있는가? 그 그림을 본 적이 있는가? 당신은 이러한 집단이나 여차한 저자는 잊어서는 안 될 것이다 등등. 우리는 동시에 두 가지 반응에 직면했다. 어떤 이들은 천국의 삶이란 문자 그대로 영원한 삶이라고 했다. 즉 천국은 결코 변하지 않기 때문에 역사라는 것도 필요치 않다는 뜻이다. 다른 이들은 천국을 표현하는 새로운 이미지와 글 또는 그림들을 어디에서 찾을 수 있는지 여러 가지 정보를 알려 주면서 우리를 놀라게 했다. 천국은 어느 곳에서나 찾아볼 수 있었다──신학 속에도, 문학, 예술, 설교 그리고 영화에도. 천국의 역사를 쓸 수도 있겠다는 말도 들었다.

우리는 천국의 역사를 쓴 것이 아니다. 사후에──인생이 끝나고 영원한 내세가 시작되는 때—도대체 인간은 어떻게 되는가를 기술하기 위해 기독교인이 사용하였던 이미지의 역사를 서술한 것이다. 다시 말해 천국의 역사가 아니라 천국을 표현하고 있는 이미지들의 역사를 썼을 뿐이다. 대체로 기독교인은 두 종류의 삶이 있다고 믿는다. 첫번째 삶은 태어나서 죽을 때까지의 삶을 말하며, 두 번째 삶은 죽음 이후의 삶을 말한다. 두 번째 삶은 시작이 있을 뿐이며 결코 끝은 없다. 또한 이 삶은 '낙원'이나 '천국'이라고 불리는 곳에서 완벽한 행복을 느끼며 사는 것을 의미한다. 천국의 삶이 죽음과 동시에 곧바로 시작되든지, 깨끗함을 받는 정화의 시간을 거치든지 또는 인간의 역사가 끝난 다음에 시작되든지 간에 의로운 자들은 결국 영원한 삶을 부여받게 된다고 믿고 있다. 이 책은 기독교인들이 영원한 삶—사후의 삶, 천년왕국 이후의 삶, 궁극적인 상태에서의 삶—을 어떻게 이해했는지 그 개념들을 모아서 설명한 글이다.

역사를 돌이켜보면, 수많은 기독교인들이 현세에서의 삶이란 곧 영원한 삶을 준비하는 단계라고 생각했다. 사람들은 천국에서의 보상을 기대하면서 가난과 착취, 고통과 시련을 견뎌 냈으며, 박해와 순교까지도 감수하였다. 또한 천상에서 보상을 받기 위해서 세상에 사는 동안 목사나 사제, 교회나 수도원에 기부를 했다. 사후의 삶은 기독교인들에게 매우 중요한 문제이다. 그렇다면 기독교인들은 사후에 어떤 경험을 하게 될 것인가? 천국에서의 영원한 삶이란 도대체 무엇인가?

만약 우리의 연구가 어떤 결론을 내릴 수 있다면, 그것은 기독교인들이 수세기 동안 사후의 삶에 대한 문제와 씨름해 왔고 그 결과 여러 가지 다양한 해답들을 이끌어 냈다는 사실이다. 방대한 신학 서적들과 설교문, 위로 편지, 시와 예술 작품들 그리고 기록되지 않은 수많은 대화들 속에서 이 문제에 대한 해답이 제시되었다. 대체로 이 해답들은 천국을 근거 없이 보편화시키거나 박약하게 설명한 것이 아니라 놀랄 만큼 상세하게 묘사하고 있다. 환상가들은 사후의 세계를 직접 가 보았다고 주장했으며, 철학자들은 이성과 사고력을 동원하여 천국의 모습을 제시했다. 또한 예술가들은 마음속에 떠오르는 천국의 모습을 그림으로 표현했다. 이렇게 그들은 놀랄 만큼 다양한 표현을 하고 있다. 어떤 이들은 이 세상이 '영화롭게' 회복되어 이곳에서 영원한 삶을 살게 된다고 주장했으며, 다른 이들은 우주 바깥쪽에 천국이 있다고 주장했다. 영원한 삶을 설명하면서 절대적으로 하나님 한 분만을 강조하는 사람이 있는가 하면, 개인적인 친분 관계나 남녀 간의 결혼을 강조하는 사람도 있다. 천국에 가면 영원히 휴식을 취하게 될 것이라는 주장과 영원히 봉사하고 활동하게 될 것이라는 주장이 서로 대항하기도 한다. 기독교 교리에서는 기독교인들이 '영원한 삶'을 믿어야 한다고 가르치지만, 천국에 대해서 상세하게 알아야 할 필요는 없다고 말한다. 왜냐하면 그것은 기독교의 기본적인 가르침이 아니라 과도한 상상력의 결과이기 때문이다.

  신학자들은 서로의 천국관이 일치하지 않는다는 사실 때문에 실망스러워 할지도 모른다. 또한 철학자들은 천국관을 설명하는 데 일정한 존재론적 틀을 제시하지 못한다는 사실 때문에 좌절할지도 모른다. 그러나 역사가들에게는 천국관이 끊임없이 변화하고 그 견해가 다양하다는 사실이 오히려 기쁨이 된다. 역사가들은 이런 다양성 때문에 혼란스럽고 예측 불가능하다고 말하기보다는 그 안에서 의미와 질서를 찾아내려고 노력한다. 『천국의 역사』도 다양한 여러 가지 천국관 속에서도 수세기 동안 지속된 요소가 무엇인지 찾아내려고 노력한 결과라고 할 수 있다. 때때로 죽음의 형상이나 지상의 천년왕국, 천국에 들어가기 위해 필요한 종교적 생활 방식, 불멸성에 관한 철학적 견해들을 소개하기도 하지만, 이것이 우리의 주된 목적은 아니다. 우리는 기독교인들이 낙원이나 천국에서의 활동을 설명할 때 사용했던 주요한 이미지들을 모아서 정리하고, 그 천국관을 사회 종교적 상황 속에서 설명하며, 그것이 갖고 있는 문화적 의미를 평가하였다.

우리는 천국관의 전개 과정에서 가장 중요하다고 생각되는 시대와 인물에 따라서 각 장章의 구조를 정하였다. 그래서 때로는 대표적인 한 인물 —— 아우구스티누스, 스베덴보리 —— 에게 초점을 맞추기도 했으며, 주요한 역사적 시대 구분 —— 중세, 르네상스, 현대 —— 에 초점을 두기도 했다. 그러나 어떤 경우에도 우리는 각각의 천국관을 이루고 있는 상징이나 가설, 유추, 은유 등을 찾아내려 하였다. 그리고 그러한 자료나 저자들의 사상을 심도 있게 분석하고, 보편적인 주제와 경향을 추려 내기 위해 막대한 양의 다양한 자료들을 모아서 정리하였다. 역사가로서 우리는 이전 시대의 천국관이 새로운 사회적 상황과 사상, 경험들 속에서 어떻게 평가되고 수정되는지 흥미를 갖고 살펴보았다. 또 영원한 세계를 구성하는 데 한 시대의 문화적 환경이 어떻게 영향을 주고 또 영향을 받는가 하는 것을 고찰하였다. 그리고 우리는 다양하고 풍부한 천국관을 제시하면서도 좀 더 유용한 천국관과 그 이미지를 가려내고 체계화시키려고 노력하였다. 종종 말도 안 돼는 거짓말처럼 보이는 설명도 있겠지만, 천국관에는 그 나름대로 논리와 역사 그리고 의미가 있다.

엄밀히 말해, 이 책은 천국에 대한 '사회문화사社會文化史'라고 할 수 있다. 이것은 우리가 천국을 성도들의 공동체로 이해한 전통적인 천국관을 출발점으로 삼는다는 뜻이다. 이 공동체는 크게는 지금까지 이 세상에 살았던 모든 사람을 의미할 수도 있고, 작게는 한 개인의 영혼이나 신성을 의미할 수도 있다. 우리는 이 공동체가 영원한 시간 속에서 무슨 일을 하게 될지 연구하고자 한다. 즉 성도들이 어떤 일을 하게 될 것인가? 그들은 서로 어떻게 교류하며, 하나님과는 어떤 관계를 맺게 될 것인가? 이런 질문들을 던지면서 우리는 천상에서의 활동, 성장, 결혼 그리고 천국 사회라는 미지의 세계로 들어가게 된다. 비록 대다수 기독교인이 "하나님은 홀로 충만하다"는 아빌라의 테레사Teresa of Avila의 명언에 만족하고 있지만, 천국에 가서도 인간적인 활동을 하게 될 것이라고 생각하는 사람도 있다. 여하튼 천국을 사랑하는 사람(하나님 또는 자신의 애인)과 눈만 마주치고 있는 곳으로 생각하든지 또는 무수한 영혼들이 서로 만나고 가르치며, 일하고 즐기는 등 복잡한 관계를 갖는 곳으로 여기든지, 천국은 사회적 구조를 가지고 있다는 것이다.

인간이 사회 속에서 상호 작용을 하려면 일정한 상징이나 의미 체계를 사용해야 한다. 천국도——그 자체로 하나의 문화라고 할 수 있는——자신만의 가설과 신앙, 표현 그리고 가치를 가지고 있다. 천국의 성도들은 하나님이나 다른 동료와 교류할 뿐 아니라 그러한 교류를 통해 의식화한 행위나 제도 그리고 이데올로기를 만들어 낸다. 천국의 문화는 영원한 숭배와 그리스도와의 친밀한 사랑 행위, 생명의 샘에서 노는 것 또는 '거룩, 거룩, 거룩'이라고 찬양하는 것 등 매우 다양한 활동들을 포함하고 있다. 어떤 이는 천국 성도들이 발가벗고 있다고 말하며, 또 어떤 이들은 사업가처럼 정장을 입고 있거나 고급스러운 비단 옷을 입고 있다고 말하기도 한다. 다른 이들은 그들이 신의 현존 앞에 꼼짝도 않고 서 있다고 말하고, 또 다른 이들은 피아노를 연주한다거나, 결혼식에 참석한다거나, 세상에서 친하게 지냈던 친구의 집을 방문한다고 말하기도 한다. 우리가 연구한 바로는 각각의 천국관에는 천국 성도들의 행동을 관리하는 일정한 사상이 존재한다는 것이다.

천국 사회와 그 문화——좀더 정확하게 말해 여러 가지 천국의 다양한 사회와 문화——를 이해하기 위해서, 우리는 유럽과 미국의 방대하고 다양한 자료들을 적절하게 취사 선택하였다. 그리고 우리는 그러한 자료들을 민중의 문헌과 엘리트 계층의 문헌으로 분류하여, 각각 독립적으로 다뤄야 한다는 학계의 관행을 어길 수밖에 없었다. 상류 계층의 '신앙'과 하류 계층의 '미신'을 구별할 때에는 상당한 주의를 기울여야 한다는 것을 몰랐기 때문이다. 중세 스콜라 철학자들과 다수의 20세기 신학자들은 '일반 대중의' 천국관을 경멸했지만, 이렇게 상류와 하층이라는 두 가지 천국관이 항상 따로 존재했던 것은 아니다. 예를 들어 19세기에는 아주 학식 있는 신학자와 사제들도 대중 작가와 심령주의자들이 믿었던 천국관을 그대로 믿었다. 유명한 기독교 사상가들이 ― 아우구스티누스, 아퀴나스, 단테, 루터, 칸트, 틸리히 ― 사후의 삶에 대한 이해 방법을 지배하고 있다고 생각하기 쉽지만, 사실은 정반대였다. 즉 저 세상에 대한 가장 탁월한 통찰력을 보여 준 것은 일반적으로 학자라고 부를 수 없는 사람들 ― 마그데부르크의 메흐틸트, 에마누엘 스베덴보리, 엘리자베스 스튜어트 펠프스 등 ― 이다. 천국을 가장 예민하게 느끼고 설명한 사람들 중에는 신학 교육을 전혀 받지 못한 사람도 종종 있다. 시인, 예술가, 소설가 그리고 묘비명 작가들은 학식 있는 성직자들을 부끄럽게 할 만큼 대담하게 사후의 삶의 문제에 도전을 했다. 그 결과로 본서에서는, 단테 알리기에리Dante Alighieri라고 할지라도 단테 가브리엘 로세티Dante Gabriel Rossetti 이상의 명예를 받지 못했으며, 토마스 아퀴나스Thomas Aquinas도 피사의 게라르데스카Gerardesca of Pisa와 한 장章을 서로 나누었고, 핼 린지Hal Lindge는 내세관에 대한 통찰을 제시한 현대 신학자로 폴 틸리히Paul Tillich와 동등하게 다루었다. 이처럼 본서가 절충적으로 수집한 자료는, 기독교인이 어떻게 천국을 상상했는가를 이해하는 데 도움이 될 뿐만 아니라, 기독교가 여러 가지 다양한 상징, 신앙, 의식, 이미지의 집합체라는 것을 알려 주는 역할을 한다. 더구나 기독교는 결코 어떤 한 그룹이나 소수의 몇 사람을 통해서 이루어진 종교가 아니다.

  서문을 쓰는 특권 중의 하나는, 미리 독자에게 자신의 책의 부족한 점에 대해서 양해를 구할 수 있다는 점이다. 우리는 기독교 천국관의 기원인 고대 유대 교로부터 시작해서 현대 기독교로 끝을 맺음으로써 포괄적으로 다루었다는 인상을 주었지만, 여기에 모든 천국관이 포함된 것은 아니다. 우리는 고민 끝에 수많은 천국 환상들을 제외했으며, 도해를 하나 더 추가한다거나 어떤 저자에 대한 주석을 첨가한다거나 하는 욕심을 억누를 수밖에 없었다. 그래서 이 책을 읽을 때 "저자가 가장 중요한 자료를 빠뜨렸구나" 하는 느낌을 갖게 되는지도 모르겠다. 그러므로 독자들은 이 책을 통해서 자신이 특별히 흥미를 느낀 분야가 무엇인지 깨닫고, 좀 더 명확한 해답을 얻기 위해서 열심히 노력하는 계기가 되기를 원한다. 이렇게 우리는 『천국의 역사』가 하나의 출발점이 되기를 바라는 바이다.

  마지막으로 우리는 사후의 영원한 삶에 흥미를 느꼈을 뿐, 내세의 신비를 설명하기 위해서 이 책을 쓴 것은 아니라는 사실을 밝혀야 할 것 같다. 이 책은 사후의 세계를 정확하게 설명한 지도책이 아니다. 우리는 신학자도 환상가도 또는 심령주의자도 아니기 때문에 우리 자신의 사후 세계관을 피력하고자 했던 것도 아니다. 단지 우리는 기독교의 천국관을 연구했을 뿐이다. 왜냐하면 이 천국관 속에는 현세를 초월하여 신성을 좀더 충만하게 경험해 보고 싶어하는 기독교인의 열망이 들어 있기 때문이다. 또한 그 천국관을 통해서 사람들이 자신을 어떻게 이해했는지 그리고 가족과 사회, 하나님을 어떻게 이해했는지 알 수 있다. 그리고 우리는 천국관을 통해서 서양 문화의 사적私的 측면과 공적公的 측면 모두를 파악할 수 있다. 천국에서의 사랑이나 우정, 노동, 하나님 그리고 영적 성장에 대한 사상의 변화를 통해서, 우리는 현세의 이상이나 문화 사상을 이해하는 데 도움을 받을 수도 있다. 천국은 단순히 헛된 환상들을 모아 놓거나, 인간적인 바람을 표현하고 또는 종교 교의를 반영한 것도 아니다. 그러나 우리는 여기에서 천국이란 종교의 심오한 신비를 풀 수 있는 열쇠라고 생각한 루드비히 포이어바흐Ludwig Feuerbach에서 한 발 더 나아가 천국을 유럽 문화를 이해하는 열쇠로 사용할 수 있어야 할 것이다.

* * * * *

두 사람이 함께 쓰는 것이 혼자 쓰는 것 보다 언제나 더 나은 것은 아니다. 두 사람이 함께 일을 시작하면, 두 배나 많은 도서관과 친구와 조언자가 필요하기 때문이다. 먼저 편의를 제공한 모든 도서관에 감사를 드린다. 또한 우리에게 친절을 베풀어 준 모든 사서司書에게 감사드리며, '그림 목록'에 게재된 그림을 사용할 수 있도록 허락해 준 개인과 연구소에 감사드린다. 그 중에는 관계자 외에는 접근할 수 없는 특별한 그림도 있다. 그럼에도 불구하고 우리들이 그러한 보물들을 이용할 수 있도록 허락해 준 분들—— 이탈리아 로마의 헤르치아나 도서관Bibliotheca Hertziana(막스 플랭크 연구소), 독일 프라이부르크의 「심리학과 정신위생학의 경계 영역을 위한 연구소」에 감사를 드린다. 그리고 하이델베르크 우사로이어USAREUR 도서관과 자료 센터의 참고문헌실 사서들에게 깊은 감사를 드린다. 그들은 우리 주제와 관련된 책들을 상호 대출할 수 있도록 아무런 불평 없이 인내심을 갖고 도와 주었다. 정말 감사한다.

이 분야의 전문가들과 동료들이 준 충고는 매우 가치 있는 것이었다. 우리는 그들의 도움으로 각 자료의 위치를 어디에 설정해야 할지 그리고 어떤 자료를 버려야 할지 정할 수 있었다. 우리는 다음 분들에게 감사를 드린다. 피터 브라운, 찰스 트린카우스, 마가렛 마쉬, 제인

브라운, 모르톤 D. 팔레이, 찰스 로, 메리 보이스, 엘렌 F. 데이비스, 호스트 G. 쉬베벨 그리고 피터 딘젤바허. 또한 관내 대출과 복사, 도표, 사진과 편집에 있어서 도움을 준 로버트 발독, 에버하드 바우어, 헬가 벤더, 에델츄르드 버클러, 베르하드 다크너, 존 W. 딕슨, 메릴른 프라서, 디아나 톰슨 그리고 엘리자베스 베커에게 감사를 드리지 않을 수 없다. 절대로 필요했던 것은 존 F. 허들의 도움이었다. 그는 컴퓨터를 이용해 여러 가지 도표를 작성하고, 편집을 감독했다. 또한 우리 두 사람(저자) 사이에서 현명한 중재자 역할도 맡아 주었다. 그는 자신의 유머 감각과 공정성으로 고집 세고 완고한 우리 두 사람 사이에서 일어나는 수많은 다툼을 막아 주었다. 그에게, 그리고 어쩌면 영원한 숙제로 남게 될 이 연구를 위해서 도움을 준 모든 분에게 감사를 드린다.

차례

천국의 역사 I

서언	9
서문	11

제1장 천국의 여명 ──────────── 25
    죽은 자와의 교류 ― 셈 족의 경우 ──── 29
    야훼 유일신론 : 죽은 자를 위한 약속은 없다 ──── 35
    묵시 신앙 : 부활의 약속 ──── 43
    헬레니즘 시대의 유대 교 : 천국의 약속 ──── 47
    1세기경 유대 인의 내세관 ──── 55

제2장 예수와 기독교의 천국관 ──────────── 63
    예수 : 천국의 결혼을 부정 ──── 65
    바울 : 신령한 육체의 발견 ──── 80
    요한에게 내린 계시 : 천국의 예배 의식 ──── 90
    기독교가 약속하는 내세 ──── 100

제3장 이레네우스와 아우구스티누스의 천국관 ──────────── 105
    순교에 대한 보상으로서의 영화로운 물질 세계 ──── 108
    금욕주의자의 천국관 : 순수한 영혼들을 위한 장소 ──── 118
    교회를 향한 약속 : 영원히 이어지는 육체의 아름다움 ──── 128
    교부 시대의 다양한 천국관 ──── 142

제4장 중세의 천국관 ——— 147

낙원의 정원과 천국의 도시 ——— 150
빛이 거하는 장소로서 최고천最高天 천국 ——— 167
하나님에 대한 영원한 명상 ——— 179
천국에서의 사랑 ——— 190
중세의 천국관 ——— 214

제5장 르네상스 시대의 천국관 ——— 219

낙원에서의 쾌락 ——— 222
성도와 연인은 천국에서 재회한다 ——— 239
천국의 지리 ——— 267

제6장 신 중심 천국관 : 프로테스탄트와 카톨릭 종교개혁자들 ——— 273

루터와 칼뱅 : 프로테스탄트 종교개혁자들 ——— 276
카톨릭 종교개혁자들 ——— 295
경건하고 금욕적인 중산층 ——— 312
신 중심의 천국관 ——— 331

원주 ——— 338
그림 및 표 찾아보기 ——— 377
찾아보기 ——— 379

차례

천국의 역사 Ⅱ

제7장 스베덴보리와 근대 천국관의 출현 ── 401
   죽음과 동시에 시작되는 내세의 삶 ── 407
   천국의 물질적인 특성 ── 418
   천국에서의 활동 ── 431
   사회, 우정 그리고 사랑 ── 451
   근대의 천국관 ── 474

제8장 천국에서의 사랑 ── 481
   낭만파 이전의 선구자들 : 밀턴과 스베덴보리 ── 485
   연인들이 결합하는 장소로서의 천국 ── 492
   사랑과 결혼 ── 531
   천국의 가정 ── 544
   인간적인 사랑의 승리 ── 561

제9장 영원한 활동 : 내세에서의 진보 ── 567
   천국에서의 역동적인 변혁 ── 570
   계속되는 신 중심적인 천국관 ── 590

| 심령주의 : 천국에 대한 농밀한 묘사 | 598 |
| 인간 중심의 천국관 | 620 |

제10장 현대 기독교의 천국관 —— 625

오늘날의 천국관 : 사람들의 기대	629
오늘날의 천국관과 신학	635
근대적 천국관의 쇠퇴	650
상징주의적 절충론	657
실현된 종말론 : 지상의 천국	669
신 중심적인 극소주의	674
내세를 기약하지 않는 신학	690
천국에서는 어떤 일이 일어나는가?	697

| 되찾은 낙원 : 그 주제와 변천 | 703 |
| 옮긴이의 글 | 713 |

원주	718
그림 및 표 찾아보기	754
참고문헌	756
찾아보기	774

▶ 일러두기

1. 원문에 나오는 고유명사는 그 시대의 현지음 표기를 원칙으로 번역했다.
   플로렌스Florence → 피렌체   플랜더스Flanders → 플랑드르
   골Gaul → 갈리아   올림푸스Olympus → 올림포스
   어거스틴Augustine → 아우구스티누스   호머Homer → 호메로스
   알렉산더Alexander → 알렉산드로스   아킬레스Achilles → 아킬레우스

3. 신구약 성서를 통해 우리말로 굳어진 고유명사의 표기는 개역성서(1956)의 표기를 따르되, 제2경전(외경)의 고유명사 표기는 공동번역 성서(1977)를 따랐다. 그리고 성서 내용을 인용할 때도 공동번역을 따랐다.
   마태복음, 마가복음, 누가복음……
   미가엘Michael, 바울Paul, 에스겔Ezekiel, 바돌로매Bartholomew
   토비트, 유딧, 에스델, 지혜서, 집회서, 바룩, 다니엘, 마카베오상·하

4. 신구교의 정경(正經)에 포함되지 않은 여러 계시록들은 「요한계시록」과 구별하기 위해 「묵시록」으로 표기했다.
   Apocalypse of Paul → 바울 묵시록   Apocalypse of Peter → 베드로 묵시록

5. 원주는 각 권 뒷부분에 실었고, 역주의 경우는 본문 안에 넣고 괄호로 처리했다.
   「집회서」(성서의 외경 중 하나―역주)

제1장
천국의 여명

THE DAWN OF HEAVEN

고대 세계에서는 사후死後에 또 다른 삶을 살게 된다고 믿었고, 이를 당연한 것으로 생각했다. 그리고 이 믿음은 회의주의의 영향에도 불구하고 약화되지 않았다. 죽음이란 이 땅에서의 가시적인 삶이 끝나는 것일 뿐, 인간 그 존재까지도 완전히 소멸되는 것은 아니라고 생각했다. 전설이나 학자들의 연구를 통해서 고대인들이 사후의 삶을 어떻게 생각했는지 짐작해 보면 이들이 사후의 삶을 이상적인 삶으로 보거나, 지금보다 '더 나은' 삶으로 생각하지는 않았다는 것을 알 수 있다. 하지만 내세가 없다고 생각한 경우는 극히 드물었다. 즉 고대의 저술가들 대부분은 죽음 뒤에 또 다른 삶이 존재한다고 생각했던 것이다.

기독교인들이 천국을 어떻게 이해하고 있었는지 알아보려면, 먼저 고대 유대 인의 내세관이 어떠했는지 정확하게 살펴보아야 한다. 유대 인은 요르단 강과 지중해 사이에 있는 지역에서 살았기 때문에, 자신보다 강대한 힘을 가진 타민족의 침략 앞에서 또는 식민지화 위기 속에서 자신의 종교와 문화를 지키기 위해 투쟁해야 했다. 히브리 어 성경이나 그 밖의 다른 저술들(성경에 포함되지 못한 종교 저술-역주)은 모두 식민지 시기에 씌어진 것인데, 그 시기는 기원전 9세기에 시작하여 로마 인이 팔레스타인에 거주하던 많은 유대 인을 멸망시킨 2세기까지 계속된 아주 오랜 기간이었다. 그래서 이스라엘 민족의 저술에 나타난 독특한 전통과 조상들에 대한 기억들 —— 반半유목민 시대의 족장들, 민족을 해방시킨 모세, 솔로몬 왕의 영광 등 —— 은 모두 타민족의 지배를 받던 식민지 시기에 씌어졌다.

이스라엘 민족은 타민족의 지배를 저마다 다르게 받아들였으며, 자연히 이스라엘 내부에서는 이들 사이에 갈등과 대립이 심화되었다. 또한 이스라엘은 여러 종류의 문화에 노출되어 있었으므로 그 영향을 받기 쉬웠다. 이 두 가지 요소가 인간의 기본적인 욕구들과 함께 이스라엘 민족의 내세관을 형성하는 데 큰 영향을 미쳤다. 고대 유대 인의 전통적 내세관은 주로 네 가지 관점으로 분류할 수 있다. 첫번째는 셈족의 영향을 받아서 우주를 지상과 천국, 음부陰府라는 3층 구조로 이해한 경우이다. 죽은 자死者들은 최하층인 음부에서 살게 되며, 이곳에서 지상에 있는 친척들의 위로를 받을 수 있다. 이에 반해 가장 높은 곳에는 하늘의 신들이 앉아 있는데, 이들은 죽은 자나 지상의 신들과는 분리되어 있었다. 그리고 지상에 사는 —— 상공 천국과 하층 음부에 사이에 있는 —— 사람은 지상에서의 문제를 해결하기 위해 하늘이나 음부에 있는 신들에게 도움을 요청할 수 있었다.

두 번째는 죽은 자와의 교류communication를 거부하는 경우였다. 이들은 사후의 삶을 중요시하지 않았으며, 조상을 숭배하지도 않았다. 심지어 사람이 죽은 뒤에 어떻게 되는가 하는 문제에 대해서도 생각하지 않았다. 이들은 오로지 이스라엘 민족의 하나님인 야훼만을 경배해야 한다고 생각했다. 야훼는 죽은 자들의 하나님이 아니라 살아 있는 자들의 하나님이었으며, 타민족의 지배에서 이스라엘을 구해 낼 유일한 신이었다. 이런 유대 인들에게는 음부의 죽은 자들이나 하늘의 신들은 결코 중요하지 않았다. 즉 이들은 전적인 헌신과 순종을 요구하는 야훼만을 믿었던 것이다.

세 번째 관점은 죽은 자들을 중요하게 생각하지 않았던 두 번째 관점을 넘어서고 있다. 즉 이들은 죽은 자들도 이스라엘 민족과 운명을 같이한다고 생각했다. 이 관점은 매우 정치적인 성격을 띠고 있는 것으로서, 죽은 자들을 새로운 유대 공동체와 연결시키고 있다. 다시 말해 이스라엘을 지배하고 있던 식민지 제국이 붕괴된 뒤에 이스라엘의 하나님은 죽은 자 가운데서 신실信實한 자를 부활시키고, 그들을 산 자生者와 함께 땅 위에서 살게 할 것이라고 믿었던 것이다. 이때 이스라엘 민족이 겪어야 했던 시련들은 모두 사라지고, 지상에는 생명이 충만할 것이다. 그래서 죽은 자와 산 자 모두가 유대 인이 지배하는 새로운 시대의 영광을 함께 맛보게 될 것이라고 믿었다.

마지막 관점은 세상에서 겪은 시련을 보상받고자 하는 개인적인 욕구가 그대로 나타나고 있다. 두 번째 관점은 사람이 죽으면 음부에 가서 아무런 능력도 발휘할 수 없는 하찮은 존재로 살게 된다고 생각한 것이며, 세 번째 관점은 죽은 자들이 부활한다고 생각한 것이다. 이에 반해 네 번째 관점은 사람이 죽으면 그 사람의 영혼이 천국으로 올라간다고 생각했다. 이 관점에는 철학적이고 신비적인 경향이 나타나고 있는 것을 알 수 있다. 이들은 비록 지상에서는 타민족의 지배 아래 신음하고 있지만, 선한 인간은 죽은 뒤에 영혼이 되어서 자신이 믿는 하나님과 함께 살 수 있을 것이라고 기대했다. 영혼이 천국에 올라가 불멸하는 것은 민족 전체까지는 아니더라도 개인에게는 가능하다고 믿었던 것이다.

신약 시대의 내세관은 고대 유대 인의 전통적 내세관을 기초로 형성되었다. 앞에서 설명한 네 가지 관점은 기원전 1세기경까지 팔레스타인에 그대로 남아 있었으며, 이것은 기독교인들이 천국을 이해하는

데 큰 영향을 미쳤다. 다시 말해 예수와 동시대의 유대 인, 즉 사두개 파 Sadduces, 바리새 파 Pharisees, 에세네 파 Essenes의 내세관은 앞에서 설명한 고대 유대 인의 내세관과 모두 일치하고 있는 것이다. 그러므로 고대 유대 인의 내세관을 잘 이해하고, 더 나아가 1세기경의 유대 인이 고대의 내세관을 어떻게 이해하고 받아들였는지 살펴본다면, 기독교의 천국관이 성장하고 발전할 수 있었던 배경을 잘 이해할 수 있을 것이다.

죽은 자와의 교류 —— 셈 족의 경우

고대 근동近東에는 여러 민족이 살고 있었다. 이들 대부분은 단편적인 문서나 유적을 남겼기 때문에 이것들을 토대로 그들의 문화를 알아볼 수 있다. 성경에 기록된 역사적 사실과 고대 도시에서 발굴된 유물들 그리고 그것의 해독을 통해, 우리는 고대 히브리 민족뿐만 아니라 아시리아 인, 바빌로니아 인, 가나안 인 그리고 페니키아 인들의 문화까지 알 수 있다. 18세기의 고고학자들은 언어나 문화가 유사한 고대 근동 민족들을 지칭하는 말로 '셈 족Semitic'이라는 단어를 사용했다. 물론 고대 근동에 살았던 민족들이 모두 셈 족에 속한다는 의미는 아니다. 수메르 인, 이집트 인, 히타이트 인, 페르시아 인은 고대 근동 문화권에 속했지만 셈 족과는 다른 언어를 사용했던 것으로 밝혀졌다. 비록 후대의 성서 기록자들은 유대 교가 형성될 때 다른 문화의 영향을 받았다는 사실을 인정하려 하지 않았지만, 이스라엘 문화의 바탕에 셈 족의 문화가 깔려 있다는 사실까지 부정할 수는 없다. 특히 후대의 히브리 저술가들이 거부하거나 적어도 수정하기를 원했던 것은 모두 셈 족의 내세관에서 유래된 것들이다.

고대 셈 족은 우주를 3층 구조로 이루어진 큰 집이라고 생각했다. 즉 신들이 살고 있는 최상층(천국)과 신이 인간에게 준 중간층(지상) 그리고 큰 동굴이 있는 땅 밑 지하(음부 또는 저승)가 그것이다(표 1). 최상층에는 신들이 거주하며, 음부에는 귀신과 같은 열등한 신들과 죽은 자들이 살고 있다. 이들은 음부를 어둡고 고독한 장소로 이해했지만, 이것은 현대인들이 생각하는 지옥과는 전혀 다른 개념이었다. 거기에서는 모트Mot, 즉 '죽음'이라고 불리는 신이 죽은 자들과 열등한 신들을 지배하고 있다고 보았다. 그리고 인간은 하늘과 음부 사이에 생존하고 있기 때문에 이 두 세계의 영향을 모두 받을 수 있다고 생각했다.

이렇게 인간이 최상층의 신의 세계와 교류하면서 동시에 최하층의 귀신들과도 교류할 수 있다고 생각하는 것은 매우 중요한 의미를 갖는다. 즉 사람들은 자신이 아무리 부유한 상인이거나 지주, 명예로운 무사 또는 귀족이나 왕일지라도 신에게 의존할 수밖에 없는 연약한 존재라고 느낀다. 그래서 이들은 성전을 건축하고 성직자와 성가대를 후원하며, 비싼 제물을 바치고 기도문을 외우며, 마법사와 예언자들의 말에 귀를 기울임으로써 신의 자비와 축복을 받을 수 있다고 확신했다. 많은 가축, 풍년, 전쟁에서의 승리, 성공과 번영, 평화가 모두 하늘이나 음부에 속해 있는 신들이 자비를 베풀어야 가능하다고 생각했던 것이다.

그 결과, 고대 근동 민족의 제사 의식은 복잡하고 다양했다. 또한 그들은 사적인 제사 의식이나 공적인 제사 의식을 통해 철저하게 훈련받은 사제들만이 하늘이나 저승 세계와 교류할 수 있는 방법을 알고 있다고 믿었다. 사람들은 자신이 원하는 것을 얻기 위해서 저승의 귀신이나 죽은 자들에게 제사를 드리고, 하늘의 신에게 기도하기도 했다(표 2). 죽은 자들에게 제사를 드리는 것은 음부에 있는 조상에게

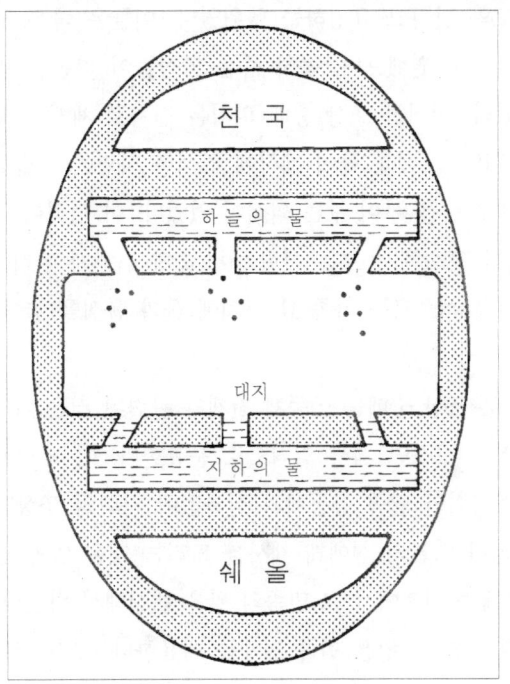

표 1. 고대 셈 족이 생각했던 우주. (베른하르트 랑, J. F. 허들 작성)

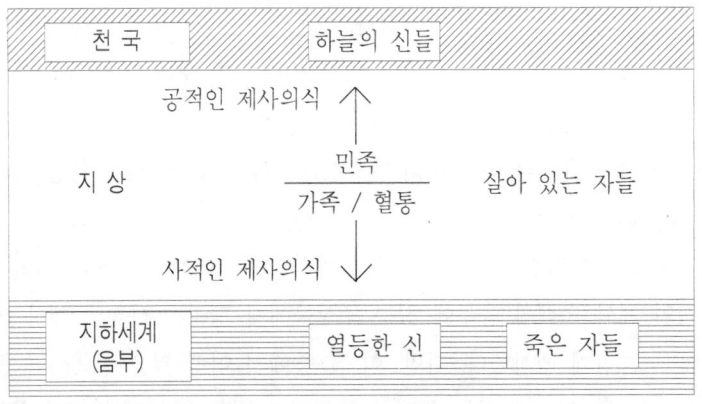

표 2. 고대 셈 족의 의례적 우주. (베른하르트 랑, J. F. 허들 작성)

후손들을 도와 달라고 요청하는 행위였다. 이들은 죽은 조상들을 통해서 보호받기를 원했으며, 특히 죽은 조상들이 자손을 번성시킬 수 있다고 믿었다. 이러한 조상 숭배 의식은 점차로 체계적인 제사 형식을 갖추게 되었다. 예를 들어 제사에 참석한 사람들이 술을 마시면서 죽은 자에게도 술을 부어 주는 의식이 있었다. 이 의식이 진행되는 동안 죽은 자를 포함해서 모든 사람들이 술에 취하게 된다. 또 이보다 좀더 간소한 의식으로는 가족 묘 근처에 물과 음식을 놓아 두는 예도 있다.[1]

일반적으로 조상 숭배는 공동체 전체와 관련된 것은 아니기 때문에 우리는 이것을 사적인 제사 의식으로 분류한다. 이 의식에 참석하는 사람들은 정치적인 민족 공동체와 상관없이 자신의 조상만을 숭배할 뿐이다. 그러나 하늘의 신에게 제사를 드리는 것은 민족 전체와 관련이 있다. 사제는 성전에서 그 민족의 왕을 대신해서 하늘의 신에게 제사를 드린다. 그리고 왕은 민족 전체를 대표한다. 그러므로 이 제사는 한 가족이나 혈족의 범위를 넘어서서 민족 전체가 드리는 공적인 제사 의식으로 보아야 한다. 공적인 제사는 곡식을 뿌리는 때와 거두는 때, 과일을 수확하는 때 또는 제 철에 먼저 수확한 과일을 먹을 때 등 주로 농사 절기를 따라서 행해졌다. 그들은, 농사는 죽은 조상이 아니라 하늘의 신들과 관련이 있다고 생각했다. 비를 내리고, 우기를 결정하는 권한이 하늘의 신들에게 있다고 믿었기 때문이다. 근동의 건조한 기후에서 하늘의 신들을 의지하지 않고서는 농작물의 수확을 기대할 수 없었다.

사람들은 이러한 두 종류의 제사 의식 ─ 하늘의 신들에게 드리는 공적인 제사 의식과 음부에 있는 조상들에게 드리는 사적인 제사 의식 ─ 을 함께 행하였다. 다만, 이 둘 중에서 어떤 것을 선택해야 할지는 이익을 얻고자 하는 주체가 누구인가 하는 점에서 결정하였다.

즉 한 개인의 이익을 얻고자 할 때는 사적인 제사를 드렸으며, 전체 공동체와 관련된 경우에는 공적인 제사를 드렸다.

죽음은 이러한 3층 구조의 우주 안에서 자신이 있는 위치가 바뀌는 것을 의미하였다. 그러나 그러한 위치 바꿈이 죽음과 동시에 일어나는 것은 아니었다. 왜냐하면 다른 곳에 살던 존재가 음부에 들어가는 과정은 점진적으로 진행된다고 생각했기 때문이다. 사람이 죽으면 먼저 시체를 땅에 묻어서 하늘에 있는 신들의 눈에 띄지 않게 해야 한다. 매장은 주로 지하 납골소에서 행하였으며, 간단히 시체를 흙으로 덮기도 했다. 이렇게 시체를 땅에 묻어야만 그 사람은 새로운 세계, 즉 최하층의 세계에 들어갈 수 있었다. 살이 썩고 뼈가 말라 가면서 죽은 자의 망령이 생겨나고, 이 망령이 거대한 지하 무덤, 즉 음부로 내려가게 된다.2)

그렇다면 음부에서의 삶이란 어떤 것일까. 학자들에 의하면, 셈 족 문화는 죽은 자들과의 접촉에만 관심을 가졌을 뿐 음부에서의 삶이 어떤 것인지에 대해서는 생각하지 않았다고 한다. 단지 성서에서 죽은 자는 "그 조상에게 돌아간다"고 하거나, "그의 친족에게 돌아간다"고 기록한 것을 볼 때, 죽은 자들이 음부에서 조상을 만나 그들과 함께 산다고 생각했던 것만은 확실하다. 또한 음부에서의 삶은 영원한 것이며, 결코 다시 죽는 것은 아니라고 생각했다. 그리고 음부에는 여러 등급이 있는데, 그 등급은 죽은 자가 지상에서 어떻게 살았는가 하는 것과 후손들이 제사를 정기적으로 잘 드리는가 하는 것으로 결정된다. 천수를 다하고, 효성이 지극한 후손들이 자신의 무덤 앞에 물과 음식물로 규칙적인 제사를 드리는 자는 음부에서 가장 높은 등급을 차지하게 된다. 뿐만 아니라 음부 중에서도 밝고 높은 자리에 앉아 있는 조상은 후손들에게 축복을 내리고 그들을 도와 줄 수 있다. 그러나 죽은 조상이 화가 나면 자신이 내렸던 축복을 거두고, 그 후손들은 화를 입게 된다. 그래서 지상에 살고 있는 후손들의 삶에 간섭하고 영향을 미칠 수 있다는 의미에서 조상들을 '신god'들이라고 불렀다.[3]

지상의 후손들이 조상을 무시하고 조상 숭배를 게을리 한다면, 음부에 있는 조상의 위치도 하락하게 된다. 이들은 밝은 곳에 거주할 수 없으며, 음부 중에서도 가장 나쁜 곳으로 밀려난다. 살인자에게 죽음을 당하거나 전장戰場에서 죽은 자들, 즉 시체가 제대로 매장되지 못한 자들은 더 낮은 위치에서 있게 된다. 「이스라엘 만가輓歌의 가사를 바꾼 노래mock-dirge」에는, 신하들에게 독재 권력을 휘둘렀던 왕이 음부의 심연 중 가장 낮은 곳으로 가게 되었다는 이야기가 있다. 그 왕은 음부로 내려갔고, 그 중에서도 진흙과 오물, 구더기가 우글거리는 곳에 거하게 되었다. 음부에 먼저 와 있던 다른 왕들이 이 왕을 맞이하며 다음과 같이 얘기하는데, 이것은 현재 그들의 처지를 매우 적절하게 표현하는 말이다. "당신도 우리와 마찬가지로 약하게 되었다." 그들은 덧없는 허영을 부리면서 그들 자신의 내세의 삶을 살고 있었다. 거의 알아볼 수 없는 희미한 모습으로 자신의 왕좌에 앉은 채 새로 도착한 자를 바라보며 잠깐 동안 감상에 젖을 뿐이었다.[4]

산 자가 죽은 자와 교류하는 것은 조상 숭배를 통해서 뿐만 아니라 저승 세계와 접촉이 있는 영매靈媒나 마법사를 통해서도 가능했다. 성경에서도 이런 마법과 관련된 부분을 찾아볼 수 있다. 이스라엘의 사울 왕은 당시 벌어지고 있던 전쟁이 어떻게 될 것인지 알고 싶어했다. 그래서 신령한 세계와 통상적인 교류―꿈이나 사제의 예언 그리고 선지자의 계시―를 시도해 보았지만 실패하자 다른 방법을 찾기 시작했다. 절망하고 있던 사울이 신접한 여인을 찾아갔다. 신탁을 비는 날 밤에 여자 영매는 단단한 땅 표면에 구멍을 파고 산 자의 세계를 죽은 자들의 세계에 접하게 했다. 그리고 죽은 선지자가 질문을 하기 위해 천계로 올라오고 있다고 말했다. 영매가 본 것은 말하자면 '풍성한 옷을 입은 노인'이었고, 실제로는 노인의 영과 교류하였으며, 자신이 받은 메시지를 사울에게 전해 줄 수 있었다. 그 영이 전해 준 메시지는 사울이 바로 다음 날 전투에서 목숨을 잃는다는 것이었다. 사울이 곧 다른 세계로 가게 될 것이라고 말한 뒤, 그 영은 음부의 암흑과 고요로 되돌아갔다. 물론 사울은 그 신탁대로 죽음을 맞이했다.[5)]

이 기록을 통해서 알 수 있는 것은, 죽은 자들은 비록 물질적인 실체는 아니지만 신체적 형상이나 의식, 기억을 가지고 있으며, 지상에서 일어나는 일까지 모두 알고 있는 인격적인 존재라는 것이다. 음부에서의 삶이 결코 좋은 것은 아니지만, 죽은 자들은 지상의 사람들에게 해를 끼치거나 도움을 줄 수 있는 능력이 있다. 그리고 그들은 이런 능력으로 신과 같은 행동을 한다. 사적인 제사 의식, 결국 조상 숭배 의식은 음부의 죽은 자들과 지상의 산 자들 사이의 유대 관계를 강조하고 있다. 그리고 이러한 사적인 제사 의식은 전 공동체의 이익과 관련이 있는 공적인 제사 의식과는 대조를 이루고 있다. 우리는 지금까지 셈 족이 갖고 있던 내세관을 간략하게 살펴보았다. 즉 셈 족은 죽은 자의 지위는 산 자들의 경배 정도에 따라서 결정된다고 보았으며, 산 자들의 인생도 음부에 거주하는 자들에게 영향을 받는다고 믿고 있었다.

야훼 유일신론 : 죽은 자를 위한 약속은 없다

후대의 성서 기록자들은 조상 숭배나 강신술降神術과 같은 의식들이 이스라엘 전통에서 벗어난 이방인의 의식이라고 비난하였다. 기원전 8세기경에 이스라엘은 강대국 아시리아의 정치적 압박에 고통받고 있었다. 작은 식민지 국가인 북이스라엘과 남유다는 아시리아에 막대한 조공을 바쳤고, 군사적 지배를 받았다. 아시리아는 조공이 조금이라도 늦어지면 이들을 위협했으며, 이에 반항하는 행위는 즉각 대응하여 공격했다. 이러한 만성적인 위기 상황 속에서, 야훼 하나님만을 절대적으로 숭배할 것을 주장하고 다른 신을 숭배하는 행위는 전적으로 거부하는 선지자 운동이 일어나기 시작했다.[6)]

선지자들은 이스라엘의 하나님만이 권능을 가진 참 신이며, 자신이 택한 백성을 위해 역사에 개입하고 정치적 상황도 바꾸어 준다고 선포하였다. 그래서 이들은 야훼 외에 다른 신을 숭배하는 것뿐만 아니라 조상을 숭배하는 것도 금지해야 한다고 주장했는데, 현대 학자들은 이 선지자 운동을 '야훼-유일신 운동Yahweh-alone movement'이라고 부른다. 야훼-유일신론자Yahweh-alonist들은 조상 숭배를 진정한 예배 정신에서 벗어난 주술 행위라고 생각하여 이를 금지하였다. 휴버트Hubert와 모스Mauss 같은 사회학자들에 의하면, "주술 행위는 조직화된 (공동체의)경배 의식이 아니라 개인적이고 내밀하고 신비적인 행위"이기 때문에 지배 집단은 자주 이 행위를 금지시켰다고 한다. 또한 야훼-유일신론자들은, 조상 숭배 의식은 혈족이라는 개인적인 문제에만 관심을 갖기 때문에 민족적인 문제는 소홀하게 생각하게 된다고 믿었다. 그들은 개인적인 문제보다는 민족적인 문제가 더 중요하다고 생각했던 것이다.[7)]

기원전 722년, 북이스라엘 왕국이 아시리아에 패망하자 야훼-유일신론자들은 자신의 주장이 옳다는 사실을 더 확신하였다. 그들은 북이스라엘이 야훼만을 경배하는 유일신 사상을 지키지 않았기 때문에 멸망했다고 믿었다. 당시 아시리아에 점령당하지 않은 이스라엘(즉 소왕국 남유다)은 히스기야 왕(기원전 728~699) 시기에 종교개혁을 단행했는데, 이때 행한 개혁의 내용은 「출애굽기」를 통해 짐작할 수 있다. 이때 왕이 내린 규례를 보면, 장자長子는 야훼에게 "바쳐야" 한

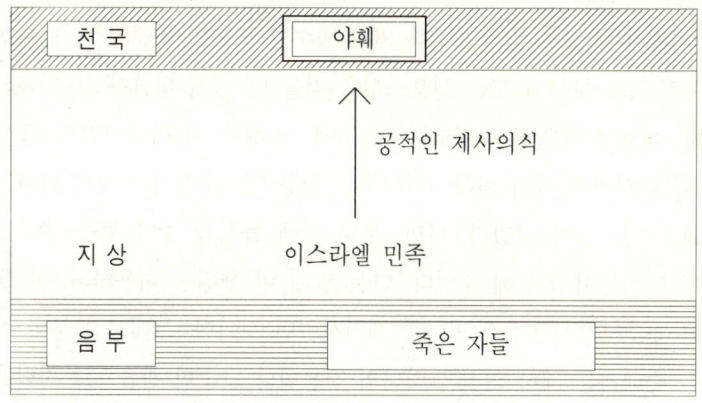

표 3. 초기 유대 교의 의례적 우주. (베른하르트 랑, J. F. 허들 작성)

다고 지시하고 있다. 물론 이것은 상징적인 의미에 불과하지만, 사람들에게 자신의 장자를 야훼에게 바치게 함으로써 이전의 조상 숭배 의식이 갖고 있던 의미를 재해석하려고 하였다. 장자는 나이 든 부모를 돌보는 것은 물론이고 부모가 죽은 후에도 장례를 치르고 신으로 숭배해야 하는 의무를 갖고 있었다. 즉 셈 족 문화에 장자는 부모가 살아 있든 죽었든 간에 그의 관심을 모두 부모에게 두어야만 했다. 그런데 이 관습을 변형시켜 이제는 음부에 있는 부모가 아니라 민족의 하나님인 야훼에게 장자의 관심을 돌리도록 만들었다. "너희는 내게 거룩한 사람이 될지니"라는 하나님의 말씀이 곧 히스기야의 종교개혁 목표가 되었던 것이다. 이렇게 이스라엘 민족은 이제 가족 신이나 신격화된 조상보다는 민족의 신 하나님에게 속하게 되었다[8](표 3).

그러나 히스기야 왕의 종교개혁은 실패했거나 실행되지 못한 채 끝나 버린 것 같다. 그리고 야훼－유일신 운동이 유대의 공식적인 국가 정책으로 실행되지 못한 채 거의 한 세기가 지나갔다. 그러나 기원전 623년 요시야 왕이 야훼 신만을 경배해야 한다고 공표함으로써 히스기야 종교개혁의 목적이 비로소 실현되기 시작했다. 이에 대해서 성서 기록자는 "요시야가 신접한 자와 박수와 드라빔(일종의 가족 수호신 – 역주)과 우상과 모든 혐오스러운 것을 다 없애 버렸다"고 기록하였다. 이렇게 유일신 사상monotheism에 한 걸음 더 다가서면서, 요시야 왕은 사적인 제사 의식, 특히 죽은 조상들을 숭배하는 제사 의식을 효과적으로 줄여 나갔다. 다만, 무덤 앞에 음식을 놓아 두는 행위는 장례 절차로서 허용해 주었다. 다시 말해 이 행위는 허용하되, 이 행위가 갖고 있던 우주적 의미는 제거시켰던 것이다. 그래서 음부의 신들을 숭배하는 제사 의식은 하나의 전통이나 단순한 관습으로 전락했다. 죽은 자들이 무덤 앞에 놓인 음식을 먹고 살아간다고 생각하는 것은 허용했지만, 더 이상 죽은 자와 접촉하는 것은 금지하였다. 죽은 자가 산 자에게 아무런 영향도 미칠 수 없다고 믿게 함으로써 죽은 조상들을 저승 세계의 영원한 암흑 속으로 사라지게 만들었던 것이다.9)

또한 산 자로부터 죽은 자들을 단절시키기 위해 죽은 자의 육체를 전보다 더 금기시하였다. 그리고 이 새로운 금기가 산 자와 죽은 자 사이의 관계를 엄격하게 분리시켰다. 전통적으로 인간의 시체는 불결하여 일정 기간은 다른 것들을 불순하게 만든다고 생각했다. 그 기간은 실제 거상居喪 기간과 같고, 그 사이에 육체가 썩고 영혼은 음부로 내려간다고 생각했다. 그리고 시체가 부패하여 일단 마른 뼈가 되면, 그 유골은 더 이상 사람들에게 해를 끼치지 않는다고 믿었던 것이다. 그러나 이에 반해 이스라엘의 정통주의자(야훼 – 유일신론자)들은 시체가 다른 것들을 오염시킬 수 있는 기간이 더 길다고 주장했다. 이들은 죽은 자 그 자체는 무력하지만, 그 시체는 산 자에게 해를 끼칠 수 있다고 선언했다. 죽은 자의 시체보다 더 부정한 것은 없고, 그래서 시체보다 더 위험한 것은 없다고 여겼다. 부정한 것에 접촉했을 때 사람들이 두려워하는 모습은 신약성서에서도 찾아볼 수 있다. 예수도 위선적인 사람들을 비난할 때 "죽은 자의 뼈와 모든 더러운 것이 가득한" 회칠한 무덤에 비유하였다. 죽은 자는 이제 더 이상 산 자에게 도움을 주거나 미래를 예언해 줄 수 있는 존재가 아니라, 그 유골과 함께 기피해야 할 존재가 되고 말았다.10)

요시야 왕의 개혁은 죽은 자를 숭배하는 전통적인 관습을 금지시켰지만, 이 행위를 대체할 만한 새로운 신앙을 제시하지는 못했다. 그러나 기원전 5세기에 씌어진 「욥기」는 죽음이나 내세에 대해 좀더 철학적인 견해를 제시하고 있다. 「욥기」는 히스기야 시대부터 시작된 종교개혁의 흐름을 이어받아 죽은 자가 갖고 있는 긍정적인 역할을 부정하였다. 죽은 자는 이 세상에서 일어난 일들을 알지 못할 뿐만 아니라 이 세상에 대해서 어떤 영향력도 발휘할 수 없다. 결국 죽은 자들은 지상의 후손들이 어떻게 살아가는지 전혀 알지 못한다. 「욥기」에서도 죽은 자들을 "그 아들이 존귀하나 그가 알지 못하며 비천하나 그가 깨닫지 못한다"라고 기록하였다. 이제 죽은 조상과 지상의 후손들 사이의 교류는 단절되고 말았다. 결국 산 자와 죽은 자의 세계는 완전히 분리되었다.11)

욥과 그의 동시대 사람은 초기 셈 족 문화에서 볼 수 있었던 비관적인 경향을 그대로 이어받아 죽은 자의 운명도 슬플 것이라고 생각했다. 도대체 누가 "어둡고 혼돈스러운 땅, 빛도 흑암 같은 곳"으로 들어가기를 원하겠는가?라고 반문한 것에서도 알 수 있다. 그리고 이런 묘사는 바빌로니아의 서사시 『길가메쉬Gilgamesh』에서도 찾아볼 수 있는데, 여기에서는 음부를 "빛을 빼앗긴 사람들이 살고 있는 집으로, 먼지나 진흙이 그들의 양식이다"라고 했다. 이렇게 음부를 부정적으로 서술하였지만, 그러나 죽은 자들에게도 긍정적인 면이 있었다. 욥이 자신의 글에서 탄식어린 목소리로 얘기하고 있는 것처럼, 죽음은 사람들을 세상적인 비참함과 고난에서 벗어나게 한다. 그리고 죽음은 사람들을 노예 상태에서 해방시켜 주어 사회적 불평등 문제를 해결하기도 한다. 죽은 자는 지상의 사람들에게 어떤 도움도 줄 수 없지만, 인간이 갖고 있던 모든 고통에서 벗어난 자유로운 자들이다. 결국 음부는 행복한 곳은 아니지만, 세상의 고통으로부터 벗어날 수 있는 곳이라 볼 수 있다.[12]

그러나 하나님을 믿는 경건한 신자들은 음부에서의 이런 안식조차 탐탁치 않게 여겼다. 「집회서Ecclesiasticus」(성서 외경 중 하나-역주)에서는 죽음을 야훼와 더 이상 교제할 수 없는, 야훼와의 단절 상태로 보았다. 그리고 "누가 가장 높으신 분을 찬양할 수 있겠는가? 음부에 있는 자인가, 아니면 지상에서 그분께 감사하며 살 수 있는 산 자들이겠는가?"라고 반문하였다. 인간은 죽음과 동시에 이 세상에서 받았던 축복까지 모두 잃어버린다. 또한 「집회서」 저자는 "인간은 살아 있을 때에만 주님을 찬양할 수 있다"는 사실을 강조하였다. 바빌론에 붙잡혀 있는 포로들이 이방인의 땅에서 하나님의 노래를 부를 수 없는 것처럼, 죽은 자들도 불결한 동굴과도 같은 음부에서는 하나님을 찬양할 수 없다. 음부에서는 하늘의 신이나 이스라엘 민족의 신이 아니라 오로지 저승의 신만을 경배해야 한다. 하늘의 신 야훼는 죽은 자들을 더 이상 기억하지 않으며, "이들은 주의 손에서 끊어진 자"들이다. 이 세상에서 생명을 다한 사람들은 야훼와 함께 하는 삶도 끝마쳐야 하는 것이다.[13]

죽은 자는 야훼와 어떤 관계도 맺을 수 없다. 물론 셈 족의 내세관에서도 죽은 자가 천상의 신들과 접촉한다고 생각하지 않았다. 죽은 자들이 음부에 내려오면 그곳에 있는 열등한 신들을 경배해야 한다. 그러나 야훼-유일신론자들은 유대 인들에게 음부에 내려가서도 다른 신이 아니라 야훼만을 경배해야 한다고 명했다. 즉 이들은 자신의 주장을 내세에까지 적용시켜서, 유대 인들은 죽어서도 음부의 신들을 섬겨서는 안 된다고 주장하고 있다. 이런 두 가지 규제 사항——죽은 자들도 야훼 이외의 다른 신을 섬겨서는 안 된다는 것과 음부에서는 하늘의 신과 어떤 관계도 맺을 수 없다는 것——을 놓고 볼 때, 죽은 자들은 곧 무기력하고 나약하며 무의미한 존재가 된다. 즉 죽은 자는 야훼의 보살핌을 받을 수 없고, 음부에 있는 신의 보호도 받을 수 없는 것이다.

죽은 자들은 어떤 신과도 관계를 맺을 수 없기 때문에 무력할 뿐만 아니라 살아 있는 자들에게서 어떤 위로도 받을 수 없다. 죽은 자와 산 자의 세계는 철저하게 분리되어 있기 때문에, 두 세계는 어떤 교류도 할 수 없다. 비록 무덤 앞에 제사 음식을 차리는 정도의 조상 숭배 의식이 남아 있긴 했지만, 죽은 자들은 더 이상 아무것도 기대할 수 없었다. 또한 지상의 후손들도 죽은 조상이 자신들을 도와 줄 것이라고 기대하지 않았다. 따라서 살아 있는 자들은 오로지 야훼만을 바라볼 수밖에 없다. 새로운 규례는 "너희는 너희 하나님 여호와의 자녀이니 죽은 자를 위하여 자기 몸을 베지 말며, 눈썹 사이 이마 위의 털을 밀지 말라"고 명하고 있다. 민족 전체의 야훼 종교를 대표하는 이스라엘의 제사장은 죽은 자와 관련된 의식은 모두 피해야 했다. 그래서 제사장들은 부모의 장례식에도 참석할 수 없었다. 공적인 제사 의식을 주관하는 인물은 개인적인 문제로 자신을 더럽혀서는 안 된다고 생각했기 때문이다[14].

요시야 왕 이후, 정통파 유대 인(야훼-유일신론자)은 죽은 조상이 아니라 하나님과 관련해서 자신을 이해하고 민족을 정의했다. 이들은 야훼만이 홀로 영광받아야 한다고 생각했기 때문에 조상을 숭배하는 행위를 비난했으며, 그 대신 이스라엘의 족장들이나 순교자들을 숭배하도록 했다. 순교자란 "유대 인들 편에 서서 하나님을 바라보고, 죽음의 고통까지도 인내한 사람들"을 의미한다. 그리고 이들은 민족 전체의 영웅으로 추대되었다. 예수도 이스라엘 민족의 조상들을 찬양하면서, "그들의 후손이 아직도 번성하고 부유한 것은 하나님께서 그들에게 약속을 주셨기 때문"이라고 설명하고 있다. 이들은 이제 더 이상 세상에서 누리는 풍요와 축복을 죽은 조상의 탓으로 생각하지 않았다. 그리고 이와 함께 민족적이고 전 공동체적인 제사 의식이 개인적이고 가족적인 형태의 경배 의식을 대체해 나갔다.[15]

셈 족의 내세관과는 달리, 요시야 왕의 개혁은 음부 세계와의 단절을 강력하게 추진했다. 그래서 죽은 자들을 대상으로 한 제사 의식은 모두 추방시켰다. 이제 사람들은 죽은 조상이 이 세상에 영향을 미친다고 믿기는커녕 오히려 무기력하고 나약한 존재라고 생각하였다. 죽은 자들은 더 이상 하나님을 찬양할 수 없기 때문에 영원한 암흑 세계인 음부에서 무의미한 삶을 살아갈 수밖에 없었다. 이스라엘의 신학은 이렇게 현실적인 종교로서 이 세상에 중심을 두었기 때문에, 죽은 자의 삶에 대해서 숙고하는 것을 무의미하게 여겼다. 경건한 사람이 불행한 일을 당했을 때에도 그에게 약속된 보상은 저 세상이 아니라 바로 이 세상에서 받아야 했다. 갑자기 엄청난 불행을 당했던 욥이 약속받았던 보상도 저 세상이 아니라 이 세상에서 받은 것이었다. 「욥기」에서 말하고자 하는 내용이 무엇이든지 간에, 맨 마지막 장의 내용은 아주 분명하다. 즉 하나님이 욥의 인내와 독실한 믿음에 대해서 건강과 부 그리고 새로운 가족이라는 축복을 '이전의 갑절'로 주었는데, 이 보상은 욥이 죽은 후에 준 것이 아니라 바로 이 세상에서 주었다는 것이다. 결론적으로 요시야 개혁 때 나타난 유대 교에서는 죽은 자를 위한 약속은 전혀 없었다는 것을 알 수 있다.[16]

묵시 신앙 : 부활의 약속

기원전 586년 여름, 남유다 왕국도 바빌로니아 군대의 침략으로 멸망했다. 바빌로니아 당국은 처음에는 이스라엘의 자치권을 승인했지만 얼마 안 가 이것마저도 없앴다. 이제 이스라엘은 바빌로니아에게 조공을 바치는 속국이 아니라 바빌로니아에 속한 영토가 되었다. 이제 이스라엘이라는 나라는 중동 세계의 정치 지도地圖에서 더 이상 존재하지 않았다. 그러나 야훼가 유대 인들에게 특별한 약속을 주었다고 믿는 이들은 유대의 정치적 지위의 상실을 그대로 받아들일 수 없었다. 이들은 하나님이 이스라엘을 일으키고 해방시켜 줄 것이라고 기대했다. 그리고 이러한 해방의 불길은 정치적인 격동기 때마다 불타올랐다. 강대국이 새로운 지배자에게 굴복하여 소멸할 때, 즉 바빌로니아가 페르시아에, 페르시아가 그리스에 그리고 마침내는 그리스가 로마에 그 자리를 넘겨 줄 때마다 정치적인 독립에 대한 희망이 샘솟곤 했다.

대부분의 유대 인은 정치적인 독립이 어렵다고 판단되자, 자신을 지배하고 있는 이방인들과 정치적으로 타협하며 살아갈 길을 모색했다. 그러나 민족적인 희망을 가지고 있던 사람들도 있었는데, 이들은 새로운 지배자가 나타나서 이스라엘을 독립 국가로 인정해 주기를 기대하였다. 이러한 희망을 가진 자 중에서도 가장 극단적인 사람들은, 야훼가 이스라엘을 해방시켜 줄 뿐만 아니라 죽은 자들도 부활시켜 새로운 유대 공동체에서 살게 할 것이라고 믿었다. 이들이 "육체적인 부활"을 주장한 것은 죽은 자들도 새로운 시대의 축복에서 제외되어서는 안 된다고 생각했기 때문이다. 죽은 자들이 완전한 육체로 부활하면, 그들도 새 땅에서 오랫동안 새로운 삶을 살게 될 것이다.

육체적인 부활과 새 땅에 대한 약속은 요시야 개혁 때 나타났던 내세관과는 전혀 다르다. 사실, 육체의 부활과 새 땅이란 개념은 고대 페르시아 전통에서 유래된 것이었다. 부활에 대한 개념은 페르시아의 예언자 조로아스터Zoroaster(기원전 1400년경)의 가르침에서 처음 나타났다. 그는 사람이 죽으면 그 영혼만 살아남아서 심판을 받게 되고, 그 결과에 따라서 하늘에서 보상을 받든지 아니면 지옥에서 처벌을 받게 된다고 믿었다. 그러나 조로아스터는 영혼이 육체 없이 혼자 존재하는 것은 행복할 수 없다고 생각했다. 즉 인간이 완전한 행복을 누리기 위해서는 육체와 영혼의 결합, 그것도 천국이나 낙원에서가 아니라 바로 이 세상에서 육체와 영혼이 결합해야 한다고 생각했다. 그래서 조로아스터는 모든 사람이 부활하고 신이 전 우주를 심판하고 나면 이 세상이 정결하게 된다고 믿었다. 이렇게 이 세상이 태초의 아름다움과 완벽함을 회복하고 난 뒤에 창조주, 아후라 마즈다Ahura Mazda가 다스리는 영원하고 진실된 왕국이 되고, 또 이 새 왕국에서 여성과 남성 모두 영원한 삶을 살게 될 것이라고 믿었다.[17]

기원전 6세기, 바빌로니아와 페르시아 영향권에서 살고 있던 유대인들은 이러한 조로아스터 교의 가르침 가운데는 자신들이 갖고 있는 해방에 대한 기대와 어떤 유사점이 있다는 사실을 발견하였다. 페르시아 종교는 유대 신학자들이 자신의 종교적 전통을 확립시키는 데 하나의 촉매 작용을 하고 있었다. 즉 유대주의는 페르시아의 종교 사상을 모방하기도 하고 또는 그것을 거부하기도 하면서 형성되어 나갔던 것이다. 이렇게 이방의 철학자들과 만나서 논쟁하고 자극을 받는 과정에서 유대 신학자들은 사자死者의 운명에 관한 고찰에 부활과 같은 새로운 교리들을 받아들이고 응용하면서 자신의 사상을 새롭게 형성시켜 나갔다.

육체의 부활이라는 페르시아 사상을 처음으로 받아들인 사람은 바빌론 유수기幽囚期 때 선지자로 활동했던 에스겔Ezekiel이다. 그는 이

암울한 시대(기원전 585~568)에 예루살렘에 찬란하고 거룩한 성전이 건축될 것이라는 희망의 메시지를 선포하였다. 어느 날 그는 환상 속에서 하얗게 말라 버린 사람들의 뼈가 가득 차 있는 평원을 보았다. 이 평원은 바로 조로아스터 교인들의 무덤이었다. 아후라 마즈다를 경배하는 사람들은 죽은 자의 시체를 땅에 묻지 않고 1년 동안 햇빛 아래 방치하여 비를 맞고 새들의 먹이가 되도록 내버려 두었다. 인간을 만든 창조주가 이 흩어진 뼈들을 다시 모아 죽은 자를 부활시킨다고 믿었기 때문이다. 에스겔은 뼈가 가득한 평원을 보고 난 뒤, 하나님의 말씀을 대언代言하여 뼈가 부활할 것을 명하였다. 그러자 곧 그 뼈들이 다시 모여 사람의 육체를 이루었다. 그리고 또 다시 에스겔은 하나님의 말씀을 대언하여 바람으로 하여금 그 육체들에게 생기를 불어넣도록 하였다. 육체들은 곧 살아 있는 인간으로 부활하여 바빌론 유수 상태에서 벗어나 고향인 팔레스타인으로 되돌아갔다. 이 환상은 조로아스터 교와 유사한 점이 많은데, 이는 엘람 인Elamite과 페르시아 인들이 함께 사는 지역 근처에 살았던 이 6세기의 예언자가 그들의 영향을 받았기 때문인 것으로 보인다.[18]

그러나 유대의 선지자들은 조로아스터 교의 부활 개념을 유대 종교와 이스라엘의 정치적 상황에 맞게 수정하였다. 즉 원래 페르시아인의 부활 개념이 갖고 있던 인간 역사의 종말이나 죽음의 종말이라는 의미는 벗겨 버리고, 이 기적을 이스라엘 민족 안에서 시작될 새로운 시대로 설명하였다. 다시 말해 에스겔은 부활의 개념을 보편적이고 우주적인 관점이 아니라 민족적인 관점과 연결시켰던 것이다. 그는 부활을 새로운 우주의 탄생으로 해석하지 않고, 이방인의 압제에서 벗어난 새로운 유대 공동체로 이해하였다.[19]

기원전 3세기에서 2세기경이 되자, 당시 이스라엘을 지배하고 있던 그리스 지배자가 부과한 무거운 세금의 압박감과 기원전 167년에서

164년 사이에 있었던 유대 인 박해로 인해, 이스라엘 민족의 자존심에 불을 붙여 저항운동과 더 나은 미래를 바라는 기대감이 또 한 번 불타올랐다. 정치적 혁명가나 종교적 과격파들은 순교까지도 불사했으며, 다시 한 번 조로아스터 교의 부활 사상에 귀 기울였다. 이 시대에 기록된 「다니엘서」에는 "땅의 티끌 가운데 잠을 자던 자들 중 많은 수가 깨어 일어날 것"이라는 기대감이 나타나고 있다. 또한 이때 한 순교자는 다음과 같이 기도했다고 기록되어 있다. "나는 이 팔과 다리를 하나님으로부터 받았다. 그러나 나는 하나님의 율법을 지키기 위해서 이것들을 내던진다. 그러므로 하나님께서 내게 팔과 다리를 다시 주실 것을 나는 소망한다." 그 당시에는 민족의 정치적 해방이나 번영이 실제적으로 불가능했다 하더라도, 순교자나 민족의 영웅들은 언젠가는 하나님이 이스라엘 민족을 영광스런 자리에 앉혀 줄 것이라고 믿었던 것이다.[20]

하나님이 창조한 왕국은 영원하지만, 부활한 자들은 다시 죽어야 한다. 「에녹서」를 보면, 부활한 자들은 '500년'을 살거나 아니면 "그 조상들이 살았던 것만큼" 산다고 기록하고 있다. 여기에서 '조상들'이란 그들의 직접적인 혈족이 아니라 창세기에서 895년이나 930년을 산 것으로 기록하고 있는 이스라엘의 족장들을 가리킨다. 세상에서 받았던 고통이 다 보상될 만큼 오랫동안 평화롭게 살고 난 뒤에 그들은 다시 죽어야 하는 것이다.[21]

육체적인 부활을 기대하고 하나님의 나라가 도래할 것을 소망하는 것은 왜 하나님이 자신의 백성을 위해 이 인간 역사에 관여하지 않는가 하는 질문의 대답이 되기도 한다. 하나님은 이스라엘 민족에게 결코 무관심한 것이 아니라, 단지 자신의 지혜로 정한 그때를 기다리고 있다는 것이다. 그때가 오면 이 땅에 하나님의 나라가 세워질 것이며, 신실한 종들은 부활해서 새로운 삶을 살게 될 것이다. 이러한 묵시 신앙을 통해서, 사람들은 하나님이 죽은 자들을 음부에서 해방시켜 새로운 삶을 살게 한다고 믿게 되었던 것이다. 하나님의 백성은 이 세상에서도 음부에서도 결코 무의미한 존재가 아니었다. 물론 부활한 사람도 다시 죽게 되긴 하지만, 그것은 하나님이 다스리는 새 왕국에서 충분히 살고 난 후에 일어나는 일이었다.

헬레니즘 시대의 유대 교 : 천국의 약속

기원전 586년, 유다 왕국이 멸망한 뒤에 모든 유대 인이 묵시적인 예언을 믿는 민족주의자가 된 것은 아니다. 대다수 유대 인은 자신들을 지배하는 이방 군주들과 평화롭게 지냈으며, 그들의 통치를 단순하게 받아들였다. 이방 군주들이 유대 인만의 독특한 제사 의식을 자유롭게 행할 수 있도록 허락만 해 준다면 불만을 품을 이유가 없었다. 이런 입장에 서 있던 유대 인들, 특히 그 중에서도 철학적인 견해를 가지고 있는 사람들은 죽은 자의 운명을 민족주의자들과는 완전히 다른 각도에서 바라보았다. 이들은 이스라엘 민족이 해방되리라는 기대, 즉 민족적인 관심은 없었으며, 단지 개개인의 사후의 삶에 대해서 숙고했다. 전통적인 유대 교에서는 사후의 삶을 영원한 암흑으로 보았지만, 이들은 사후에도 이보다 더한 어떤 것이 있으리라고 생각했다. 즉 하나님이 자신의 동포들을 어두운 음부에서 구해 낼 것이라는 믿음에서 출발하는 것이다.

이렇게 철학적이고 개인주의적인 내세관이 「시편」 중 두 편의 시에 나타나고 있다. 「시편」 73편의 '저자'는 자신이 왜 악인의 운명을 부러워했는지 설명하며 시작하였다. 그는 "악인은 형통하며, 어떤 고통이나 아픔도 겪지 않는" 것에 반해 자신과 같이 의로운 사람들은 보상받지 못하고 있다고 말한다. 그러나 그는 곧 이러한 것이 사회의 질서에 어긋나는 것임을 깨닫는다. 그래서 악인이 현재 누리고 있는 행운들은 모두 꿈과 같으므로 시간이 지나면 없어질 것이라고 결론 내린다. 왜냐하면 하나님의 심판이 그들을 멸할 것이기 때문이다. 그러나 이것만으로 「시편」 저자는 만족할 수 없었다. 그래서 이 문제를 더 숙고하기 위해서 그는 다음과 같은 질문을 던진다. "내가 소유한 것 중에 악인이 갖지 못한 것은 무엇인가?" 또 그는 "내가 항상 주와 함께 하니 주께서 내 오른손을 붙드셨다. 주의 교훈으로 나를 인도하시고 후에는 영광으로 나를 영접하실 것"이라고 외친다. 그리하여 「시편」 저자는 다음과 같은 결론을 내렸다. "하늘에서는 주 외에 누가 내게 있으리요."[22]

「시편」 49편에는 위와 같은 생각이 좀더 명확히 나타나 있다. 여기서 저자는 부유하고 오만한 악인들은 하나님과 결코 교제할 수 없다는 사실을 강조한다. 그들은 죽어 음부의 심연 속으로 떨어질 자들이었다. 그들이 지금 누리고 있는 부유함도 음부에서는 아무 소용이 없으며, 그들은 한 줄기 빛도 없는 암흑 속에서 거하게 될 것이다. 반면에 의인은 자신의 운명을 "하나님이 나를 영접하시고 내 영혼을 음부의 권세에서 구속하실 것"이라고 확신하고 있었다. 그리고 「시편」 저자는 자신이 완전히 새로운 교리를 주장하고 있다는 사실을 확실하게 인식했던 것 같다. 그는 자신의 주장이 이제까지 풀 수 없었던 어려운 난제를 해결해 줄 수 있다고 보았다. 그래서 그는 "세상의 만민들아. 내 말에 귀를 기울이라"고 열정적으로 외치고 있는 것이다.[23]

두 시인은 모두 예루살렘 성전에서 노래하는 유명한 가문인 고라 Korah와 아삽 Asaph의 자손이다. 그들은 대대로 성전 일에 종사하면서, 자신을 하나님과 영원히 교제할 수 있는 하나님의 친구로 생각하였다. 그래서 그들이 부른 노래는 개인적이고 감상적인 특성을 강하게 나타내고 있다. 시구詩句에 나오는 '나'라는 단어는 노래하는 자신을 언급하는 것이고, 다른 공동체의 사람들에게는 단지 암시 정도의 관계가 있을 뿐이다. 그들의 노래는 주로 개인적인 확신을 개진하고 있거나 자신의 신앙을 고백하고 있는 것들이다. 하나님과 개인적으로 교제하는 영원한 삶은 이렇게 특권적인 성전의 가수들을 위해 만들어졌지만, 이윽고 「시편」은 이스라엘 민족 모두에게 희망의 미래를 제시하는 것으로 사용되었다.

「시편」의 두 저자는 자신이 죽은 후에 하나님께서 "영접 receive"해 주실 것이라고 노래함으로써 에녹이나 엘리야가 죽지 않고 하늘로 올라갈 때 사용했던 단어를 대담하게 그대로 사용하고 있다. 이들 경건한 두 사람, 에녹과 엘리야는 죽지 않고 이 세상의 육체 그대로 하늘로 올라갔다. 「시편」 저자들은 이 두 사람에게 일어났던 일이 다른 사람에게도 가능하다고 보았다. 그들은 하늘로 승천한다는 개념을 몇 사람에게만 해당되는 특별한 용어로 생각하지 않았다. 하나님은 신실한 자들을 사후에 하늘로 영접하며, 기적을 통해서 그들이 살아 있을 때 데려갈 필요가 없었다. 「시편」 저자들은 성서를 연구하던 중에 승천에 관한 이야기를 발견했으며, 이 이야기를 창조적으로 재해석했다. 즉 에녹이나 엘리야와 같은 특별한 사람에게만 가능한 것으로 알려진 신비한 사건을 모든 사람이 기대하고 희망할 수 있는 것으로 확대 해석했던 것이다.[24]

그러나 「시편」 저자들은 승천 후에 살게 될 하늘 왕국이 어떤 곳인지 설명하지 않았으며, 그곳에서 사람들이 어떤 삶을 살게 될 것인지에 대해서도 얘기하지 않았다. 하지만 그들은 하나님과 계속해서 교제하게 되며, 큰 영광을 누리게 될 것이라는 사실은 계속 강조하고 있다. 이들은 천국에서의 삶이 어떤 것인지에 대해서는 불확실한 결론을 내리고 있다. 신학자 데이비드슨 Andrew B. Davidson은 그들의 사상이 "종교적 감정의 분출"이며, "존재에 대한 불꽃 같은 사랑"이라고 설명한다. 그들의 사상은 한마디로 하나님에 대한 사랑이다. 하나님에 대한 사랑이 꺼지려고 할 때 그들은 가장 격렬하고 거칠게 하나님에 대한 사랑을 발산시켰다. 「시편」 저자들은 하나님이 의인을 사랑한다는 사실을 확신했기 때문에, 자신들을 하늘 왕국으로 데려간다는 대담한 결론을 내릴 수 있었던 것이다.25)

이 두 편의 시에는 의인은 반드시 그 보상을 받아야 한다는 것과 하나님께서 의인을 하늘나라에 거하게 한다는 믿음이 기본으로 깔려 있다. 그리고 이 두 가지 믿음 외에 또 다른 사상이 하나 더 추가되어 있는데, 그것은 바로 영혼불멸 사상이다. 그리스 인과 함께 살았던 디아스포라diaspora('흩어진 사람들'이라는 뜻으로, 팔레스타인 밖에 살고 있으면서 이방인 사이에서 그들의 신앙을 지키는 유대 인을 가리키는 말이다 - 역주) 유대 인이 그리스 인의 영혼 불멸 사상에 영향을 받았던 것 같다. 그러나 호메로스적Homeric 개념, 즉 사람이 죽은 후에도 미약하나마 그 유령이 존재한다고 믿는 것은 그리스 인뿐만이 아니었다. 다른 신화적 성찰에서도 사후에 인간이 그대로 존재한다고 했으며, 죽은 자는 신들에게 올라가서 벌을 받거나 상을 받았다. 그리고 그 상은 사람들의 마음을 끌기에 충분한 것들이었다.26)

기원전 2세기경의 것으로 추정되는 그리스 철학자의 무덤 벽화에 다음과 같은 그림이 그려져 있다. 날개 달린 천사가 악한 사람을 '축복의 땅Field of Blest'에서 몰아내고 있고, 이와 달리 의로운 두 사람은 하늘의 목초지에서 편안히 쉬고 있다. 이 벽화는 너무 오래되고 퇴색되어 여기에 실을 수가 없었지만, 좀더 후대에 그려진 그림에서도 앞의 벽화처럼 하늘에서 누릴 수 있는 휴식과 즐거움을 강조한 것들이 있다. 로마에 있는 4세기경의 지하무덤에 그려져 있는 이교도의 프레스코 화fresco에 비비아Vibia라는 늙은 여인을 내세로 인도하고

그림 1. 로마 여인이 엘뤼시온으로 들어가고 있다. (4세기, 빈센티우스의 이교도 묘, 로마, 이탈리아)
[Johannes Leipoldt, Die Religionen der Umwelt des Urchristentums (Leipzig: Deichert, 1926), no. 166]

있는 천사의 모습이 그려져 있다. 또 벽화에는 그녀가 남자와 여자 사이에 앉아 맛있는 음식을 먹는 모습도 그려져 있다(그림 1). 같은 시기에 그려진 또 다른 그림을 통해서도 당시의 내세관을 알아볼 수 있는데, 여기에는 베르길리우스Virgil의 작품 『아에네이스Aeneid』에 나오는 내용이 그대로 표현되어 있다. 여기선 죽은 자 중 어떤 이가 큰 링을 돌리고 있고, 다른 사람들은 풀밭에서 격투를 하고, 또 다른 사람들은 모래 위에서 격투를 하고 있다. 그리고 어떤 사람들은 음악에 발을 맞춰 춤을 추고 있다(그림 2). 고대 그리스에서는 이렇게 즐거운 휴식을 만끽할 수 있는 곳을 '엘뤼시온the Elysian Fields' 또는 '지복의 섬the Isles of the Blest'이라고 불렀으며, 죽은 자는 상징적인 의미의 문을 통해서 그곳에 들어가는 것으로 묘사하고 있다.[27]

플라톤Plato(기원전 428~347)이나 키케로(기원전 106~43) 같은 고대 저술가들은 '지복의 섬'을 하늘의 별들 위에 있다고 생각했다. 플라톤이 낙원을 하늘 위에 있는 것으로 생각한 이유는 영혼이야말로

그림 2. 엘뤼시온에서의 생활. (4세기 후반경. 바티칸에 소장된 채색본의 동판화)
[Virgil manuscript Vat. lat. 3225, fol. 52, recto. Angelo Mai, Virgilii picturae antiquae es codicibus Vaticanis (Rome: n.p., 1835), pl. 49]

인간의 가장 본질적인 면이라고 생각했기 때문이다. 육체 속에 갇혀 있던 영혼은 일단 육체를 벗어나게 되면 더 약해지는 것이 아니라 오히려 더 강한 힘을 갖게 된다. 그리고 그 영혼은 새롭게 변화되어 신과 같이 됨과 동시에 위로 올라간다. 의로운 자의 영혼은 음부의 지하세계로 가라앉는 것이 아니라 오히려 위로 올라가게 되는 것이다. 그래서 인간의 영혼은 죽지 않을 뿐만 아니라 플라톤이 이데아라고 불렀던 곳, 즉 이 세상과 전혀 다른 고향 하늘로 되돌아가게 된다. 그렇다면 낙원이 이 땅에 세워진다는 것은 있을 수 없는 일이다. 결국 이들 철학자들은 초기의 호메로스적Homeric 전통 사상을 거부함과 동시에 유대 사상가들에게 새로운 사상적 기초를 제공해 준 것이라고 할 수 있다.[28]

그리스 인의 영혼관은 유대 인에게 깊은 인상을 주었으며, 결국 기독교 신앙에도 큰 영향을 미쳤다. 「지혜서biblical book of Wisdom」(기원전 1세기)와 알렉산드리아의 필론Philo(기원전 20~기원후 45년경)

이 쓴 작품들에는 영혼에 대한 이런 관심들이 잘 나타나 있다. 「지혜서」는 영혼의 불멸성을 기정 사실로 받아들이고 있으며, 필론은 그리스의 영혼 개념을 한 단계 더 발전시켜 설명하고 있다. 필론은 성서의 전통 사상과 플라톤 철학을 독특하게 종합시켜 후대의 기독교 사상가들에게 길을 열어 주었다. 그는 영혼이 이 세상에 태어나기 전의 원래 상태로 되돌아가는 것을 죽음이라고 보았다. 영혼은 본래 영靈의 세계에 속한 존재였다. 영혼이 육체 안에서 생활했던 시간들은 짧고 불행했던 일화에 불과하다. 많은 영혼들이 물질 세계에서 방황하다가 참 길을 잃어버리고 말지만, 진정한 철학자들의 혼은 육체가 죽은 후에도 살아 남아 "비물질적이고 불멸하는 고차원의 상태"로 변화한다. 또한 불멸하는 비물질적인 존재가 될 뿐만 아니라 남성도 여성도 아닌 무성asexual의 상태가 된다.29)

하늘로 올라간 영혼들은 신의 세계에서 그곳에 살고 있는 천사들과 교제를 나눈다. 그리고 좀더 특별한 영혼은 더 높은 단계인 이데아의 세계까지 올라가 살게 된다. 또한 이 영혼이 좀더 높이 올라갈 수만 있다면, 그 영혼은 신성 그 자체에서 신과 더불어 살 수 있을 것이다. 필론에 의하면, 에녹의 영혼은 이데아의 세계에 머무르지만 오로지 모세의 영혼만이 가장 높은 단계까지 올라가 하나님과 함께 살고 있다고 한다. 그리고 영혼이 취할 수 있는 또 다른 가능성은 더 높이 올라가는 것이 아니라 다시 물질 세계로 되돌아오는 것이다. 플라톤은 "영혼이 물질 세계에 너무 익숙해진 나머지 이 생활을 갈망하여 다시 물질 세계로 되돌아간다"고 하였는데, 필론도 이 이론을 받아들여 재성육reincarnation의 가능성을 인정하였다. 결국 이들은 죽은 자들이 음부에서 어두운 삶을 살고 있다고 믿기는커녕, 죽은 자들이야말로 육신의 덫을 벗어버리고 여러 가지 자유를 만끽한다고 믿었다.30)

알렉산드리아의 필론처럼, 헬레니즘 시대의 유대 인은 유대 민족

국가의 재건에 관심을 갖지 않았다. 그들은 유대 교를 하나의 철학이나 신앙 형태로 여겼을 뿐, 국가의 이데올로기로 생각하지는 않았다. 개인적으로 그들은 유대 교 신자였지만, 행동적이며 정치적인 생활보다는 오히려 명상적이며 개인적인 생활을 선호하였다. 철학자의 영혼은 죽은 후에도 하늘로 올라갈 수 있다고 믿었기 때문에 이들은 모두 필론과 같은 참 철학자가 되기를 원했다. 그들이 생각하는 죽음은 새로운 민족 공동체를 건설하기 위한 것이 아니라 영혼이 자유롭게 명상을 즐기는 준비 단계였다.

초기 유대의 유일신론자들과 달리, 헬레니즘 시대의 유대 인들은 인간의 영혼이 불멸한다고 생각했다. 이들은 그리스 사상의 영향을 받아서, 사람이 죽으면 천사가 내려와 인간의 영혼을 영접하여 저 세상으로 떠나는 마차에 태운다고 믿었다. 그리고 땅에 묻힌 육체는 썩어 없어질 동안 이 세상에 남아 있게 된다. 의로운 영혼은 그리스 신화에 나오는 '지복의 섬the Isles of the Blest'이나 플라톤이 말하는 초월적인 이데아의 세계에서 살게 된다. 그리고 그곳에서 다른 영혼들과 천사들 그리고 궁극적으로는 하나님과 함께 영원한 삶을 사는 것이다. 이것은 모호한 생각이긴 하지만 철학자들의 천국관을 보여 주고 있다. 철학자들의 천국은 다른 사람이나 세상사에 마음을 빼앗기지 않고 이상적인 방향으로 추상적인 명상에 잠기는 것이었다. 천국의 학자들은 이미 육체로부터 벗어났기 때문에 더 쉽게 연구를 계속할 수 있다. 육체는 이제 더 이상 영혼을 괴롭히거나 방해하지 못한다. 그러나 필론은 하늘나라가 천사들과 영혼들이 함께 교제하는 하나의 공동체라고 분명하게 밝혔지만, 그의 철학 방법론으로는 천국에서의 사회적인 삶, 즉 교제의 삶을 설명할 수 없는 약점이 있다. 그는 철저하게 이성적으로만 천국을 이해했을 뿐 결코 그 선을 넘지 않으려고 하였다.[31]

결국 헬레니즘 시대의 유대 인의 철학적 사색은 「시편」 73편과 49편에 나타났던 내세관을 더욱더 심화시켰다고 할 수 있다. 앞에서 살펴본 것처럼, 「시편」 저자들은 하나님이 의인들을 음부에서 구해 낼 것이라고 확신했지만, 이런 일들이 어떻게 일어나는지에 대해서는 설명하지 못했다. 그러나 플라톤 철학의 영향을 받은 유대 인들은 영혼을 음부에 거하는 연약한 존재가 아니라 천상에 거하는 최상의 존재로 이해하였다. 자신을 지배하는 이방인에게 대항하려는 생각을 전혀 하지 않았던 유대 인들, 즉 헬레니즘 시대의 유대 인들은 새로운 유대 왕국이 아니라 추상적이고 개인적인 의미의 천국을 기대하고 있었다. 이들은 내세를 무의미한 것으로 생각했던 야훼-유일신론자들의 내세관도 거부했으며, 이스라엘 왕국이 새롭게 재건되기를 기대했던 민족주의자들의 내세관도 거부했다. 그 대신 인간의 영혼은 육체로부터 벗어나 불멸하는 존재가 된다고 믿음으로써 자신의 내세관을 형성해 나갔다.

1세기경 유대 인의 내세관

1세기경 기독교가 처음 등장했을 때, 유대 인은 각기 다른 세 가지 내세관을 가지고 있었다. 그리고 이 세 가지 내세관을 바탕으로 또 다른 네 번째 관점, 즉 기독교적 내세관이 생겨났다. 1세기경, 사두개 파와 바리새 파, 에세네 파의 내세관은 모두 특별한 것은 아니고 야훼-유일신론자들과 묵시론자들 그리고 철학자들의 내세관을 그대로 발전시킨 것이다. 그러나 이렇게 유대 인들 사이에 내세관이 다양했기 때문에 유대 현인이나 철학자들뿐만 아니라 종파주의자들, 서민들까지도 이 문제에 대해서 의견이 분분했다. 비록 이 세 가지 관점을 자세하게 설명하고 있는 고대 문헌들이 부족하긴 하지만, 이 관점들이 각각 어떤 내용이었는지 시험적으로나마 추측해 보고자 한다. 특히 여기서는 이 세 가지 관점이 각각 어떤 부류의 사람들에게 호소력이 있었는지 살펴보도록 하겠다. 신약 시대 내세관에 대해서는 각 종파들간의 논쟁을 통해서 알 수 있다. 그리고 이 논쟁은 로마의 지배 아래 있던 팔레스타인의 종교 생활이 얼마나 활동적이었는가를 보여 준다.32)

앞에서 살펴본 것처럼 야훼-유일신론자들은 내세에 대해서 무관심했는데, 이런 경향은 1세기경 사두개 인의 철학에서도 그대로 나타나고 있다. 사두개 인은 상위 층에 속하는 유대 인으로, 성서 구절에 매우 집착하고 신앙 생활이나 예배 의식은 보수적인 입장을 취했다. 불행하게도 사두개 인이 직접 쓴 저술은 현재 하나도 남아 있지 않다. 다만, 유대 역사가 요세푸스Josephus(37~100)의 기록과 신약성서 또는 사두개 인들과 논쟁했던 철학자들의 기록을 통해서 그들의 모습을 짐작할 수 있다. 따라서 현재 남아 있는 기록들은 모두 사두개 인의 견해를 이해하려는 입장에서 쓴 것이 아니라 그들을 공격하는 입장에서 쓴 것이다. 때문에 우리는, 사두개 인들이 왜 죽음과 함께 인간의 생명이 완전히 끝나 버린다고 생각했는지 추측적인 결론을 내릴 수밖에 없다.

요세푸스의 기록에 의하면, 사두개 인은 "육체가 멸할 때 영혼도 함께 멸한다"고 주장했다고 한다. 다른 유대 인들은 어떤 형태로든지 영혼의 불멸성을 믿었던 반면에, 사두개 인들은 영혼의 불멸성과 관련된 기록을 성서에서 전혀 찾아볼 수 없다고 주장했다. 사두개 인이 내세의 삶을 부정하면서 영혼은 이 세상에서만 존재한다고 주장하는 또 다른 이유는 그들이 부유한 제사장 계급에 속하기 때문이었다. 사두개 인의 생활상을 기록한 글들을 종합해 보면, 그들은 "은과 금으로 만든 그릇을 사용하며", 금욕적인 유대 인들처럼 "스스로 고행하여 금욕하는 일"도 없었다고 한다. 바울도 사두개 인들의 생활을 비판하면서, 그들의 생활을 "우리는 내일이면 죽을 터이니 먹고 마시자"라는 말로 표현하였다. 이렇게 볼 때, 사두개 인들은 풍족하고 안락한 생활을 했으며, 미래에 있을 어떤 보상도 필요로 하지 않았다는 사실을 알 수 있다. 그래서 야훼-유일신론자들이 외쳤던 것처럼, 그들도 이 땅 위에 살고 있는 존재만이 진정한 종교적 감정을 느낄 수 있다고 믿었던 것이다. 그리고 그들은 사회적으로도 높은 지위에 있고 안락한 생활을 하였기 때문에 내세에서 좀더 나은 삶을 살고 싶다는 소망도 가질 필요가 없었던 것이다.[33]

사두개 인은 제사장 직분에 종사하거나 최소한 제사장과 관련된 사람들이었기 때문에 그들이 종교 의식에 대단한 의미를 부여하고 있었던 것만은 확실하다. 제사장이 성전에서 종교 의식을 행하는 것은 곧 하나님 면전에서 일을 하는 것이었다. 현재 유대 인들이 겪고 있는 민족적 고통이 아무리 크다고 하더라도, 성전에서 하나님과 함께 거한다 함은 바로 이 세상에서 하나님의 충만함을 체험하는 것과 같았다. 그들은 자신이 직접 성전 의식을 행하고 있기 때문에 다른 유대 인들보다 하나님과 더 가까이 있다고 느끼고 있었다. 그러므로 그들은 사후에 이 땅에서의 삶을 보상받겠다는 생각은 전혀 하지 않았으며, 심지어 "주의 궁전(성전)에서 지내는 하루가 다른 곳에서 지내는 천 날보다 낫다"고 고백하고 있다. 그들은 이 세상에서 하나님과 가까이 거하고 있기 때문에 다른 유대 인들처럼 죽은 후에 하나님과 만날 수 있을 것이라는 기대를 할 필요가 없었다. 현대 신학자들은 이러한 형태의 믿음을 "실현된 종말론realized eschatology"이라고 부른다. 왜냐하면 그들은 천국에서나 체험할 수 있는 신과의 접촉을 이미 이 세상에서 맛보았다고 믿었기 때문이다. 사두개 인들은 이 세상에서 물질적인 풍요함을 누리고 있었기 때문에 내세의 축복을 기대할 필요가 없었으며, 성전 일을 통해서 하나님과 교제하고 있었기 때문에 내세에 신과 교제할 것이라는 기대를 할 필요가 없었다. 그래서 사두개 인들은 야훼-유일신론자들의 전통을 따라 하나님은 죽은 자의 하나님이 아니라 산 자의 하나님이라고 주장했으며, 육체가 죽을 때 그 영혼도 함께 사라진다고 믿었다.[34]

사두개 인은 죽음과 함께 영혼도 멸망한다고 믿었던 반면에 바리새 인은 부활 신앙을 주장하였다. 이들은 정결purity에 관련된 율법 조항들을 완벽하고 세밀하게 준수함으로써 유대 교를 새롭게 구축하려고 노력하였다. 바리새 인들은 도시에 거주하고 있던 소수 집단으로, 율법을 엄격히 준수하여 다른 사람들에게 모범을 제시하려고 하였다. 또한 그들은 성전의 제사장들이 지키는 제의적인 정결까지도 모든 유대 인이 지켜야 한다고 생각했기 때문에, 바리새 인이 아닌 사람들과는 불결하다는 이유로 접촉하기를 꺼려했다.[35]

여기서 우리는 바리새 인들이 어떻게 내세를 인정하게 되었는지 살펴보도록 하자. 바리새 인들은 주로 유대 교의 종교 의식에 관심을 갖고 있었으므로, 그들이 어떤 믿음을 갖고 있었는지 알아볼 수 있는 자료는 그들에 대해서 잠깐씩 언급하고 있는 고대 문서 몇 구절이 전부이다. 바리새 인들은 유대 선지자들, 즉 이방 민족의 멸망을 경고하고 새로운 이스라엘 왕국이 성립되는 영광스러운 미래를 예언했던 구약 선지자들의 견해를 따르고 있었다. 또한 요세푸스의 기록을 보면, 그들은 영혼의 불멸성과 함께 "선한 자의 영혼만이 또 다른 육체로 들어갈 수 있다"고 믿었다고 한다. 초기 기독교 저술인 「사도행전」에서도 바리새 인들은 부활을 믿었다고 기록되어 있다. 바울도 기독교로 회심하기 전에 "바리새 인으로 태어나서 바리새 인으로 양육 받았다"고 했다. 따라서 그는 기독교인이 되기 전부터 이미 부활을 인정하고 있었던 것으로 보아야 할 것이다. 그렇다면 부활에 대한 이러한 관점이 어떻게 해서 바리새 인들로 하여금 새 이스라엘 건설을 기대하게 만들었을까?36)

바리새 인은 율법을 엄격하게 준수하여 자신을 정결케 함으로써 새로운 유대 교를 건설할 수 있다고 생각했다. 또한 그들은 하나님께서 정결케 된 자신을 언젠가는 받아 주실 것이라고 믿었다. 그리고 죽은 자들 가운데서도 신실한 자는 이 새로운 공동체에 참여할 수 있다고 믿었다. 죽은 자가 부활하고 새로운 유대 국가가 재건되고 나면, 모든 사람이 이교도의 지배 아래에서는 이룰 수 없었던 정결한 교제를 나누게 될 것이다. 에스겔이 그랬던 것처럼, 바리새 인들은 이스라엘의 죽은 뼈들이 되살아나서 새 땅을 차지하게 될 것이라고 믿었다. 그들은 정결케 된 유대 국가라는 묵시적인 희망을 가졌다는 점에서 「다니엘서」와 같은 관점에 서 있었던 것이다.

지금까지 살펴본 것처럼, 사두개 인은 죽은 자의 부활을 부인했으며, 이에 반해서 바리새 인은 부활을 인정했다. 마지막 세 번째 관점은 앞의 두 가지 관점에 비해 좀더 개인주의적인 내세관을 갖고 있었다. 영혼은 불멸하며 육체가 죽은 뒤에 하늘로 올라간다고 믿었던 사람은 헬레니즘 시대의 유대 인들뿐만이 아니었다. 몇 가지 기록을 보면, 에세네 파도 역시 육체로부터 영혼이 자유로워지기를 갈망했으며, 천국에서의 영원한 휴식을 기대했다고 한다. 그러나 에세네 파가 필론과 다른 점이 있다면, 이들은 메시아가 다스리는 새로운 유대 공동체가 건설될 것을 믿고 기다렸다는 점이다. 그러면서도 그들은 정치적인 반反식민지 운동에 참여하지는 않았으며, 오히려 쿰란Qumran이라고 불리는 사해 근처 사막 지대에서 은둔 생활을 했다. 즉 에세네 파는 내세를 부인했던 사두개 인의 견해도 거부했지만, 미래의 부활을 현실적인 것으로만 보는 단순한 물질주의적 견해도 거부했던 것이다. 이들은 물질보다는 영적인 것에 더 가치를 두었기 때문에, 이 세상과 떨어져 생활하기를 원했던 것이다.

에세네 파 사람들은, 적어도 그 일부는, 독신주의자였다. 요세푸스도 에세네 파의 그러한 독신주의, 재산의 공동 소유, 검소한 생활을 기록하면서 그들의 내세관에 대해서 설명하고 있다. 에세네 파는 영혼은 "불멸하는 반면에 인간의 육체는 더럽고 불결하다고 믿었다." 그리고 그들도 필론처럼 죽음과 함께 인간의 영혼은 육체라는 감옥으로부터 풀려나 하늘로 올라간다고 믿었다. 의로운 자의 영혼은 바다 너머에 있는 어느 거처로 가게 되는데, 여기는 바다에서 불어오는 서풍西風으로 생기가 넘쳐 흐르며, 눈이나 비, 더위와 같은 자연 환경 때문에 고통받는 일도 없는 곳이다. 즉 이들도 앞의 철학자들이 꿈꾸었던 것처럼, 고요하고 편안한 내세를 기대하고 있었던 것이다. 자료가 빈약해서 이들의 관점을 상세하게 설명할 수는 없지만, 에세네 파의 내세관은 대체적으로 밝고 희망적이었다. 즉 이들이 생각한 내세는 사막 생활의 고통에서 자유로운 가운데 고요히 하나님을 명상할 수 있는 곳이었다. 이 세상에서 이미 만족한 삶을 살았던 사두개 인이나 새로운 유대 공동체가 건설되기를 기대했던 바리새 인과 달리 에세네 파는 사후에 '지복의 섬'과 같은 장소에서 영원한 삶을 살기를 희망하고 있었다.[37]

고대 유대 인이 다양한 내세관을 갖고 있었던 이유는, 단순히 그들이 서로 다른 신학 사상을 갖고 있었기 때문만은 아니었다. 여기에는 신학적 이유 외에도 각 개인과 공동체 그리고 민족적 관심사 사이의 복잡한 관계가 얽혀 있었다. 분명한 사실은 음부나 천국에 대한 이들의 믿음이 결코 고정되어 있지는 않았다는 점이다. 기독교 시대가 도래하기 이전부터 이들의 내세관은 조금씩 변화해 왔다. 이스라엘은 독립국가로서의 주권을 잃어버리고 이민족의 지배를 받게 되자 이러한 현실에 대처하기 위해서 종교개혁 운동을 일으켰으며, 이로 인해 하나님의 섭리가 갖고 있는 새로운 의미를 발견하고자 하였다. 그리고 이런 노력에 발맞추어 그들의 내세관도 새롭게 변화하였다. 또한 내세관은 그들이 하나님과 인간 사이의 관계를 어떻게 이해했는가 하는 문제와 직결된다. 그러나 그들의 믿음이나 의식 체계가 변화되어 왔다 해도 이전부터 내려오던 전통적인 개념들을 완벽하게 없앨 수는 없었다. 도리어 1세기경의 팔레스타인은 기독교인들이 자신의 천국관을 발전시켜 나갈 수 있는 풍부한 기반이 되어 주었다.

제2장
예수와 기독교의 천국관

JESUS AND
THE CHRISTIAN PROMISE

1세기경에 출현한 기독교는 내세관에 관련하여 유대 교의 영향을 많이 받았다. 유대 인 중에는 사두개 인처럼 내세를 부정하는 자들도 있었지만, 대다수는 사람이 죽어도 그 영혼까지 소멸하는 것은 아니라고 생각했다. 그들에게 죽은 자는 단순한 추억거리가 아니라 여전히 이 우주 안에서 활동하고 있는 적극적인 참여자였다. 음부의 세계와 접촉하려고 하거나 죽은 조상들이 지상의 후손들에게 영향을 미칠 수 있다고 생각하는 믿음은 이미 구약 시대 종교개혁자들에 의해서 비판을 받았다. 그럼에도 불구하고 이런 믿음은 이교도는 물론이고 고대 유대 인 사이에도 여전히 남아 있었다. 하나님이 새 땅에서든지 아니면 축복된 천국에서든지 어느 곳에서라도 선한 자에게 보상을 해 줄 것이라는 생각은 나라를 빼앗기고 고통스러워하던 유대 인에게 큰 힘을 주었다. 그들에게 사후의 삶이란 더 이상 어두운 음부가 아니었다. 하나님을 믿고 신실하게 살기만 하면 사후의 삶은 곧 하나님의 빛을 의미하는 것이었다. 내세에 대한 유대 인의 사고 변화, 즉 인간의 영혼은 불멸하여 육체가 죽은 뒤에 하나님이 하늘로 데려간다고 주장한 것은 영혼이 하늘로 올라갈 수 있는 방법을 설명한다. 당시의 묵시적인 가르침들, 즉 죽은 자의 부활이나 하나님의 최후 심판 그리고 영원한 하나님 나라의 건설과 같은 가르침들도 내세를 현실로 믿게 하는 데 큰 영향을 미쳤다. 이런 상황에서 기독교는 사후의 삶은 어떤 것인가에 대한 답을 찾지 않을 수 없었다.

초기 기독교의 내세관은 매우 독특해서 바리새 인이나 에세네 파의 관점과 많이 달랐다. 물론 천국에 대한 새로운 상像을 제시한 사람은 예수였지만, 이 천국관을 발전시킨 사람은 바울 그리고「계시록」의 저자인 요한이었다. 그러나 세 사람의 공통점은 사후의 삶을 철학적이나 추상적으로 생각하지 않고 영원한 축복을 약속한 하나님을 강렬하게 체험하는 것으로 설명했다는 점이다. 즉 이전의 유대 인들은 내세를 새로운 유대 국가의 재건으로 보거나 의로운 사람에 대한 보상으로 설명하였다. 그러나 신약성서의 천국관에는 보상이라는 의미가 전혀 나타나지 않는다. 천국은 이 땅에서 무언가 부족했던 사람들이 충만함을 찾는 장소나 시간이 아니라, 신의 약속으로서 기독교인이 신성을 체험하는 곳이다. 예수를 따르던 사람들은 이런 종교적인 흥분과 열정에 사로잡혀 세상을 부인하고, 자신의 눈을 하나님과 함께 할 미래에만 두고 있었다.

예수 : 천국의 결혼을 부정

1세기경에 이르러, 유대 교는 도시형 종교가 되었다. 예루살렘 성전이 파괴되기 전까지(70년), 로마 제국 내에 있던 유대 인들은 예루살렘으로 순례를 행하곤 했으며, 이 성전에서 희생 제사를 지냈다. 또한 유대 인들은 회당synagogues(함께 모이는 곳이라는 뜻으로 바빌론 유수 기幽囚期에 시작된 것으로 추정되며, 구약을 가르치고 강해하기 위한 기관-역주)으로 가서 율법과 성경에 관한 교훈들을 듣곤 했는데, 여기에서 랍비들은 이방인과 구별되게 사는 법을 주로 가르쳤다. 또한 유대 사회에는 바리새 파, 사두개 파, 에세네 파와 열심당Zealots(외국의 통치, 특히 로마 통치에 반항하던 매우 과격하고 호전적인 유대 인 반항자들을 가리키는 말로 유대의 극단적인 애국적 국수 단체를 뜻함-역주) 등 다양한 종파 운동이 있어서, 이들 사이에는 종교 논쟁도 활발하였다. 그러나 팔레스타인의 변방인 작은 시골 마을에서는 성전에서 행하는 제사장의 예배 의식이나 랍비들의 교훈을 직접 대할 수가 없었다. 바로 이 시골 지방에서 유대 교의 새로운 형태, 즉 새로운 종교의 전통이 출현하게 된다.

성서학자들은, 예수의 고향인 갈릴리 지방은 제사장이나 랍비가 이끌었던 도시적인 유대 교와 멀리 떨어진 지역이었다고 한다. 갈릴리는 팔레스타인 북쪽 끝에 위치해 있으며, 200여 개의 촌락이 모여 있는 비교적 인구가 많은 시골 지방이었다. 갈릴리 사람들이 악한 불신자이거나 이방 문화에 물들어 있던 것은 아니었지만, 성전에서 행하는 제사 의식이나 종교 지식에 대해서는 관심이 없었다. 유대 인의 율법책 중에 갈릴리 인들에 관한 기록이 있는데, 이들은 '반半세겔의 세금half-shekel'——예루살렘 성전을 보존하기 위해 유대 인 성인 남자 한 사람이 일 년에 한 번씩 내는 돈——도 알지 못했다고 한다. 또한 그들은 히브리 성경에서 규정하고 있거나 랍비들이 설명하고 있는 율법 조항들을 그다지 중요하게 여기지 않았다. 그래서 그들은 당시에 "모세 오경Torah을 미워하는" 사람들로 알려졌다. 다시 말해 갈릴리 인들은 팔레스타인 변두리에 살고 있다는 지리적 특성상 자신만의 독특한 유대 교를 키워 나갈 수 있었던 것이다.[1]

갈릴리 사람들은 하니나 벤 도사Haninah ben Dosa나 나사렛 예수와 같이 시골 출신의 성인聖人으로서 기적을 행하며 하나님의 말씀을 선포하는 사람들에게 열광하고 있었다. 이들은 이스라엘 하나님의 이름으로 기적을 행하면서, 시골 사람들을 하나님과 연결시켜 주는 역할을 했다. 특히 이들의 병 고치는 기적은 고달픈 현실 속에서도 하나님이 유대 인들을 도와 주신다는 사실을 나타내는 행위였다. 기적을 행한다는 것은 무엇보다도 이들이 하나님과 함께 어떤 특별한 것, 즉 일상에서 일어날 수 없는 신비스러운 일을 할 수 있다는 것을 의미했다. 또한 이들은 직업을 갖지 않고 하나님의 사랑을 선포하는 일에만 몰두하였다. 그래서 사람들은 하나님을 농부나 어부들과 관련된 평범한 일상 생활과는 무관한 존재로 생각하게 되었으며, 결국 갈릴리 지방의 유대 교는 이 세상을 부인하고 저 세상을 바라보는 내세 지향적인 경향을 띠게 되었다. 즉 하나님의 나라는 이 세상에 존재하는 것이 아니라고 믿었던 것이다.[2]

기적을 행한 갈릴리인 중에서도 가장 유명한 사람, 나사렛 예수는 자신의 가르침을 글로 남겨 놓지 않았다. 그래서 그의 가르침을 원래 그대로 복원하려면 복음서에 의존할 수밖에 없다. 그런데 이 복음서도 예수를 직접 만난 사람들이 아니라 2~3세대 뒤의 기독교인이 기록한 것이다. 또한 이 복음서는 역사성을 중요시한 것이 아니라 초기 기독교 공동체의 필요에 의해서 씌어졌기 때문에 그 신빙성도 의심의 여지가 많다. 간단한 일화나 순수한 전기는 믿을 수 있다고 하더라도, 복음서에는 그 밖에도 구전된 이야기들이 많이 첨가되어 있다. 복음서 저자들은 기독교인들을 올바로 인도하기 위해서 이 글을 썼기 때문에 원래의 전승 기록을 변형시키거나 왜곡시켰을 가능성도 배제할 수는 없다. 물론 이런 사실들 때문에 너무 회의적이 될 필요는 없지만 복음서가 이런 한계점이 있다는 사실은 충분히 인정하고 시작해야 할 것이다. 어쨌든 예수가 내세에 대해서 어떻게 생각하고 가르쳤는지 좀더 정확하게 알아보려면, 초기 기독교인의 저술들을 잘 연구하는 것이 가장 좋은 방법일 것이다.

　복음서에서 예수가 직접 천국을 언급하고 있는 구절을 보면——이 구절은 오랫동안 논란의 대상이 되어 왔다——그가 내세에 대한 논쟁을 회피하지 않았다는 사실을 알 수 있다. 어떤 이들이 예수에게 와서 다음과 같은 질문을 던졌다. 만일 어떤 사람의 형이 아내를 두고 자식이 없이 죽거든 그 동생이 형의 아내를 취하여 죽은 형을 위하여 후사를 세울 것이라고 모세의 율법에 기록되어 있다. 그런데 일곱 형제가 있어서, 맏이 아내를 취하였다가 자식이 없이 죽고, 그 둘째가 미망인과 결혼하고 자식 없이 죽고, 일곱 형제가 차례로 그 미망인과 결혼하고 자식 없이 죽고, 그 후에 여자도 죽게 된다. 그렇다면 부활의 때에 누가 진정 그 여자를 아내로 취할 수 있겠는가?「누가 복음」을 보면, 예수는 이 질문에 대해서 다음과 같이 대답하였다. "이 세상의 자녀들은 장가도 가고 시집도 가되, 죽은 자 가운데서 부활하기에 합당하다고 심판을 받은 자들은 장가가고 시집가는 일이 없으며, 그들은 다시 죽을 수도 없나니 이는 천사와 동등이요, 부활의 자녀로서 하나님의 자녀이니라." 결국 그 여자는 부활의 때에 일곱 형제 중 어느 누구의 아내도 될 수 없는 것이다.[3]

　이 이야기 속에는 세 가지 내세관, 즉 사두개 파, 묵시론자들 그리고 기독교의 내세관이 나타나고 있다. 이들은 모두 1세기경 팔레스타인에 널리 퍼져 있던 각기 다른 견해를 대표하고 있다. 복음서는 한 여자와 일곱 형제에 대해서 질문을 한 것이 사두개 인이라고 기록하고 있다. 사두개 인은 부활을 믿지 않았던 자들로서 죽은 자는 하나님을 경배할 수 없다고 생각했다. 이들은 제사장 계급에 속하는 귀족으로 신학적으로 보수적인 입장을 취했고 내세의 가능성을 부인했다. 그러므로 부활을 전제하고 있는 이런 종류의 질문은 단순한 질문이라기보다는 묵시론자들의 주장을 비웃으려 했던 질문이었던 것이다.

사두개 인이 비웃었던 것은 바로 묵시론자의 내세관이다. 묵시론자는 이 세상에 축복된 신의 나라가 세워지고 의로운 자들이 부활하며, 이들이 결혼하여 자식을 낳고 행복하게 살 것이라고 믿었다. 그리고 축복된 삶을 충분히 살고 난 후에, 이들은 좀더 높은 단계인 영의 세계에서 살게 된다. 사두개 인이 말하는 내세는 곧 묵시론자들이 주장하는 지상에서의 천년왕국을 뜻한다. 사두개 인은 모세의 율법에 충실했기 때문에 내세에서 일곱 남자가 한 여인과 동침한다는 사실은 있을 수 없는 일이었다. 사두개 인의 질문을 듣던 청중은 묵시론자의 견해를 잘 알고 있던 사람들이었다. 그래서 사두개 인은 이런 청중에게 묵시론자의 내세관이 얼마나 어리석은 것인지 지적함으로써 자신의 지혜를 자랑하려 했던 것이다.

안타깝게도 신약성서에서는 사두개 인의 질문에 대해서 모세의 율법에 입각하여 재치 있고 조리 있게 대답하는 사람을 찾아볼 수 없다. 즉 이 부분으로는 사두개 인의 조롱에 대해서 바리새 인이나 묵시론자가 어떻게 대응했는지 알 수가 없다. 그러나 이성적으로 추측해 보면 그 과부는 부활한 뒤에 자신의 원래 남편이었던 7형제의 맏이에게 시집가서 자식을 낳아야 한다고 대답할 수 있었을 것이다. 즉 묵시론자들은 이 땅 위에 행복하고 풍요로운 사회가 건설될 것을 기대하며, 그와 동시에 그 사회는 모세의 율법이 지배해야 한다고 생각했던 것이다. 이 땅에 세워지는 하나님의 나라는 무질서의 세계가 아니라 하나님의 질서가 지배하는 세계이어야 했다.[4]

사두개 인의 질문에 대한 예수의 대답은 세 번째 내세관, 즉 기독교의 내세관을 나타내고 있다. 예수는 바리새 인들처럼 사람이 죽은 후에 새로운 삶을 살게 된다고 주장했지만, 그것이 결혼을 하고 자녀를 낳는 것과 같은 현재의 생활 방식은 아니라고 완전히 부인하였다. 예수는 묵시론자들의 견해에 반대하며 부활한 사람들은 결혼하지 않는다고 말한다. 고대인들이 결혼을 출산과 연결시켜 생각했던 것으로 미루어 볼 때, 이 말은 천국에서는 여성과 남성 간의 성적 관계가 성립되지 않는다는 뜻으로 이해해야 할 것이다. 부활한 사람들은 모두 천사와 같이 무성asexual의 존재가 된다. 예수는 그들을 "하나님의 자녀들"이라고 칭했는데, 아마도 이것은 구약의 성서 구절을 염두에 두고 한 말이었을 것이다. 구약에는 천사, 즉 "하나님의 자녀들"이 사람의 딸에게 정욕을 품어 천국을 떠나게 되었다는 이야기가 기록되어 있다. 하늘에 속한 존재는 더 이상 육체적인 정욕을 느끼지 않는다. 그리고 죽음도 더 이상 그들의 영원한 삶을 빼앗아 갈 수 없다. 결국 예수는 결혼이나 출산과 같은 생활 형태를 부인했고, 또 부활한 자들이 다시 죽어야 한다는 주장도 부인했던 것을 알 수 있다. 즉 예수의 내세관은 당시에 널리 퍼져 있던 묵시론자의 내세관과도 달랐던 것이다.[5]

 이와 같이 예수는 사후의 삶을 영적이며 영원한 것으로 보았다. 또한 그는 내세가 이 세상과 함께 공존하고 있다고 주장했다. 그는 이런 사상을 뒷받침하기 위해서 성서적 근거를 제시하였지만, 랍비적인 교훈이나 논리에 친숙하지 못한 현대인에겐 모호하게 보인다. 「누가복음」에는 다음과 같은 구절이 있다(20:37 이하). "모세가 가시나무 떨기 앞에서 하나님을 아브라함의 하나님, 이삭의 하나님, 야곱의 하나님이라고 부르고 있다. 이것은 아브라함, 이삭, 야곱과 같은 자들이 죽은 것이 아니라 다시 부활했다는 사실을 알려 주는 것이다. 왜냐하면 하나님은 죽은 자의 하나님이 아니라 산 자의 하나님이기 때문이다. 즉 하나님 앞에서는 모든 사람이 살아 있다는 것이다." 1세기경 팔레스타인에 살고 있던 유대 인들은 이런 대답을 듣고 다음과 같은 질문을 던질 수 있을 것이다. 하나님은 이스라엘 족장의 하나님이라고 했는데, 이 족장들은 모두 죽은 자들이다. 그렇다면 이런 하나님을 어떻게 산 자들의 하나님이라고 부를 수 있겠는가? 성경에서 죽은 자들은 하나님께 나아갈 수 없다고 했는데, 그렇다면 이 말은 거짓인가? 결국 위의 두 성서 구절은 서로 모순되지 않는가?[6]

위의 두 구절이 서로 부합하려면, 이스라엘 족장들이 단지 우리들에게만 죽은 자들일 뿐 하나님 앞에서는 산 자들이라고 가정해야 한다. 예수도 이들이 음부에서 버림받은 채로 있는 것이 아니라 하나님에게 올리어 갔다고 주장하고 있다. 그들은 지금 하늘에서, 하나님 면전에서 살고 있는 것이다. 이런 결론을 좀더 발전시켜 보면, 많은 수의 죽은 남녀가 지금 하늘에서 하나님과 함께 살고 있다는 가정을 내릴 수 있다. 죽은 자들은 묵시론자가 주장하는 것처럼 새 왕국이 건설되기를 기다릴 필요가 없다. 왜냐하면 그들은 지금 바로 하늘나라에서의 삶을 누릴 수가 있기 때문이다. 이런 예수의 이론은 랍비적인 관점에서 볼 때에도 나무랄 데가 없는 것이었으며, 당시 사두개 인들과 논쟁하던 몇몇 랍비가 실제로 주장한 이론이기도 했다.[7]

예수의 대답에는 또 한 가지 중요한 사실이 있다. 즉 예수는 죽은 자를 그들의 조상과 연결시키는 전통적인 견해를 거부했다는 점이다. 사두개 인들은 내세에 과부가 과연 누구와 결혼해야 할 것인가 하는 문제에 관심을 두었지만, 예수는 이 질문이 소용 없는 것임을 알려 주었다. 예수의 관점에서 볼 때, 죽은 자들은 그들의 가족이나 혈족과 관계가 있는 것이 아니라 아브라함이나 이삭, 야곱 그리고 하나님과 관계가 있었다. 결국 이스라엘의 종교적 인물로서 이들 족장들이 죽은 자들의 배우자나 혈족, 조상이 차지하고 있던 전통적인 자리를 대신하고 있었다. 신약 시대에는 죽은 자들이 이제 더 이상 "그들의 후손을 불러모으는" 존재가 아니었다. 그 대신 그들은 "천사들의 인도를 받아 아브라함의 품 안으로 들어가는" 것이었다. 전통적인 견해와 달리, 가까운 조상은 종교적 영웅들로 대체되는 것이다.[8]

부활이란 예수가 이해했던 것처럼, 사람이 죽은 후에 천국으로 올라가는 것을 의미한다. 예수는 내세를 부정했던 사두개 인의 주장을 거부하면서 동시에 지상에서의 새로운 삶을 기대했던 묵시론자의 주장에도 도전을 가했다. 그리고 예수는 자신의 대답을 통해서 새로운 내세관을 제시했던 것이다. 예수는 죽은 자들이 천국에서 그들의 혈족이나 조상과 관계가 있는 것이 아니라, 아브라함과 같은 종교적 인물들과 관계를 갖는다고 설명했다. 그리하여 고대 세계에서 경제적으로 사회적으로 매우 중요한 위치를 차지하고 있던 가족이라는 유대 관계가 이제 가치를 잃게 되었다. 이제 죽은 자나 산 자 모두가 그들의 관심을 자신의 혈족에서 하나님과 이스라엘의 종교적 영웅들에게로 옮겨야 했다.9)

죽은 자들을 혈족과 연결시키지 않고 하나님과 연결시키는 사상은, 예수가 비유로 말한 "부자와 나사로"의 이야기에도 나타나고 있다. 옛날에 부자가 살고 있었는데, 자색의 고운 베옷을 입고 날마다 호화로운 잔치를 베풀었다. 그리고 그 대문 앞에는 나사로라는 이름의 거지가 살았는데, 그는 부자의 상에서 떨어지는 음식 찌꺼기로 배를 채우며 연명했다. 나중에 그 거지가 죽어서 천사들의 인도를 받아 아브라함의 품으로 들어갔다. 곧이어 부자도 죽어 장사를 지냈는데, 그는 불과 고통이 있는 음부에 떨어졌다. 부자가 눈을 들어 멀리 올려다보니, 아브라함 품에 안겨 있는 나사로가 보였다. 그는 아브라함에게 나사로를 자신에게 보내어 그 손가락 끝에 물을 찍어 자신의 혀를 서늘하게 해 달라고 간청하였다. 이에 대해서 아브라함은 "너희와 우리 사이에 커다란 구렁이 놓여 있어 여기서 너희에게 건너가고자 하되 할 수 없고, 거기서 우리에게 건너올 수도 없다"고 대답하였다. 또한 부자가, 곧 들이닥칠 자신의 운명을 모르는 자신의 형제들에게 누군가를 보내어 신의 말씀을 들을 것을 경고해 달라고 간청했을 때, 아브라함은 그 간청도 들어줄 수 없다고 대답하였다. 예수는 이 비유를 통해서 지상에 살고 있는 자들은 무덤에서 오는 메시지를 기다려서는 안 된다고 말하고 있다. 죽은 자들은 산 자에게 결코 얘기할 수 없기 때문이다. 산 자들이 해야 할 일은 '모세와 선지자'의 말씀을 듣는 것, 다시 말해 성서의 목소리에 귀를 기울이는 것이었다.10)

이것의 교훈은 간단하다. 교만하고, 신을 섬기지 않고, 가난한 자를 돌보지 않는 부자는 결국 파멸하고 만다는 것이다. 반면에 가난한 자들은 비록 고통스러운 삶을 살았지만 죽은 후에는 영원한 기쁨의 땅으로 들어가게 된다. 천국은 가난한 자들의 것이며, 부자는 지옥으로 간다. 여기에서 예수는 시편 저자의 사상, 즉 하나님이 그 백성들에게 최후의 영광을 줄 것이라는 사상을 확대하여 해석하고 있다. 부유하고 교만하며 자기밖에 모르는 악인은 하나님과 교제할 수 없으며, 결국 음부에 빠지게 된다. 몇몇 학자들은 이 비유가 진정 예수 자신의 말인지에 대해서 의문을 제기하긴 했지만, 가난한 자와 불행한 자를 향하여 무조건적인 약속을 제시하고 있는 것이 바로 예수의 가르침이 갖고 있는 가장 중요한 특징이다. 부자의 상에서 떨어진 음식으로 배를 채우려고 했던 가난한 자의 소망은 매우 비참한 것이었다. 그러나 내세에서 그는 더 이상 고통받지 않았다. 왜냐하면 천국은 가난한 자들을 위한 곳이며, 그들의 운명을 바꾸어 놓는 곳이기 때문이다.11)

이 비유를 통해서 내세가 어떤 것인지 정확하지는 않지만 대충은 파악할 수 있다. 죽음과 동시에 영혼은 다른 세계로 들어가게 되고, 육체는 무덤에 남게 된다. 여기에서 육체적인 부활은 전혀 언급되거나 기대되지 않는다. 그러나 가난한 자가 누릴 행복은 궁극적이고도 완벽한 기쁨으로 묘사되고 있다. 그는 천국에서 영원한 축복을 부여받은 것이다. 반면에 부자는 죽는 즉시 지옥으로 떨어진다. 또한 이 비유에서는 가난한 자들이 상속받게 될 것이라고 믿었던 새 땅도 전혀 언급되지 않았다. 다만 천국과 지옥이 인간의 현재 역사와 함께 공존하고 있다는 사실은 분명하게 나타나고 있다.

이 비유의 본질은 확실치 않지만 여기에 나타난 내세관은, 앞에서 살펴본, 사두개 인들에게 했던 예수의 대답과 일치하고 있다. 두 이야기는 같은 메시지를 갖고 있다. 두 이야기 모두 아브라함은 이미 다른 세계로 옮겨가 그곳에서 하나님의 천국에 들어가도록 허락 받은 자들과 함께 살고 있는 것으로 묘사되고 있다. 또한 두 이야기는 모두 반反혈족적인 관점을 내포하고 있다. 나사로가 천국에서 만난 사람은 그의 조상이나 혈족이 아니라 아브라함이었다. 그리고 부자가 그의 형제들에게 사람을 보내 주도록 요청했을 때 그것도 거절당했다. 왜냐하면 죽은 자가 산 자에게 메시지를 보낼 수 있다는 생각은 죽은 자와 접촉할 수 있다고 믿는 이들에게나 가능한 얘기이기 때문이다. 그러나 유대 교 안에서 그런 관습은 오랫동안 금지되어 왔다. 죽은 자는 지상에 살고 있는 사람들에게 종교적인 지식을 줄 수 없다. 산 자는 오로지 '모세와 선지자들'의 글을 통해서만 종교적인 지식과 도움을 얻을 수 있다.

예수도 자신이 죽은 후에 하늘나라에 가게 되리라는 사실을 조금도 의심하지 않았다. 그리고 이 하늘나라에는 아브라함이나 이스라엘 민족의 족장들뿐만 아니라 구약에 기록된 엘리야나 모세 같은 구약성서의 성인들도 살고 있다. 또한 천국에는 이 비유의 나사로나 사두개 인들이 질문했던 과부 그리고 예수와 함께 못박혔지만 결국 회개하고 구원을 얻었던 강도 같은 보통 사람도 함께 살고 있다. 예수는 십자가 고난 중에서도 자신의 죄를 회개하는 강도에게 "오늘 네가 나와 함께 낙원에 있으리라"고 말했다. 또한 예수는 자신을 따르는 자들, 특히 열두 제자에게 천국이 실제로 있다고 분명하게 말했다. 예수는 승천하면서도 제자들을 위하여 처소를 예비하러 간다고 말하면서, "내 아버지의 집에 거할 곳이 많다"고 하였다. 그러나 여기에서 말하는 '거처'가 주거라는 가정적인 의미를 갖고 있는 것은 아니다. 예수도 사람들이 천국에서 서로 교제를 나누게 된다는 사실은 인정했지만, 천국이 영적인 것임을 더욱더 강조하였다. 즉 부활한 자들은 결혼이나 자녀 출산과 같은 가정 생활과는 전혀 무관한 천사와 같은 존재가 된다.12)

예수는 죽은 자들의 육체에 대해서는 관심을 갖지 않았다. 병들거나 가난한 자에게 기적을 베푼 것에서도 볼 수 있듯이, 그는 산 자에게는 관심을 가졌지만 죽은 자에 대해서는 그렇지 않았다. 예수가 길에서 만난 사람에게 "나를 따르라"고 명하자 그 사람이 부친을 장사지내고 가겠다고 하였다. 그러자 예수는 "죽은 자들로 자기의 죽은 자들을 장사하게 하라"고 대답하였다. 죽는다는 것은 육체만 소멸할 뿐 영혼은 살아 있다고 믿었기 때문에, 예수는 핍박과 고통을 받고 있는 제자들에게 대적들이 "너희 육체는 죽여도 영혼은 절대 죽이지 못한다"고 위로하였다. 이 세상을 살아가는 데는 육체가 절대적으로 필요하지만, 그러나 내세에서는 육체가 중요하지 않다. 예수가 주장하는 것처럼 하나님의 나라, 다시 말해 천국은 죽은 자들이 경험하게 되는 현실reality이다. 죽음과 동시에 모든 영혼은 심판을 받게 되며, 하나님의 나라에 들어갈 자격이 있는 자에게는 천국의 문이 열리게 될 것이다.13)

예수는 의로운 자가 죽으면 곧바로 천국으로 가서 이스라엘 족장들 그리고 하나님과 함께 살게 된다고 설파했지만, 이스라엘 민족의 고통이 끝날 것을 기대했던 묵시론자들의 주장을 완전히 부인한 것은 아니었다. 그 당시 사람들이 예언했던 것처럼, 예수도 이 세상의 역사가 곧 끝날 것이라고 믿고 있었다. 하나님이 직접 강림하거나 어떤 신비한 인물이 출현함으로써 세상의 종말은 시작된다. 그래서 의로운 자는 죽지 않고도 하나님 나라에 들어가게 된다. 그러나 예수는 죽은 뒤에 천국에 가든 아니면 살아서 가든 그 둘 사이에 아무런 차이가 없다고 강조했다. 지상의 역사가 종말을 맞을 때까지 살아 있던 사람들도 죽은 자들과 똑같은 대우를 받게 된다. 왜냐하면 천국은 모든 사람에게 예외 없이 동등한 곳이기 때문이다.[14]

예수의 진정한 가르침이 무엇이었는가에 대해서는 현대 학자들 사이에 의견이 분분하다. 그러나 예수가 "순수하게 종교적인", 하나님 중심주의God-centered를 주장했다는 점에는 모두 일치하고 있다. 예수는 전적으로 하나님의 존재 안에서 살았으며, 모든 것을 굽어살피고 꿰뚫어보는 하나님은 그의 영혼을 불러들이고 압도했다. 예수의 이런 가르침들은 그가 하나님의 뜻을 잘 알고 있고 하나님을 절대적으로 체험했기 때문에 나올 수 있는 것이었다. 트릴쥐Ernst Troeltsch도 "예수의 삶의 의미는 절대적으로 종교였으며, 그의 삶과 교훈들은 모두 하나님에 대한 사상에서 비롯된 것이다"라고 설명하였다. 그러나 예수는 사회적 인간관계에 대해서도 많이 가르쳤기 때문에, 오로지 하나님만을 기독교 메시지의 중심으로 보는 것도 삼가야 할 것이다.[15]

예수와 같은 종교적 성인들은 종종 신의 심판이 임박했다고 예언하곤 했다. 그들은 하나님의 능력은 너무 압도적이고, 이에 반해 이 세상은 순식간에 사라질 수밖에 없는 나약한 존재로 보았다. 하나님이 모든 것을 끌어당길 때 심판은 임박하게 된다. 왜냐하면 세상이 자신의 창조주와 직면하게 되면 창조주가 가진 무서운 불의 능력 때문에 모두 타 버리고 말 것이기 때문이다. 하나님이 인간을 점점 더 가까이 끌어당길수록, 그에게 이 세상의 의미는 점점 더 축소될 것이다. 우리가 이 세상에서 경험하는 삶은 하나님과 함께 하는 열정적인 삶과는 비교도 할 수 없다. 예수는 항상 하나님의 영에 몰두하였기 때문에, 인간이 천국에서 무엇을 발견하게 될 것인가 하는 문제에 대해서는 생각하지 않았다. 그가 생각하고 있던 것은 오로지 하나님이 피조물의 주인이 되는 것뿐이었다.

예수는 자신이 직접 체험한 하나님을 아바abba라고 불렀는데, 이것은 아람 어Aramaic로 '아버지father'라는 뜻이다. 아바라는 말은 숭고한 아버지 상으로서 하나님을 일컫는 것이지만, 친밀함이나 신뢰의 뜻도 포함하고 있다. 이 말은 사람들이 자신의 친아버지를 부르거나 호칭할 때 사용하던 말이었다. 예수는 하나님과 느낀 친밀함을 이전에 다른 어떤 사람과도 나누지 못한 특별한 느낌으로 생각했다. 그래서 예수는 자신이 아버지로 느낀 하나님과 사람들 사이에서 이 둘을 연결시켜 주는 역할을 할 수 있었던 것이다. 또한 예수는 다음과 같이 말하고 있다. "내 아버지께서 모든 것을 내게 주셨으니 아버지 밖에는 아들을 아는 자가 없고 아들과 또 그가 아버지를 계시하려고 택한 사람들 밖에는 아버지를 아는 자가 없다." 또한 예수의 가르침에서 중심을 이루고 있는 것도 그가 하나님을 아버지로 체험한 그 느낌이었다. 그래서 예수가 꿈꾸었던 천국도 묵시론자들이 기대했던 것과 같이 단순한 물질적 보상이 아니라 이보다 더 귀중한 것, 즉 하나님을 직접 체험하는 것이었다.16)

예수가 하늘의 아버지로부터 받은 계시는 이론적인 교리가 아니라 실천적인 가르침이었다. 즉 염려하지 말고 사랑의 아버지를 믿고 의지하며 안식을 찾으라는 것이었다. 그래서 그는 사람들에게 "수고하고 무거운 짐 진 자들아 다 내게로 오라 내가 너희를 쉬게 하리라. 나는 마음이 온유하고 겸손하니 나의 멍에를 메고 내게 배우라. 그러면 너희 마음이 쉼을 얻을 것이다"라고 권면하였다. 그래서 어떤 사람들은 하나님에게 가까이 나아가는 것은 모든 것을 버리는 것이라고 생각하게 되었다. 이들은 예수를 따라 팔레스타인 광야를 돌아다니면서 부와 직업, 가족까지도 포기하였다. 공중의 새와 들판의 백합을 기르는 하나님이 생활에 필요한 모든 것을 채워줄 것이라고 믿었던 것이다. 이 세상에서 그리고 천국에 가서 하나님 안에서 안식한다 함은 세상적인 것이 아니라 하나님 그리고 믿음의 공동체와 함께 친밀한 교제를 나누는 것에 중점을 둔 것이었다.[17]

세상적인 소망을 포기하고 하나님만 바라본다는 것은 보통 사람들에게는 어려운 일이다. 그러나 예수의 가르침은 "어떤 능력과 권위를 가진 것으로서 매우 힘이 있는 가르침이었다. 그리고 이 권위는 어디에서 배운 것이 아니라 예수 자신에게서 직접 나온 것이었다." 예수가 느끼고 있었던 하나님과의 친밀성이 곧 그의 권위로 나타났는데, 사회학자 막스 베버Max Weber는 이것을 "카리스마"라고 부른다. 카리스마란 주위의 모든 사람에게 영향력을 줄 수 있는 특별한 재능으로서 신이 준 선물 같은 것이다. 카리스마를 가진 인물은 사람들을 감동시켜서 그들의 생활 방식이나 믿음을 근본적으로 변화시킬 수 있다. 그리고 자기 자신도 어떤 제도나 관습, 규율로부터 자유롭다. 그들은 평범한 사회 생활이나 가족 제도에서 벗어남으로써 자신이 자유롭다는 사실을 나타낸다. 예수가 천국을 하나님 중심으로 보고 있는 것도 그가 평범한 사회 생활이나 가족 제도에서 벗어났기 때문에 가능했다. 인간의 영혼은 자기 안에 하나님이 충만하게 하기 위해서라도 세속적인 관심들, 즉 가족이나 사회 그리고 부에 대해서 무관심해야 한다.[18]

카리스마적인 지도자들은 자신을 사로잡은 그 어떤 것에 자신을 다 바쳤기 때문에 일상적인 일에 종사할 수 없다. 그리고 이런 현상은 여러 가지 모양으로 나타나지만, 일반적으로 가족 제도를 거부하거나 독신獨身을 고수하는 형식으로 나타난다. 예수의 경우에도 자녀를 많이 낳으려는 전통적인 유대 관습에서 벗어나 있는 것을 볼 수 있다. 그는 가정에 무관심했고 독신으로 살았다. 그리고 자신을 따르는 사람들에게 가족을 떠나 사랑의 공동체 안으로 들어오라고 권하였다.

결혼이나 가족 제도는 사회를 안정시키는 역할을 하지만, 카리스마적인 인물들은 이 제도를 분열시키려는 경향이 있다. 그래서 예수도 "나는 사람이 그 아비와, 딸이 어미와, 며느리가 시어미와 불화하게 하려고 온" 것이라고 말하였다. 그래서 이상적인 기독교인은 독신으로 살거나 또는 자신의 가족으로부터 멀리 떨어져 사는 것으로 여겨지게 되었다.19)

에르네스트 르낭Ernest Renan(1823~92)은 그의 저서 『예수의 생애 Life of Jesus』에서, 기독교의 창시자인 예수는 가족적인 유대 관계가 없이 행복하게 자라지 못한 사람이라고 지적하였다. 예수는 자신의 친척들에게 냉담하게 대했으며, 그들도 예수를 사랑하지 않았다는 것이다. 그래서 예수는 육체로서의 아버지가 없다느니, 동정녀에게서 태어났다느니 하는 이야기들이 생겨나게 되었다는 것이다. 대부분의 아이들이 가족이라는 관계에 묶여 있는 데 반해, 예수는 아주 어린 나이에도 부모의 권위에 저항하였다. 즉 예수에게 가족이라는 관계는 별로 중요하지 않았다는 것이다. 그래서 그는 유랑 생활을 좋아했다. 그리고 이 생활로 인해서 그는 자신을 따르던 사람들에게 혈족적인 관계가 아니라 영적인 관계라는 새로운 사상을 가르칠 수 있었으며, 자유롭게 그것을 실천할 수도 있었다. 또한 르낭은 다음과 같이 설명하고 있다. "한 가지 사상에 사로잡힌 사람들이 모두 그런 것처럼, 예수는 혈족 관계를 경시하였다. 이런 유형의 사람들은 사상적인 유대 관계만을 인정한다. 즉 그는 대담하게 인간의 본성적인 것들 —— 혈족, 가족 간의 사랑 그리고 조국과 같은 것들 —— 을 모두 짓밟아 버렸던 것이다." 예수는 오직 하나님에 대한 생각에만 사로잡혀 있었다.20)

초기 기독교 공동체에서는 "하나님 나라를 위해서 집이나 아내나 형제나 부모나 자녀를 버린 자"들이 많이 있었을 것으로 추측된다. 진정한 성도란 자신의 삶을 기독교 공동체에 완전히 바친 자들로서, 자신의 혈족이 아니라 모든 신자에게 부모가 되고 형제가 되고 아들과 딸이 되어 주는 사람을 의미했다. 심지어 예수는 하나님 절기를 지키는 데에도 가족을 포기했다. 즉 성서에서 규정하고 있는 것과 달리, 예수는 유월절을 가족들이 아니라 제자들과 함께 지냈던 것이다. 여기에서 제자들은 가족이나 혈족의 자리를 대신하고 있었으며, 이렇게 예수는 새로운 율법을 만들어 냈다. 종교는 삶의 중심이기 때문에 가족보다 우선이어야 했던 것이다.21)

이제까지 살펴본 내용을 통해서, 예수가 왜 천국을 하나님 중심으로만 보고 그 외의 것들은 모두 제외시켰는지 이해할 수 있을 것이다. 예수가 천국에서의 결혼 제도를 부인한 것은 특별히 성sexuality 그 자체를 경멸해서가 아니라, 좀더 일반적인 이유 즉 사람들이 혈족이라는 개인적인 문제에만 관심을 갖는 것을 방지하기 위해서였다. 사람은 죽으면 영혼이 되어서 천국이든 아니면 지옥이든 이 세상과는 전혀 다른 세계로 가게 된다. 천국 —— 또는 하늘나라, 하나님 나라 —— 은 이 세상에서 비참한 삶을 살았던 사람들의 운명을 바꾸어 놓는다. 당시 유대 철학자들이 그랬던 것처럼, 예수도 죽은 자의 육체에 대해서는 관심을 보이지 않았다. 죽음 후에 남는 것은 영혼이라고 불리는 영적인 존재가 전부라고 생각했기 때문이다. 예수가 하나님에게 느낀 강렬한 느낌은 내세에서도 되풀이될 것이다. 성性이나 결혼, 가족 또는 잃어버린 재물을 보상받겠다는 세속적인 생각은 예수에게는 전혀 중요하지 않았다.

바울 : 신령한 육체의 발견

예수의 선교 운동은 급속히 발전해서 하나의 열광적인 종교 공동체를 이루게 되었다. '열정주의Enthusiasm'란 사회적 규범의 틀을 벗어나는 정도의 종교적 체험을 가리키는 말이다. 이 열정주의는 항상 흥분과 헌신적인 신앙이 고조되어 있고, 환상이나 예언, 기적들을 통해서 신을 자주 체험하는 공동체 안에서 주로 발생한다. 또한 이 열정적인 집단은 체계적인 조직을 경시하고, 즉흥적이고 카리스마적인 지도력을 더 따른다. 이런 공동체에 속하는 사람들은 주로 여자와 낮은 계층의 사람들이 대부분이며, 가끔 탁월한 인물이 가담하기도 한다.[22]

예수가 죽은 후 제1세대에 이르러, 기독교는 그 발상지였던 팔레스타인을 넘어 다른 지역으로 퍼져 나갔다. 예수가 죽고 나서 몇 달 지나지 않아, 소아시아의 타르소스 출신 유대 인 바울이 기독교 공동체에 들어오게 되었다. 그는 전혀 지칠 줄 모르는 여행가로서 선교사였고, 기독교 신앙을 팔레스타인에서 그리스의 고린도와 빌립보, 로마 접경에 있는 타비움과 앙키라까지 전파했다. 신약성서에 있는 「바울 서신서」들을 보면, 그가 얼마나 하나님과 그리스도에게 열중하고 있었는지 분명하게 알 수 있다. 즉 예수가 느꼈던 강렬한 종교적 체험을 바울도 경험했던 것이다. 바울의 선교와 저술 활동은 하나님의 영광과 예수 그리스도의 주권을 위해서 한 일이었다. 또한 바울 서신서들을 통해서 그가 자신이 세운 공동체 안에서 얼마나 권위 있는 지도자였는지 짐작할 수 있다. 즉 바울도 예수처럼 카리스마적인 지도자였던 것이다. 그리고 그는 자신이 가진 권위에 대해서 절대 양보하지 않았다. "내가 너희에게 편지한 것이 주의 명령인 줄 알라. 이것을 깨닫지 못하는 사람의 말은 인정할 수 없다"라고 기록하고 있다.[23]

카리스마적인 지도자로서 바울 역시 세속적인 것에는 최소한 관여하고, 자유롭고 독립적인 삶을 살았다. 바울은 독신을 기독교인의 이상ideal으로 권하면서 여기에 종교적인 의미를 부여했을 뿐만 아니라, 자신도 결혼하지 않고 독신으로 살았다. 그래서 그는 "장가가지 않은 자는 주의 일을 염려하여 어찌하여야 주를 기쁘시게 할꼬 하되, 장가간 자는 세상 일을 염려한다"고 기록하였다. 바울은 하나님 일과 세상 일, 이 두 가지는 절대 양립할 수 없으며 양자택일을 해야 한다고 생각했던 것이다. 그러나 그는 최소한이긴 하지만, 경제적 자립을 위해서 직업에 종사했었다. 물론 그는 자신을 후원해 주는 사람들이 낸 헌금을 사용하기도 하였다.[24]

바울은 기독교가 새로운 계시를 받아 이루어진 종교라고 생각했으며, 전통적인 유대 교와 구별하였다. 이 새로운 운동은 빠른 시간에 체계적이고 제도적인 기관, 즉 교회로 발전했지만, 이것 때문에 이전의 공동체가 갖고 있던 열정이 약화되지는 않았다. 기독교는 여전히 종파적이고 열정적인 특징을 갖고 있었다. 「사도행전」이나 「바울 서신서」들을 보면, 병 고치는 기적이나 환상, 예언, 방언 등에서 신의 권능이 확실하게 나타났다. 기독교는 여전히 하나님을 예배하고 헌신하는 데 직접적인 체험을 중요시하였다. 어떤 신자라도 병 고치는 과정이나 전도하는 과정에서 일어나는 환상이나 예언을 목격할 수 있었다. 권위라는 측면에서도 역시 조직적이고 체계적인 것은 거의 발달하지 못했다. 이에 대해서 제임스 둔James Dunn은 다음과 같이 말하고 있다. "초기 기독교 공동체는 그 성격상 카리스마적이고 열광적인 집단이었다. 즉 그들의 삶과 예배 의식뿐만 아니라 그들의 선교 활동에서도 카리스마적이고 열광적인 성격이 그대로 나타나고 있었다." 이렇게 제1세대 기독교인은 기독교 본래의 종교 체험을 그대로 간직하고 있었던 것을 알 수 있다.[25]

바울은 바리새 파에서 기독교도로 전향했는데, 그래서인지 내세관은 바리새 인의 기본적인 관점 그대로다. 1세기경의 대다수 유대 인이 그랬던 것처럼, 바울도 죽은 자는 음부에서 잠을 자게 된다고 생각했다. 또한 그는 유대 전통을 따라서 조상 숭배 의식은 엄격하게 거부하였다. 그러나 죽은 자들 중에서도 오직 하나, 부활한 그리스도는 경배의 대상이 될 수 있었다. 앞에서 살펴본 것처럼, 예수는 의로운 자가 죽으면 그 즉시 하나님과 만나게 된다고 말했다. 그러나 바울은 바리새 파의 전통을 따라서 죽은 자가 하나님과 만나는 시점을 멀리 설정하였다. 미래의 정해진 시간에, 죽은 자들은 그 영혼뿐만 아니라 육체도 부활하게 된다. 그리고 나서 하나님이 직접 다스리는 하나님 나라가 세워지게 될 것이다. 그는 "셋째 하늘(천국을 의미함-역주)에 붙들려간 자——그가 몸 채 올라갔는지 몸을 떠나 올라갔는지 나는 모릅니다. 그러나 하나님은 아십니다"라고 자랑스럽게 이야기하고 있지만, 바울은 여전히 하나님 나라를 현재가 아니라 미래의 것으로 생각했다.26)

바울은 유대 인의 묵시론적 내세관에 기독교 사상을 주입시킴으로써 새 의미를 부여하였다. 즉 그는 묵시론자들이 주장하던 메시아 도래 사상을 예수 그리스도의 재림으로 설명했던 것이다. 그러나 이때 부활할 사람들은 묵시론자들이 주장했던 것과는 달리, 의로운 유대인이 아니라 기독교인이었다. 묵시론자들은 부활한 육체가 현재와 같은 육체이기 때문에 생식生殖도 가능하다고 보았다. 그러나 바울은 이 관점을 거부하면서 기독교적인 입장을 새롭게 제시하였다. 즉 바울은 부활한 육체가 "신령spiritual"하다고 주장하면서, 신령한 육체는 출산을 하지 않을 뿐만 아니라 세상적인 것들을 즐거워하지도 않는다고 말했다. 또한 바울은 묵시론자들과 달리 메시아의 왕국이 이 땅 위에 세워질 것이라고 생각하지 않았다. 결국 바울의 견해는 세상일에 관심을 갖지 말고 하나님에게 모든 것을 집중하라고 권면했던 예수의 사상을 그대로 반영하고 있다고 할 수 있다.27)

바울이 말하는 부활한 육체란 물질적인 것이 아니라 '영적'인 것이다. 부활한 기독교인의 육체는 "순식간에 홀연히" 불멸하는 영적 존재로 변하게 될 것이다. 그리고 신령한 육체로 변한 자들은 이 땅에 남는 것이 아니라 공중으로 올려지게 된다. "공중에서 예수를 만난" 후에, 그의 심판을 받아 각자가 받아야 할 보상을 받게 될 것이다. 그러나 바울은 선한 기독교인들의 운명에 대해서만 얘기했을 뿐, 이방인이나 다른 유대 인들에 대해서는 언급하지 않았다. 보상이 끝난 뒤에 예수는 그의 아버지에게 주권을 돌려 드릴 것이며, 구원받은 성도들은 그리스도와 하나님과 함께 천국에서 영원한 삶을 살게 될 것이다.28)

그렇다면 메시아 왕국이란 무엇인가? 여기가 곧 바울이 묵시론적인 사상을 가장 대담하게 재해석하고 있는 부분이다. 즉 바울에게 메시아의 주권이란 부활 사건 후에 일어나는 현상이 아니라 지금도 일어나고 있는 현실이다. 메시아는 곧 예수 그리스도이며, 그는 지금 여기에서 이 열정적인 기독교 공동체를 계속해서 다스리고 있다. 그리스도는 지금 생명을 주는 성령의 모습으로 변해서, 방언을 하고, 예언을 하며, 병을 고치고, 카리스마적인 지도력이 발휘되는 모든 곳에서 자신을 나타내고 있는 것이다. 그래서 그리스도의 성령에 완전히 붙잡힌 사람들은 "내 안에 내가 사는 것이 아니요 예수 그리스도께서 살고 있다"고 말할 수 있다. 인간의 본성이 뜨거운 종교적 체험을 함으로써 생명을 주는 그리스도의 영으로 변하게 되는 것이다.29)

물론 바울은 성령이 충만한 사람들도 결국은 죽는다는 사실을 알고 있었다. 바울은 이런 사실을 "우리의 겉사람은 낡아가지만 속사람은 날마다 새로워진다"고 말하였다. 그러나 성령으로 인해서 항상 새로워진다고 하더라도 인간의 육체는 늙고 약해질 수밖에 없다. 하나님은 성도들에게 영원한 영적 존재의 삶을 '약속'하고 그 '보증'도 주었다. 바울은 "신령한 육체를 가지고 영원한 삶을 살 수 있도록 우리를 준비시키는 분이 하나님"이며, "그 보증으로 우리에게 주신 것이 바로 성령"이라고 주장하였다. 그러므로 사후의 삶은 지금 이 세상에서 시작된 삶의 연속일 뿐이다. 하나님의 인도와 그 영향 아래 살고 있는 현재의 삶은 사후에도 계속된다.[30]

바울이 사후의 삶을 어떻게 이해했는지 살펴보려면 그 대부분을 추측에 의존해야만 한다. 바울은 그의 서신에서도 이 문제에 대해서 상세하게 설명하지 않았다. 이것은 아마도 바울의 독자讀者들이 이미 그의 가르침을 잘 알고 있었기 때문일 것이다. 다만, 바울이 비교적 상세하게 기술한 유일한 논의는, 기대하는 만큼 명료하지는 않지만, 부활한 육체가 어떤 특성을 가지고 있는가 하는 것이다.

인간이 가진 본래의 육체physical body(부활한 육체와 대조되는 의미의 육체)는 자아ego, 다시 말해 영혼이 살고 있는 장막이나 옷으로 비유하였다. 그런데 바울은 하나님이 죽은 자들의 영혼을 위해서 새로운 장막, 즉 새로운 육체를 준비하고 있다고 믿었다. 그러나 한 육체에서 다른 육체로 옮겨가려면 위험한 여행, 곧 죽음이 반드시 필요하다. 그래서 예수도 다른 인간들과 같이 죽음을 거쳐야만 했으며, 이전의 육체를 무덤에 남겨 두고 영원히 소멸하지 않을 새 육체로 갈아입게 된 것이다. 다만, 그가 다른 사람들과 달랐던 점은 죽은 지 겨우 이틀만에 변화된 육체를 입게 되었다는 점이다. 그는 다른 사람과 달리 이 세상이 끝날 때까지 기다릴 필요가 없었던 것이다. 기독교인들도 예수처럼 자신이 입었던 원래의 육체를 벗어버리고 신이 준비한 "신령한spiritual" 새 육체를 입게 될 것이다. 즉 바울이 말하는 육체적 부활은 인간이 죽기 전에 입고 있던 그 육체가 부활한다는 뜻이 결코 아니었다. 아마도 그는 예수의 빈 무덤에 관한 이야기를 듣지 못했던 것 같다. 즉 바울은 예수의 육체가 무덤에 남아 있었다고 믿었던 것 같다.[31]

바울은 부활한 육체가 "신령하다"고 했지만, 그러나 여기에서 신령하다는 것이 어떤 의미인지 설명하지 않고 있다. 그러나 그가 생각하고 있던 '신령한'의 의미가 무엇인지 추측을 통해서 알아볼 수 있다. 성서에 의하면 인간은 두 가지 요소, 즉 물질적이고 세속적인 것과 영적이고 신적인 것으로 이루어졌다고 한다. 하나님이 인간을 창조할 때, 먼저 인간의 모습을 흙으로 빚었는데, 이것이 바로 물질적이고 세속적인 요소이다. 그러나 여기에는 생명이 없었기 때문에 하나님은 그 물질에 생기, 즉 영을 불어넣었고, 이로 인해 인간은 살아 숨쉬기 시작했다. 그러나 부활의 때에 있게 될 새로운 창조는 첫번째 창조와 달리 물질적인 요소를 필요로 하지 않는다. 그래서 부활한 사람들은 완벽한 영적 존재로서 하나님의 주권 아래 살게 된다. 기독교인들은 이 세상에서 단편적이고 일시적으로 예수 그리스도의 주권 아래 살았다. 그러나 부활의 때에 그리스도의 주권은 완벽하게 된다. 육체는 계속 무덤 속에 누워 있다. 왜냐하면 그것은 더 이상 중요하지 않기 때문이다. 그리고 새로운 창조 뒤에 올 하나님의 주권은 완벽하고 영원한 것이 될 것이다.

하나님이 지배하게 될 새로운 육체는 특별한 형태를 가지고 있다. 바울은 신령한 육체는 이 세상의 육체가 갖고 있던 구조나 조직, 물질을 필요로 하지 않는다고 주장한다. 왜냐하면 하나님이 사람의 위장胃腸과 그 안의 음식물들을 다 폐할 것이라고 말했기 때문이다. 결국 신령한 육체란 인간의 모습을 하고 있으면서도 공기와 같은 존재라고 할 수 있다. 또한 근본적으로 하나님의 속성을 가지고 있어서 영원 불멸하는 존재라고 할 수 있다. 결국 어느 성서학자가 말한 것처럼, "하늘의 별들이 빛이라는 속성을 갖고 있는 것처럼 인간의 부활한 육체도 영적인 본질들로만 구성되어 있다"고 생각할 수 있을 것이다.[32]

바울이 이 세상의 육체에 대해 어떻게 이해했는지 살펴보면 부활한 육체, 즉 신령한 몸에 대해서 더 정확히 이해할 수 있다. 바울은 인간을 영과 육 사이에서 끊임없이 갈등하고 있는 존재로 보았다. 그래서 그는 "육체의 욕망은 성령을 거스르고 성령이 원하는 것은 육정肉情을 거스른다. 왜냐하면 이들은 서로 대적하는 사이이기 때문이다"라고 말했다. "육체flesh" 또는 (죄의 충동이라는 뉘앙스를 내포할 때) "신체body"는 항상 영혼의 통제 아래 놓여 있어야 한다. 여기에서 "영혼sprit"이란 인간의 정신이 아니라, 성령에 의해서 "붙잡힌possessed" 새로운 인간의 내면 존재를 의미한다. 성령은 생명을 주는 힘으로 사람을 변화시킬 수 있다. 그래서 성령에 의해서 변화된다는 것은 이제 더 이상 세상적이고 물질적이며 죄스러운 욕망들—즉 "신체의 행실"이라고 불리는 것들—이 자신의 삶을 지배하지 못하도록 하는 것이다. 육체에 속한 사람들은 성령을 소유하지 못한 자들로 불신자들과 똑같이 행동하게 된다. 악이란 육체가 행하는 일들이며, 이와 반대로 선이란 영혼이 만들어 내는 열매라고 할 수 있다. 그러나 성령이 주는 가장 큰 선물은 사람들로 하여금 전적으로 하나님만 바라보게 만드는 것이다. 성령은 매일매일 선한 길로 우리를 인도해 주며, 여기서 "인간이 해야 하는 일은 기도이다."[33]

영靈과 육肉에 대한 바울의 신학은 그의 사회적 가치관을 반영하고 있다. 그는 한 개인과 사회와의 관계를 설명할 때, 종종 영혼과 육체라는 용어를 사용하고 있다. 사회적인 규제로부터 자유롭기를 원하는 개인주의자들이나 열정주의자들은 대체로 영혼이 더 가치가 있다고 주장한다. 일상적인 사회 가치보다 종교를 우위에 두는 사람들은 영혼과 육체, 다시 말해 정신과 물질을 뚜렷하게 구별하는 경향이 있다. 사람들은 육체를 통해서 '이 세상'—가족과 경제생활 그리고 정치 등—과 관계를 맺는다. 반면에 영혼은 우리들을 종교나 신자들의 공동체, 나아가서는 영인 하나님과 관련을 맺게 해 준다. 영을 너무 지나치게 강조하다 보면 현재의 생활에서 멀어지게 마련이다. 일상적 사회 생활에 가치를 두지 않는 사람들은 물질적 세상을 영의 세계와 상반되는 것으로 보게 되고, 자연히 육체의 일에 관심을 갖지 않게 된다. 또한 자신을 영적인 존재로 생각하고 있는 사람들은 개인주의를 강조하게 되는데, 이 개인주의는 가족이나 사회의 요구에도 굴복하지 않는 특성이 있다.34)

바울은 영적 지도자들이나 선교사들뿐만 아니라 모든 기독교인이 사회적 제약에서 자유로워야 하며 성령으로 충만해야 한다고 가르치고 있다. 기독교인이 되기 위해서 치르는 세례 의식은 육체의 삶을 버리고 영의 삶을 살겠다는 다짐이다. 물 속에 완전히 잠기는 것은 세례 받은 자의 과거 삶과 그 인간 본성이 모두 죽었다는 것을 상징한다. 또한 세례는 이전에 혈연 중심으로 맺어졌던 인간 관계를 벗어버리고 종교적인 인간 관계를 새롭게 맺는다는 것을 의미한다. 즉 기독교인은 하나님의 자녀가 되기 위해서 육체적인 가족 관계를 버려야 한다. 바울이 분명하게 언급하지는 않았지만, 이것은 기독교인 모두가 형제 자매라는 사실을 의미한다. 그러나 바울에게는 모든 기독교인이 형제 자매라는 사실보다는 하나님이 그들의 아버지가 되어 준다는 사실이 더 중요했다.35)

하나님의 자녀가 된 기독교인은 카리스마라고 하는 특별한 영적 은사를 받게 된다. 즉 신자들이 특별한 임무를 감당할 수 있도록 하기 위해서 성령이 그들에게 능력을 주는 것이다. 어떤 신자는 강단에서 말씀을 전파함으로써 청중들의 믿음을 강하게 만들 수 있다. 어떤 신자는 무아지경에 빠져서 주님을 찬양하기도 하며, 또 어떤 사람은 카리스마적인 지도력을 발휘하기도 한다. 초기 기독교인들은 이런 은사를 "자신이 세상과 구별되었다는 사실을 나타내는 증거"로 받아들였다. 성령이 신자들을 구별되게 했기 때문에 그들은 이 세상의 불신자들과 분명히 다를 수밖에 없다. 그리고 이 은사는 엄격하게 종교적인 자리에서만 그 능력을 발휘할 수 있다. 즉 "교회의 교육"을 위해서 그리고 "공동의 선"을 위해서만 쓸 수 있다. 성령의 은사를 받은 사람은 결혼 등 세상적인 삶에 관심을 갖지 않으며, 오히려 그 삶을 거부하게 된다.36)

    기독교 공동체는 가족이나 결혼에 가치를 두지 않아야 했다. 세례나 성찬식은 신자들이 이전의 혈족 관계를 버리고 새로운 인간 관계를 맺었다는 사실을 의미한다. 기독교인은 육체적인 부부 관계로 하나가 되는 것이 아니라 영적으로 모두 하나가 된 자들로서, 성스러운 음식을 나누어 먹는다. 즉 그들은 영적 공동체가 된 것이다. 바울은 기독교인이 이 세상을 살아가면서 중심으로 삼아야 하는 것은 육체가 아니라 영이며, 또 내세에 가서도 영을 그 중심으로 삼아야 한다고 가르쳤다. 그는 마지막 때에 사람들이 이 세상에서 새로운 삶을 살게 될 것이라고 주장했던 바리새 파의 견해를 거부하고, 대신에 영혼의 영원한 삶을 약속했다. 지상의 기독교인들이 세상적인 생활 방식과 가족 관계를 포기하고 그리스도와 새로운 관계를 맺고 사는 것처럼, 부활한 기독교인들도 그리스도와 이런 관계를 맺고 영원한 삶을 살게 된다. 바울은 성령의 지배를 받는 삶을 영원한 삶이라고 보았다. 바울이 세운 교회 안에서도 그리고 종말의 때에 도래하게 될 천국에서도 가장 중요한 것은 혈족이 아니라 영적 공동체였다. 천국은 육체적인 것들이 모두 소멸하는 것을 의미하며, 하나님에게 완전히 붙잡힌 삶을 의미한다. 바울은 예수의 내세관을 그대로 이어 받았다. 즉 그에게 있어서 천국은 하나님과 함께 사는 곳이었으며, 그 밖에 다른 설명은 있을 수 없었다.

요한에게 내린 계시 : 천국의 예배 의식

「계시록」의 등장과 함께 우리는 예수 이후의 제2세대에 접어들었다. 기독교가 팔레스타인 이외의 지역에서도 확고하게 자리를 잡았다. 그러나 기독교는 여전히 소수파 종교였으며, 이를 이단시하는 유대 인들에게 위협을 받고 있었다. 또한 유대 인과 유대 교의 새로운 종파 모두를 싫어하던 이방인들에게서 더욱 큰 위협을 받고 있었다. 이와 함께 기독교를 위협하는 것이 또 하나 있었는데, 그것은 기독교 내부에서 비롯된 것으로서, 기독교가 이교異敎 세계와 타협한다는 위험이다. 그래서 「계시록」의 저자는 —— 그는 예수가 시작하고 바울이 발전시킨 하나님 중심의 천국관을 그대로 이어받고 있다 —— 천국이 이 세상과 완전히 구별된 곳이며, 오직 하나님 안에서만 성취될 수 있다고 주장하였다.

「계시록」에는 그 글의 저자에 대해서는 아주 단편적인 정보밖에 있지 않다. 다만 그가 유대 인이었다는 것과 주로 예배 의식에 관심을 두었다는 사실로 미루어 볼 때, 제사장 가문의 후손이었을 것으로 추측된다. 또한 그는 유대 전쟁이 일어났던 시기(66~70)에는 팔레스타인을 떠나 아나톨리아Anatolia 서부에 정착했던 것 같다. 그리고 그는 주님의 일에만 열중하라는 바울의 명을 따라서 독신으로 살았던 것 같다. 그는 권위 있는 선지자로서 기독교 공동체에게 자신이 받은 계시를 편지로 써 보냈다. 「계시록」의 저자는 자신을 선지자 운동 집단의 일원으로 또는 소아시아 교회 안에서 활동하는 성직자order로 묘사하였다. 그러나 저자가 이들 공동체와 어떤 관계에 있었든지 카리스마적인 권위를 가지고 있었다는 것만은 확실하다. 또한 그는 자신의 이름은 요한이며, 주님의 종이라고 말했다.[37]

요한은 황제 —— 특히 도미티안 황제(81~96) —— 숭배 의식이 번성하는 것에 큰 불안을 느꼈으며, 이 의식에 기독교인들이 참석한다는 사실에 충격을 받았다. 이들은 로마 황제가 곧 하나님의 영광스런 종이라는 핑계를 대고 있었지만, 요한은 이 행위를 용납할 수가 없었다. 종교적 열정에 사로잡혀 있던 그가 볼 때, 세상과 타협하는 것은 곧 악마의 힘에 굴복하는 것이었다. 생명을 걸고 예수를 믿지 않는 사람들, 다시 말해 종교적 영웅이 되지 못하는 사람들은 모두 사탄에게 무릎 꿇은 자들이었다. 그래서 요한은 이방 종교나 이방 문화, 그 어떤 것과도 타협하는 것을 거부했다. 그는 이방 종교나 문화를 곧 악마로 보았던 것이다. 이런 주장 때문에 그는 로마 정치인들은 물론이고 같은 기독교인들과도 심한 불화를 겪었다. 또한 그는 지중해에 있는 밧모Patmos 섬에 유배되기도 했고 친구가 순교하는 것을 보기도 했다. 그래서 그가 세상에 대해서 더 비판적인 태도를 갖게 되었을 것이다. 요한은 밧모 섬에서 이방 문화에 물들어 가는 세상에 종말을 고하는 의미로 「계시록」을 저술했다.[38]

「계시록」은 하나님과 사탄과의 투쟁이 기독교인과 어떤 관련이 있는가 하는 문제에 대해 주로 다루고 있다. 여기서 사탄의 세력은 곧 로마 제국으로 표현되었다. 요한은 하나님이 결국 이방 제국을 멸망시키고 영원히 남을 새 질서를 확립시킬 것이라고 주장하였다. 또한 「계시록」은 요한이 본 두 가지 환상으로 이루어져 있다. 즉 요한이 천국의 예배 의식heavenly liturgy에 참석한 것에서 시작해, 영원한 새 예루살렘에서 행하는 예배 의식을 기록하는 것으로 끝을 맺는다. 이것은 하늘과 땅이 하나가 되는 것을 의미한다. 장엄하고 고귀한 천국에서의 예배 의식은 당시 박해와 피흘림, 전쟁, 우상 숭배로 물들어 있던 이 세상과 완벽한 대조를 이루고 있다.

요한은 "하늘의 열린 문"을 보고, "이리로 올라오라"는 천사의 목소리를 듣게 된다. 그리고 그가 문으로 들어갔을 때, 큰 방 가운데 하나님의 보좌divine throne가 있었고, 그 보좌에 인간의 형상을 한 하나님이 앉아 있었다. 보좌와 그곳에 앉아 있는 하나님이 너무 눈부셨기 때문에, 그는 단지 보석의 이름을 열거하는 것으로 밖에는 이 광경을 표현할 수가 없었다. 보좌의 하나님은 마치 벽옥과 홍보석처럼 빛나고 있었으며, 보좌는 무지갯빛을 내는 에메랄드와 같았다. 그리고 그 보좌 주위에 네 가지 기괴한 동물 모양을 한 정령精靈들이 둘러싸고 있었는데, 이들은 모두 날개는 여섯에, 눈이 여럿인 온갖 동물의 얼굴을 하고 있었다. 이들은 아마도 보좌를 수호하는 정령이었던 것 같다. 이 보좌 양쪽에는 좀더 작은 보좌가 각각 12개 있었고, 거기에는 흰옷을 입고 머리에 금면류관을 쓴 장로 24명이 앉아 있었다. 그 보좌 뒤를 천사들이 꽉 메우며 줄지어 서 있었고, 그 앞에는 수많은 유리와 일곱 개의 등불이 있어서 이 방을 환하게 비추고 있었다. 그리고 한 천사가 큰 목소리로 하나님을 찬양하고 있었다.39)

무지갯빛 광채와 눈부신 빛들, 화려한 보석의 광채, 찬양하는 목소리 그리고 "거룩하다, 거룩하다, 거룩하다. 주 하나님 곧 전능하신 이여. 전에도 계셨고 이제도 계시고 장차 오실 자"라고 부르는 날개 달린 천사들의 노래 소리, 이 모든 것이 그 광경을 더욱더 장엄하고 거룩하게 만들고 있었다. 하나님이 고귀하게 보좌에 앉아 있고, 영들은 날개를 흔들고 장로들은 그 앞에 엎드려 있었다. 활기참과 고요함, 화려한 색채와 눈부신 빛 그리고 동물과 인간과 천사가 모두 조화를 이루고 있어서 '다이아몬드나 루비처럼 보이는' 하나님의 장엄함을 더해 주고 있었다.

요한도 다른 환상가와 마찬가지로 자신이 본 것을 기록하겠다는 충동을 느꼈다. 그가 쓴 것이 우리들에게는 너무나 환상적인 것으로 생각되지만, 그가 본 것의 대부분은 유대 교 전통에 근거하는 것이다. 다시 말해 700년 전에 살았던 구약의 선지자들이 본 환상을 요한이 그대로 다시 느끼고 체험했던 것이다. 에스겔이 하늘의 광경을 보았을 때, 그도 보좌에 앉은 이가 불같이 타오르는 듯한 느낌을 주는 분이었으며, 그 주위에 동물의 형상을 한 날개 달린 영들이 있었다고 기록하였다. 그러나 구약의 선지자들이 보았던 환상과 요한이 본 환상 사이에는 근본적인 차이점이 하나 있다. 즉 전통적인 환상에서는 하나님 주위에 천사를 비롯한 영적인 존재만 있었던 반면에, 요한이나 그의 동시대 사람들은 신의 보좌 앞에 사람들도 있었다고 기록하고 있는 것이다.

이것은 사람들이 하늘에 대한 경외심을 잃지 않고서도 천국을 좀더 인간적인 의미로 해석하고 있다는 뜻이다. 흰 옷을 입고 머리에 금면류관을 쓴 장로 24명이 하나님의 보좌 앞에 앉아서 의식에 참여하고 있었다. 흰 옷과 면류관 그리고 24라는 숫자를 볼 때, 그들이 제사장이라는 사실을 알 수 있다. 곧 이어 또 다른 광경이 나타나는데, 그것은 하나님이 그리스도와——"어린 양이 서 있었는데 이미 죽임을 당한 것 같더라."——연합하는 장면이다. 또한 장로들이 수많은 천사들과 교제를 나누고 있었으며, 이와 함께 14만 4,000명의 이스라엘 족속들 그리고 "셀 수 없을 만큼 많은 수의 각 나라의 족속들"과도 교제를 나누고 있었다. 장로들과 천사들 그리고 사람들 모두가 연합해서 하프를 연주하며, 종려나무 가지를 흔들고 찬양하며, 보좌 앞에 놓인 제단에서 향을 피우며 하나님을 경배하고 있었다. 때때로 이 예배 의식이 중단되고 거룩한 고요함이 반 시간 동안 계속되곤 했는데, 이는 이들로 하여금 새로운 활기를 불어넣게 하기 위해서였다. 그런 다음에 이 의식은 다시 시작되었다.[40]

장로들 중 한 사람이 요한에게 이 사람들이 누구이며, 왜 이곳에 왔는지 설명해 주었다.

이 사람들은 심한 박해를 이겨 내고, 어린 양의 피로 자신의 두루마
기를 빨아서 희게 한 사람들입니다. 그러므로 그들은 하나님의 보좌
앞에 오게 되었고, 하나님의 성전에서 밤낮으로 그분을 섬기고 있습
니다. 그리고 보좌에 앉으신 분께서 그들을 덮는 장막이 되어 주실
것입니다. 그들은 다시는 주리지 않고, 목마르지도 않고, 태양이나
그 밖의 어떤 열도 그들을 괴롭히지 못할 것입니다. 보좌 한 가운데
있는 어린 양이 그들의 목자가 되어서 생명의 샘물로 그들을 인도할
것이고 하나님께서 그들의 눈에서 눈물을 말끔히 씻어 주실 것입니
다.

이 하늘 의식에 참여한 사람들은 모두 그리스도를 위해서 생명을 바
친 순교자들이었다. 요한은 "대환란" 또는 "대핍박"이라는 용어를 사
용하고 있는데, 이는 초기 기독교인 사이에 주로 사용되었던 말로서
64년 네로 황제 치하의 핍박을 가리킨다. 이 부분에서 요한이 말하고
자 하는 메시지는 분명하다. 즉 순교자들은 하나님의 축복을 받아 하
늘 보좌 가까이에 앉게 된다는 것이었다.[41]

또 다른 구절에서는 순교자의 영혼이 제단 아래 있다고 기록하고
있다. 아마도 이들은 유대 인 순교자였을 것이다. 그들은 제단 아래
있으면서 흰 두루마기 한 벌씩을 받아 입었다. 그러나 그들이 장로나
다른 기독교 순교자와 어떤 관련이 있는지 명확하게 설명하지 않고
있다. 또 다른 구절에서는 두 사람의 증인이 세상에 나타나 회개를 선
포하다가 결국은 순교하게 될 것이라고 기록하고 있다. 그러나 이들
은 3일 반만에 부활하여 하늘 의식에 참여하기 위해서 승천하게 될
것이다. 결국 요한이 본 천국은 성인聖人으로 여겨지는 순교한 자들이
사는 천국이었다.[42]

하늘 의식에서 성인들의 역할은 매우 한정되어 있는 반면에, 천사

들은 여러 가지 역할을 담당하고 있었다. 미가엘Michael이란 천사는 동료 천사들과 함께 사탄의 세력에 대항해서 싸움을 한다. 다른 천사들은 나팔을 불기도 하고, 이 세상에 나쁜 역병을 내리기도 한다. 그리고 하나님의 말씀을 선포하기도 하고, 하늘에 온 요한을 인도해 주기도 한다. 천사들이 이렇게 하늘과 땅 모든 곳에서 활발하게 활동하고 있는 반면에 성자들은 단지 하나님을 경배하는 정적인 활동만을 할 뿐이다. 「계시록」의 내용 대부분은 인간 역사의 종말을 그리고 있는데, 이것은 곧 로마 제국의 멸망 그리고 사탄과 악한 천사들의 멸망으로 표현되고 있다. 이때 암흑의 세력은 빛의 세력에 의해서 멸망당할 것이며, 하나님은 자신이 다스리게 될 영원한 왕국을 세운다.

요한이 본 하늘 의식은 헬레니즘 시대에서 로마 시대까지의 궁정 의식과 초기 기독교의 예배 의식을 혼합시킨 것 같다. 요한이 들어가기를 허락받은 그 방에는 장로 24명이 엎드려 보좌에 앉은 분을 찬양하고 있다고 했다. 또한 권위 있는 한 천사가 두루마리를 낭독할 사람을 부르고, 그 사람의 낭독이 끝나면 장로들이 그 사람을 찬양한다. 그리고 의식에 참석한 모든 이가 보좌에 앉은 이에게 엎드려 경배한다. 이렇게 요한은 독자들에게 일반적인 궁정 장면을 보여 주고 있다. 전령herald이 황제 앞에 나아가는 것이 허락되었다고 선포하면 먼저 황제의 칙령이 낭독되고, 다음으로 황제의 면전에 나아가는 것을 허락받은 이가 청원을 한다. 그리고 모든 이가 황제의 권위를 인정한다는 의미에서 그 앞에 무릎을 꿇는다. 결국 요한이 본 환상에서는 하나님이 이 세상의 황제처럼 궁정 의식에 따라서 경배를 받고 있었다.[43]

또한 두루마리를 읽기 전에 찬양을 한 것은 기독교의 예배 의식을 나타내고 있다. 이 예배 의식은 요한이 초청을 받음으로써 시작되었으며, 삼성송trishagion("거룩하다, 거룩하다, 거룩하다. 만군의 주 여호와여")과 창조주 하나님을 찬양하는 합창으로 계속되었다. 이때 회중은 보좌 앞에 엎드려 있었다. 그리고 이 의식은 성서를 읽고 기도문을 낭독하며, 그리스도의 어린 양을 찬양하는 시편을 노래하는 부분에서 그 절정에 이른다. 시편이 낭독된 다음에 회중은 여기에 응답하는 교독문을 읽는다. 마지막으로 온 회중이 하나님과 그리스도에 대한 송영頌榮을 노래하고 아멘을 합창함으로써 이 의식을 끝마치게 된다.44)

요한이 묘사한 의식이 기독교의 예배 의식이나 로마의 궁정 의식을 모방하는 것처럼, 여기에 나타난 천국의 모습도 1세기 때 성전의 모습을 그대로 모방하고 있다. 그러나 요한이 사용한 "성전temple"이란 말의 뜻을 오해해서는 안 된다. 예루살렘 성전은 하나님이 거하는 집이며, 요한이 환상에서 보았던 것과 같은 거룩한 모임을 위한 광장은 아니었다. 요한이 본 것은 커다란 회당처럼 생긴 천국이었다(표 4). 한가운데 보좌가 있고, 그곳에 하나님이 앉아 있었다. 그리고 보좌 주위에 천사들이 앉거나 서 있었다. 지금까지의 설명을 듣고, 고대 로마의 황제가 법을 집행하고 대관식을 거행했던 바실리카(basilica: 고대 로마에서 재판이나 공적인 집회에 사용한 건물-역주)를 연상하는 사람도 있을 것이다. 유대 인의 회당이나 로마의 바실리카는 하늘 의식을 거행하는 장소를 설명할 때 그 모델로 생각할 수 있는 장소들이다. 즉 초기 기독교인은 작은 가정집에 모여서 예배를 드렸기 때문에, 이 하늘 의식을 거행하는 웅장한 장소를 설명하는 모델로는 적당하지 않았을 것이다.

요한은 하나님의 나라가 확립되는 과정을 두 가지 단계로 설명하고 있다. 첫번째 단계에서는 천사가 사탄과 그의 추종자들을 완전히 멸하지 않고 지하 감옥에 가두어 이들이 이 세상에 더 이상 아무런 해도 끼칠 수 없도록 한다. 그런 뒤에 재림한 예수와 부활한 순교자들이 다스리는 인간 역사가 천 년 동안 계속된다. 이 기간이 지난 뒤에 사탄의 세력은 이 세상에 마지막 공격을 할 것이고, 온 세상과 성도들의 군대와 "하나님께서 사랑하는 도시이며 성도들의 거처"인 예루살렘 성을 포위한다. 이렇게 사탄의 군대는 온 세상에 퍼져 도시를 포위하게 되겠지만, "그러나 하늘에서 불이 내려와 그들을 태워 없애게 될 것이다." 결국 사탄의 군대는 전멸할 것이고, 사탄은 유황이 타오르는 불못에 던져져 거기에서 영원히 고통받게 될 것이다.[45]

두 번째 단계에서는 죽은 자들이 모두 부활하여 하나님의 심판을 받게 된다. 즉 생명책에 이름이 기록되지 않은 사람은 모두 불못으로 던져지게 될 것이고, 이름이 있는 사람들은 새 땅에서 영원한 삶을 누리게 될 것이다. 그리고 이 세상의 중심은 영원한 새 예루살렘이 될 것이다.

요한이 묘사하는 하나님 도시는 건물이나 큰 탑들 그리고 광장이 있는 실제적인 도시는 아니었다. 대신 한 변이 1,500마일에 달하는 정육면체 모양을 하고 있는 거대한 광장과도 같은 곳이었다. 그에 비하면 크기가 35피트밖에 안 되는 지상의 예루살렘 성소는 상대적으로 작아 보일 것이다. 그리고 그 건물은 무어라고 표현할 수 없을 정도로 화려한 재료들로 만들어졌다. 건물 중심에는 두 개의 보좌가 있어 하나님과 그리스도가 각각 앉아 있었으며, 이 건물로 들어올 수 있는 문은 모두 12개였다. 그 중심 보좌는 많은 빛을 발산하므로 햇빛이나 달빛을 들여보내기 위한 창을 만들 필요가 없었다. 그리고 이 건물 안에 "생명의 강"이 흐르고, "생명의 나무"가 자라고 있었다. 이것은 셈 족 언어에서 의미하는 것처럼 단순히 물이 마르지 않는 강과 풀이 시들지 않는 나무를 뜻하는 것이 아니라 초자연적인 특성을 갖고 있다는 뜻이다. 예를 들어 생명의 나무는 "이방인을 치유하는" 효능을 갖고 있었는데, 아마도 그들에게 영적 생기를 불어넣어 줌으로써 그렇게 했을 것이다.[46]

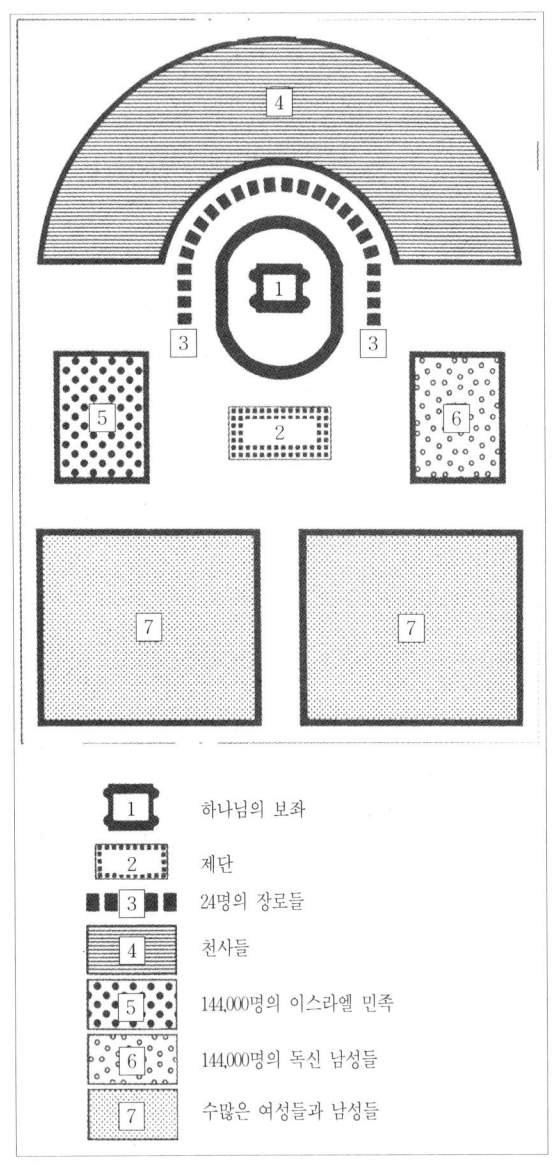

표 4. 계시록에 나타난 천국의 예배 의식.

요한은 그 건물의 화려한 모습에 너무 몰입한 나머지 그 건물 안에서 어떤 일이 일어나고 있는지에 대해서는 잠깐 언급했을 뿐이다. 예루살렘 성전 안에서 가장 깊숙한 장소, 즉 지성소至聖所(성전의 가장 안쪽에 있으며 모세의 언약궤가 있는 방-역주)는 아무나 "다가갈 수 없고" "볼 수 없는" 장소였다. 심지어 제사를 드리는 대제사장도 그곳에는 거의 들어갈 수 없었다. 그러나 새 땅에 세워질 예루살렘 성전은 모든 사람이 다 볼 수 있는 중앙에 위치하게 된다. 요한은 이곳을 향한 모든 문이 열리고 길이 넓어져서 하나님께 선물을 드리고, 기도하려는 순례자들로 가득 차게 될 것이라고 기록하고 있다. 비록 모든 사람이 하나님과 그리스도에게 직접 다가갈 수는 없지만, '하나님의 종'이라고 불리는 사람들은 그 보좌에 다가가 하나님과 얼굴로 대면할 수 있다. 요한은 이들이 누구인지 정확하게 설명하고 있진 않지만, 아마도 「계시록」의 첫 부분에서 얘기했던 24명의 장로들일 것이다. 하늘의 예배 의식이 이제는 이 땅 위에서, 모든 사람이 보는 앞에서, 특히 환란과 박해 때에 자신의 신앙을 지켰던 사람들이 보는 앞에서 행해질 것이다. 그리고 이들 24명의 장로들이 영원히 끝나지 않을 이 의식을 이끌어 가게 될 것이다.[47]

예수와 바울의 천국관이 그랬던 것처럼, 요한이 본 천국의 모습도 하나님 중심적인 것이었다. 의식을 행하는 거대한 장소의 중심에는 하나님과 그리스도가 앉아 있었으며, 이로 인해서 이곳은 빛이 필요하지 않을 정도로 눈이 부셨다고 기록하고 있다. 이곳에 있는 강과 나무들도 사람들에게 육체적 생기가 아니라 영적 생기를 불어넣어 준다. 그리고 이 건물을 장식하고 있는 화려한 보석들도 이 세상에서 볼 수 있는 그 어떤 보석보다도 아름답고 귀한 것들이었다. 중심에 가까이 갈 수 있는 사람들은 그리스도를 위해서 모든 것을 희생한 자들이었다. 독신자들은 결혼이나 가족이라는 세상적인 것들을 포기하고 산 사람이었다. 순교자들은 그리스도를 위해서 자신의 몸까지 바친 자였다. 요한의 시대에 이 세상은 전쟁과 우상 숭배, 박해로 물들어 있었지만, 종말이 오고 이 땅 위에 하나님 나라가 확립되고 나면 이 세상은 하나님을 찬양하는 소리가 결코 끝나지 않는 곳으로 바뀌게 될 것이다. 기독교인이 자신의 신앙 때문에 안팎에서 도전받고 있던 상황에서, 요한은 기독교인에게 내려 준 하나님의 약속을 강조하였다. 그러나 요한이 말한 새 예루살렘은 부활한 자들이 세상적인 풍요를 누리며 사는 곳이 아니었다. 이곳은 하나의 성전으로서, 하나님의 자녀가 하나님과 완벽한 교제를 나누며 살 수 있도록 만들어진 장소였다.

기독교가 약속하는 내세

예수와 초대 기독교인은 동시대 사람들이 내세를 어떻게 생각하는지 잘 알고 있었을 것이다. 예수와 사두개 인이 내세에 대해서 논쟁하는 모습을 신약성서에서 볼 수 있다. 여기서 예수가 제시한 천국관은 단순히 유대 교의 전통이나 헬레니즘 시대의 주장을 되풀이한 것이 아니었다. 예수와 그의 추종자들, 즉 바울이나 요한과 같은 사람들은 자신이 받은 계시에 입각해서 사상을 펼쳐 나갔다. 이들의 내세관은 두 가지 면에서 매우 새롭고 독특하다고 할 수 있다. 첫째는 하나님 중심, 하나님 우선주의다. 이것은 그들이 하나님을 직접 체험했기 때문에 가능한 일이었다. 둘째는 이들이 모두 평범한 사회 생활, 즉 혈족이나 결혼, 가족과 관련된 평범한 생활을 거부했다는 점이다.

첫번째 특징 —— 하나님 중심주의—— 은 예수와 바울, 요한 이 세 사람 모두에게 확실하게 나타나고 있다. 예수는 천국의 남자와 여자들은 모두 "하나님의 자녀"가 되어 천사와 같아질 것이라고 주장하였다. 그리고 이들의 관심은 오로지 하나님에게만 집중될 것이다. 예수는 하나님과의 친밀한 교제를 경험하면서 살았기 때문에 이런 주장을 할 수 있었다. 또한 바울도 이와 같은 맥락에서 천국의 사람들은 "그리스도와 함께 하는 존재"가 될 것이라고 주장하였다. 그리고 그리스도와 함께 한다는 것은 곧 하나님과 함께 한다는 뜻이었다. 왜냐하면 바울은 그리스도와 하나님의 이름을 동등하게 사용하고 있기 때문이다. 축복받은 자들은 "신령한 육체"를 가진 자들로서, 이제 더 이상 하나님에게서 멀어진 존재가 아니다. 그들은 하나님의 현존을 영원히, 그리고 충만하게 느끼며 살게 될 것이다. 「계시록」은 이런 축복된 모습을 더 구체적으로 그리고 있다. 즉 신자들이 하나님과 그리스도가 앉아 계신 하늘 보좌 주위에 서 있는 것으로 묘사하고 있는 것이다. 그리고 요한은 내세의 삶이란 하나님을 영원히 찬양하고 경배하는 것이라고 설명한다.

두 번째 특징, 즉 이들이 평범한 사회 생활을 거부한 것은 하나님 중심주의의 당연한 귀결이라고 할 수 있다. 예수가 가족의 유대 관계나 결혼을 거부했다는 것은 그가 하늘에서는 "장가도 가지 않고 시집도 가지 않는다"고 설명한 것에서 쉽게 드러난다. 바울은 "육체"나 "신체의 행실"과 같은 인간의 본성이 쉽게 죄를 짓는 경향이 있다고 믿었기 때문에 이것들을 모두 경멸하고 거부했다. 그가 불신자들의 세상을 멀리했다는 것은 곧 이 세상을 거부했다는 뜻이다. 특히 「계시록」을 쓴 요한은 정치적인 영역의 삶들을 거부했다. 그래서 그는 로마제국을 사탄의 세력으로 받아들였다. 그래서 요한은 황제 숭배가 소멸되고 하나님과 그리스도에 대한 경배 의식, 유일하게 진실된 경배 의식이 그 자리를 차지하게 될 것이라고 주장했다.

신약성서의 천국관은 당시 기독교인들이 처해 있던 특수한 사회적 위치를 그대로 나타내고 있다. 초대 기독교인의 신앙은 매우 열정적이었기 때문에 이 세상에서 원하는 평범한 시민이 될 수가 없었다. 그들은 영생을 얻기 위해서는 반드시 성도의 공동체에 속해야 한다고 믿었다. 핍박과 죄로 가득한 이 세상이 곧 사라지는 것처럼, 인간의 육체도 이 세상의 한 부분이기 때문에 곧 죽을 수밖에 없다. 그래서 바울은 "살과 피로 이루어진 땅 위의 몸은 하나님 나라에 들어갈 수 없다. 이 썩어질 몸으로는 영원히 살 수 없다"라고 기록했다. 이렇듯 기독교인들은 하나님을 영적인 존재이며 유일한 신이라고 믿었기 때문에 그리고 인간은 죽은 후에 무성asexual의 존재가 된다고 믿었기 때문에 평범한 사회 생활을 쉽게 거부할 수 있었던 것으로 보인다.[48]

신약성서는 인간이 이 세상에서 육체를 가지고 사는 한 하나님과 완벽하게 가까워질 수 없다고 주장한다. 세상과 타협하는 것, 즉 삶 자체에 집착하는 것은 신에게 헌신하지 못하게 하는 것이다. 그러나 일단 죽음으로써 육체를 벗어버리고 사회적 규제로부터 자유로워지면, 인간이 하나님과 교제할 때 필요로 하는 모든 것을 갖출 수가 있다. 초대 기독교인들은 이 세상에서 하나님과 함께 하는 삶을 시작할 때, 상징적이긴 하지만 세례를 통해서 이전의 옷을 벗어버리고, 그리스도 안에서 새 삶을 받아들이게 된다. 혈족이나 부부 관계, 정치적 관심들은 모두 새로운 기독교 공동체에 참여함으로써 무의미해진다. 그러나 완전한 갱생이란 오로지 한 번, 즉 세상적인 육체를 벗어버리고 신령한 육체로 부활했을 때에만 가능하다. 결국 신약에서 제시한 내세관은 세상적인 것들을 모두 벗어버리고 하나님의 현존만을 충만하게 경험하는 것이었다.

예수와 바울 그리고 요한의 가르침을 완벽하게 실천한다는 것은 어려운 일이다. 가족이나 사회적 위치, 경제적 안정 그리고 성적 본능과 같은 것들을 모두 포기하고 거부한다는 것은 그 당시의 평범한 사람들에게는 정말 어려운 일이었다. 그리고 종말에 대한 긴박감이 점점 더 약화되어 가면서, 기독교 공동체 안에서 열정적인 신앙을 갖고 있던 사람들에게도 많은 시련이 닥쳐왔다. 어떤 이들은 로마 제국의 몰락과 플라톤 철학의 영향을 받아 물질 세계에 대해서 더 큰 혐오감을 갖게 되었으며, 반면에 다른 이들은 이제까지 기독교가 영적 생활만을 강조해 온 것에 대해서 반성해야 한다고 주장했다. 게다가 기독교가 정식 종교로 허용되고 결국 국교로 자리잡게 되자, 이 세상을 이전과는 다른 관점에서 보아야만 했다.

제3장
이레네우스와 아우구스티누스의 천국관

IRENAEUS AND AUGUSTINE ON OUR HEAVENLY BODIES

2세기에서 5세기 사이, 기독교는 한 지방의 유대 교 소종파에서 후기 로마 제국의 국교로 성장하였다. 신약성서의 기독교가 종교적 열정주의와 카리스마를 중요시했다면, 국교화된 이후의 기독교는 외부로부터 오는 사회적 상황들에 대응하기 위해서 신학 이론을 체계적으로 발전시켜 나갔다. 2세기경 상인이나 이주민, 선교사들은 고대 세계 거의 모든 곳에서 기독교 공동체를 형성하는 데 성공하였다. 그러나 이들 공동체들은 바깥으로는 이방인의 박해에 시달리고, 안으로는 종교적 열정주의가 식어 가는 어려움을 겪게 되었다. 이렇게 초기 교회가 어려운 상황에 빠져 있었지만, 4세기 들어 로마의 박해가 종식되었고, 이제 기독교는 제국의 국교가 될 준비를 갖추기 시작했다. 이렇게 기독교가 새롭게 형성되어 감에 따라, 신약성서에 나타났던 하나님 중심의 천국관도 중요한 변화를 맞이하게 되었다.

　박해와 순교에도 불구하고, 적의가 가득한 문명사회에서 어떻게든 살아남으려는 의지를 관철시킨 기독교인들은 지상에서 누리지 못했던 삶의 즐거움을 보상받는 곳이 천국이라고 믿었다. 기독교 저술가, 리용의 이레네우스Irenaeus of Lyons도 기독교인들이 이 세상에서 빼앗겼던 풍족한 삶을 다시 보상받을 수 있는 곳이 바로 내세라고 생각했다. 다시 말해 당시의 기독교인들은 박해와 순교에도 불구하고 이 세상을 거부하지 않았던 것이다. 그들은 로마 인의 박해로 하나님이 선물로 준 이 세상을 충분히 맛보지 못하는 것에 화가 날 뿐이었다. 이레네우스는 천국을 영화로운 물질 세계로 보았으며, 현재 이 세상에 존재하는 결점들이 모두 제거된 완벽한 세상이라고 보았다. 그러나 다른 기독교인들은 달랐다. 이들은 세상을 부정하는 그리스 철학자의 영향을 받은 자들로, 이방인의 생활 방식을 거부하고 세상으로부터 멀어지기를 갈망하는 금욕적인 기독교인들이었다. 젊은 시절의 아우구스티누스도 로마 사회를 회의적인 시각에서 바라보았으며, 더 나아가서 물질 세계 전체를 거부하였다. 아우구스티누스와 같은 금욕적인 기독교인들은 '이 세상'과 관련된 것이라면 무엇이든지 멀리하려고 애쓰면서 영지주의파 Gnotsicism(그리스 철학이나 동방 사상의 영향을 받은 이단. 물질로 이루어진 이 세계를 근본적으로 악하다고 봄—역주)나 신플라톤주의에서 말하는 이원론 dualism 사상을 신봉하였다. 또한 그들은 이레네우스가 주장하는 천국에서의 보상 개념을 거부하고, 사후의 삶은 곧 자신들처럼 영적으로 그리고 금욕적으로 생활하는 것이라고 주장하였다. 이들은 이 땅에서 영혼이 물질보다 우위에 있는 것처럼, 천국에서도 이와 같을 것이라고 생각하였던 것이다.

    4세기에 이르러, 기독교는 공식 종교로 인정받았고(313년), 이어서 후기 로마 제국의 국교가 되었다(391년). 이제 기독교인은 사회에서 더 이상 소외된 존재가 아니었으며 오히려 존경받는 사람들이었고, 나아가 사회를 이끌어 가는 주도 계층으로 변화하였다. 또한 기독교가 국교라는 새로운 역할을 감당하게 되면서, 세상을 거부하라고 가르쳤던 교훈들도 점차 호소력을 잃게 되었다. 아우구스티누스도 노년에 이르러서는 금욕적인 생활에 절대적인 가치를 두지 않았으며, 정치적인 사회나 세상과의 완전한 분리를 주장하지도 않았다. 작은 종파에 지나지 않았던 기독교가 국가 종교로 성장하였고, 따라서 천국도 교회 공동체의 개념으로 바뀌었다. 천국의 성도들도 아직은 영적인 특성이 많이 있었지만, 이전보다 좀더 물질적이고 감각적인 것, 즉 인간적인 존재로 이해하였다. 이상에서 살펴본 세 가지 천국관——이레네우스가 주장했던 보상과 낙원으로서의 천국관, 초기 아우구스티누스가 주장했던 금욕적인 천국관 그리고 교회 제도를 모델로 한 천국관——은 이후 기독교 역사를 통해 여러 가지 다른 모양을 하고 다시 나타나게 된다.

순교에 대한 보상으로서의 영화로운 물질 세계

2, 3세기에 기독교인들에게 가해진 주기적인 탄압으로 인해, 기독교인들은 자신과 로마 사회와의 관계를 심각하게 생각하게 되었다. 이때 기독교는 순교자의 교회로 불릴 정도로 고통이 심했지만, 그들은 이 세상을 거부하지 않고 오히려 선한 것으로 생각했다. 다만 이 선한 세상을 이방인들이 '점령하고' 있을 뿐이라고 생각했다. 대체로 기독교인들은 로마 제국의 큰 도시나 그 주변에 살면서 무역이나 상업에 종사하는 사람이 많았다. 즉 그들은 이방 사회로부터 고립되어 있었던 것이 아니라, 밀접한 관련을 맺고 있었던 것이다. 그들은 도시에 거주하는 기독교인으로서 비非기독교 사회와 계속해서 접촉하였으며, 이로 인해서 정신적·육체적으로 많은 어려움을 겪고 있었다. 이방 문화는 하나님이 기독교인에게 준 권리, 즉 하나님이 창조한 물질 세계를 마음껏 누릴 수 있는 권리를 빼앗아 버렸던 것이다.[1]

2세기의 도시 기독교인들이 직면했던 어려움은 리옹의 이레네우스

(140~200)의 저술이나 그의 경력을 살펴봄으로써 짐작할 수 있다. 이레네우스는 소아시아에서 태어나 스미르나Smyrna(터키 서부의 항구. 오늘날의 이즈미르Izmir-역주)와 로마에서 교육을 받았다. 그 후, 리용과 비엔나Vienne에서 사제로 활동하였다. 당시 리용은 20만 명이 살았고, 갈리아Gaul(오늘날의 서유럽 지역에 해당하는 고대의 지명-역주)의 수도였을 뿐만 아니라 로마에 이어 유럽 최대의 도시였다. 리용은 무역과 상업을 하는 사람들에게는 안성맞춤이었을 것이다. 리용에는 옥수수와 포도주, 기름, 목재 같은 물품들을 사고 팔기 위한 큰 무역 교환소가 있어서 갈리아, 독일, 영국에서 사용하는 물자들 대부분을 만들고 수송하는 중심지 노릇을 하였다. 이곳에서 무역이나 상업 활동에 종사하던 사람들은 대부분이 외지인이어서 시민권을 갖지 못했다. 이레네우스처럼 리용에 살고 있는 기독교인은 주로 소아시아에서 이주해 온 상인들이었다. 그러나 이들은 노예를 소유하고 있을 정도로 부유하였다.[2]

그러한 중에 175년에서 177년에 있었던 리용의 기독교인과 이교도 사이의 긴장은 급기야 기독교인에 대한 박해로 이어졌다. 그것은 폭동의 형태로 시작되었지만, 결국은 로마 영사와 그 군대가 주도적인 역할을 하였다. 이때 리용의 주교가 순교하였으며, 그 후임으로 이레네우스가 임명되었다. 그러나 그는 이 박해가 끝날 때까지 숨어 있었던 것으로 보인다. 이 박해가 진정된 뒤에 비엔나Vienne 근처에 있던 기독교 공동체에 소속된 사람이 순교자들의 업적을 찬양하면서 당시의 아픔을 상세하게 기록하였는데, 아마도 이것은 이레네우스의 저작이 아닌가 생각된다.[3]

「제2 마카베오」와 「제4 마카베오」에는 유대 인 순교자에 대한 이야기가 성서적인 문체로 기록되어 있는데, 이레네우스도 여기서 영감을 얻어 위의 글을 쓴 것으로 보인다. 이 책들은 오늘날의 기독교 성서에는 포함되지 않았지만, 당시의 『70인 역 성경Septuagint Bible』(히브리 구약 성경을 그리스 어로 번역한 고대 번역본들 중에서도 가장 최초의 것-역주)에는 모두 포함되어 있었기 때문에 초대 기독교인들은 모두 잘 알고 있던 내용이었다. 그 보고서에는 유대 인 어머니와 아들 7명이 함께 순교하는 이야기가 기록되어 있다. 이들은 율법을 지키기 위해 돼지고기 먹는 것을 거부했기 때문에 잔혹한 고문을 받고 살해 당했는데, 이들 모두는 새 땅에서 육체를 돌려 받고 새로운 삶을 살게 될 것이라는 희망을 갖고 죽음을 맞이하였다. 그들은 "다시 부활해서 더 좋은 삶을 살게 될 것"이라고 믿었던 것이다. 어느 판본에서는, 그 어머니는 자신의 믿음을 이미 성서에서 보증받았다고 믿었는데, 그것은 에스겔이 보았던 부활의 환상 때문이었다. 그리고 아들 하나는 자신의 다리가 잘린 것을 보고 다음과 같이 말하였다. "이것은 하늘로부터 받은 것이다. 그러나 나는 하나님의 율법을 지키기 위해서 이것들을 버렸다. 나는 하나님께서 내게 이 다리를 다시 주실 것을 믿는다." 이 말은 그들이 세상에서의 삶을 결코 포기하지 않았다는 것을 의미한다. 즉 그들은 내세에 가서도 물질적인 삶을 살게 된다고 믿었던 것이다.4)

리용의 순교자들이 고백한 신조信條에서도 육체적 부활에 대한 믿음이 분명하게 나타나고 있다. 또한 이런 믿음은 당시 박해자들의 글 속에서도 찾아볼 수 있다. 즉 이들은 "기독교인들이 부활에 대한 소망을 갖지 않도록 하기 위해서" 순교자들의 육체를 모두 불태워 버렸다고 기록하고 있다. 그리고 이들은 순교자들의 유골을 론Rhone 강에 모두 던져 버리고 "그들이 다시 부활하는지, 하나님이 그들을 도와 주는지 우리 한번 지켜 보자"라고 하며 비웃었다고 한다. 그러나 기독교 저술가들은 순교자들이 당한 고통과 죽음에 대해서 유대 교 전통에 따라 기록하였다. 이교도들은 성도들의 육체는 죽일 수 있지만, 그들이 내세에서 누리게 될 영광스러운 삶과 그리스도에 대한 충성심은 결코 죽일 수 없다고 역설하였다. 기독교적 관점에서 볼 때, 이교도들이 아무리 성도들의 육체를 불태워 강에 버린다고 하더라도 새로운 육체로 부활하여 풍요로운 삶을 살게 된다는 기독교인들의 믿음만은 결코 꺾을 수 없었던 것이다.5)

동시대의 다른 문서, 『폴리카르프의 순교the Martyrdom of Polycarp』에서도 똑같은 사상을 엿볼 수 있다. 이레네우스의 스승이었던 폴리카르프도 박해 기간 동안 스미르나를 떠나 시골에 피신해 있었다. 그러나 결국 발각되어서 화형에 처해졌다(155년이나 166년). 이때 그가 남긴 기도를 통해서, 그가 "영혼과 육체가 모두 부활하여 성령에 의해서 순수해질 것이며, 영원한 삶을 살게 될 것"이라고 믿었던 것을 알 수 있다. 그는 이 세상을 증오하고 내세를 갈망했기 때문에 담대하게 죽음을 맞이한 것이 아니었다. 오히려 그는 살기를 원했다. 그러나 죽음이 닥치자 그는 자신이 부활할 것을 믿고 있었기 때문에 편안하게 죽을 수 있었다. 일반적으로 그리스도를 위해서 기꺼이 순교한 사람들은 이 세상을 경멸하고 있다고 생각하게 된다. 하지만 당시의 순교자들은 세상에서의 삶을 선한 것으로 생각했고, 그래서 그들은 죽은 뒤에도 이 세상에서 살기를 기대하고 있었다. 그들은 환상적인 천국을 기대한 것이 아니라 현실적인 이 세상에서의 삶을 원했다. 그리고 이런 믿음이 당시의 신학자였던 이네레우스에게서 그대로 나타났다.6)

이레네우스는 『이단 반박Against the Heresies』에서 인간의 역사를 세 시기, 즉 박해 시대인 동시대와 메시아의 왕국 시대 그리고 성부 하나님의 왕국 시대로 구분하였다. 이 세 시기는 차례대로 계속될 것인데, 이것은 하나님이 모든 기독교인을 위해 역사 안에 계획한 일이었다. 그리고 이레네우스는 역사를 이 세상 안에서 일어나는 일로 이해하였다. 그래서 이교도가 지배하는 세상, 메시아가 지배하는 세상,

마지막으로 성부 하나님이 다스리는 세상이 모두 내세가 아니라 이 세상 안에서 일어난다고 믿었다. 그리고 순교자들이 내세에서 받을 보상도 그들의 영혼이 하늘을 향해서 상승하는 것이 아니라, 그들이 빼앗겼던 세상적인 삶을 다시 되돌려받는 것이었다.

이레네우스가 볼 때, 박해 시대의 주된 특징은 창조의 선함과 이교도의 악함이 긴장 관계에 놓여 있는 것이었다. 이레네우스는 공공연하게 영지주의자들을 공격했는데, 그것은 이들이 이 세상을 근본적으로 나쁘게 보고 악한 신의 산물이라고 보았기 때문이다. 그는 이런 '이단'에 대항해서 하나님의 창조는 선하다고 주장했다. 하나님은 인간을 구원하기 위해서 성서를 주었을 뿐만 아니라, 이와 함께 자연이라는 축복도 허락하셨다. 그 중에서도 가장 큰 축복은 바로 성육신 incarnation이다. 이것은 하나님의 아들이 그리스도의 형상으로 인간의 몸을 입었다는 의미이다. 즉 그는 하나님이 인간의 본성을 입었다는 사실을 인간도 신이 될 수 있다는 것으로 이해했고, 더 나아가서 인간도 그만큼 선하다는 뜻으로 받아들였던 것이다.

로마 인들이 기독교를 박해하는 동안에도 이레네우스는 로마 제국에 대해서 부정적인 생각을 하지 않았다. 이 세상은 하나님께서 창조하셨기 때문에 근본적으로 악할 수 없으며, 또한 이 세상에 살고 있는 사람들, 심지어 로마 인까지도 악한 자는 아니었다. 「계시록」에 나타난 적그리스도를 해석할 때에도 그는 이를 '라티노스Lateinos'라고 보는 것이 합당하다고 말했다. 또한 그는 이렇게 설명했다. "현재 이 세상을 지배하고 있는 사람들은 분명히 로마 인들Latins이다. 그러나 이들이 적그리스도는 아닐 것이다." 이렇게 그는 적그리스도의 왕국과 로마 제국을 동일하게 생각하지는 않았다. 그는 다른 책에서 이 문제에 대해서 좀더 명확하게 설명하고 있다. "이 세상은 로마 인을 통해서 평화를 유지하고 있다. 우리들은 어느 곳이나 편안하게 여행할 수 있다." 안전한 여행은 상인들에게 있어서 필수 요건이었다. 이레네우스는 리용에 살면서 상업과 깊은 관련을 맺고 있었기 때문에, 상업의 필수 요건이라고 할 수 있는 안전한 환경을 만들어 주는 로마 인을 존경하지 않을 수 없었던 것이다.7)

위와 같이 이레네우스는 이 세상을 긍정적으로 보았으며, 이교도들과도 조화를 이루며 살기를 원했다. 그리고 그의 이런 사상이 영지주의와 같은 이단들을 공격하게 만들었다. 영지주의자들은 절대적인 이원론, 즉 물질적인 세상은 악하고 영적인 존재는 우월하다고 주장했다. 그래서 이들은 사회적 관습이나 기존의 권위들을 모두 거부하였으며, 파괴적이고 도전적인 성향을 갖고 있었다. 영적이지 못한 것들이 모두 악하다면, 왜 그들은 세상 사람들이 행하는 사회 풍습을 그대로 따르고 있는가? 이레네우스는 이들 때문에 기독교인의 평판이 나빠지고, 교회가 위기에 처하게 되었다고 생각했다. 그래서 진정한 기독교인은 허가를 받지 않고 집회를 갖는 이러한 급진주의자들을 멀리해야 한다고 주장했다. 아직도 기독교인을 의심하고, 세상을 살아가는 데에 믿을 만한 조력자로 여기지 않는 현 상황에서 영지주의자들은 계속되는 위협이었다. 이레네우스가 지적했던 것처럼, 실제로 영지주의 운동은 선한 기독교인의 명예를 훼손시키고, 사회 안녕과 질서도 위협하였다. 무역을 주된 생업으로 삼고 있는 도시 기독교인들에게 사회적 안정은 필수 조건이었던 것이다.8)

이레네우스는 로마 제국의 안정뿐만 아니라, 이 때문에 발전할 수 있었던 문명화된 도시 생활도 높이 평가하였다. 그러나 영지주의자들은 "이 세상에서 필요로 하는 모든 것"을 경멸하였다. 그래서 그는 기독교인들에게 미친 사람 같은 영지주의자의 행동을 따르지 말라고 경고하며 다음과 같이 말했다. "이방인들과 동떨어져 있으면서 자신들의 지혜만을 자랑할 뿐, 다른 사람들도 선한 면을 갖고 있다는 사실에 대해서는 무지하다. 그들은 말 그대로 발가벗고 신도 벗은 채, 집도 없이 산에서 풀을 뜯어먹고 사는 동물 같은 존재들이다." 그러나 진정한 기독교인이라면 이 세상을 거부하는 영지주의자와 달리, 이 세상을 가치 있게 여겨야 한다. 그렇지만 이러한 경우, 리용의 기독교인들은 큰 딜레마에 빠지게 된다. 즉 당시 이교도들의 지배는 너무나 전제적이었기 때문에 기독교인들의 생명까지도 빼앗을 수 있었으며, 실제로 그런 일이 종종 일어났다. 박해를 받아 순교한 기독교인은 선한 창조 세계를 즐길 수 없었으며, 하나님이 내려 준 축복에도 참여할 수 없었다.9)

이렇게 기독교 역사의 첫 시기는 박해로 그늘져 있다. 기독교인들은 이 세상을 선한 것으로 그리고 하나님께서 자신을 위해서 창조하신 것으로 보았지만, 이교도들은 기독교인들이 이 세상에서 평화와 풍요를 누리도록 하지 않았다. 이레네우스는 이런 딜레마를 인간 역사의 두 번째 단계, 즉 메시아의 왕국 시대를 예언함으로써 해결하려고 하였다. 하나님이 의로운 자들을 부활시키고 그들에게 새로운 물질적 삶을 보상해 줌으로써 메시아 시대는 시작될 것이다. 그리고 이 새로운 삶은 먼 하늘나라에서 일어나는 것이 아니라 바로 이 땅 위에서 이루어질 것이다. "왜냐하면 그들이 고통받고 순교했던 곳도 바로 이 세상이기 때문이다." 그리고 이레네우스는 계속해서 다음과 같이 기록하고 있다. "그들이 받은 고통이 증거하고 있는 것처럼, 그들은 자신이 받은 모든 고통을 보상받아야만 한다. 그들이 하나님을 향한 사랑 때문에 죽은 곳은 이 세상이었다. 따라서 그들이 보상을 받는 곳도 당연히 이 세상이어야 한다." 하나님은 이 세상을 의인들이 고통받고 순교당하는 지하감옥과 같은 장소로 만들지 않았다. 원래는 그들이 물질적 축복을 누리며 살 수 있도록 만들었던 것이다. 그래서 메시아가 다스리는 시대가 오면 이들은 박해자들에게 빼앗겼던 이 세상에 대한 권리를 다시 주장할 수 있게 된다. 노예 생활을 해야만 했던 이 세상에서, 이들은 결국엔 영원한 지배자가 될 것이다.[10]

구약성서의 「다니엘」과 신약성서의 「계시록」에서 볼 수 있는 것처럼, 순교자들이 처했던 상황과 천년왕국 사상과는 밀접한 관련이 있다. 오늘날에도 박해받고 압제받는 사람들 사이에 천년왕국 사상이 움트고 있는 것을 볼 수 있다. 현대의 어느 여행가의 기록에 의하면, 브라질의 빈농 사이에는 카톨릭 교회에서 가르친 것과는 다른 방식으로 육체적 부활과 죽은 자의 회귀를 바라는 희망을 갖고 있다고 한다. 서툰 필체의 어느 농부가 오두막의 벽에 다음과 같은 글을 써 놓았다. "너에게 근육과 살을 입힐 것이다. 그리고 그 위에 피부를 덮고 생명을 불어넣을 것이다. 그러면 너는 살아난다." 이것은 「에스겔」 37장에 나오는 구절로, 하나님이 죽은 자를 부활시킬 것이라는 선포였다. 이와 유사한 사상을 남편이 대지주의 부하에게 살해당한 미망인에게서도 찾아볼 수 있다. 그녀는 주교에게 다음과 같은 편지를 썼다. "비록 그들이 우리를 죽였지만, 우리는 분명히 다시 돌아올 것입니다. 그리고 우리는 수백만이 될 것입니다." 압제받고 박해받는 기독교인들은 하나님이 이 세상의 삶을 되돌려 줄 것이라고 믿었던 것이다.[11]

이레네우스는 천년왕국 사상을 소아시아로부터 서구로 옮긴 장본인이었다. 박해 기간에 남프랑스에서는 천년왕국 사상이 새로운 가치를 인정받게 되었다. 이레네우스는 신구약 성서는 물론이고 묵시적인 저작들을 수없이 인용하면서 그가 기대하고 있는 새 땅에 대한 그림을 그렸다. "우리는 미래에 새로운 생명과 육체를 가지고 이상적인 새 땅에서 살게 된다. 그곳에서 인간의 육체는 강건해지며, 여자들은 많은 아이들을 출산하게 될 것이다. 자연은 인간의 도움 없이도 수많은 열매들을 풍부하게 맺고, 이로 인해서 인간은 더 이상 경작하는 수고를 하지 않아도 된다. 주님은 의로운 자들을 위해 여러 가지 맛있는 음식으로 풍성한 식탁을 차릴 것이다. 물론 이런 세상에서 적敵이란 있을 수 없다. 심지어 야수들도 인간에게 복종하도록 되어 있기 때문에 더 이상 인간의 적이 아니다. 그리고 이곳에서는 그 어떤 사람도 늙거나 죽는 일도 없다."

이레네우스가 또 하나 강조하고 있는 것은, 성서나 그 밖의 문서에서 가르치고 있는 미래의 새 땅에 대한 설명이 어떠한 것이든지 모두 문자 그대로 이해해야 한다는 것이다. "하나님의 새 땅은 그 어느 것으로도 비유할 수 없다. 하나님이 성도들을 위해 만든 것은 모두 불변하고 진실되며, 실제로 존재한다." 하나님의 창조도 '불변하고 진실되며, 실재하기' 때문에 결코 영적으로 해석해서는 안 된다. 이교도들이 기독교인을 핍박한 것이 현실인 것처럼, 미래의 풍요로운 삶에 대한 약속도 문자 그대로 실재하는 것이어야 한다. 메시아 왕국이 도래하면, 성도들은 "하나님의 빛 아래에서 점점 더 강해질 것이며," 그렇게 인간 역사의 다음 단계에 이를 수 있는 조건을 완벽하게 갖추게 될 것이다.[12]

그러나 좀더 후대의 신학자들은 인간 미래에 대해 천년왕국 사상을 받아들이지 않았다. 오히려 이들은 천년왕국 사상을 논박하는 글을 남기곤 했는데, 이 글을 통해서 천년왕국 사상의 내용이 어떤 것이었는지 알아볼 수 있다. 예를 들어 이단이라고 알려진 에우세비오스 Eusebius(264~340)는 "육체의 관능에 빠진 이단들은 내세에 대해서도 자신의 욕망에 따라 이것저것 꿈꾸며, 육체의 욕망에 자신을 잊고 있다. 즉 머리 속에는 먹고 마시고 결혼하는 것밖에 없었다"고 비판하였다. 이렇게 4세기경에 이르러, 천년왕국 사상은 정통 사상에서 완전히 배제되어 버렸다. 그러나 이레네우스 시대(2세기)에는 인간이 육체적 부활을 꿈꾸고, 미래의 그리스도 왕국을 기대하는 것이 전혀 이상한 일이 아니었다.[13]

천 년이 지난 뒤에 메시아 왕국은 성부 하나님이 다스리는 새 왕국으로 변화한다. 이레네우스는 성부 하나님의 왕국이 영원히 계속될 것이라고 주장했지만, 이 왕국이 구체적으로 어떤 것인지는 설명하지 않았다. 단순히 그는 성부 하나님이 "계속해서(천년왕국이 지난 뒤에) 인간의 아버지가 되어 인간의 마음으로는 도저히 생각할 수 없고, 들을 수도 없고 볼 수도 없는 것들을 주실 것이다"라고만 설명하고 있다. 그리고 또 다른 구절에서는 "거룩한 천사들과 교제하고, 영적 존재들과 화합하게 될 것이다"라고 말하고 있다. 이레네우스는 풍요로운 메시아 왕국에 대해서는 확신이 있었지만, 성부 하나님의 왕국이 어떤 것인지에 대해서는 확신하지 못했던 것 같다.14)

이레네우스에게는 성부 하나님이 다스리게 될 영적 왕국보다 메시아 왕국이 더 중요했다. 이레네우스의 마음은 미래에 오게 될 천년왕국에 대한 상상과 기대로 가득 차 있었다. 그는 의인들이 부활하여 새롭게 회복된 물질 세계에서 진정한 삶을 누리게 될 것이라는 사실을 이해시키는 데 온 힘을 기울였다. 새롭게 회복된 물질 세계에서는 이교도에게 빼앗겼던 모든 것을 보상받게 될 것이다. 따라서 현재 기독교인들이 하나님의 창조를 만끽하지 못하고 있는 것은 일시적인 현상일 뿐 결코 영원한 것이 아니다. 이레네우스는 그리스도의 왕국에서 천 년 동안 누리게 될 기쁨만을 생각했을 뿐, 그 다음에 무슨 일이 일어날지에 대해서는 별 관심이 없었다. 이레네우스에게 중요한 것은 고통을 당하고 있던 기독교인들에게 영화로운 미래를 제시해 주는 것이었으며, 그 다음 시대에 대해서는 관심을 기울일 만한 마음의 여유가 없었던 것이다.

이레네우스 같은 도시 거주 기독교인들은 내세를 현재의 계속이자 완성으로 보았다. 갈기갈기 찢겨져 죽은 순교자들은 완전하고 건강한 육체로 부활하여 풍요롭고 완벽한 환경에서 아이들을 낳아 기를 것이다. 이레네우스가 성부 하나님께서 다스리게 될 영적 왕국을 잠깐 언급하고 지나간 것은 천국에서는 장가가는 일도 시집가는 일도 없을 것이라고 말한 예수의 가르침을 정당화시키기 위해서였다. 즉 천국에서는 아무도 결혼하지 않는다는 예수의 가르침은 메시아 왕국 시대가 아니라 성부 하나님이 다스리는 영적 왕국 시대에 적용된다고 설명하기 위해서였다. 다시 말해 그가 성부 하나님이 다스리게 될 영적 왕국을 언급한 것은 단지 천년왕국이 갖고 있는 실재적이고 물질적인 성격을 강조하기 위해서였다. 사업을 하고 가족을 부양하며 이 세상에서 행복하게 살기를 원했던 기독교인들은 하나님이 영화로운 물질 세계를 보상해 주겠다고 약속한 것으로 믿었다. 그들이 그리스도에게 얼마나 충성된 종인가 하는 것은 박해와 고난 속에서 확실하게 증명되었다. 그들은 이 땅에서 충만한 삶을 만끽하고 싶었던 것이다.

금욕주의자의 천국관 : 순수한 영혼들을 위한 장소

4세기경에 이르러, 이제 순교자들은 과거의 인물로서 단지 존경의 대상이 되었을 뿐이다. 이교도들의 핍박을 이겨냄으로써 그리스도에 대한 신실함을 증명하던 시대는 지나갔다. 이제 기독교인들은 자신의 신실함을 증명할 수 있는 또 다른 방법을 찾아야만 했다. 바로 금욕주의asceticism다. 순교자들과 마찬가지로 금욕적인 기독교인들도 고통을 받아들이고, 안락한 가족 생활을 포기하며, 영적인 생활을 하는데 전적으로 헌신함으로써 자신의 신실함을 증명하려고 했다. 박해의 시대가 종말을 고하자, 이젠 금욕주의가 최고의 이상으로 자리잡게 된 것이다. 금욕주의야말로 종교가 갖고 있는 중요한 문제, 즉 어떻게 하면 신과 인간 사이의 거리를 어떻게 중재하는가 하는 문제를 해결할 수 있는 가장 유력한 해답인 것 같았다. 육체를 입고 이 세상에서 살고 있으면서 동시에 천사와 같이 순결한 생활을 함으로써 하나님의 나라에도 거할 수 있는 것, 이것이 해결의 열쇠였다. 순교자들의 시대를 지나서 금욕주의자들의 시대로 접어들기 위해서는 이레네우스에게서 아우구스티누스로 초점을 맞춰야 한다. 또한 프랑스에서 북아프리카와 이탈리아로 시선을 돌려야 할 것이다. 이곳에서 아우구스티누스는 그리스 로마 사상의 영향을 받게 되었고, 그리하여 지상에서의 천년왕국을 기대했던 이레네우스와는 완전히 대조되는 신학, 즉 금욕적이고 신비적인 영성 신학을 발전시키게 되었다.

금욕주의를 기독교인의 이상으로 생각하게 되자, 이제 천년왕국 사상은 이 새로운 신학과는 비교조차 할 수 없을 정도로 물질주의적이고 육체적인 신학으로 여겨질 수밖에 없었다. 이 시대의 기독교인들은 세상의 종말이 인간 역사의 또 다른 시작이 될 것이라는 기대도 하지 않았다. 천년왕국에서 누리게 될 축복——풍요로운 새 땅에서 자녀들과 함께 오래오래 사는 것——도 더 이상 매력을 갖지 못했던 것이다. 이제 기독교인들은 영혼의 안식과 하나님의 현존을 만끽하기를 원하고 있었다. 유럽 대부분이 로마라는 정치 체제로 흡수되자, 사람들은 로마 제국 후기의 쇠퇴를 역사 전체의 종국의 징조로 생각하였다. 고트 족의 침입으로 로마가 큰 위기에 봉착했을 때(410년), 모든 사람은 인간 역사의 종말을 확신하게 되었다. 아우구스티누스와 그 당시의 기독교인들도 모두 하나님의 왕국이 임박했음을 직감했다. 그들은 성부 하나님이 다스릴 영적인 왕국이 천년왕국을 거치지 않고 곧바로 시작될 것이라고 믿고 있었다.

모두 알고 있는 것처럼, 아우구스티누스(354~430)가 처음부터 성인이었던 것은 아니다. 그는 『고백록 Confessions』에 자신이 젊은 시절에 수많은 죄를 지었다고 기록했다. 북아프리카의 카르타고에서 공부를 할 때, 그는 법률과 수사학에 뛰어난 재능을 가진 학생이었지만, 때때로 극장에도 가고 여자와도 함께 즐기곤 했다고 한다. "사랑하고 사랑받는다는 것이 내게는 즐거운 일이었다. 그리고 사랑하는 사람의 육체를 즐길 수 있다는 것이 더욱 즐거웠다. 그래서 나는 우정이라는 순수한 샘물을 육체적인 욕망으로 더럽혔으며, 우정의 눈부심을 욕정의 어둠으로 뒤덮어 버렸다"고 기록하였다. 사실 아우구스티누스는 내연의 처가 있었으며, 그녀와의 사이에 아들도 하나 있었다. 또한 그는 '파괴자들Subverters'이라는 "잔인하고 악마적인 이름"의 학생 집단과 어울리면서 많은 시간을 보냈다. 그는 당시에 어머니로부터 경제적 지원을 받고 있었지만, 어머니가 갖고 있던 기독교 신앙은 경멸했다. 그 시절의 아우구스티누스는 자신이 혈기왕성한 때를 보내고 있다고 생각했다. 하지만 "지옥의 구덩이로 빠져들고 있었다"고 반성을 한 것은 한참 지나서였다.[15]

그러나 아우구스티누스는 점차 육체의 감각으로 인식할 수 없는 세계에 대해서 눈을 뜨기 시작했다. 처음에 그는 이교 철학에 매료되었으나, 곧 마니 교라는 엄격하고 순수한 신앙을 통해서 종교를 발견하였다. 당시 기독교의 몰락한 분파였던 마니 교는 물질이 해로운 특성을 가지고 있다고 가르쳤으며, 특히 육체를 금기시하였고, 그 중에서도 성행위를 가장 큰 죄로 여겼다. 이때부터 아우구스티누스는 내적인 고민에 빠졌다. 이 고민은 수년이 지난 뒤 마니 교가 아니라 카톨릭 교회의 주교가 되었을 때 비로소 해결할 수 있었다. 그러나 육체적인 탐욕 그리고 절제와 순결의 욕구, 이와 같이 상반되는 두 마음이 끊임없이 갈등하고 있는 모습은 아우구스티누스의 만년의 저작에서도 나타나고 있다.

그는 『고백록』에서 자신에게 올바른 신앙을 심어 주고, 절제를 이상으로 여기도록 만든 사람은 어머니 모니카Monica였다고 기록하고 있다. 그녀는 자식을 위해 눈물로 기도하고 이탈리아까지 따라가 훈계하여 결국 아들의 인생을 바꾸어 놓는 데 성공하였다. 386년, 그녀는 아우구스티누스에게 지위에 맞는 여인과 합당한 결혼식을 치르고 내연의 처를 떠나 보내도록 설득하였다. 이 여인과의 이별은 그가 독신으로 살아가는 하나의 출발점이 되었다. 그리고 1년 뒤에 그는 회심回心의 체험을 하게 된다. 그는 바울의「로마서」를 읽던 중에 가슴이 벅차 오르는 것을 느끼게 되었다. "낮에 행동하듯이 단정하게 행합시다. 호사한 연회나 술취함, 음탕과 방황, 싸움과 시기에 빠지지 맙시다. 다만, 주 예수 그리스도로 옷을 입으시오. 정욕을 채우려고 육신의 일을 추구하지 마시오." 그는 밀라노Milan의 어느 정원에서 이 체험을 통해 기독교인이 되었으며, 곧 이어 세례도 받았다. 그리고 그는 또 다른 체험을 하게 되는데, 이 체험은 그에게 있어서 좀더 중요한 의미를 갖는다.16)

387년, 이탈리아 오스티아Ostia에 있는 한가하고 조용한 별장에서 이제 막 세례를 받은 아우구스티누스와 그의 어머니 모니카가 "단둘이 앉아서 즐거운 대화를 나누고 있었다." 그들은 정원이 내려다보이는 창가에 기대어 앉아서 천국에 대한 얘기를 하고 있었다. 특히 그들은 "의인들이 살게 될 영원한 삶은 어떤 것일까?" 하는 문제에 대해서 얘기하고 있었다. 아우구스티누스는『고백록』에서, 그때 그들이 육체적인 모든 것들을 초월하여 점점 더 하늘로 올라가는 체험을 했다고 기록하고 있다. 그리고 더 나아가 두 사람은 신성 그 자체를 느끼게 되었고, 결국 순수한 무아지경을 체험하였다. 이후에 그는 "이때 느낀 영원한 삶에 대한 기쁨은 사람들이 육체로 경험할 수 있는 기쁨들과는 도저히 비교도 할 수 없는 것이었다"고 회상하였다. 그들이 신성을 체험한 것은 '순간적인' 일이었지만, 그들은 이 기쁨과 행복으로 압도당하고 말았다. 곧 그들은 조용해졌고, "큰 숨을 내쉬었다."17)

제3장 이레네우스와 아우구스티누스의 천국관 121

아우구스티누스는 이 경험을 통해서 자신의 영혼이 순결해진 것을 깨달았다. 그리고 당시 그의 옆에 있던 모니카로부터 큰 도움을 받았다. 어떤 역사가는 "한 여자의 존재가 오스티아 정원에서 본 환상에 감격을 더하였다"고 기록하였다. 그 신비로운 사건 이후로, 아우구스티누스가 영적인 생활을 해 나가는 데 모니카의 역할이 더 커졌다. 이제 그녀는 그의 동료이자 영적인 인도자로서 그리고 하나님과 아들 사이를 이어 주는 중개자로서 그와 함께하였다. 아우구스티누스는 자신이 하나님의 구원을 받게 된 것도 그녀가 쉬지 않고 하나님께 기도했기 때문이라고 믿었다. 그들이 거룩한 경험을 함께 체험할 수 있었던 것도 어머니와 자식간의 사랑이 지극했기 때문에 가능했을 것이다. 그러나 이런 사랑에도 불구하고, 그들도 하나님을 함께 만나지는 못하였다. 그들은 개인적으로 하나님과 화합하였고, 각각 따로 그 환상을 보았던 것이다. 이렇게 그들이 체험했던 천국, 즉 금욕주의자들이 기대한 천국은 하나님 중심적이며, 축복받은 자들끼리의 교제에 대해서는 무관심한 경향이 있었다.[18]

정원에서의 체험 이후에, 모니카는 아우구스티누스에게 한 가지 소망을 이야기했다. "내 아들아, 나는 이제 이 세상에서는 어떤 즐거움도 찾을 수가 없구나. 이 세상에서 내가 더 이상 해야 할 일이 무엇이며, 내가 왜 아직도 여기에 있어야 하는지 그 이유를 모르겠다." 모니카는 자신의 아들과 사랑을 나누는 것도 하나님을 체험하는 기쁨에 비하면 아무것도 아니라고 생각했다. 그녀는 사랑하는 사람과 함께 사는 것도 원했지만, 하나님과 함께 하는 기쁨을 더 갈망했던 것이다. 모니카는 이제 더 이상 죽음을 두려워하지 않았다. 이 신비로운 체험을 통해서, 모니카는 세상에 대한 집착을 벗어버렸을 뿐만 아니라 그의 영혼을 싸고 있던 육체마저 약해졌다. 그리고 모니카는 2주일도 지나지 않아 숨을 거두었다.[19]

아우구스티누스는 오스티아 정원에서 체험한 천국의 모습을 플라톤 철학으로 덧입혀 나갔다. 플라톤 철학은 그리스 문화를 가장 지적인 문화라고 생각한 많은 기독교 지식인들에게 영향을 끼쳤다. 아우구스티누스와 당시의 많은 사람은 플로티노스Plotinus(205~70)의 저작과 사상에 영향을 받았다. 플로티노스는 갈리에누스Gallienus 황제(재위 253~268) 시대에 궁정 철학자를 지낸 사람이었다. 플로티노스는 이 세상을 포기하고 금욕적인 삶을 살아야 한다고 가르쳤으며, 이 물질 세계에 휩쓸리지 않기 위해서는 권력이나 지위를 포기해야 한다고 주장했다. 또한 "부드러운 피부와 아름다운 육체를 가지고" 인간을 유혹하는 덫에 걸려들어서는 안 된다고 주장하였다.[20]

플로티노스는 인간이 진정으로 해야 할 일은 참된 미를 명상하는 일이라고 생각했다. 그러나 세속적인 즐거움은 참된 미를 명상하지 못하도록 방해한다. 그리고 이 아름다움은 이 세상을 초월한 곳, 영원하고 비물질적인 이데아의 세계에서만 찾을 수 있다. 그곳의 아름다움은 절대적이며, 육체로 인해 더럽혀지지 않는다. 철학의 목적은 영혼으로부터 육체를 멀리 떼어 놓아 영혼이 갖고 있는 영적인 힘을 강하게 하는 것이고, 또한 육체가 죽은 후에 그 영혼이 하늘로 잘 올라갈 수 있도록 준비시키는 것이었다. 그는 이렇게 말했다. 명상과 사색을 통해 인간은 "이 세상으로부터 자유로울 수 있다…… 유일자를 향한 고독한 명상을 통해 이 세상을 벗어나야 한다." 이렇게 자유롭게 된 영혼은 유일자Alone or One를 향하여 상승하고, 그리하여 진실되고 궁극적인 아름다움을 맛볼 수 있게 된다.[21]

이것만큼 추상적이지는 않지만, 이와 같은 사상은 이교도의 『포이만드레스Poimandres』라는 논문에서도 찾아볼 수 있다. 이 논문은 금욕적인 삶을 살았던 철학자의 영혼이 죽음과 동시에 어떻게 세상적인 것들을 모두 버려 두고 떠나게 되는지 설명하고 있다. 영혼은 일곱 층의 하늘을 지나서 신을 향한 여행을 계속한다. 그리고 "아름다운 목소리로 하나님을 찬양하면서" 영원한 삶을 살고 있는 다른 영혼들과 만나게 된다. 이 책의 저자는 다른 고대 철학자들과 마찬가지로 하나님을 지고신supreme deity이라고 부르고 있다. 그리고 이 책의 저자도 플로티노스처럼, 인간의 영혼은 신에 대한 고독한 명상을 통해서 물질과의 모든 연결을 끊고 하늘로 올라갈 수 있다고 주장한다.22)

젊은 아우구스티누스는 고향인 북아프리카의 타가스테Thagaste를 떠나 카르타고와 로마에서 공부하는 동안 이런 종류의 철학들을 쉽게 접할 수 있었다. 그러나 그가 최종적으로 받아들인 철학은 기독교에 플라톤주의를 혼합한 것이었다. 그는 『고백록』에서 자신이 더 높은 곳에 있는 신비로운 실체를 경험하기 위해서 부단히 노력하였다고 기록하였다. 여러 철학 사상의 영향을 받아 그는 자신의 영혼이 하늘로 상승하는 데 온 힘을 기울였다. 386년 밀라노에서 경험한 느낌은 허망한 것이었다. 그 체험은 순식간에 지나갔으며, 영원히 지속될 수 있는 것이 아니었기 때문이었다. 그는 자신이 도덕적으로 충분히 강하지 못하고, 정신적 순수함이 완벽하지 못하기 때문에 하나님과의 교제를 계속해서 체험하지 못하는 것이라고 생각했다.

그때 그는 인간이 정신적으로 그리고 영적으로 하나님과 화합하는 것이 곧 인간의 궁극적인 행복이라고 믿게 되었다. 그리고 그의 믿음은 기독교 역사에 있어서 매우 중요한 의미를 갖는다. 아우구스티누스는 『고백록』에서 자신이 겪은 여러 가지 신비한 체험을 기록할 뿐만 아니라 영혼이 좀더 높은 단계로 "한 걸음씩" 나아가는 방법도 설명하고 있다. 먼저 물질적인 세계를 뒤로 하고, 온 마음을 영혼에게만 집중시켜야 한다. 그리고 계속해서 영혼의 내부로 들어가면 '전율의 순간'에 다다르게 되는데, 이곳이 바로 신성과 만날 수 있는 장소이다. 아우구스티누스에 의하면 이 순간에 "뭐라고 말할 수 없는 달콤한 기쁨"을 체험하게 된다고 한다. 그러나 계속해서 이런 기쁨을 맛보는 것은 "이 세상에서는 불가능한 일이며", 미래의 영원한 삶에서나 가능한 일이다. 이러한 계속적인 기쁨은 천국에서나 누릴 수 있는 것이었다.23)

한편 아우구스티누스는 금욕적인 삶을 살았는데, 이 금욕주의는 신플라톤주의자들이 강조했던 것으로서 수도원 제도를 통하여 확립되었다. 초기 수도사들 사이에 유행했던 금언들 중에 신플라톤 철학의 "유일자를 향한 고독한 명상을 통해서 이 세상을 벗어나라"는 의미가 그대로 표현되어 있는데, 그 내용은 다음과 같다. "만약 어떤 사람이 '이 세상에 존재하는 것은 오로지 하나님과 나 자신뿐이다'라고 느끼지 못한다면, 그 사람은 결코 평정을 찾을 수 없을 것이다." 또 이와 비슷한 견해를 '한 노인'의 이야기에서도 찾아볼 수 있다. 한 노인에게 "수도사가 될 수 있는 사람은 어떤 사람인가?"라고 물어 보았다. 그러자 이 노인은 "확신하건대, 수도사가 될 수 있는 사람은 유일자만을 생각할 수 있는 고독한 자이다*Solus ad Solum*"라고 대답했다고 한다. 이런 행태에 영향을 받은 아우구스티누스는 기독교로 회심한 뒤에도 성적인 본능을 거부하고 엄격하게 독신 생활을 고수했으며, 이를 결코 포기하지 않았다.24)

아우구스티누스는 성서와 결혼하였다. 그는 『고백록』에서 "당신의 성서가 나의 순결한 기쁨이 되게 하소서"라고 기도하고 있다. 하나님의 말씀을 읽는 것은 여인과 사랑을 나누는 것보다 더 큰 즐거움을 주었다. 그래서 그는 독신이 바로 천국에서 살고 있는 "천사들의 생활 방식"이라고 생각하게 되었다. 완벽하게 순결하고 모든 육체적 관계로부터 자유로울 때, 인간은 천국의 삶을 미리 맛볼 수 있다. 그래서 그는 "결혼이 아무리 순수하더라도 독신생활의 순수함보다는 못하다"고 주장하였다. 물론 아우구스티누스도 결혼 생활이 갖고 있는 장점에 대해서는 잘 알고 있었지만, 천사와 같은 생활 방식에 더 큰 가치를 두었던 것이다. 육체적인 기쁨들을 뒤로 하고 성서 읽는 것을 기쁨으로 여기면서, 아우구스티누스는 세속적인 것들에 오염되지 않을 수 있었다. 아우구스티누스는 북아프리카 히포Hippo의 주교로서 항상 위와 같은 금욕주의 사고 방식대로 생각하고 생활했다.25)

아우구스티누스의 성서 주석을 보면, 그가 플로티노스Plotinus의 영향을 얼마나 많이 받았는지 확실히 알 수 있다. 『신앙과 신조에 대하여On Faith and the Creed』(393년)라는 책에서, 그는 바울이 얘기했던 "신령한 육체"를 해석하려고 애쓰고 있다. 하늘에서 살게 될 존재에게 '육체'란 무슨 의미인가? 아우구스티누스는 바울의 이 표현과 플라톤주의 철학을 조화시키기 위해서 '육체'라는 용어에서 물질적인 의미를 완전히 제거시켰다. 부활한 뒤에 인간의 몸은 "천사와 같이 변화"하게 된다. 즉 원래 인간의 육체가 갖고 있던 물질적인 특성들을 완전히 벗어버리게 되는 것이다. 이 육체는 "살과 피로 이루어진 것이 아니라 단지 몸의 형상을 가졌을 뿐"이다. 아우구스티누스는 천국에서 살게 될 존재는 육체적인 것이 아니라는 사실을 조심스럽게 지적하고 있다. 천국에서 육체적인 것은 그 어떤 것도 결코 용납할 수 없었다. 모든 것은 영적인 것이어야만 한다. 이렇게 아우구스티누스는 "육체의 부활이라는 생각을 배제하고 영혼 불멸 사상을 주장하는 것으로, 주교로서 기독교 저술가로서의 생애를 시작하였다."26)

젊은 시절 아우구스티누스는 돌아가신 부모를 "영원한 (하늘나라의) 예루살렘에서 함께 살 시민"이라고 칭했지만, 이러한 생각은 그의 기본적인 사상과 직접 관계가 없었고, 그 이상 추구되지도 않았다. 이것은 아우구스티누스가 사교적 기쁨에 무관심했다고 말하는 것은 아니다. 오히려 평소 그가 보여 주었던 친구들에 대한 사랑과 전혀 반대라는 것을 증거하고 있다. 그러나 아우구스티누스가 인간이 진정한 행복을 느끼는 것은 인간 관계에서 얻는 기쁨과는 아무런 관계가 없다고 계속해서 주장하고 있는 것도 사실이다. 또한 그는 "하나님 당신을 알고, 또 다른 것들을 알고 있는 사람이 있다면, 그 사람은 당신이 아닌 다른 것들을 안다고 해서 행복한 것이 아닙니다. 그 사람은 오로지 당신을 알고 있기 때문에 행복할 수 있는 것입니다"라고 고백하였다. 행복을 추구하는 것은 모든 인간의 기본 욕구이지만, 이 행복은 오로지 하나님 안에서만 체험할 수 있는 것이다. 금욕주의자인 아우구스티누스에게 있어서 인간과의 만남은 이 세상에서 느낄 수 있는 하나의 휴식에 불과했으며, 하나님만이 천국에서 진정한 행복을 줄 수 있는 존재였다.27)

금욕적인 기독교인들은 이방 문화를 거부했을 뿐만 아니라 물질 세계 전체를 불순한 것으로 보았다. 이 세상은 악마가 창조한 것은 아니지만, 현재는 악마의 지배 아래 놓여 있다고 생각했다. 영지주의자와 신플라톤주의자가 주장하는 이원론 사상은 물질보다 영적인 가치를 강조하였다. 아우구스티누스를 비롯한 온건파 영성주의자들은 도시에 살면서 서로 마음이 맞는 사람들과 우정을 나누었다. 그리고 자신의 영적 생활을 더욱더 활기차게 하기 위해서 서로 연구하고 토론하였다. 그러나 어떤 금욕주의자들은 도시를 떠나 사막으로 들어가서, 그곳에서 수도사와 같은 생활을 하였다. 그러나 금욕주의자들은 도시에 살든 사막에 살든 모두 다 육체적인 성적 관계와 가족 간의 결속을 거부함으로써 독신생활을 고수했다. 뜨거운 신앙 생활을 했던 신약 시대의 기독교인들처럼 그들도 하나님의 영으로 충만한 삶을 완벽하게 살고 싶어했다.

아우구스티누스가 생각한 천국은 완전히 영적인 것이었다. 그래서 그는 천국의 삶도 곧 금욕적인 삶을 계속해서 사는 것이라고 보았다. 천국은 비물질적이고 비육체적인 영혼들이 휴식을 취하는 곳, 그리고 하나님 안에서 즐거워하는 곳이었다. 이런 천국관은 육적인 삶보다는 영적인 삶을 더 좋아하는 사람들, 즉 수도사들이나 은둔자들, 철학자들에게는 충분히 납득할 만한 개념이었다. 하지만 도시에서 평범한 삶을 살고 있는 사람들이나 이레네우스처럼 이 세상에서의 시련을 보상받고자 하는 사람들이 쉽게 받아들일 수 있는 개념은 아니었다. 비록 아우구스티누스도 독신 생활을 하는 주교였지만, 혼자 떨어져 은둔 생활을 하면서 명상에만 빠져 있던 것은 아니었다. 396년 주교로 임명받은 후, 그는 영적인 세상이 아니라 물질적인 "이 세상" 안에 살고 있는 수많은 기독교인에 대해서 책임을 느끼게 되었다. 아우구스티누스 시대(4, 5세기) 대다수의 기독교인은 세상이 선하다고 믿었던 2세기의 기독교인의 후손이었다. 그래서 아우구스티누스는 사업과 정치, 가족, 야망과 같은 세속적인 것들과 밀접한 관계를 맺게 되었다. 그래서 아우구스티누스도 말년에 이르러서는 자신의 천국관을 수정하지 않을 수 없게 되었다.

교회를 향한 약속 : 영원히 이어지는 육체의 아름다움

아우구스티누스는 『신국City of God』(413~427)에서 인간이 누릴 수 있는 영원한 지복bliss은 바로 "하나님을 보는 것"이며, 이때 인간은 최대의 기쁨을 맛볼 수 있다고 기록하였다. 이것을 후대 교리에서는 '지복의 비전beatific vision'이라고 부른다. 계속해서 그는 천국에서 "우리는 하나님을 보게 되는 영원한 안식을 취하게 될 것이다"라고 말하고 있다. 또한 하나님을 보는 것은 그분을 사랑하고 찬양하는 행위와 관련이 있다. 아우구스티누스는 "그곳에서, 우리는 안식을 취하고, 그분을 보고, 사랑하고, 또 찬양하게 될 것이다. 이것이 바로 마지막으로, 그리고 영원히 일어날 일이다"라고 기록하고 있다. 또 다른 대목을 보면, "하나님은 우리가 바라는 것들, 즉 끝없이 그를 볼 수 있고 사랑할 수 있으며, 지치지 않고 그를 찬양하는 것, 이 모든 것의 목적이 되는 분이시다"라고 씌어 있다. 또한 그는 영원한 삶을 살면서 인간이 어떤 일을 하느냐고 묻는 사람에 대한 이야기를 하고 있다. "내가 할 일이 무엇입니까? 내 몸을 위하여 수고해야 할 일이 아무것도 없는데, 그렇다면 내가 할 일이 무엇입니까?" 그러자 주교는 이렇게 간단히 대답하였다. "하나님 앞에 서서, 그를 보고 사랑하며 찬양하는 것, 이 모든 것이 우리들의 할 일입니다."[28]

고독한 명상만을 즐기던 젊은 시절의 아우구스티누스가 생각한 천국은 하나님을 보고 찬양하는 것이 전부였다. 그러나 아우구스티누스는 금욕적이고 신 중심적이기만 했던 자신의 견해를 약간 달리하여 천국 성도들의 공동체에 대해서도 새로운 평가를 내리기 시작했다. 이것은 돌아가신 부모를 "영원한 예루살렘에서 함께 할 시민"으로 생각했던 그때보다는 공동체의 가치를 더 높이 평가한 것이다. 408년에 그가 쓴 한 위로 편지에서 그의 내세관이 변화했음을 알 수 있다. 남편을 잃은 이탈리카Italica라는 귀부인에게 그는 다음과 같이 위로하였다. "당신은 아무런 희망도 없는 이교도들이 슬퍼하는 것처럼 슬퍼해서는 안됩니다. 우리들은 당신의 남편을 잃은 것이 아닙니다. 단지 그가 우리보다 먼저 이 세상을 떠난 것에 불과합니다. 우리도 그와 같이 이 세상을 떠나 다음 세계로 가게 될 것입니다. 우리는 그곳에서 그와 만나며, 그를 이전에 알던 것보다 더 잘 알게 되고, 또한 더욱더 사랑하게 될 것입니다." 이 글에서 볼 수 있는 것처럼, 아우구스티누스는 이제 천국을 더 이상 각 영혼들이 하나님과 교제하면서 무아지경에 빠져 있는 것만으로 묘사하지 않았다. 이 땅에서 헤어졌던 친구들과 가족들을 다시 만날 수 있는 것도 천국의 새로운 모습이었다. 또한 그는 이런 신자들의 공동체 속에 천사들도 포함시켰다. 즉 신자들과 천사들 모두가 "서로 교제하면서, 동시에 하나님과도 연합하는 즐거움을 누리게 될 것"이라고 주장하였다. 그래서 성도들이 서로 사랑의 교제를 나눈다는 사실이 내세의 보편적인 특징으로 자리잡게 되었다.29)

이제 아우구스티누스는 플로티노스의 금욕주의적인 가르침을 따르기보다는 "저승에서는 어떻게 되는가 하는 고대 그리스 신앙의 가장 일반적인" 견해를 받아들인 것으로 보인다. 헤어졌던 가족들이 음부에서 다시 만난다는 생각은 이방인들 사이에 널리 퍼져 있던 보편적인 믿음이었다. 이런 전통적인 그리스 신앙이 라틴 어 쓰는 서방 세계로 전해졌는데, 특히 키케로가 자신의 저서 『노년에 관하여On Old Age』와 『스키피오의 꿈Scipio's Dream』에서 이런 사상을 표현함으로써 사람들에게 더욱 잘 알려지게 되었다. 키케로는 『스키피오의 꿈』에서는 로마 청년들에게 공화국 정치에 참여하도록 권했다. 이 두 저서는 다른 사람들의 복지를 위해서 헌신적으로 살다가 죽은 자들에게는 천국에서의 영원한 삶이 약속되어 있다는 주제를 다루고 있다. 그래서 이 책의 마지막 장면은 로마의 정치가였던 스키피오가 천국에서 많은 사람들을 만나고, 또한 그의 아버지를 만나서 포옹하고 기쁨의 눈물을 흘리는 장면으로 끝난다.30)

밀라노의 암브로시우스Ambrose(340?~397) 주교와 그의 제자 아우구스티누스도 키케로의 저술을 읽었다. 암브로시우스가 자신의 죽은 형을 위해서 책을 썼을 때, 키케로의 말을 인용하면서 자신도 죽은 후에 이들과 다시 만나게 될 것이라고 믿고 있었다. 또한 그는 발렌티누스Valentinian(392년 사망)와 테오도시우스Theodosius(395년 사망) 두 로마 황제의 장례식 때 추도사에서도 '재회'를 주제로 삼았다. 암브로시우스는 테오도시우스 황제가 천국에 가서 누릴 기쁨을 다음과 같이 묘사하였다. "그가 이 땅에서 헤어졌던 사랑하는 아이들, 그라티안

Gratian과 풀케리아Pulcheria를 만나게 될 것이며, 하나님 앞에 항상 신실했던 그의 아내, 플라킬라Flaccilla가 그를 안아 줄 것이며, 그리고 그의 아버지 콘스탄티누스 황제와도 만나 즐거워하게 될 것이다." 이런 점에서는 암브로시우스 같은 기독교인들이 믿었던 내세의 삶과 키케로 같은 로마 인들이 희망했던 내세 사이에 아무런 차이점도 없는 것처럼 보인다.31)

천국에서 가족과 만날 수 있다는 것은 4~5세기의 기독교인들에게 그럴 듯하게 들렸다. 사도 바울도 천국에 가서 동정녀 마리아와 구약의 이스라엘 족장들 그리고 예언자들을 만나지 않았겠는가? 이러한 만남에 대한 설화는 388년경 기록된 것으로 추정되는 성서 외경의 한 문서에서도 찾아볼 수 있다. 그 해에 바울이 '저술'했다고 하는, 그러나 그때까지 미공개되었던 책이 타르소스의 생가에서 발견되었다고 한다. 『바울의 환상the Vision of Paul』이라고 명명된 이 책은 바울이 본 환상을 그 내용으로 담고 있었다. 그 후, 이 책은 널리 읽혀지게 되었으며, 아우구스티누스도 심각하게 받아들이지는 않았다 하더라도 적어도 그 책에 대해서는 잘 알고 있었을 것이다. 아우구스티누스는 좀더 신뢰성 있는 종교 문헌을 찾던 중에, 키프리아누스Cyprian의 『죽을 운명에 대하여On Mortality』라는 책을 읽게 되었다. 그리고 키프리아누스가 내세에 가족들과 만나게 된다는 사실을 고백한 부분을 발견하였다. 키케로의 사상과 비슷한 내용을 담고 있는 이 구절이 아우구스티누스의 눈길을 끌었고, 그는 곧 이 구절을 인용하였다. "우리들의 고향, 천국을 보는 일과 그리고 우리가 이 땅에서 헤어졌던 친척들을 만나는 일들을 왜 서두르지 않는가? 우리들이 사랑했던 많은 사람들이 그곳에서 우리들을 기다리고 있다. 부모와 형제와 아이들이 우리들을 보고 싶어한다"고 키프리아누스는 기록하고 있었던 것이다. 카르타고의 키프리아누스Cyprian of Carthage(258년 사망) 시대에는 대담

하게 들렸을지도 모를 이 주장이 아우구스티누스의 시대에는 새로운 의미와 설득력을 갖게 되었던 것이다.32)

아우구스티누스는 천국에서 가족들이 만날 수 있다는 사실에 대해서 심각하게 생각하지 않았다. 그러나 그는 말년에 이르러 기독교인들에게 약속된 "신령한 육체"가 어떤 의미를 갖고 있는지 깊이 연구하게 되었다. 그는 축복받은 인간의 육체는 아름다울 뿐만 아니라 만질 수 있는 형상을 가지고 있어서 서로 교제할 수 있다고 설명하였다. 이때 아우구스티누스가 주장한 신령한 육체는 이전에 그가 주장했던 것보다는 물질적인 특성을 훨씬 더 많이 가지고 있다. 30년 전에 쓴 책 『신앙과 신조에 대하여On Faith and the Creed』에서 설명했던 신령한 육체에 대한 개념이 『교정록Retractations』(427년)이라는 책에서는 확실히 수정된 것을 알 수 있다. 여기에서 그는 신령한 육체는 부활한 예수님이 입고 있었던 그 육체와 같다고 설명하였다. 즉 그 몸은 살과 뼈로 이루어져 모든 사람이 볼 수 있고 만질 수도 있는 몸이었다.33)

417년, 아우구스티누스는 한 설교에서 "최후의 적敵인 죽음이 사라질 것이며, 우리의 육체는 영원한 친구가 될 것"이라고 주장했으며, 더 나아가 그는 "육체라는 물질도 하나님 나라에 영원히 존재하게 된다"고 말하였다. 아우구스티누스는 이제 천국에도 '육체'라는 물질이 존재한다는 사실을 인정하였다. 또한 그는 "하나님이 우리에게 가르쳐 주신 믿음으로 말미암아 우리들은 이제 인간의 육체를 찬양하게 되었다"고 말하였다. 축복 속에 부활한 자들은 먹고 마시는 즐거움도 맛보게 될 것이다. 하지만 이것은 이 세상에서 그랬던 것처럼 배고픔이나 갈증을 해소하기 위한 것은 결코 아니다. 또한 하나님의 모습도 우리가 어떤 형상을 보는 것처럼 그 모습을 말로 표현할 수 있게 될 것이다. 우리들의 눈으로 순수한 영적 존재인 하나님을 볼 수 있다는 것이다. 아우구스티누스는 확실한 성서적 근거가 없음에도 불구하고

위와 같은 주장을 하였다. 그는 이제 더 이상 육체를 인간의 적으로 여길 수는 없었던 것이다.34)

그러나 아우구스티누스가 부활한 육체를 완전히 물질적인 것으로 본 것은 아니었다. 오히려 그는 영혼이 부활한 육체를 지배하고 인도하게 될 것이며, 육체도 더 이상 적대적이 아니라고 말한다. 그래서 아우구스티누스는 "육체가 영혼에게 복종하는 한, 그 육체도 영적인 특성을 가졌다고 말할 수 있다"고 설명하였다. 물론 부활한 육체가 영혼에게 복종하여 영적인 특성을 갖게 되었다 하더라도 그 육체가 완전히 영적인 것은 아니다. 이렇게 볼 때 아우구스티누스가 육체에 대한 거부감을 완전히 제거한 것은 아니었음을 알 수 있다. 즉 육체가 영혼을 존중하고 영혼의 인도와 지배를 받는다는 조건 하에, 그 육체도 하나님의 영광에 참여할 수 있다고 인정했던 것이다.35)

아우구스티누스는 미beauty를 신적인 특성을 가진 것으로 찬양했다. 그의 이런 생각은 부활한 자들이 갖게 될 신령한 육체를 묘사할 때도 나타났다. 영원한 삶을 살게 될 사람들은 이 땅에서 갖고 있던 육체적 결함이 제거된 완벽한 몸을 갖게 될 것이다. 그는 "균형이나 조화가 깨어지면 보기에 좋지 않다"고 말하면서, 신령한 육체는 "젊은 시절 한창 때의 모습을 갖추게 될 것이고, 몸의 모든 부분들이 조화와 균형을 이루어 최고의 아름다움을 간직한다"고 설명했다. 그래서 "이 땅에서 늙거나 쇠약했던 사람들도 천국에서 이런 모습으로 다시 살아야 하는 것이 아닐까 하는 걱정"은 하지 않아도 된다. 또한 천국에서 살게 될 사람들은 그 피부색도 아름다울 것이다. 그래서 부활한 자들의 육체는 단순한 육체가 아니라 말할 수 없이 사랑스러운 몸이 될 것이다.36)

그러나 부활한 육체가 가진 완벽한 아름다움을 주장하는 데 한 가지 예외가 있었는데, 그것은 순교자들이 입은 상처였다. 그는 이 상처가 순교자들의 육체를 더욱 매력적으로 보이게 만든다고 믿었다. "우리는 축복받은 순교자들을 사랑하기 때문에, 그들이 그리스도의 이름을 지키다가 받은 영광스러운 상처의 흔적을 천국에서나마 보기를 원한다. 그리고 이 소원대로 우리는 그들을 보게 될 것"이라고 아우구스티누스는 확신하였다. 그러나 이런 소망은 자신이 완벽하고 건강한 몸으로 부활하기를 기대하며 순교한 당사자들에게는 어처구니없었을 것이다. 왜냐하면 순교자들은 자신이 완벽하고 건강한 몸으로 부활하기를 기대하며 순교했기 때문이다. 이 사상은 흥미로운 주제이긴 하지만 결국 하나의 신학적 패러독스에 불과한 문제가 되어 버렸다. 완벽하게 아름답다고 일컬어지는 신령한 육체 안에 폭력의 흔적이 존재한다는 사실은 바로 엄청난 패러독스이기 때문이다. 하지만 아우구스티누스에게 순교자들의 상처는 순교 그 자체만큼이나 신비로운 것이었다.37)

천국에서는 모든 것이 아름답다. 그는 부활한 육체의 아름다움과 기능에 대해 설명하고, 육체적인 기능은 매우 제한될 것이라고 주장했다. 왜냐하면 "모든 사람이 서로가 가진 육체적 아름다움을 아무런 정욕 없이 즐기므로 육체에 대한 필요성이 사라지기 때문이다." 그러나 그는 정욕이란 감정은 거부했지만, 성적 매력erotic appeal이라는 감정은 느낄 수 있다고 말하였다. 그리고 아우구스티누스는 부활한 여성들이 여성으로서의 성적 특징들을 그대로 가지고 있을지를 생각해 보았다.

남성도 여성도 되살아날 것이다. 그러나 사람들을 서로 부끄럽게 만드는 정욕은 더 이상 천국에는 존재하지 않는다. 원죄를 범하기 이전에는 남녀 모두 벌거벗었지만 서로 부끄러워하지 않았다. 부활한 육체는 이 땅에서 가졌던 모습 그대로이겠지만, 그들이 가지고 있던 결함들은 모두 없어질 것이다. 여성의 몸도 결점이 없는 완벽한 육체로서, 성적 관계를 가지지도 않을 것이며 아이를 출산하지도 않을 것이다. 여성들은 이제 그들만의 새로운 아름다움을 간직할 것이며, 이로 인해 남성들이 정욕의 노예가 되는 일도 없을 것이다. 왜냐하면 그곳에는 정욕이란 감정이 사라지기 때문이다. 대신에 그들은 서로의 육체적 아름다움을 보고서 하나님의 지혜와 선하심을 찬양하고 싶은 충동을 느끼게 된다. 즉 하나님은 존재하지도 않던 것을 창조하셨을 뿐만 아니라 자신의 창조물이 타락하지 않도록 지키셨던 것이다.

천국에서의 여성과 남성은 벌거벗고도 부끄러워하지 않았던 낙원에서의 완벽한 아름다움을 다시 회복한다. 그리고 서로에게 느끼는 성적 매력도 이 세상에서 느꼈던 욕망이나 소유욕 같은 감정과는 전혀 다른 것이다. 또한 천국에서는 성적 관계를 맺고 싶어하는 유혹도 전혀 느끼지 않는다. 유혹이라는 악이 전혀 존재하지 않기 때문이다.[38]

아우구스티누스는, 아담과 하와가 낙원에서 어느 정도의 육체적 즐거움을 누리고 살았다는 사실을 인정했다. 하지만 그는 천국에서의 성적 관계에 대해서는 전혀 언급하지 않았다. 다시 회복된 낙원의 모습은 창조 당시의 낙원보다는 덜 매력적인 것이었다. 다만, 인간의 육체가 갖고 있던 심미적인 아름다움은 여전히 남아 있었다. 아우구스티누스는 여기서 하늘의 아름다움을 하나님 중심으로 해석하는 기회를 놓치지 않았다. 즉 그는 부활한 여성의 아름다움을 보고 순수하게 그 아름다움 자체만을 즐기는 것이 아니라, 그 아름다움을 통해서 "하나님의 지혜와 선하심을 찬양하고 싶은 충동이 생긴다"고 설명하고 있다. 이 세상에서는 여성의 아름다움이 하나님에게서 멀어지게 만드는 요인이 되었지만, 천국에서는 하나님을 찬양하도록 만드는 요인이 된다. 아우구스티누스가 생각한 천국은 정욕cupiditas이 아니라 진실된 사랑caritas이 숨쉬는 곳이었다. 이곳에서는 "하나님과 관련되지 않은" 사랑은 전혀 존재하지 않는다. 다시 말해 모든 인간 관계도 하나님 중심적인 경향을 가지고 있었던 것이다.[39]

아우구스티누스는 이 세상에서의 인간 관계도 모두 하나님 중심이 되어야 한다고 생각했다. 즉 모든 인간 관계는 하나님에 대한 사랑과 믿음을 기본으로 이루어져야 한다. "하나님을 즐거워하는 사람들이 그분 안에서 다른 사람도 즐거워할 수 있는 것이다." 여기서 아우구스티누스는 하나님이 중심이 되어야 한다는 뜻에서 "그분 안에서in Him"라는 말을 쓰고 있는데, 이는 신약성서에서 인용한 것이다. 그리고 그는 이 말을 다음과 같이 해석하였다. "당신이 하나님 안에서 어떤 사람과 교제를 나누고 있다면, 그것은 실제로 그 사람보다는 하나님과 더 친밀한 교제를 나누고 있는 것이다."[40]

그러나 누군가를 사랑할 때는 반드시 "하나님 안에서" 사랑해야 한다는 아우구스티누스의 주장에 모든 사람이 찬성한 것은 아니다. 다른 사람에 대한 사랑 그 자체에 목적을 두기보다는 하나님을 사랑하기 위한 수단으로서 다른 사람을 사랑한다는 생각은 호의적으로 받아들이기가 쉽지 않았기 때문이다. 예를 들어 어빙 싱어Irving Singer는 다음과 같이 비판하고 있다. "아우구스티누스는 하나님을 향한 사랑 안에 다른 종류의 사랑들을 포함시키는 데는 성공했지만, 다른 사람에 대한 사랑을 왜곡시키는 잘못을 범하고 있다. 아니 더 나아가, 그는 하나님의 창조 작업을 경멸하고 있다고 해도 과언이 아니다. 만약 모든 것이 궁극적인 사랑을 위한 하나의 수단에 불과하다면, 그 궁극적인 사랑 말고는 그 어떤 것도 참된 가치를 지닐 수 없다. 인간이나 사물, 제도와 같은 모든 것이 단순한 도구에 불과하게 되며, 그 어떤 것도 자체만으로는 가치가 없어진다." 남성과 여성, 이들은 모두 단순한 부속물로서 하나님을 사랑하기 위한 수단으로 밖에 쓰여질 수 없는 존재인가? 인간은 그 자체만으로는 사랑받을 수 없는가?[41]

물론 아우구스티누스가 자신의 견해를 설명할 때 항상 적절한 용어를 사용하고 있는 것은 아니지만, 싱어 같은 비평가들도 아우구스티누스가 말하고자 했던 진실을 잘 이해하지는 못한 것 같다. 아우구스티누스는 인간에 대한 사랑과 하나님에 대한 사랑이 서로 일치할 때, 그 사랑이 절정에 이를 수 있다는 사실을 강조하려 했을 뿐이다. 즉 그는 하나님의 사랑이 신플라톤주의 철학에서 말하는 것처럼 추상적인 것이 아니라 실제적인 것이어야 하며, 어떤 면에서는 사회적일 뿐만 아니라 세속적이어야 한다고 생각했던 것이다. 어떤 기독교인들은 "내가 나의 형제들을 얼마나 사랑해야 하며, 반면에 하나님은 얼마나 사랑해야 하는가?"하는 물음으로 고민한다. 그러나 아우구스티누스는 이런 양자 택일은 있을 수 없다고 대답했다. "우리는 오로지 한 가지 사랑으로 하나님을 사랑하고 동시에 이웃을 사랑한다." 그리고 사랑하는 행위는 다른 사람과 관련이 있는 동시에 하나님과도 관련이 있는 행위이다. 우리는 이웃을 사랑하지 않고서는 하나님을 만날 수 없다.[42]

이처럼 아우구스티누스는 하나님을 향한 사랑과 이웃을 향한 사랑이 구별되지 않고 똑같은 것이라고 주장했다. 그러나 이 말이 오해를 일으킬 수 있기 때문에 그는 이에 대해서 조심스럽게 자신을 변호하고 있다. 먼저 그는 하나님을 인간의 수준으로 생각해서는 안 된다고 주장했다. 하나님은 항상 어떤 피조물보다도 위대하기 때문이다. 따라서 하나님은 어떤 피조물보다도 더 사랑받아야 한다. 한편 우리들의 사랑이 단순히 사람을 향한 사랑의 범위를 넘어선다고 해서 그것이 참된 인간성을 왜곡시키는 것은 결코 아니다. 참된 사랑은 항상 우리에게 이웃이 필요하다는 사실을 인정하게 해 준다. 아우구스티누스는

"우리는 다른 사람을 소비하는 물건처럼 사랑해서는 안 된다"고 경고하면서, "우정이란 곧 자애慈愛라고 할 수 있다. 그래서 그 사람의 이익을 위해서라면 어떤 일이든지 할 수 있는 것을 의미한다"고 설명하였다. 또한 "우리의 사랑은 꾸민 것이 아니라 진실된 것이어야 한다. 그래서 우리의 사랑은 형제나 자매의 행복과 이익을 진정으로 바라는 것이어야 한다"고 말했다. 결국 아우구스티누스의 사랑은 신학적인 냄새를 강하게 풍기면서도 동시에 인간적인 성실함도 강조하고 있다고 보아야 한다. 인간이란 하나님을 사랑하기 위한 하나의 통로나 수단으로는 전락할 수 없는 존재이다.[43]

천국의 성도들의 교제를 아우구스티누스가 어떻게 설명했는지 살펴보면 그가 말하는 신적인 사랑이 무엇을 의미하는지 알 수 있다. 천국에서는 이 세상에 존재했던 인간 관계——"친구, 가족, 자녀, 아내 등"——가 모두 사라지고, 그 대신 "천사들과 성도들의 공동체civitas coelestis"가 이루어진다. 이 공동체에서 친구, 부부, 가족과 같은 개인적인 인간 관계는 존재하지 않는다. 아우구스티누스는 평소에 우정의 가치를 높이 평가하고 있었지만, 천국에서는 이렇게 두 사람, 또는 몇 사람만으로 이루어지는 애정 관계는 용납될 수 없다고 주장했다. 그는 이런 애정 관계는 "단지 두 사람만을 그리고 많아야 몇 사람만을 하나로 묶어 줄 뿐"이라는 키케로의 사상에 동감하고 있었던 것이다. 천국에는 배타적이고 감정적인 애착도 없을 것이며, 같은 사상을 가진 사람들끼리만 어울리는 일도 없을 것이다.[44]

몇 사람만의 특별한 인간 관계가 성립되지 않는다는 것은 곧 모든 사람이 서로에 대해서 잘 알고 있다는 뜻이다. 천국의 공동체에 속해 있는 성도들 모두가 서로를 이해하고 잘 알고 있기 때문에 개인적으로 몇 사람끼리만 친해지는 일은 있을 수 없다. 그래서 아우구스티누스는 평생 동안 고심했던 문제에 대해서 해답을 얻을 수 있었다. 단순하게 얼굴을 아는 정도에서 깊은 우정을 나누는 사이까지, 이 세상에 존재하는 모든 인간 관계는 불완전하고 불충분한 것이다. 우리가 하나님과 멀어졌기 때문에 다른 인간과의 관계도 멀어질 수밖에 없었던 것이다. 우리가 하나님 앞에 죄를 지음으로 해서 얻은 고통 중의 하나가 바로 외로움이다. 아우구스티누스는 이 상태에 대해서 "나그네와 같은 이 삶에서는 모든 것을 자신의 마음속에만 담아 두고 있다"고 하였으며, "모든 사람의 마음은 굳게 닫혀 있다"고 말하였다. 심지어 남편이라는 사람도 아내보다는 "자기 자신을 더 잘 알고 있다." 이렇게 마음이 닫혀 있고 서로에 대해서 무지하기 때문에 인간들은 끊임없이 서로를 의심한다. 그리고 이 의심은 인간을 분열시킨다. 그래서 그는 "인간이 지은 죄악의 대부분은 잘못된 의심과 불신에서 비롯된 것"이라고 말한다. 또한 사람들은 친구를 미워하기도 하고, 반대로 적敵을 신뢰하는 혼동을 일으키기도 한다. 만약 우리가 서로에 대해서 좀더 알 수만 있다면, "나만 홀로 선하다"라는 생각을 하지 않고 살게 될 것이다.[45)]

그러나 영원한 천국에서는 "완벽한 사랑 속에서 모든 사람의 마음이 꾸밈없이 솔직하고 분명하며 투명해질 것이다." 또한 의심이나 의혹, 불신이 사라지고 성도들 사이에 패 갈림도 없어진다. 하나님의 빛이 모든 곳을 비추며, 그 빛 안에서 사람들은 서로를 "더 잘 알고, 더 사랑하게 된다." 이렇게 모든 분열의 원인이 되었던 불신이 사라졌으므로 이제는 모든 사람 사이에 진실되고 영원한 애정과 교제만이 남는다. 또한 사람들 사이에 서로 마음을 숨기는 일도 없어진다. 왜냐하면 "모든 사람이 서로에 대해서 완벽하게 알고 있기 때문이다." 아우구스티누스는 이렇게 자신의 천국관에서 낭만적인 친밀함이나 비밀들을 공유한다는 생각을 전혀 용납하지 않았다. 그의 관심은 모든 사람이 마음과 마음을 완벽하게 열어 보이며 보편적인 교제를 나누는 것에 있었다. 그리고 이렇게 보편적인 사랑으로 하나가 된 천국에서는 배타적이고 제한된, 극소수의 몇 사람만으로 이루어진 애정 관계란 있을 수 없다. 천국에서는 우정도 사랑으로 대체되어야만 했다.[46]

아우구스티누스는 낭만적인 친밀함이나 비밀의 공유라는 관계를 거부하고 있을 뿐만 아니라 인간의 개성이 다양하다는 사실도 인정하지 않았다. 사람들이 이 세상에서 완벽하게 연합하지 못하는 이유는 그들이 모두 다른 의지와 판단력, 견해, 관습을 가지고 있기 때문이었다. 이것은 분쟁과 투쟁을 일으킬 가능성이 있으며, 이때 이 다양성은 사회적 안정과 조화를 위협한다. 그러나 천국에서는 사람들이 모두 "완벽하고 완전하게" 연합해 있기 때문에 이런 다양성들은 모두 사라진다.[47]

아우구스티누스의 새로운 천국 사상은 그가 살아온 생애를 보면 더 잘 설명될 수 있다. 젊은 시절 기독교로 개종한 후에, 아우구스티누스는 엄격한 금욕주의자가 되었다. 그는 "세상에서 도망가라"고 충고했던 신플라톤주의 사상을 그대로 받아들인 기독교 영성주의자였다. 그러나 중년에 이르러, 그가 가졌던 엄격함이 부드러워지고 원숙해졌다. 이에 대해서 역사가인 피터 브라운Peter Brown은 "아우구스티누스는 나이가 들어감에 따라, 인간은 이 세상에 속해 있는 존재라는 사실을 현실로 받아들이게 되었다"고 말하였다. 아우구스티누스는, 카톨릭이 완벽을 추구하는 금욕주의자들의 소수 집단이 아니라 전 우주를 지배하는 보편적인 종교라는 사실을 깨닫게 되자, 더 이상 세상을 거부할 수 없었으며, 인간의 성sexuality을 배제시킬 수도 없었다. 성에 관계된 모든 것을 거부해야 한다는 생각은 곧 사회 자체가 멸망해야 한다는 생각과 같은 것이었으므로 아우구스티누스는 말년에 이르러 더 이상 이런 주장을 하지 않았다. 결국 아우구스티누스는 인간의 육체와 부부의 성생활을 포함하여, 창조된 것은 모두 근본적으로 선하다는 것을 믿게 되었다. 그래서 그는 414년에서 416년 사이에 쓴 책,『절제에 대하여On Continence』에서 "인간의 영혼과 육체는 각각 그 나름대로 선한 하나님에 의해서 선하게 창조되었다"고 주장하였다. 그는 자신의 초기 사상을 수정하여 "부부의 성관계"를 "즐겁고" "정당한" 것으로 인정하였다. 또한 인간의 출산 능력도 "원초적인 악"이 아니라 반대로 "원초적인 선"에 속하는 것으로, 하나님이 인류에게 준 가장 큰 축복 중 하나로 받아들였다. 자녀의 출산이 비록 타락한 상태에서 시작된 일이기는 하지만 죄악은 아니라고 결론지었던 것이다.48)

이렇게 아우구스티누스가 자신의 사상을 수정하고 나자, 그는 교회와 국가 양쪽 모두와 더 가까워질 수 있었다. 그는『신국』에서 그리스도의 천 년 통치는 교회를 통해서 이루어진다고 주장하였다. 즉 그리스도의 통치는 먼 미래에 이루어지는 것이 아니라 바로 지금, 이 세상에서 이루어지고 있는 것이다. 또한 그는 다른 신학자들과 논쟁할 때에도 국가의 도움을 받곤 하였다. 이 점에 대해서 윌리엄 프렌드 William Frend는 다음과 같이 설명하고 있다. "아우구스티누스는 로마에 대해서 지적인 불쾌감을 가지고 있었지만, 그러나 사실상 그는 점점 더 로마 관리와 같은 역할을 하게 되었다." 아우구스티누스는 세상에 점점 더 가까워지면서 인간 관계에 대해서 새로운 평가를 내렸다. 그래서 그는 인간의 공동체가 내세에도 계속 존재한다고 보았으며, 부활한 자들의 신령한 육체도 이전에 그가 주장했던 것보다 물질적인 특성을 훨씬 더 많이 갖는다고 주장했던 것이다.49)

이 세상에 대해서 긍정적인 입장을 취하게 되자, 영혼과 물질의 관계도 다시 설명해야만 했다. 그의 후기 저서에는 순수한 영혼의 세계로 올라가기 위해 영혼과 물질을 철저하게 분리시키는 모습을 전혀 찾아볼 수 없다. 그 대신 영혼이 물질이나 사회 구조와 분리되지 않고 그 안에서 어떻게 작용하고 있는지 설명한다. 영혼은 물질과 분리되어 있지 않다. 하지만 영혼은 물질을 지배해야만 한다. 아우구스티누스는 이와 같은 조건 하에서 영혼과 물질의 결합을 인정할 수 있었던 것이다. 그리고 이런 이론은 그의 사상에서 언제나 발견할 수 있다.

예를 들어 그는 인간이 창조될 때에도 "하나님께서는 불가사의한 방법으로 영혼과 물질을 만드신 후에, 영혼은 명령하고 물질은 순종하도록 하셨다. 그리고 이들을 결합시킴으로써 생명이 창조되었다"고 주장하였다. 이 세상에서는 이런 명령과 순종의 관계가 불완전하지만, 내세에서는 완벽해질 것이다. 그리하여 영혼은 육체를 완벽하게 지배하고 인도하며, 육체 또한 영혼에게 순종하게 될 것이다. 그래서 영혼과 육체 사이에 어떤 모순이나 불일치도 결코 일어나지 않는다. 또한 아우구스티누스는 개인 안에서 이루어지는 이런 영혼과 물질의 관계는 한 나라의 정치 체제에도 적용되어야 한다고 생각했다. 정치도 곧 영혼과 물질 사이의 관계를 반영해야 한다는 것이다. 육체가 영혼을 섬기고 복종하는 것처럼, 이 세상의 군주들도 주님을 섬기고 복종해야 한다. 즉 국가는 교회를 섬겨야 하며, 교회가 하는 지도적인 역할을 존중해야만 한다. 아우구스티누스의 정치철학은 사회나 정치와 깊은 관련을 맺고 있던 당시 교회의 입장에서 매우 적절한 주장이었다. 그러나 이것이 교회의 권위를 높이기 위해서 고안된 임시 변통의 철학은 아니었다. 그것은 영혼과 물질의 관계에 기초를 두고 만들어진 신학 교리였다. 또한 아우구스티누스가 부활한 자들의 육체를 긍정적으로 평가하게 된 것도 바로 이 이론 때문이었다.[50]

교부 시대의 다양한 천국관

교부들의 저서에서 볼 수 있는 세 가지 천국관은 초대 기독교 시대의 세 가지 형태의 영성spirituality과 깊은 관련이 있다. 도시의 순교자들을 대표했던 이레네우스는 천국을 영화로운 물질 세계가 회복되는 것으로 보았다. 이 땅 위에 이루어질 천국은 인류의 번성과 축복이 약속된 물질 세계이자, 그리스도가 다스리게 될 메시아 왕국이었다. 이레네우스는 이 세상이 언젠가는 이방인의 지배에서 벗어나 의인들이 지배하는 세상이 될 것이며, 의인들은 풍요로운 물질 세계에서 완벽한 육체를 가지고 수많은 자녀들을 낳으며 천 년 동안 행복한 삶을 살게 된다는 천년왕국 사상을 주장하였다. 그러나 이레네우스는 천년왕국 이후에 일어날 일은 중요하게 생각하지 않았다. 내세의 삶이란 그리스도를 위해 자신의 육체까지 바친 순교자들에게 하나님이 주시는 보상이었다. 이레네우스는 그 밖의 다른 것은 전혀 쓸모 없는 것으로 여겼다.

젊은 시절 아우구스티누스는 천국을 금욕적인 생활의 연속으로 보았다. 그가 기대한 천국은 완전한 영의 세계로서, '육체를 갖지 않은 fleshless' 영혼들이 휴식을 취하면서 하나님을 보는 즐거움을 누리는 곳이었다. 그래서 물질이란 전혀 존재할 수 없었다. 또한 아우구스티누스는 독신으로 평생을 살았던 철학자답게 인간적인 교제나 가족에 대해서는 전혀 관심을 갖지 않았다. 그러나 시간이 흐른 뒤, 아우구스티누스는 자신의 초기 사상을 수정하여 성도들의 공동체라는 개념을 자신의 천국관에 받아들였다. 물론 아우구스티누스는 아직도 하나님을 보고 그를 찬양하는 행위에 더 큰 가치를 두고 있었지만, 이제 자신의 천국관에 성도들의 교제나 물질적인 육체까지 용납할 수 있게 되었다. 하지만 하나님만이 모든 사랑의 목적이 되어야 했기 때문에 가족이나 친구와 같은 개인적인 인간 관계는 여전히 거부하였다. 또한 영혼이 육체를 지배해야 한다는 조건 아래 영혼과 육체의 결합을 인정하였는데, 이러한 천국관을 반영적인semi-spiritual 천국관이라고 부를 수 있다.

이레네우스의 견해와 아우구스티누스의 두 가지 견해——초기와 후기의 견해——는 모두 천국에서 우리가 어떤 모습으로 살아갈 것인가 하는 문제를 다루고 있다. 그러나 이런 견해들은 곧 그들이 이 세상과 피조물을 어떻게 보았는가 하는 문제와 직결된다. 다시 말해 이들이 말한 천국의 모습은 곧 이 세상에 대한 견해를 상징적인 의미로 재설명하고 있는 것에 불과하다는 것이다. 이레네우스가 천국에서 건강한 육체를 가지고 물질적 풍요를 누리기를 원했던 것은 그가 이 세상과 인간의 육체를 긍정적으로 평가하고 있었기 때문에 가능했다. 또한 초기의 아우구스티누스가 순수한 영적 세계를 기대했던 것은 그가 금욕주의자로서 인간의 육체를 부정적으로 평가하고 있었기 때문이었다. 그러나 후기에 이르러 아우구스티누스는 육체가 영혼의 지배를 받아야 한다는 조건 아래 인간의 육체도 긍정적으로 받아들이게 되었는데, 이는 그가 세상적인 삶의 가치를 새롭게 인정한 결과였다. 또한 육체가 영혼의 통제를 받아야 하는 것처럼 이 세상도 교회의 인도를 받아야 한다고 주장했다. 게다가 보통의 육체와는 달리 변화를 받은 육체가 이 세상에 이미 존재하고 있다고 말하였다. 즉 성의 순결을 지키며 동정녀로, 또는 독신 사제와 수도사로 살아가는 사람들을 가리킨다.

독신주의는 교회가 처한 상황에 따라 새로운 의미를 갖게 되었다. 초기 기독교에서 금욕주의는 사람들을 올바른 방향으로 나아가게 하기 위해 세상과 거리를 두는 것을 의미했다. 즉 세상에 대한 집착에서 벗어나 하나님을 향한다는 의미였다. 그리고 독신으로 살아가는 사람들은 하나님과 사람 사이에 존재하는 형이상학적인 격차를 감소시켜 주는 역할을 하였다. 아우구스티누스 말년에 이르러서도 금욕주의가 갖는 이런 기능은 여전히 계속되었지만, 차차 그 관점이 바뀌기 시작했다. 이제 금욕주의는 하나님과 세상 사이에 서서 하나님께서 인간에게 주신 은총을 전달해 주는 통로 구실을 하게 되었다. 부활한 자들의 육체에서 영혼이 물질을 지배하고 물질은 영혼을 영화롭게 하는 것처럼, 독신주의자들도 이 세상을 의미 있고 윤택하게 만드는 존재가 되었다. 동정을 지키거나 세상을 포기하는 행위는 내세의 삶을 그대로 모방한 것이며, 성령이 이 땅 위에 강림했다는 사실을 증명하는 일이었다. 그리하여 독신 생활을 하는 주교들은 육체에 성령이 거하는 사람으로서 세상일에 간섭하고 조언하며 인도하였다. 평생을 독신으로 살아가며 인생을 하나님에게 전부 바친 사람들은 자신을 이제 더 이상 정치적, 사회적 질서로부터 격리시키지 않게 되었다. 오히려 성령 충만한 인도자로서 이 사회를 이끌어 나가는 역할을 맡았다. 천국에서 성도의 영혼이 부활한 아름다운 육체를 소유하고 지배하는 것처럼, 이 땅에서도 독신으로 살아갈 사제들이 하나님을 대언하여 이 세상을 지배하는 역할을 하게 되었다.

내세의 삶을 보상의 개념으로 또는 금욕적인 개념으로 설명했던 천국관들이 이후 기독교 사상사에서 종종 다시 부활하여 빛을 보았다. 하지만 아우구스티누스가 그의 말년에 주장했던 천국관은 이후 모든 신학자의 모범으로서 천 년이 넘도록 그 영향력을 행사하였다. 아우구스티누스 후기의 천국관은 신약이나 금욕적인 천국관에 비해 세속적이고 인간적이기 때문에 신 중심적인 관점이 약화되었다고 할 수 있다. 여기서 부활한 성도들은 여전히 영적 존재이긴 했지만, 좀더 물질적이고 육감적이어서 지금의 우리의 모습과 많이 닮았다는 것을 느낄 수 있다. 아우구스티누스는 아담과 하와가 타락했을 때, 즉 자신을 창조한 하나님으로부터 독립하려고 했을 때, 그들의 의지가 선한 목적에서 비뚤어져 버렸다고 주장한다. 타락한 인간들은 오만하고 자기중심적이며, 필연적으로 악을 향하려는 의지를 갖게 되었다. 이러한 인간의 의지를 바로잡고 원래의 의지대로 하나님을 향하고 선을 추구하도록 만들 수 있는 것은 오로지 하나님의 간섭뿐이었다. 그래서 아우구스티누스는 겸손하게 하나님만을 전적으로 의지하는 것이 바로 이 세상에서 그리고 다음 세상에서도 기독교인들이 취해야 할 바른 자세라고 주장했다.[51]

하나님에게 의존하는 자세가 바뀌기 위해서는, 먼저 인간적인 자기 확신과 신뢰가 확고하게 자리를 잡아야만 한다. 그러나 이것은 로마 제국이 멸망하고 계속해서 문화적 소요가 일어났던 시대에는 도저히 불가능한 일이었다. 그러나 중세기의 유럽 공동체, 즉 수도원과 도시들, 대학들이 번성했던 중세기에는 사정이 달랐다. 신비주의자들은 지복의 비전beatific vision을 새롭게 정의함으로써 하나님과 인간과의 사랑의 관계를 이전보다 더 개인주의적인 용어로 설명하였다. 그러나 르네상스와 근대의 천국관에서는 지복의 비전 대신 성도들 사이의 개인적인 사랑을 강조하는 대담성을 보이고 있다. 아우구스티누스가 자신의 천국관에 도입하기 시작한 인간적인 요소가 5세기에는 싹틀 수 없었지만, 후대의 종교 사상가나 예술가, 시인은 이를 발굴하여 완벽하게 성장시켜 나갔던 것이다.

제4장
중세의 천국관
MEDIEVAL PROMISES

이제 갈리아Gaul의 리용Lyon이나 북아프리카의 히포Hippo 같은 고대 로마 도시에서 눈을 돌려 유럽 전역에 널리 퍼져 있던 수도원과 도시 그리고 대학들을 살펴보자. 아우구스티누스 이후 700년 동안은 신학에 있어서 어떤 창조적인 작업도 이루어지지 않은 채 이전의 신학 형태를 답습하고 있는 실정이었다. 그러나 12, 13세기에 이르러 굳건한 경제를 바탕으로 문화가 발달하는 등 환경이 바뀜에 따라 새로운 형태의 신학이 생겨났다. 유럽에서는 처음으로 봉건 영주라는 부유 계층이 생겨났으며, 이들과 함께 상인들과 수공업자들도 부유 계층의 한 자리를 차지하였다. 이들 부유 계층은 교회가 은총을 준다고 믿었으며, 수도사와 수도원을 후원하고, 성당 건축이나 십자군을 위해서 돈을 냈으며, 학자나 사제들에게도 자신의 재산을 기부하는 데 주저하지 않았다. 그들은 인간에게는 세속적인 부나 권력만큼 종교도 중요하다고 생각했던 것이다.

대다수 유럽 인은 자신들을 공동체의 일원으로 생각했으며, 자신들이 열정적으로 참여하고 있는 종교적, 사회적, 경제적 활동들도 모두 하나의 공동체 안에서 이루어지고 있다고 생각했다. 또한 낙관주의가 팽배했으며, 하나님이 자신과 함께 한다고 느꼈다. 미사에는 그리스도가 성체인 빵의 모습을 하고 신자들 곁에 임한다고 믿고 있었다. 이때 신학자들은 아리스토텔레스 철학을 새롭게 발견하고 화체설化體說이라는 교리를 발전시켰다. 그들은 이 교리를 통해서 신성한 존재가 어떻게 이 세상 안에 그토록 생생하게 현존할 수 있는가 하는 문제를 해결할 수 있었다. 당시의 교회는 성찬을 베풀고 성자들의 유물을 간직하고, 하나님의 축복을 전달하는 장소로 인정되었다. 하나님은 이 세상과 멀리 떨어져 있으면서 인간에게 무관심한 존재가 결코 아니었다. 아우구스티누스와 같은 신학자들이 생각했던 것과는 달리, 중세 사람들은 천국을 추상적이거나 관념적으로 생각하지 않았다. 즉 중세의 신학자나 예술가, 시인, 환상가들은 인간의 이성이나 상상을 통해서 내세를 좀더 가시적이고 다가가기 쉬운 것으로 묘사하기 시작했던 것이다. 그래서 이제 천국은 누구나 갖는 세계관의 일부가 되었다.

중세에 나타난 새로운 문화적 개념으로는 도시city, 지성intellect, 사랑love을 들 수 있다. 중세의 천국관도 이런 문화적 개념을 토대로 형성되었다. 당시 유럽 곳곳에서는 도시가 번성하기 시작했다. 그래서 종교 저술가들도 천국을 에덴 동산 같은 낙원으로 생각하지 않고 새 예루살렘과 같은 하나의 도시로 이해하게 되었다. 이제 에덴 동산 같은 낙원은 천국 도시를 둘러싸고 있는 하나의 정원에 불과했다. 또한 도시의 발달은 수도사의 지성에 영감을 주었고, '지성의 발견'이 스콜라 학파 신학자들에게 도전장을 주었다. 그리하여 이들은 이해하기도 힘들었던 아우구스티누스의 천국관을 체계적이고 조직적인 신학 사상으로 만들었다. 특히 이들은 아우구스티누스의 천국관 중에서도 '지복의 비전', 즉 하나님을 보는 행위를 그 사상의 중심으로 강조하였다. 그리고 신학자들의 종교적 지식의 탐구는 시인들과 신비주의자들에게 사랑의 발견을 가져오게 했다. 궁정 생활에서 남녀 관계라는 새로운 문화가 생겨나고, 이것은 몇몇 시인의 작품에 표현된 것처럼 내세에서 사랑하는 사람과 다시 결합하고 싶다는 소망을 갖게 했다. 그러나 그 무엇보다도 중세의 가장 큰 특징은 신비주의자들의 신 중심적인 사랑이었다. 무아지경에 사로잡힌 이들 신비주의자들은 — 대개 여성들이었다 — 내세에서나 경험할 수 있는 체험들, 즉 그리스도와 결합하는 열정적인 감정을 이 세상에서 체험하곤 했다. 이렇게 중세의 천국관은 다양하고 풍부하였다.

낙원의 정원과 천국의 도시

중세 초기의 수도원은 주로 민가에서 멀리 떨어진 외딴 곳에 세웠다. 특히 울창한 숲이나 사람이 살지 않아 경작되지 않은 평지 한 가운데 자리잡았기 때문에, 수도사들은 항상 명상과 노동에만 열중할 수 있었다. 그들은 성 베네딕트의 규칙을 따라서 기도하고 일하는 것을 전부로 알고 생활하였다. 이들은 땅을 경작하고 곡식을 키워 수확하면서 그리고 비를 기다리고 흉년을 염려하면서 농부들의 수고와 고통을 직접 체험할 수 있었다. 그 후 대다수의 수도원이 부유해지자 수도사들이 직접 노동하는 일은 거의 없어졌다. 하지만 수도원들은 여전히 생존을 위해서 땅에 의존해야 했다. 부유한 대수도원도 가축들이 병에 걸리거나 가뭄이 오면 무력해질 수밖에 없었다.

이렇게 수도원의 수도사들은 농경 생활을 하고 있었기 때문에, 「창세기」에 나오는 낙원 이야기를 민감하게 받아들였다. 유식한 수도사는 라틴 어 성경을 읽었지만, 다른 수도사들은 설교를 통해서 그 의미를 이해하였다. 이들은 인간의 타락을 설명할 때도, 풍요로운 정원에서 즐거운 삶을 살던 아담과 하와가 어떻게 비참한 농부의 신세로 전락하고 말았는가 하는 점에 초점을 맞추었다. 낙원에서 쫓겨난 이후에, 아담은 저주받은 땅에서 가시덤불 엉겅퀴와 싸웠으며, 하와는 아이를 출산하는 고통을 감당해야만 했다(창세기 3장). 구약성서 이야기는 중세 사회의 고된 삶을 적절하게 대변해 주었던 것이다.

그러나 하나님은 타락한 인간을 변화시키고 원래의 에덴 동산을 회복시킬 것이다. 그 마지막 때에 하나님은 새 땅을 창조하고, 수도사와 의인을 고통에서 해방시켜 줄 것이다. 9세기 독일의 수도사이며 시인인 바이젠부르크의 오트프리트Otfrid of Weissenburg는 "그곳에는 백합과 장미가 달콤한 향기를 뿜어 내며 영원히 시들지 않고 너를 위해서 피어 있을 것이다. 그 향기는 영원히 멈추지 않고 각 영혼들에게 다가가 영원한 축복으로 숨쉬게 해 줄 것이다"라며 천국을 기대했다. 즉 새로운 낙원은 순교자(장미)와 독신으로 살아온 수도사, 성인, 동정녀(백합)를 위해 마련된 집이라는 사실을 상징적인 기법으로 설명하고 있다. 수도원에서 신학 지침서로 사용했던 『해설Elucidation』에서도 이와 같은 사상, 즉 이 세상이 인류의 조상이 지은 죄의 흔적을 영원히 갖고 있지는 않을 것이라는 사상을 발견할 수 있다. 1100년경 바바리아(현재 독일 바이에른, 예전의 바바리아 왕국-역주)의 수도원에서 편집된 것으로 여겨지는 이 책은 중세에 널리 보급되고 필사된 라틴 어 책이었다. 그리고 독일어, 불어, 영어, 네덜란드 어로 기록된 번역본과 수정본들이 아직도 남아 있다. 『해설』에서 그리고 있는 새 땅의 모습은 오트프리트의 천국관과 유사하며, 다만 오트프리트의 설명보다 좀더 상세하게 표현하고 있는 점이 다를 뿐이다.[1]

『해설』에 의하면, 최후 심판을 마친 뒤에 하나님은 인간이 타락하면서 이 세상에 생기기 시작한 모든 결점을 완전히 제거할 것이라고 한다. "추위와 더위, 폭풍우, 해일, 번개, 천둥 등 인간의 죄로 인해 생긴 징벌들이 완전히 사라진다." 이 새로운 창조로 인해서 이 세상은

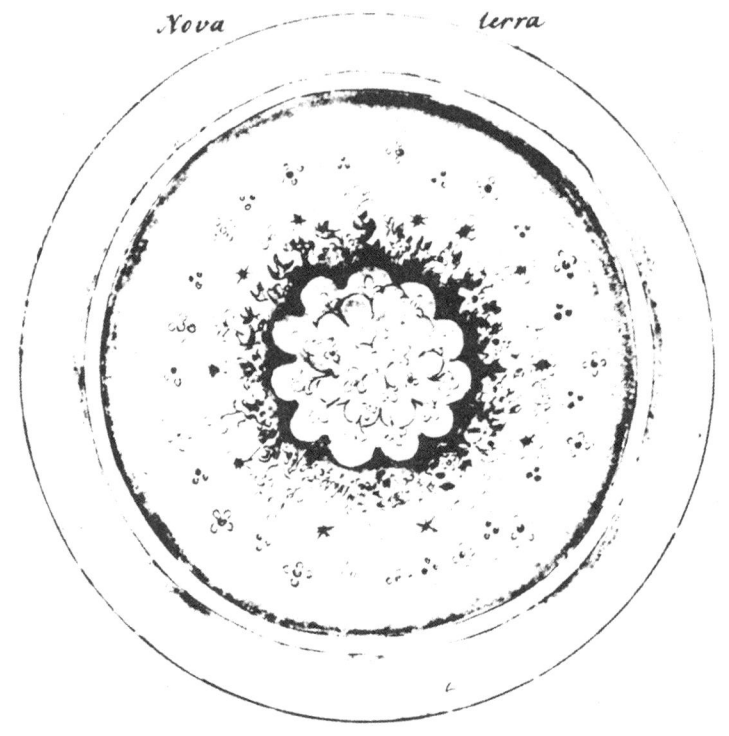

그림 3. 회복된 낙원으로서 새 땅의 모습. (12세기)
[Herrad of Hohenbourg, Hortus Deliciarum: Reconstruction, ed. Rosalie Green et al. (London: Warbug Institut, 1979) pl. 140]

향기롭고 즐거운 낙원이 될 것이다. 새로운 세상은 "그 중심에 그리스도의 몸을 모시고 있는 낙원과 같이 된다. 그리고 성자들의 피로 깨끗하게 된 이 땅은 아름답고 작은 백합, 장미, 바이올렛과 같이 영원히 시들지 않는 꽃들로 가득 차게 된다."『해설』의 내용을 인용하고 있는 12세기의 한 필사본에 새로운 땅을 그린 삽화가 들어 있다(그림 3). 여기서는 새로운 창조를 통해 회복된 낙원의 아름다운 모습을 수많은 꽃으로 표현하고 있다. 저주받아 가시덤불로 휩싸였던 이 세상은 "주님이 주시는 영원한 축복을 받고 더 이상의 고통이나 수고는 하지 않아도 된다"는 것이다. 중세의 기록을 보면 새로운 낙원을 묘사할 때마다 항상 가시덤불이 사라졌다는 말을 빠뜨리지 않고 기록하고 있는데, 이것은 하나님이 아담과 하와에게 내린 심판을 철회했다는 사실을 강조하기 위해서였다. 농부들의 수고와 고통은 완전히 사라지고 수도원의 정원과 같은 아름다운 세상이 펼쳐지게 될 것이다.[2]

이 낙원에서 사람들은 벌거벗었던 원래의 상태대로 돌아간다. 『해설』에 의하면, "그들은 벌거벗고 살게 될 것이다. 하지만 그 어느 때보다도 고상하고, 육체 때문에 부끄러움을 느끼지도 않는다. 왜냐하면 그들은 진실로 아름다운 눈을 가지고 있기 때문이다." 아담과 하와가 죄를 짓기 이전에는 서로 벌거벗고도 부끄러워하지 않았던 것처럼, 새 땅에서 살게 될 성도들도 에덴 동산에서 아담과 하와가 가졌던 그 순수함을 다시 회복하게 된다. 물론 천국에도 의복이 차고 넘치겠지만, 성도들은 단순하고 자연스러운 상태로 생활한다. 『해설』에서, 수도원의 교사가 내세에 대한 설명을 마치려고 하자, 제자가 자신이 받은 감동을 자제하지 못하고 다음과 같이 말했다고 한다. "목말랐던 농부가 달콤한 우물물을 마시고 기운을 차린 것처럼, 내 영혼도 당신의 입에서 떨어지는 꿀 송이와 같은 가르침으로 인해서 생기를 얻었습니다." 이 두 사람의 대화를 들어봐도 이 책이 전원 생활을 지향하고 있다는 사실을 알 수 있다.[3]

평민들의 천국관을 접할 수 있는 문헌은 매우 드물지만 여기서도 위와 유사한 사상이 나타나고 있다. 종교재판 문서에 나오는 유명한 카타르Cathar의 이야기에서도 내세를 '새들이 노래하는 아름다운 땅'으로 묘사하고 있다. 성도들은 "목마르지 않고 배고프지 않으며, 춥지도 덥지도 않은, 가장 이상적인 기후 속에서 살게 될 것"이다. 12세기의 오토Otto of Freising 주교와 13세기의 파리 주교 기욤William of Auvergne도 수도사들이 회복된 낙원에 관한 설교를 자주 했다는 사실을 잘 알고 있었다. 그들은 이런 사실을 바람직하게 생각하진 않았지만, 천국을 아름다운 정원으로 생각하는 사상이 널리 퍼져 있다는 것은 인정해야 했다.4)

그러나 중세에 유행했던 천국의 모습은 아름다운 정원이 전부가 아니었다. 즉 이 아름다운 정원 속에 새 예루살렘이라는 천국의 도시가 들어선 것이다. 12, 13세기에는 유럽 전역에서 도시가 발달하였다. 지방에서는 여전히 전원 생활이 계속되었지만, 1150년부터 1250년 사이에 중앙 유럽에서는 약 200개였던 도시가 1,500여 개로 늘어났다. 도시 문화의 혜택을 누릴 수 있는 사람은 당시 인구의 약 5%에 지나지 않았지만, 도시 문화가 사회에 끼친 영향은 5%라는 숫자보다 훨씬 컸다. 견고한 성벽과 높은 탑, 성당, 시장, 상점, 광장 등이 있는 번성한 도시 속에서 새로운 시대 정신과 종교 사상이 싹틀 수 있었다. 경건한 기독교에 경제적 부가 가세되면서 기독교 문화는 더욱더 활기차게 되었다. 돈 많은 사람들은 성당을 건축하고 십자군을 원조하고 자선 사업을 벌여, 13세기의 찬란한 종교 생활을 뒷받침했다. 가난한 사람들은 제외하더라도, 도시의 기독교인들은 촌락이나 농장에서는 느낄 수 없는 종교적 감정을 체험할 수 있었고, 또 이를 농부나 봉건 영주들보다 생생하고 열정적으로 표현하였다.5)

도시 기독교인들은 영적인 갈급함을 갖고 있었는데, 이것은 탁발 수도사들을 통해서 충족될 수 있었다. 이들은 탁발 수도사 규율에 따라서 자선과 청빈, 순종의 삶을 살았는데, 이것은 전통적인 수도원 규율과 일치하는 것이었다. 동시에 그들은 수도원이 아닌 세상에서 살고 있었기 때문에 도시의 복지에 기여하고 있었다. 금욕적인 생활을 하면서 사회에 봉사한다는 원칙은 프란체스코 회와 도미니크 회 수도사들의 특징이었다. 이들은 금욕주의자였지만 세상을 거부하는 것이 아니라 오히려 도시 속에 들어와 살았다. 이들은 자선의 의무를 다 하라고 가르치고 지나친 사치를 경고함으로써 부유한 기독교인들도 부담 없이 영적 생활을 받아들일 수 있도록 하였다. 그들은 도시의 부는 정결한 삶을 방해하는 것이 아니라 오히려 도와 준다고 생각했다. 탁발 수도사들에 따르면, 선한 삶과 질서 있는 사회를 유지하기 위해서는 사유 재산과 상업(고리대금 같은 것도)에 의존해야 한다고 했다.6)

 탁발 수도사들은 자연보다 문화가 더 우월하다고 생각했기 때문에 자연히 도시적인 천국관을 주장했다. 그들은 성서의 첫 장에서 마지막 장—에덴의 낙원에서 천국의 예루살렘—까지 뒤져 보면서, 자신들의 새로운 천국관을 보증해 줄 만한 성서적 증거를 찾아 나섰다. 특히 계시록은 도시적인 천국의 모습을 상상하는 데에 풍부한 레퍼토리를 제공해 주었다. 문과 성벽, 큰길들이 있는 성스러운 도시는 초자연적인 광채를 발하고 있었다. 건물들은 모두 금과 진주, 벽옥으로 만들어져 사람들이 눈을 뜰 수 없을 정도로 눈부셨다(계시록 21장). 에덴 동산의 자연스러운 단순함은 사라지고, 그 대신 천상의 도시가 발하는 화려함과 웅장함이 그 자리를 차지했다. 도시의 탁발 수도사들은 농부들이 기대했던 순박한 천국의 모습을 뒤로 제쳐놓았다. 이들은 대중에게 천상의 예루살렘은 마지막 날에 축복을 받은 성도들이 살게 될 거처라고 설교하였다.7)

 도시적인 천국관은 그 당시 교회의 예배에서도 나타났다. 사제들은 "천사들이 여러분을 낙원으로 인도하고, 여러분이 그곳에 도착했을 때 순교자들이 환영하고, 여러분을 거룩한 도시, 예루살렘으로 인도해 주기를 바랍니다"라고 노래했다. 이런 노래는 9세기 이후 계속해서 불려졌다. 그리고 이것은 영혼이 처음에는 낙원으로 들어가고, 그 다음에 거룩한 도시로 들어가게 된다는 사실을 의미한다. 11세기가 되어서는 도시를 싫어하던 피에트로 다미아니 Peter Damiani(1006~72) 같은 은둔자들도 계시록에 나오는 도시적인 천국관을 긍정적으로 받아들이기 시작했다. 그는 이 세상에서 악하다고 해서 천국에서도 항상 그렇다는 것은 아니라고 생각했다. 그리고 피에르 아벨라르Peter Abelard(1079~1142)와 피오레의 조아키노Joachim of Fiore(1132~1202) 같은 사람은 목가적인 것과 도회적인 두 주제를 엮어 다가오는 세계의 시적詩的 관점을 내놓았다. 독일의 신비주의자 고트솔크 Gottschalk of Holstein(1190)는 천상의 예루살렘을 직선 대로大路가 있고 잘 정렬된 집들이 있는 곳으로 묘사하였다. 당시의 신비주의자나 시인들은 내세를 도시 계획이 잘 된 도시 국가로 보았으며, 그 도시는 강이 흐르고 식물이 풍성한 낙원 한 가운데 있다고 생각했다.[8]

베로나의 지아코미노Giacomino of Verona(13세기 말)는 프란체스코회 수사였지만, 우아한 이탈리아 어 운문으로「천상의 예루살렘에 대하여On the Heavenly Jerusalem」라는 제목의 시를 지었다. 그가 사랑스런 천상의 도시에 길과 광장, 도로가 있다고 말한 것은 단순히 계시록의 내용을 반복한 것에 지나지 않는다. 그러나 그는 이 성서의 내용을 넘어서서 그곳에 성도들이 살게 될 집이 있다고 말하였다. 그러면서 아이러니컬하게도 그는 이 부분을 성서가 증거하고 있다고 말하고 있다.

  거룩한 말씀과 그 모든 구절이 증거하노니,
  저 높은 곳에 수많은 집들이 있다네.
  이러한 예술적 작품들을 하늘 아래에서도 볼 수 있다고
  말하는 사람은
  분명히 거짓말을 하고 있는 것이라네.

  그 집은 모두 대리석으로 만들어졌으며,
  모피보다 더 희고 유리처럼 투명하여, 가장 순수하고 깨끗하네.

방과 굴뚝이 있고, 그 앞과 뒤에,
파란색으로 그리고 황금색으로 칠을 하였네.

시인은 천상의 도시와 그 건물이 갖고 있는 찬란함이 전대미문이며 그 무엇보다도 아름답다고 강조하기 위해서 "이러한 예술 작품들을 하늘 아래에서 발견할 수 있다"는 사실을 부인하였다. 이렇게 함으로써 그는 자신의 천국관을 나타냈을 뿐만 아니라 도시 건물이 갖고 있는 가치 또한 높이 평가하였다. 그는 베로나Verona에 있는 로마네스크식 화려한 건물들을 생각하고 있었던 것이다. 또한 이 시에는 도시를 동경하여 농장을 버리고 집을 나와 수사들을 만나고, 음악가로서 그리고 성가대 지휘자로서 일하게 된 시골 남자(이 시의 저자를 가리킨다-역주)의 열정이 나타나 있다.9)

카말돌레세Camaldolese 수도회의 제3회tertiary 여성회원인 게라르데스카Gerardesca(1210~1269)는 도시적인 천국의 모습을 좀더 상세하게 묘사하고 있다. 비록 그녀는 피사Pisa에서 은둔 생활을 했지만, 그녀가 환상을 통해 본 천국의 모습은 넓은 공원이 있는 도시 국가였다. 게라르데스카는 성도들이 사는 장소를 세 가지 지역, 즉 도시(천상의 예루살렘)와 그 도시를 둘러싸고 있는 산에 세워진 일곱 개의 성과 그 근처에 세워진 수많은 작은 성채로 구별하였다(그림 4). 먼저 도시에는 삼위, 즉 동정녀 마리아(성자들 중에서도 가장 우위에 있는)와 천사들 그리고 성도들 중에서도 가장 거룩한 성자들이 거하고 있었다. 일곱 개의 성 안에는 이들보다는 낮지만 일반 성도들보다 좀더 뛰어난 성도들이 살게 된다. 그리고 이들 성에는 1년에 세 번 천국의 궁정인 모두가 방문한다. 작은 성채처럼 생긴 집은 모두 일반 성도에게 주어진 거처이며, 이들은 모두 거룩한 도시에 자유롭게 드나들 수 있었다. 도시 주위의 평야에는 아무도 살지 않았는데, 천국에는 농부가 없

그림 4. 도시로서의 천상의 예루살렘. (1200년경)
[Liber floridus: manuscript 92, fol. 95 recto, Ghent University Library]

기 때문이다. 천국의 성도들은 모두가 시민인데, 이것은 문자 그대로 도시에 거주하는 주민이란 뜻이다. 게라르데스카가 본 환상의 내용에 대해서는 오늘날 『성자전Acta Sanctorum』에 기록되어 있는 익명의 전기傳記를 통해서 알 수 있다.

그녀는 거룩한 도시, 예루살렘의 영토라고 불리는 광활한 평야를 보았다. 그곳에는 성들과 매우 아름답고 정겨운 정원이 있었다. 이 도시의 길들은 모두 황금과 아름다운 보석으로 만들어졌다. 거리에는 가로수로 황금나무를 심었고, 그 가지에는 눈부신 황금이 달려 있었다. 그리고 꽃은 그 종류대로 무성하고 화려했는데, 이들의 모습은 우리가 이 세상에서 볼 수 있는 그 어떤 정원보다도 더 아름답고 정겨운 것이었다. 그리고 이 평야의 중심에 거룩하고 고귀하며, 아름답게 장식한 예루살렘이 자리잡고 있었다. 사람들은 도시 안에서 살았고, 주변에는 아무도 살지 않았다.
　도시는 일곱 개의 아름다운 성이 둘러싸고 있는데, 이 성에는 영광스러운 동정녀의 이름을 받들은 문장紋章이 걸려 있었다. 보석으로 만들어진 산 중턱에 위치하여 오르내릴 수 있는 층계가 있었는데, 층계도 아름다운 보석으로 만들어졌다······. 또한 성에는 값비싼 장식품들로 꾸며져 있었으며, 승리의 현수막이 높이 걸려 있었고, 동정녀 마리아의 그림이 있었다. 성 안에는 화려한 의자들이 놓여 있어서 거룩한 빛을 발하고 있었는데, 이 의자는 우리의 구세주와 영광스러운 동정녀 그리고 천사들, 사도들, 선지자들, 그리스도의 증거자들과 동정녀들 그리고 그 밖의 모든 신자를 위해서 마련된 것이었다. 그들은 모두 그 순위에 따라 질서정연하게 앉아 있었다. 1년에 세 번 천국의 궁정인 모두가 성을 방문했으며, 이 성들은 이루 표현할 수 없는 환희와 어느 것과도 비교할 수 없는 영광으로 가득 차 있었다.

게라르데스카가 보았던 천국의 모습은 그 당시에도 볼 수 있는 광경이었다. 그녀는 계시록의 새 예루살렘을 13세기 북 이탈리아에 있는 도시 국가로 체험한 것이다. 천국은 그 중심에 도시가 있고, 주위에는 광활한 평야contado와 여러 개의 성이 있는 곳이었다. 이곳에서 우리는 스위스의 이탈리아계 도시 벨린조나Bellinzona를 연상하게 되는데, 아직도 이곳에 가면 산 위에 지어진 성의 모습을 볼 수 있다. 또한 그녀는 도시 바깥에서 사는 사람은 아무도 없다고 말하고 있는데, 이것은 중세 사람들이 진실로 원했던 생활이 무엇인지 엿볼 수 있는 부분이다. 중세 사람들에게 도시는 선한 삶을 열어 주었다. 그곳에서 사람들은 배고픔과 추위, 어둠이라는 고통들을 벗어날 수 있었다. 재산이 없어 가난하다고 하더라도, 최소한 도시가 주는 안전은 보장받을 수 있었다. 천국에서는 도시 바깥에서 위험하고 고통스런 농부의 삶을 살아야 하는 사람은 아무도 없었다.[10]

또한 게라르데스카가 본 천국의 모습은 도시와 그 주위에 있는 성城과의 관계를 반영하고 있다. 성들도 도시와 똑같이 권위와 안전이 보장된 장소였다. 11세기경만 해도, 성과 그곳을 지배하는 자들이 유럽 농촌의 대부분 지역을 지배하고 있었다. 이들 성주는 분쟁을 그칠 줄 모르는 인종이어서 자신보다 상위의 왕후 귀족이나 동료 성주들과 끊임없이 반목하였다. 그러나 시간이 경과하자, 대영주들은 성주들에게 명령을 내리기도 하고 충성을 요구할 수 있게 되었다. 그래서 도시가, 성이 아니라 중세의 세계를 지배하게 되었다. 봉건 영주들은 성이 갖고 있는 방어적인 효과를 최대한 이용하면서 도시의 안정과 융합을 지켜 나가기 위해서 노력했다. 그러나 게라르데스카가 본 천국에서는 싸우는 성주들의 모습은 찾아볼 수 없었다. 오로지 도시와 성들이 이

상적인 조화를 이루고 있는 안정된 모습만이 있을 뿐이었다.11)

또한 게라르데스카가 환상으로 본 영원한 도시국가에는 중세의 사회 구조, 즉 혈족 체계와 신분 제도, 성직자 계급 등과 같은 복잡한 사회 구조가 완전히 제거되었다. 그러나 축복받은 성도들이 완벽하게 평등한 것은 아니었다. 천국의 만찬 석상에서도 좌석의 우열이 엄격하게 지켜지고 있었으며, 성도들은 '자신의 순위에 따라서' 정해진 자리에 앉아야 했다. 성도들이 상대적으로 평등하다는 사실은 인정하지만, 천국에도 순위와 계층이 있다는 사실은 중세의 여러 문헌에서 공통적으로 나타나고 있다. 그러나 가문이나 혈족 같은 신분이 아니라 영적 귀족의 개념이 새롭게 나타났다. 성도들은 천국에서 높은 자리에 앉기 위해 부유한 영주의 집안에서 태어나야 할 필요는 없다. 중세 영국의 시「진주Pearl」(14세기)에서도 "그곳에서 모든 사람은 똑같이 그 보상을 받게 될 것이다……. 왜냐하면 주님은 인색한 분이 아니시기 때문이다"라고 설명하였다. 「진주」의 저자는, 모든 일꾼은 각자가 실제로 일한 것에 관계없이 똑같은 임금을 받았다는 포도원 일꾼에 대한 예수님의 비유를 천국에서 주는 보상은 똑같다고 이해하였다. 그리고 천국의 계층 구조는 혼돈스럽거나 비조직적인 것도 아니다. 동정녀, 순교자, 사도, 족장, 박사 등등은 그들 나름대로의 집단, 즉 '성가대choir'를 이루고 있다. 게라르데스카는 이 집단들이 천국의 위계에 따라서 정렬해 있다고 말하였다. 위계 그 자체는 여전히 남아 있지만, 이 순위를 결정짓는 기준은 혈족이나 가문이 아니라 영적인 자격이었던 것이다.12)

14세기에 쓰여진 풍자시, 「농부 피어스의 꿈」(The Vision of Piers Plowman: 윌리엄 랭글랜드에 의한 중세 영어의 두운시頭韻詩 부흥기의 최대 작품. 50여 개의 텍스트가 남아 있다. 농부 피어스가 본 8개의 비전으로 이루어졌다 – 역주)은 천국에서의 평등성과 계층성이라는 패러독스에 대한 명쾌한 해답을 제시해 주고 있다. 저자는 그리스도와 함께 십자가에 못박힐 때 회개하고 낙원으로 간 강도의 상황을 묘사하고 있다. 비록 그 강도는 천국에 들어가긴 했지만, 이 세상에서 정결한 삶을 살았던 성도들보다 낮은 등급의 축복을 받게 된다. 하나님의 만찬 석상에서 그는 다른 사람들과 같이 맛있는 음식을 먹을 수는 있지만, 거지처럼 바닥에 앉아 먹어야만 했다. "그는 성 요한이나 성 시몬 또는 성 유다와 같이 앉을 수 없을 뿐만 아니라 동정녀들과 순교자들 그리고 거룩한 과부들과도 자리를 함께 할 수가 없었다." 그리고 시인은 계속해서, "오로지 혼자서 그것도 땅바닥에 앉아 음식을 먹을 수 있을 뿐이다"라고 말했다. 이 저자는 모든 사람이 무조건 평등하다면 그것은 정의에 어긋나는 일이라고 생각했다. 다만, 천국에서의 위계는 세상에서 가문의 전통이나 권력에 의한 것이 아니라 순결하고 영적인 삶을 살았던 사람들에 대한 보상과 관련이 있는 것이었다. 물론 강도는 천국의 영광을 약속받았다. 하지만 정결한 삶을 살았던 성자들이 누릴 수 있는 축복을 그도 누릴 수 있다는 뜻은 결코 아니었다.13)

12세기 말경, 『해설』을 읽던 사람들은 성자들이 벌거벗고 살게 될 것이라는 말에 놀라지 않을 수 없었다. 당시의 한 필사본에는, 이 사상이 곧 아우구스티누스의 사상이었다고 설명하는 주석이 포함되어 있다. 이런 사상은 아우구스티누스와 같이 권위 있는 자의 것이 아니었다면, 중세 기독교인들에게 도저히 받아들여질 수 없는 생각이었기 때문이다. 당시의 기독교인은 천국 시민들이 만찬을 즐길 때 아름답고 찬란한 두루마기를 입을 것이라고 생각했던 것이다. 14세기 영국의 시, 「정결Purity」에서도 천국에서 위계가 높으면 높을수록 더 값비싸고 좋은 옷을 입게 된다고 설명하였다. 저자는 "언제나 가장 밝고 좋은 옷을 입은 사람들이" 맨 앞에 앉아 있으며, 그 다음 고귀한 사람들, 즉 "가장 아름다운 옷을 입은 사람들"이 그보다 뒷자리에 앉아 있고, 그 사람들보다 뒤에는, "한층 신분이 낮은 상당한 수의 평범한 사람들이" 앉아 있다고 하였다. 또 다른 영국 시에서도, 천국의 여왕 마리아를 찬양하고, 마리아는 그녀의 경건한 신자들에게 "멋진 두루마기와 팔찌 그리고 황금 반지"를 주어 치장하게 했다고 묘사하고 있다. 천국에 있는 동정녀 마리아의 집에서는 모든 사람이 "하얀 비단 옷을 입고 있었다"고 하였다. 독일의 대수녀원장 힐데가르트Hildegard of Bingen(1098~1179)도 하늘의 성 안에 살고 있는 성자들은 "비단 옷을 입고 하얀 신을 신고 있다"고 기록하였다. 값비싼 옷을 입고 신발을 신는다는 것은 곧 천국에서의 위계를 상징하고 있을 뿐만 아니라 도시적인 생활을 한다는 뜻이었다. 당시 중세 사회와 마찬가지로 천국에서도 소수의 몇 사람만이 고귀하고 화려한 비단 옷을 입을 수 있었던 것이다.14)

중세에 유행했던 천국상像에는 도시의 유한 계급, 즉 아름다운 옷을 입고 웅장한 건물에서 화려한 만찬을 베풀 수 있는 사람들도 포함되어 있었다. 세상적인 화려함이 거룩한 것으로 인정되었고, 더 나아가 영원한 것이 되었다. 그러나 여기에서 중세의 시대정신을 오해해서는 안 된다. 그들은 천국을 인간의 욕망을 만족시키는 장소로 보지 않았다. 천상에서 누리게 될 모든 즐거움은 결국 신 중심적인 경향을 띠고 있었다. 그래서 천국이 갖고 있는 도시적이고 계층적인 성격에도 불구하고, 천국 생활은 계시록에 나타난 예배 형식을 갖추고 있었으며, 그 중심은 바로 하나님이었다. 성자들은 지아코미노Giacomino of Verona's가 본 것처럼 도시적인 천국에서 살고 있었지만, "오로지 찬양받을 그분만을 생각하고 그분에게 관심을 가지고 있을 뿐이었다." 하나님은 중앙에 있는 영광스러운 보좌에 앉아 있다. 그리고 음악과 노래에 맞추어서 신을 찬양하는 모습은 중세인들이 천국을 묘사할 때 하나의 표준처럼 사용했던 구절이다. 따라서 프란체스코 회 수도원의 성가대 지휘자였던 지아코미노가 이 모습을 설명하고 있는 것은 당연한 일이었다. 게다가 영주가 없는 도시나 왕이 없는 궁정은 이치에 어긋나는 일이다. 게라르데스카가 보았던 것처럼 하나님의 궁정에서 성자들의 성을 방문하는 것이나, 또는 어느 프랑스 시인이 묘사한 것처럼 성도들이 하나님 궁정의 무도회에 초대받는 것은 모두 천국의 중심이 무엇인지 설명해 주고 있다. 즉 중세인들에게 있어서 천국은 분명 종교적인 관심이 중심을 이루고 있는 장소였던 것이다.15)

천국을 하나님의 궁정으로 이루어진 하나의 도시 국가로 생각하는 도시적인 천국관을 문학 작품 속에서만 찾아볼 수 있는 것은 아니다. 주로 도시 한가운데 세워졌던 고딕 양식의 성당을 통해서도 도시적인 천국의 모습을 엿볼 수 있다. 기독교 예배 의식이나 신학 사상을 보면, 이미 중세 이전부터 교회 건물을 천상의 예루살렘으로 이해하였음을 알 수 있다. 교회 건물을 봉헌할 때 불렀던 찬송가 「복된 도시 예루살렘에서Urbs Hierusalem beata」에서도 이 땅에 세워진 건물을 "축복받은 예루살렘"과 비교하면서, 예루살렘 도시의 "길과 성벽들은 순수한 금으로 만들어졌으며," "그 문들도 진주가 뿜어 내는 빛으로 빛나고" 있다고 묘사하였다. 첫 헌당식 때 사제들은 "새 색시의 모습을 하고" 하늘에서 내려온 새 예루살렘에 관한 성경 구절을 낭독하였다. 특히 프랑스 클뤼니Cluny의 베네딕트 회 수도원은 교회를 천상의 예루살렘과 연결시키고 있었다. 11세기에 클뤼니 수도원은 인상 깊은 교회 건물과 아름다운 예복들 그리고 눈부신 성물vessels들을 사용하여 예배 의식을 더욱더 고귀하고 정교하게 만들었다. 유대 인의 회당이나 밧모Patmos의 요한이 살았던 그리스-로마 시대의 바실리카처럼, 이제 도시 속의 웅장한 교회가 천상의 예루살렘을 상징하게 되었다.16)

12세기 중반에 이르러서는 화려한 교회 건물에 관심을 갖기 시작했으며, 이 화려함은 고딕 양식의 고안으로 그 절정에 달했다. 이전에는 교회 건물의 벽을 모두 돌로 만들었지만, 이제는 스테인드 글라스 창이 석벽을 대신하였으며, 화려한 색깔의 유리와 빛 때문에 석벽은 거의 눈에 띄지 않을 정도였다. 중세의 화려한 성당은 천국을 상징하고 있을 뿐만 아니라 이 세상에 실제로 천국이 세워진 것처럼 보였다. 신자들은 성당에 들어가면서, 아름답고 웅장한 성소를 통과하며 '이 땅에 세워진 천국'으로 올라가는 것 같은 느낌을 받았다. 또한 교회 절기 때 행하는 화려한 예배 의식을 통해서도 천국의 성도들과 연합하는 느낌을 받을 수 있었다. 신학 사상가인 윌리엄 두란두스William Durandus(1230~1296)는 예배 그 자체가 바로 천상의 것이 되었다고 기록하였다. 그는 성직자가 성소에 들어가는 엄숙한 과정을 기록하면서, 감정이 고조되는 것을 억누르지 못한 채 다음과 같이 말하였다. "우리가 찬양하면서 교회 안으로 들어갔을 때, 천국 고향에 도착한 것 같은 큰 기쁨을 맛보았다…… 흰 두루마기를 입은 성가대원과 성직자들이 곧 기뻐하는 천사들이었다." 이제 성직자들과 평신도들 모두가 감각적으로 그리고 직접적으로 천국을 체험할 수 있었다. 즉 이들은 천국을 교회라는 건물에서, 초자연적인 빛과 신을 찬양하는 노래를 통해서 느끼고 체험할 수 있었던 것이다.17)

파리 근교에 있는 생 드니Saint Denis라는 수도원 성당을 혁신시킨 쉬제 대수도원장Abbot Suger(1080-1151)은, 하나님의 집은 그 어떤 건물보다도 인상 깊게 만들어야 한다고 주장하였다. 이 성당은 왕들의 무덤이 있던 순례지로서 프랑스의 국가적인 성소가 되었으며, 초기 고딕 양식의 대표적 예가 된 곳이었다. 쉬제는 생 드니 성당을 혁신하면서 건물 구조의 개선뿐만 아니라 성당 내부를 황금이나 보석으로 치장하는 것도 매우 중요하다고 생각했다. 그래서 수많은 보석이 이

곳으로 실려 와서 건물 중앙에 있는 큰 십자가를 장식하는 데 사용되었다. 쉬제는 이곳을 방문한 사람들이 콘스탄티노플의 소피아 성당에 있는 보석보다 이곳에 있는 보석들이 더 가치 있다는 말을 하자 매우 기뻐하였다고 한다. 생 드니 같은 고딕 양식의 성당들은 가능한 한 어디에나 아름다운 보석——십자가, 성유물함, 등불, 성궤, 성배——들로 치장하였다. 명장名匠들이 만든 이 물건들은 경탄하지 않을 수 없을 정도로 매우 정교하고 훌륭했다. 사람들은 성당을 장식한 보물들을 보면서 천상의 예루살렘을 더욱 화려한 곳으로 생각하게 되었다. 즉 그들은 천국에서 비단 옷을 입고 금장식을 하게 될 것이라고 생각했던 것이다. 그리하여 화려한 보석과 값비싼 의복들이 도시적인 천국관을 대표하는 용어가 되었다.[18]

이렇게 중세의 성직자와 평신도는 성당을 통해서 천국을 느꼈다. 물질적인 것을 통해서 영적인 것을 체험한 셈이다. 그들은 자연스럽게 빛을 발하고 있는 보석들을 보면서 그리스도의 진리의 빛을 생각하였다. 또한 천국을 그리고 있는 문학 작품들을 통해 더 높은 영적 실체들을 경험할 수도 있었다. 요한은 천상의 도시가 "살아 있는 돌" (베드로전서 2:5)로 지어졌다고 했기 때문에, 신도들은 건축 재료로 쓰인 돌까지도 초월적인 능력이 있는 것처럼 생각하게 되었으며, 또한 승리한 교회의 화려함을 나타내는 상징으로 생각하였다. 그러나 교회 건물이 갖고 있는 영적인 의미를 아무리 강조한다고 하더라도, 실제 교회가 갖고 있는 물질적인 성격은 제거할 수 없었다. 중세 사람들은 신적이고 눈에 보이지 않는 것들에 대해서 열광적이었지만, 이 세상과의 연관성을 결코 포기하지 않았다. 그래서 그들은 천국의 도시가 갖고 있는 실질적인 특성에도 큰 매력을 느끼고 있었다. 그러나 일반 성도들과 달리, 스콜라 학파 신학자들은 성서를 문자 그대로 받아들이거나 또는 희화적戲畵的인 비유allegory나 환상가visinonary의 탐구로

는 만족할 수가 없었다. 비판적인 신학적 탐구는 그와 다른 천국관을 요구하였다.19)

빛이 거하는 장소로서 최고천最高天 천국

12, 13세기에는 도시가 발달했을 뿐만 아니라 지식인들이 대거 활동한 시대였다. 고대 이후 처음으로 서구 사회는 지식 계층을 후원하고 장려할 수 있는 능력을 갖추게 되었다. 신학에서도 수도원이나 성당 학교에서 안일하게 전통적인 사상을 답습하던 시대는 지나갔다. 수도원에서 가르치는 학문이 그 방법론이나 정확성에서 뒤떨어진다고 느낀 새로운 학자들은 좀더 정확한 신학 방법론을 강구하기 시작했다. 피에르 아벨라르Peter Abelard와 롬바르두스Peter Lombard, 토마스 아퀴나스Thomas Aquinas 같은 신학자들은 중세 사상을 지배하게 될 "교부신학" 또는 스콜라주의라고 불리는 신학을 이끌어 냈다. 그리고 이탈리아(팔마, 볼로냐, 살레르노)와 프랑스(파리, 툴르즈), 영국(캠브리지, 옥스퍼드) 등지에 대학이 세워지기 시작하면서 스콜라 신학자들이 자신의 사상을 넓힐 장소와 가르칠 학생을 만나게 되었다. 또한 아리스토텔레스 철학을 새롭게 발견하고 이해하게 되면서 새로운 신학 사상이 형성되고, 이로 인해서 수많은 논쟁과 토론이 야기되었다. 스콜라 신학자들은 이런 혁신적인 분위기 속에서 전통적으로 내려오던 천국관도 근본적으로 수정하기 시작했다.

고대에는 두 개의 서로 다른 우주관이 있었는데, 하나는 민중적인 것이었고 다른 하나는 과학적인 것이었다. 대다수 사람들은 이 세상이 바다로 둘러싸인 하나의 큰 평지라고 생각했으며, 하늘은 둥근 천장으로 덮여 있다고 믿었다. 6세기에 활약했던 이집트의 수도사 코스

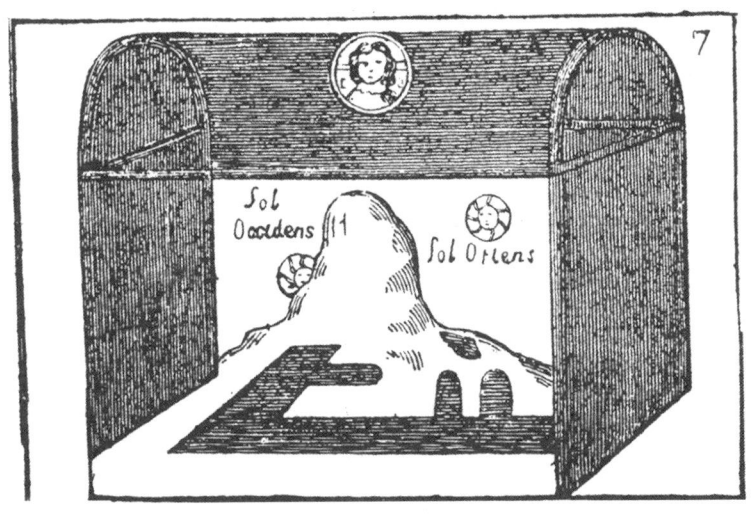

그림 5. 코스마스 인디코플레우스테스가 상상한 우주. (6세기)
[Manuscript Plut. 9.28, fol. 95 verso (10th century), Biblioteca Medicea Laurenziana, Florence, Italy. Reproduced from The Christian Topography of Cosmas, trans. J. W. McCrindle (London: Hakluyt Society, 1897), PL 1:2]

마스 인디코플레우스테스Cosmas Indicopleustes는 『기독교 지형학 Christian Topography』에서 지구를 평지와 같은 곳으로 묘사하였다. 또한 그는 민중적인 이 우주관이야말로 성서의 기록과 부합될 수 있는 유일한 우주관이라고 주장하였다(그림 5). 그는 이 세상은 구球가 아니라 평평한 평지이며, 이 우주는 큰 상자와 같은 모양을 하고 있다고 주장하였다. 그리고 이 상자 안에는 두 개의 영역, 즉 하늘과 땅이 서로 포개어져 있다고 설명했다. 땅의 영역에는 인간과 천사들이 살고 있으며, 하늘은 하나님과 그리스도가 거하는 장소이다. 그러나 미래의 그때가 오면, 남성과 여성 그리고 천사들도 모두 하늘로 올라가 신이 거하는 곳에서 살게 될 것이다. 인간이 하나님과 함께 거하기 위해서 이 땅을 떠나면, 이곳은 더 이상 식물이 자라지 않을 것이다. 결국 이 세상은 황폐해져서 지옥이 되고, 저주받은 사람들이 이곳에서 비참한

삶을 살아가게 될 것이다.[20]

아리스토텔레스(기원전 384~322)와 프톨레마이오스 Ptolemaeos(85~160)가 전개한 과학적인 관점은 지구가 평평하다는 이론을 거부했다. 그들은 이 세상을 하나의 구球로 보았으며, 지구는 또 다른 몇 개의 구의 중심에 있다고 보았다. 여기에서 또 다른 구란 하늘에 떠 있는 투명한 천체——달, 해 그리고 여러 혹성——들을 의미한다. 가장 바깥쪽에 있는 구가 곧 전체 우주를 둘러싸는 역할을 하고 있으며, 별을 거느린다고 생각했다.

아우구스티누스는 민중적인 우주관과 과학적인 우주관 모두를 잘 알고 있었다. 『창세기에 대한 문자적 해석 Literal Commentary on Genesis』에서 그 견해들을 잠깐 언급하였다. 그는 성서의 기록이 민중적인 우주관과 일치하는 것처럼 보이긴 하지만, 이 기록은 과학적인 용어로 이해될 수도 있다고 설명하였다. 그러나 아우구스티누스는 더 이상 언급하지는 않았다. 그는 자신이 우주론에 무관심하다는 사실을 다음과 같이 말하였다. "하늘이나 별들 그리고 해와 달의 움직임을 설명하는 것은 종교 교리에 속하지 않는다." 그리고 그는 기독교인들이 천문학을 연구하는 것은 쓸데없는 시간 낭비이며, 좀더 유익한 일에 그 시간을 사용하라고 말했다. 아우구스티누스는 내세의 공간적 차원이나 우주 전체 구조에서 하늘이 어디에 위치해 있는지 설명하려고 하지 않았다. 이 문제들이 신학과는 무관하다고 생각했기 때문이다.[21]

12세기경에 이르자 신학자들은 우주론을 신학과 무관한 것으로 여겼던 아우구스티누스의 주장을 부정하였으며, 코스마스 Cosmas가 주장했던 원시적인 세계상도 거부하였다. 스콜라 신학은 아리스토텔레스의 물리적인 우주관에 항상 관심을 가져왔던 서구 사회의 전통을 그대로 이어받아 지구 중심의 우주관(천동설)을 받아들였다. 그 당시 스콜라 신학자들은 아리스토텔레스의 책을 번역서로 읽었다. 또한 그들은 존 사크로보스코John Sacrobosco의 『천구Sphere』나 알비트루지 al-Bitruji의 『천문학의 원리Principles of Astronomy』와 같은 신간 서적도 읽었다. 중세의 천문학자들은 주로 천체의 움직임에 관심을 가졌지만, 신학자들의 관심은 이와 달리 천국이나 지옥이 어디에 위치해 있는지, 그리고 최후 심판 후에 이 세상이 어떻게 될 것인지에 대해서 연구했다.

스콜라 신학자들은 우주가 같은 중심을 가진 여러 개의 천구天球로 이루어져 있고, 또 이 천구들이 단계별로 늘어서 있다고 설명한 점에서 아리스토텔레스와 일치했다. 그리고 가장 안쪽에 위치한 지역, 즉 땅 속에 있는 지옥은 굵고 거친 물질로 이루어졌다고 생각했다. 여러 천구를 지나 높이 올라갈수록 이 천체들은 점점 더 밝아지고 완벽해진다. 가장 바깥에 있는 천구는 천공天空, 즉 물질적인 우주를 덮고 있는 천구의 껍질이다. 천공 바깥쪽에 하나님의 세계가 있는데, 이곳은 두 단계로 나누어져 있다. 먼저 "영적 하늘spiritual heaven"은 "'최고천empyrean"(고대에는 불이나 빛이 존재하는 곳, 중세에는 하나님이나 천사가 사는 곳으로 생각했음-역주)이라고도 하는데, 이곳은 성도들과 천사들이 살고 있는 곳이다. 그리고 그들 사이에 하나님이 거하고 있었다. 하지만 신학자들은 최고천이 단순히 "하나님이 거하시는 장소 중에서도 가장 외부에 위치한 지역"에 불과하다고 말한다. 삼위일체 하나님은 이 영역 위에 있는 더 높은 단계, 즉 "하늘 중의 하늘heaven of heavens"이라는 곳에 거한다. 삼위일체의 하늘이라고도 불리는 이곳은 오로지 하나님만을 위한 장소이다. 이곳은 성도들도, 천사들도, 심지어 성모 마리아도 들어갈 수 없었다. 이 하늘은 하나님 그 자체라고 할 수 있는 곳이었다.22)

스콜라 신학자들은 하늘 중의 하늘이라고 불리는 하나님의 거처에 대해서 더 이상 설명을 하지 않았다. 그러나 천사들과 성자들이 사는 최고천에 대해서는 많은 관심이 있었다. 지구에서 바라보면, 최고천이 가장 높은 하늘인 것처럼 보였다. 최고천은 모든 천구들 그 위에 위치해 있었기 때문이다. 존 루스브로엑John Ruusbroec(1293~1381)은 다음과 같이 기록하였다.

> 하나님은 최고천, 즉 최상층의 하늘을 순수하게 빛나는 광채로 창조하셨다. 그것은 하나님이 창조한 모든 천구와 모든 육체적 그리고 물질적인 것을 둘러싸고 덮고 있는 것이다. 이곳은 하나님께서 거하시는 장소 중에서도 가장 외부에 위치한 지역으로 하나님의 왕국이자 성자들이 거하는 곳이기도 하다. 그리고 이곳은 영광과 영원한 기쁨으로 가득 차 있다. 이 하늘은 영원한 빛으로 눈부시고 모든 혼돈에서 벗어나 있다. 이곳에서는 어떤 움직임이나 변화도 일어나지 않는다. 왜냐하면 이곳은 불변의 상태로 안전하게 만들어진 곳이기 때문이다.

비록 최고천이 "영광과 기쁨"으로 가득한 곳이라고 설명하고 있지만, 루스브로엑이나 그 밖의 다른 신학자들이 최고천을 묘사하고 있는 글을 보면 여전히 추상적이다. 스콜라 신학자들과 그 추종자들은 천국을 낙원이나 도시와 같이 구체적인 형상을 가진 장소로 설명하지 않으려고 노력했다. 그래서 그들은 천국에 빛이 있다고만 말했을 뿐, 천국에 대해서 그 이상의 설명은 전혀 하지 않았던 것이다.[23]

문자적인 의미로 볼 때, 최고천이란 '불타오르는 곳fiery place'을 뜻한다. 그러나 신학자들은 이 단어를 우주 바깥에서 열을 뿜어내고 있는 장소가 아니라 빛과 화려함이 있는 곳으로 이해하였다. 중세 학자들은 이런 빛의 장소는 자신이 알고 있는 4가지 원소(땅, 물, 공기, 불)로 만들어지지 않았을 것이라고 생각했다. 최고천은 다섯 번째 요소, 즉 가장 고귀한 요소라고 할 수 있는 제5원소quintessence로 만들어졌다고 믿었으며, 그것은 순수한 빛과 같은 무엇이라고 생각했다. 하늘에 있는 여러 가지 천구들도 모두 빛으로 빛나고 있지만, 달 아래의 지역은 타락한 자연에서 만들어진 곳이었다. 그러나 헤일즈의 알렉산더Alexander of Hales(1185~1245)는 이 지역도 쓸모없는 것은 아니라고 생각했다. 하나님은 "잘 정돈된 두 극점 사이의 중간 지역에 여러 개의 천구를 완벽하게 놓아서 하나님의 절대 권능과 지혜 그리고 자비를 보여 주시기"를 원하셨다고 말하였다. 여기서 두 극점이란 "빛을 발하고 있는 한쪽 극과 불투명하고 광택이 없는 한쪽 극"을 의미한다. 즉 빛을 내는 극은 최고천의 하늘을 의미하며, 불투명한 극은 땅을 칭하고 있는 것이다. 이 세상은 거대한 물질 세계로서 어둡고 죄스러운 본성을 가진 곳이다. 이곳에서는 성장과 쇠퇴, 출생과 죽음 같은 변화가 항상 일어나고 있다.24)

현재 최고천에는 죽은 성도들의 영혼이 살고 있다. 그러나 최후 심판이 있은 후에는 성도들의 영혼이 새 육체를 입고 이곳에서 영원히 산다. 토마스 아퀴나스(1225~74)도 "성도들의 육체가 지상에서 하늘로 올라가면 최고천에 당도하게 될 것이다"라고 기록하였다. 또한 헤일즈의 알렉산더도 최고천 그 자체는 육적인 성격을 가졌지만, 영적인 물질도 영적이 아닌 물질도 포함하고 있다고 설명하였다. 영광스러운 그리스도와 성도들의 신령한 육체는, 물론 이들이 근본적으로는 여전히 물질이지만, 천국의 고향집으로 들어갈 수 있게 될 것이다.25)

중세의 우주론은 빛을 언급하지 않고서는 설명할 수 없다. 신플라톤 철학에서는 빛은 4가지 원소와 같은 물질적인 것이 아니라 사물의 형상을 이루게 하는 하나의 힘force인 것이다. 때로는 이 빛이 하나님으로부터 유출되었다고 믿었기 때문에 신성한 것으로 여겨지기도 하였다. 어떤 사물이 빛을 낸다고 하면 그 사물이 원래 빛을 가지고 있어서가 아니라 하나님의 빛에 참여함으로써 소유하게 된 속성이라고 보았다. 황금, 보석, 유리 같이 빛을 내는 물질들도 빛의 속성이 물질의 거친 성격을 억누르고 있기 때문에 그렇게 빛을 발하고 있는 것이다. 다시 말해 이 물질들은 빛을 통해서 이 세상의 것이 아닌 초월적이고 피안적인 아름다움을 갖는 것이다. 그래서 이 물질들은 자신이 신에게서 유래되었다는 사실을 다른 물질보다 더 확실하게 증명하고 있는 셈이다.26)

토마스 아퀴나스는 하나님에게 영광을 받은 인간의 육체는 초자연적인 빛을 발한다고 생각했다. 그는 "축복받은 자들의 육체는 태양보다 일곱 배는 더 빛나게 될 것이다"라고 기록하였다. 아퀴나스는 이런 주장이 성서에 근거하지 않았다는 사실을 인정하였다. 그러나 "의로운 자들은 그 아버지의 나라에서 해와 같이 빛날 것이다"(마태복음 13:43)라는 예수의 말씀, 그리고 천사들을 묘사한 성서 구절 "그들의 얼굴은 빛과 같이 눈부시며, 의복은 눈처럼 하얗다"(마태복음 28:3)를 언급하면서 이것이 빛을 상징하고 있다고 주장하였다. 내세에는 우리들도 천사처럼 되지 않겠는가? 예수가 모세, 엘리야와 이야기할 때 그 모습이 변화되어 "얼굴은 해와 같이 빛나고, 그 옷은 빛처럼 하얗게 되었다"(마태복음 17:2)고 하였는데, 우리도 예수처럼 되지 않겠는가? 그러나 성도들의 몸에서 모두 똑같은 빛이 나는 것은 아니다. 알베르투스 마그누스Albertus Magnus(1200~80)는 "성도들은 자신이 쌓은 덕의 정도에 따라서 각자 다른 빛을 받게 될 것이다"라고 주장하였다. 덕을 많이 쌓은 성도는 최후의 영광에 들어가기 전에 연옥에서 정화되어야 하는 성도보다는 더 환한 빛을 발하게 될 것이다.27)

영광을 받은 인간의 육체만이 초자연적인 빛, 또는 '투명함clarity'을 부여받는 것은 아니다. 별과 태양, 천구, 달과 지구(이 세상) 등 최고천 아래에 있는 모든 것이 빛의 장소로 변하게 될 것이다. 아퀴나스

제4장 중세의 천국관 173

는, 아담과 하와가 원죄를 범하기 이전의 우주는 빛으로 가득했다고 한다. 그러나 인간이 타락하자 하나님은 우주의 광휘를 감소시켰다. 하지만 마지막 때에 이르면 하나님은 이 우주를 새롭게 창조하고 원래의 광휘를 다시 회복시켜 줄 뿐만 아니라 오히려 더 강렬하게 한다. 사물을 이루는 4가지 원소 역시 빛으로 가득해서 이 땅은 더 이상 어둡거나 거친 장소가 아니라 유리처럼 빛나는 표면이 되어 반투명체가 될 것이다. 물은 수정처럼 되어 아마 고체가 되고, 공기는 구름 한 점 없는 하늘과 같이 청명하고, 불은 별처럼 빛나게 된다. 그래서 빛이 모든 사물을 정복하게 된다. 그러나 지옥에서는 여전히 절대적인 어둠이 지배한다. 단테는 이 지옥을 "모든 빛이 죽어 버린 곳"으로 묘사하였다. 오토Otto of Freising 주교도 지옥의 불은 매우 뜨거운 열을 갖고 있지만 빛을 밝혀 줄 능력은 없다고 설명하였다. 아퀴나스는 지옥에 희미한 작은 빛이 있는데, 이는 저주받은 자들이 주위의 무서운 광경을 볼 수 있는 정도로, 이 빛 때문에 그들이 더 큰 고통을 당하게 될 것이라고 설명하였다. 그러나 축복받은 성도들에게는 "끝이 없는 빛의 존재가 즐거움이 될 것이다"라고 말하고 있다.28)

아퀴나스는 이 빛의 세상에는 동물이나 식물들이 살지 않는다고 생각했다. 그리고 천체는 더 이상 움직이지 않을 것이다. 왜냐하면 천체의 움직임은 곧 성장하고 쇠퇴하는 변화의 과정을 뜻하기 때문이다. 천구들이 정지하고 난 후에, '혼합된mixed' 물체들(4가지 원소 중에서 두 가지 이상의 요소를 합성해서 만들어진 사물들)은 그들의 원래 구성 요소로 해체되어 더 이상 합성된 물질이 존재하지 않는다. 땅 위에서 자라던 식물은 이제는 물이나 공기, 땅과 같은 원래의 구성 요소로 해체될 것이다. 우주는 여전히 존재하겠지만, 움직이지는 않고 다만 밝은 빛을 내는 큰 기계와 같다. 최고천 아래에 있는 세계는 성도들이 사는 장소가 아니라 묵상의 대상으로 남게 되어 빈 공간과 같은 상태가 될 것이다. 만약 저주받은 자들이 고통스런 삶을 살아갈 지하 감옥이 땅 밑에 없었다면, 이 우주는 완전히 사라져 버렸을 것이다.29)

천국을 순수한 빛의 장소로 보았던 스콜라 신학자들의 관점은 단순한 신학 교리로 끝난 것이 아니라, 시인이나 예술가들에게 큰 감명을 주었다. 단테의『신곡Divine Comedy』이나 고딕 양식의 성당들은 당시 예술가들이 빛의 천국관에 감명을 받고 만들어 낸 최고의 걸작품들이다. 이 작품들은 빛의 천국관보다도 더 오래 남아서 사람들에게 감명을 주고 있다.

『신곡』은 1321년 단테가 죽기 바로 직전에 완성한 작품이다. 이 책에서 저자는 지옥과 연옥을 여행하고, 여러 층의 하늘을 지나 결국 최고천으로 올라간다. 그가 하늘의 천구들을 통과할 수 있도록 인도해 준 사람은 베아트리체Beatrice였다. 그녀는 단테가 경애했던 피렌체의 귀부인으로 1290년에 이미 죽었다. 순수한 빛의 장소인 최고천에 도착하자, 베아트리체는 그를 떠나 삼위일체 하나님과 천사들이 앉아 있는 거대한 장미꽃 모양의 원형극장 같은 곳으로 갔다. 또한 단테는 아홉 등급으로 나뉜 천사들이 하나님의 빛을 중심으로 아홉 개의 원을 그리며 둘러서 있는 것을 보았다(표 5). 베아트리체는 장미 모양의 원형 극장에 앉아서 그를 향해 짧은 미소를 지어 보이고 난 후, 고개를 돌려 하나님을 응시하였다. 그러자 단테는 창조주 앞에 홀로 서 있는 자신을 발견하게 되었으며, 하나님의 영광스런 빛 안에 들어와 있다는 사실을 깨닫게 되었다.

무한한 맑음의 본질, 그 자체 안에서
나는 세 개의 원을 향해 빛나고 있는 위대한 빛을 보았다.
분명한 세 개의 색깔이 하나의 공간 안에 있었다.

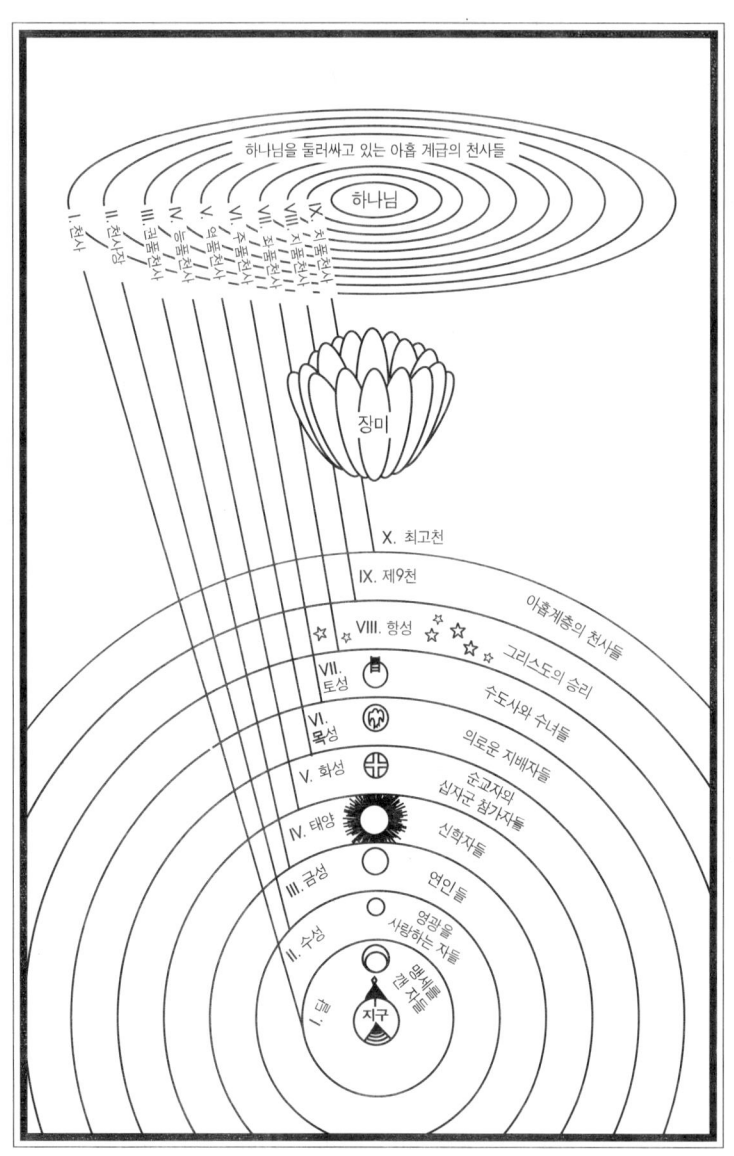

표 5. 단테의 우주. (1300년경)
[Dante Alighieri, The Divine Comedy, Vol. III: Paradise, trans. M. Musa (Harmondswort: PENGUIN, 1986), 25]

단테는 하나님의 빛 안에서 인간의 형체, 즉 그리스도를 발견하였다. 그리고 그는 사랑이 갖고 있는 추진력도 느낄 수 있었다. 즉 사랑의 힘을 통해서 "해와 별들이 움직이고 있었던 것"이다. 또한 하나님과 인간의 사랑이 만나서 인간은 하나님과 결합하고 싶은 소망을 갖게 되고, 또한 하나님이 준 신적 맑음을 갖게 되는 것이다. 단테가 마지막 목적지에 도달하여 빛과 사랑의 하나님을 체험하면서 이 시는 끝을 맺는다. "모든 것의 근원이며 처음이신 하나님을 발견하게 되었을 때, 더 이상 추구해야 할 것은 아무것도 없다"는 사실을 깨달았던 것이다.30)

단테는 시에서 동심원 모양의 빛에——빛은 하나님을 상징하며, 원은 완전성을 의미한다——대해서 얘기하고 있는데, 이것은 그 전에도 있었던 개념이다. 쉬제 대수도원장 Abbot Suger이 생 드니 성당의 후미를 널찍한 성가대석으로 바꾸었을 때, 그는 성가대석 주위를 작은 음악대가 둥글게 둘러싸도록 배치했다. 그리고 빛이 스테인드 글라스를 통해서 들어와 성가대석을 비추도록 하였다. 그래서 이 공간은 여러 가지 복잡한 빛과 무한하게 변화하는 현란한 그림자로 꽉 차게 되었다. 쉬제는 "교회 전체가 참으로 눈부시게 아름다운 창문을 곧장 뚫고 들어오는 멋진 빛들로 가득하게 될 것이다"라고 기록하였다. 단테 시대에 이르러 고딕 성당의 거대한 원형 창문들은 완전성을 상징하는 원과 하나님의 빛이 연합하는 것을 의미했다. 커다란 원에 장미 모양 창문이 교회 정면 입구 위쪽에 만들어졌다(그림 6). 이 창문이 스테인드 글라스 기법으로 만들어진 데는 또 다른 의미가 있겠지만, 우선 이것은 하나님의 현존을 상징한다. 『신곡』에서 묘사하고 있는 빛은 도저히 만질 수 없는 것이었지만, 성당의 건축가들은 그 빛을 이 세상에서 직접 만질 수 있는 것으로 만들었던 것이다.31)

쉬제가 단순히 12세기 건축이나 세공업이 얼마나 아름다운 것인지

그림 6. 장미 모양 창문. 랭스 대성당 정면 입구 위쪽. (13세기 후반, 프랑스)

보여 주려고 그런 것은 물론 아니었다. 그는 신학에 심취해 있었으며, 특히 중세 시대 빛의 철학에 대해서 큰 매력을 느끼고 있었다. 그가 교회에 세운 비석을 보면, 고귀한 예술 작품들은 "사람의 마음을 비출 수 있어야 하며, 그래서 그 사람이 진실한 빛true lights을 통해서 진정한 빛the True Light이신 그리스도에게 나아가도록 해야 한다"라고 씌어 있다. 쉬제는 성당이 최고천의 천국을 나타내고 있는 하나의 상징물이라고 생각했다. 성당은 비록 돌로 지어졌지만 이 세상이 아니라 천국을 상징하고 있었다. 또한 창문이 바깥을 볼 수 없게 만들어졌기 때문에 완벽하게 밀폐된 공간이었음에도 불구하고 성당은 명료한 빛을 상징하고 있는 것으로 생각하였다. 중세 사람들은 세상의 삶이 과도기적일 뿐만 아니라 죄악된 것이라고 보았다. 그리고 성당의 거대한 창문들이 정교한 여과 장치의 역할을 함으로써 성도들을 이 세상과 분리시켜 준다고 생각했다. 오직 신성한 빛만이 이 신성한 장소를 통과할 수 있었다. 그리고 스테인드 글라스는 이 신성한 빛을 굴절시키고 수많은 화려한 색깔들로 성도들의 몸을 비추어 천국을 미리 맛볼 수 있도록 해 주었다.32)

하나님에 대한 영원한 명상

13세기는 혁신의 시대이면서 여러 가지 지식을 모아서 체계화하려는 시도가 강박 관념에 사로잡힌 것처럼 추진된 집대성의 시기였다. 따라서 여러 분야에서 체계적인 백과사전을 펴내는 일에 심혈을 기울였다. 이전의 역사가들은 포괄적인 13세기의 텍스트들이 특유한 '중세적인 종합'을 구체적으로 표현하고 있다고 예찬하였지만, 요즘의 저술가들은 그렇지 않은 것 같다. 그 대신 그들은 여러 가지 다양한 견해들을 화합시키고자 했던 스콜라 신학자들의 의도가 왜 진정한 학문적 혁명으로 성공하지 못했을까 하는 문제를 제기했다. 그리고 탐구와 논쟁 같은 것들이 조화와 종합을 위해서 희생되었다는 사실을 지적하고 있다.33)

신학 분야에서 가장 대표적인 종합을 이룩한 사람은 토마스 아퀴나스Thomas Aquinas였다. 1274년 그가 죽었을 때, 그는 『대이교도대전 Summa against the Gentiles』을 완성하였지만 더 큰 야망을 가지고 체계적으로 집필했던 『신학대전Summa Theologica』은 완성하지 못했다. 저자는 이 종합적인 저술들을 통해서 인간 이성의 목적이 무엇이며 부활한 성도들이 내세에서 추구해야 하는 것이 무엇인지 설명하였다. 그 해답은 하나님을 아는 것과 하나님에 대한 명상이었다. 아퀴나스는 아우구스티누스의 주장을 많이 반복하고 있긴 하지만, 표현은 아우구스티누스보다 구체적이고 세밀했다. 아퀴나스는 새로운 사상을 주장하려고 하지 않았다. 그 대신 참된 이론을 가능한 한 정확하게 진술하고, 그 이론을 성경이나 철학, 정통 신학을 통해서 입증하려고 노력했다. 아퀴나스에게 있어서 철학은 곧 아리스토텔레스를 의미했고, 신학적으로는 아우구스티누스에게 의존하고 있었다.

도미니크 회 수사였던 아퀴나스는 '복음서의 가르침'을 따라 청빈과 독신, 순종을 지켜 행하였으며, 행동보다는 명상하는 삶을 살았다. 그러나 그는 하나님만을 조용히 명상하기 위해서 모든 활동을 거부한 것은 아니었다. 그는 연구하고 가르치며, 저술하는 학문적인 삶을 추구하였다. 물론 아퀴나스는 "종교적인 진리를 내적으로 숙고하며, 그 진리를 사랑하고 탐구함으로써 기쁨을 얻는" 행동이 곧 명상이라고 보았지만, 독서하며 연구하고 가르치는 학문적인 활동도 명상에 속한다고 보았다. 명상의 삶을 살아가는 데 있어서 가르치는 행동이 필수적인 것은 아니지만, 신앙의 덕을 쌓을 수 있는 귀중한 수단이 된다고 생각했다. 아퀴나스는 교사와 동정녀, 순교자 이 세 유형의 사람을 거룩한 삶의 가장 뛰어난 모범으로 제시하였고 이들은 천국에서 특별한 보상을 받는다고 생각했던 것이다.34)

아퀴나스는 천국의 성도들이 오로지 명상만 할 뿐 어떤 행동도 하지 않을 것이라고 생각했다. 이 세상에서의 명상은 단편적이고 불완전한 것이었지만 천국에서는 완벽해질 것이다. 또한 천국에서의 명상은 곧 하나님에 대한 지식과 관련이 있다. 그는 자신의 이런 주장을 뒷받침하기 위해 "우리는 하나님을 실제 그 모습 그대로 보게 될 것이다"(요한 1서 3:2)라는 성경 구절을 제시하였다. 성서적인 전통과 아우구스티누스의 사상에 따라, 아퀴나스 역시 하나님에 대한 '비전 vision'을 제시하고 있다. 그는 "지적인 인식을 비전vision이라고 부른다"고 설명하면서, 시각은 다른 감각보다 더 고귀하고 영적이기 때문에 지성에 더 가까운 감각이라는 설명을 덧붙이고 있다. 스콜라 신학에서 최고의 비전은 하나님의 주신 축복 중에서도 최고의 축복이었다. 그래서 후대의 신학자들은 이것을 '지복의 비전beatific vision'이라고 부른다. 지복의 비전이란 정확하게 말해서 하나님을 아는 축복의 지식이라고 할 수 있다. 즉 이 지식을 소유한다는 것은 곧 영원한 축복을 누린다는 뜻이다. 이와 반대로 무지한 상태로 남는다는 것은 곧 불행을 의미한다. 지옥은 무지와 모호함의 장소인 것이다. 그러나 천국은 지식과 빛의 장소이다.35)

또한 아퀴나스는 지복의 지식을 행복하기를 바라는 인간의 소망과 연결시키고 있다. 그는 행복이 모든 인간의 기본적인 욕구라는 사실에 대해서는 아리스토텔레스와 아우구스티누스에게 동의하고 있다. 그러나 인간은 이성의 활동을 통해서 행복해질 수 있다고 그는 생각했다. 그래서 인간의 이성이 가장 높은 수준으로 활동할 때 가장 큰 행복을 느낄 수 있다고 주장하였다. 이성이 가장 높은 수준으로 활동한다는 것은 곧 신성을 명상하는 것, 궁극적으로는 하나님 그 자체를 명상하는 것을 의미한다. 즉 인간은 이런 행복한 명상을 통해서 자신을 초월하여 불멸하게 된다는 것이다.36)

　아퀴나스는 하나님을 아는 것이 모든 활동의 궁극적인 목적이라고 주장하였다. 그러나 아리스토텔레스에 의하면 "모든 행동은 한 가지 목적을 위한 것이며," 그 목적은 '선'한 것이어야 한다. 왜냐하면 "선이란 모든 욕망의 대상"이기 때문이다. 인간은 이성의 지배를 받기 때문에 어떤 행동을 할 때에도 이성적인 목적을 위해서 행동하게 된다. 인간의 이성이 바라는 궁극적인 목적은 하나님을 아는 것이다. 그러나 이 세상에서 하나님을 완전하게 안다는 것은 불가능한데, 그 이유는 지금은 인간의 감각 기관을 통해서만 하나님을 알 수 있기 때문이다. 그러나 내세에서 인간은 하나님을 알기 위해 감각 기관을 필요로 하지 않게 된다. 즉 인간의 영혼이 신의 영혼과 직접 접촉함으로써 하나님을 알게 될 것이기 때문이다. 우리가 하나님을 완벽하게 알게 될 때 우리의 행복도 역시 완벽해진다. 아퀴나스는 인간이 영혼이 되면 행복해지기 위해서 더 이상 "오감에 의존하지 않아도 된다"고 주장하였다. 인간 활동의 궁극적인 목적은 감각을 통해서 하나님을 아는 것이 아니라 하나님을 직접 만나서 알게 되는 것이다.37)

　그의 주장이 추상적이고 지성 편중이라는 사실을 간과해선 안된다. 아퀴나스는 사적인 언어를 쓸 때에도 지성을 우선으로 생각하였다. 그는 인간의 목적은 "영혼이 하나님과 완벽하게 결합하는 것"이라고 보았다. 여기에서 하나님과 완벽하게 결합한다는 것은 "하나님을 완전하게 보고 사랑한다"는 의미이다. 그러나 상대방을 사랑하고 교제를 나누기 위해서는 먼저 상대방을 잘 알아야 한다. "사랑은 지식으로부터 나올 수 있다……. 왜냐하면 상대방을 잘 알지도 못하면서 사랑한다는 것은 불가능하기 때문이다." 학자로서 아퀴나스는 무엇보다도 지식을 우위에 두었던 것이다. 그리고 성도들은 이 지식을 어떤 토론이나 학문적인 탐구를 통해서가 아니라 명상을 통해서 얻을 수 있다고 했다. "인간이 내세에서 누리게 될 행복, 즉 궁극적이고 완전한 행복은 전적으로 명상을 통해서 얻을 수 있다." 그래서 아퀴나스는 천국의 성도들이 오로지 명상만 하게 될 것이라고 주장하였다. 세상에서 필요로 했던 많은 것들을 천국에서는 필요로 하지 않기 때문에, 천국의 성도들은 어떤 방해도 받지 않고 오직 하나님만 명상한다. 그들은 오로지 한 가지 행위, 즉 하나님을 알아 가는 행위에 전적으로 몰두할 수 있을 것이다. 여러 가지 활동을 하는 것은 즐거움을 주지 못하며, 오히려 가장 즐거운 일에 몰입하는 데 방해만 될 뿐이다. 그리고 "경이로운 마음으로 명상한다면 결코 지루하지 않을 것"이다.[38]

아퀴나스는 자신의 신학 저서에서 지복의 지식에 관련된 세부적인 문제들을 계속해서 연구하였다. 예를 들어, 그는 창조된 유한한 존재가 창조되지 않은 무한한 신성을 진정으로 알 수 있을까 하는 문제를 제기했다. 그리고 그것에 부정적으로 대답했다. 인간이 그러한 지식을 얻기 위해서는 하나님이 도와 주시거나 인간을 강하게 만들어 주어야만 한다. 그리고 이러한 지성의 강화 현상을 그는 "조명illumination"이라고 불렀다. 이와 함께 아퀴나스는 하나님에 대한 지식의 한계를 결정하였다. 이것은 성도들이 물론 궁극적으로는 하나님을 알게 되겠지만, 하나님에 관한 모든 것을 다 알 수 있을까 하는 문제였다. 어떤 신학자들은 이 문제를 긍정적으로 보았지만, 스콜라 신학의 시조인 아퀴나스는 이 점을 확신하지 못했다. 아퀴나스는 피조된 영혼들이 지나치게 많은 사상과 지식을 갖게 되는 것을 꺼려하였다. 성도들은 내세에서 영원한 생명을 누린다고 하더라도 피조물이라는 한계는 초월할 수 없다고 생각했던 것이다.[39]

지복의 지식은 모든 성도에게 동등하게 있는 것일까? 아퀴나스는 이 문제에 대해서도 부정적으로 대답했다. 그는 덕의 정도, 하나님에 대한 사랑의 정도 그리고 그 가치의 정도에 따라서 궁극적인 행복과 지복의 지식이 다르다고 보았다. "하나님을 더 많이 사랑하는 사람은 천국에 들어가서 다른 사람보다 좀더 완전하게 하나님을 볼 수 있고, 더 많은 축복을 받는다." 이렇게 아퀴나스는 지복의 비전이 여러 가지 등급을 가지고 있다고 말하였다. "모든 성자는 최고의 진리인 하나님을 보게 될 것이다. 하지만 여러 등급에 따라서 보게 된다." 지복의 지식을 얼마나 얻을 수 있는가 하는 것은 그 사람이 이 세상에 살면서 얼마나 하나님을 사랑했는가 하는 것과, 그가 얼마나 덕을 쌓았는가 하는 점에 달려 있다. 가장 큰 덕을 쌓은 사람들은 최고의 보상을 받게 된다. 그러나 천국에 가서는 덕을 더 쌓을 수가 없으므로 천국에서는 지식과 그에 상응하는 지복은 증가하거나 감소될 수 없다. 이 중에서도 가장 낮은 등급을 받은 자들은 세례를 받기 이전에 죽은 유아들이다. 이들에게는 하나님을 볼 수 있는 지복의 비전이 허락되지 않으며, 다만 하나님에 대한 자연적인 지식 natural knowledge에 만족해야 한다. 그들은 단순하고, 자연적이고, 어쩌면 동물 같기도 한 행복, 즉 초자연적인 요소가 결여된 불완전한 행복만을 누릴 수 있다. 그러나 아퀴나스는 그들이 누리고 있는 행복도 완전한 것이라고 주장한다. 왜냐하면 그들은 자신이 갖고 있는 이런 한계를 영원히 모르고 살기 때문이다.[40]

이런 등급과 차이에도 불구하고, 신자들은 모두 완벽한 행복을 체험할 수 있다. 천국에는 불완전하거나 미숙한 것도 없고, 더 나은 미래를 기다리는 일도 없다. 단테는 천국을 여행하는 내용의 시에서 성도 한 사람에게 다음과 같은 질문을 던졌다.

나에게 말해 주시오. 여기에서 당신의 영혼은 행복합니까,

천국에서 더 높은 지위에 오르기를 갈망하지 않습니까,
하나님을 좀더 보기를 원하며, 하나님에게 더 사랑받기를
원하지 않습니까.

이에 대해서 그 사람은 아니라고 대답하였다. 천국의 성도들은 자신의 의지를 하나님의 의지에 일치시키면서 기쁨을 얻는다. 더 높은 지위로 상승한다는 것은 하나님의 계획에 반항하는 것이다. "하나님의 의지 안에 우리의 평안이 있다 e'n la sua volontade è nostra pace"라는 유명한 구절이 단테의 물음에 대한 대답이었다. 천국에서는 더 큰 행복을 누리기 위해서 전진한다는 말이 있을 수 없다. 왜냐하면 이것은 현재 누리고 있는 행복이 불완전하다는 뜻이기 때문이다. 이와 마찬가지로 천국에서는 어떤 퇴보도 있을 수 없다. 결국 아퀴나스의 천국은 고정적인 성격을 가진 곳으로, 성도들은 이곳에서 '지복의 불변성 beatific immobility'을 즐기게 될 것이다.[41]

아퀴나스는 하나님과 '얼굴을 대면하여' 보게 될 것이라고 했던 바울의 시각적인 은유에 흥미를 느꼈다. 바울의 이 말을 문자 그대로 이해해야 할까? 성도들이 육체의 눈으로 하나님을 볼 수 있을까? 아퀴나스는 이 질문에 대해서 초자연적인 실체를 보는 데에는 세 가지 방법이 있다고 결론내렸다. 바빌론의 왕 벨샤자르Belshazzar가 궁전 벽에 신비스러운 글자를 쓰고 있는 손을──아마도 하나님의 손이었을 것이다──보았다고 했을 때, 이것은 육체의 눈을 통해서 실제로 본 것이기 때문에 실질적인 비전corporeal vision이라고 할 수 있다. 또 다른 방법은 '내적인 환상interior seeing'으로, 이는 주로 성경에서 자주 나타나고 있다. 예를 들어, 요한은 육체의 눈을 통해서가 아니라 자신의 내부에서 새 예루살렘을 보았다. 마지막 세 번째 방법은 육체적인 눈으로 보는 것도 아니고 내적으로 보는 것도 아니다. 천국의 성도들은

이 세 번째 방법을 통해서 하나님을 보게 된다. 아퀴나스는 "하나님은 이 세상에서나 내세에서나 인간의 육체의 눈으로, 그리고 이 밖에 다른 육체적 감각으로는 볼 수 없는 분이다"라고 잘라 말하였다. 그러나 그럼에도 불구하고 인간의 눈은 그리스도를 감지할 수 있게 될 것이다. 왜냐하면 삼위일체의 두 번째 위격인 그리스도는 내세에서도 여전히 인간의 형상을 입고 있기 때문이다. 우리가 하나님을 육체적으로 본다는 의미는 바로 이것이다. 또한 영화롭게 된 다른 실체들, 특히 부활한 인간의 신령한 육체들도 하나님의 영광을 드러낸다. 그래서 성도들은 항상 하나님의 현존을 느낄 수 있게 될 것이다.[42]

하나님 외에 인간에게 영원한 행복을 줄 수 있는 것이 또 있을까. 아퀴나스는 이에 대해서 부활한 새 육체와 성도들의 공동체라는 두 가지 가능성을 제시하였다. 의로운 성도들은 죽음과 동시에 지복의 비전을 즐길 수 있다. 그러나 그들은 육체를 입지 못한 순수 영혼들로서, 완전히 영적인 존재이다. 이 영혼들은 최후 심판 때에 이르러서야 영화로운 새 육체를 받을 수 있다. 그리고 이 결합을 통해서 그들은 더 큰 행복을 느끼게 될 것이다. "그들의 행복은 단지 영혼 안에만 있는 것이 아니라 육체 안에도 있기 때문이다." 이전에는 영혼의 완전성을 방해했던 요소들이 육체 안에 있었지만, 이제 이런 것들은 모두 제거될 것이다. 그리고 영혼도 육체와 다시 결합함으로써 더 완벽해질 수 있다.

> 이제 육체와 영혼이 하나로 결합하여 완벽하게 그 기능을 다 할 수 있다. 그래서 (영화롭게 된) 새 육체와 결합한 영혼은 혼자서 활동할 때보다 더 완벽하게 그 기능을 다 한다. 그러나 육체는 전적으로 영혼에게 종속된다. 결국 행복은 영혼의 기능이며, 영혼의 행복은 육체와 결합하여 더 완전해질 것이다.

영화롭게 된 새 육체는 항상 영혼의 지배를 받게 된다. 또한 영혼의 지배가 너무나도 철저하여 육체는 이제 더 이상 먹거나 마시는 행위를 하지 않게 될 것이다. 중세 논쟁가들의 기록을 보면, 유일하게 이슬람 교도만이 천국에서도 먹고 마신다고 생각했고, 이로 인해 생기는 배설물의 개념을 없애기 위해서 어처구니없는 이론을 만들어 냈다고 한다.[43]

이제까지 살펴본 것처럼, 아퀴나스는 개인의 영원한 축복에 대한 육체의 공헌을 인정하였다. 하지만 천국의 성도들이 서로 교제의 기쁨을 나눌 수 있다는 사실은 인정하려 하지 않았다. 스콜라 신학자였던 그는, 계시록을 통해서, 부활한 성도들이 하나님과 교제할 뿐만 아니라 다른 성도들이나 천사들과도 동료애를 나눈다는 사실을 알고 있었다. 또한 그는 아리스토텔레스가 사회적 삶을 긍정적으로 평가하고 특히 우정을 가치 있는 것으로 보았다는 것도 잘 알고 있었으며, 이 의견을 지지하기도 하였다. 아퀴나스는 인간이 행복할 수 있는 중요한 조건 중의 하나로 우정을 제시하였다. 그는 "축복받은 사람이 홀로 된다는 사실은 납득하기 어렵다. 왜냐하면 어느 누구도 홀로 된 상태에서는 어떤 좋은 것일지라도 선택하려고 하지 않기 때문이다. 인간은 공동체적인 존재로서, 다른 사람들과 함께 살아야 하는 본능이 있다"고 쓰고 있다. 이런 주장이 이 세상에서의 평범한 삶에서는 진리일지 모르지만, 천국이라는 초자연적인 상황에서는 문제가 있다. 아퀴나스에게 영원한 지복을 줄 수 있는 절대적인 근원은 오직 하나님뿐이었다. 부활한 인간에게 진정한 지복을 줄 수 있는 다른 피조물이란 있을 수 없다. 물론 이 세상에서 우리는 친구들과 교제를 나누지 않고는 행복할 수 없다. 그러나 내세에서는 분명히 다르다. 아퀴나스는 "천국 고향에서 누리게 될 완전한 행복에 대해서 이야기하자면, 친구들과의 우정은 이 행복에 있어서 근본적인 요인이 될 수 없다. 왜냐하면 인간은 하나님 안에서만 완전하고 충만해질 수 있기 때문이다"라고 추론하였다. 또한 아퀴나스는 주저하지 않고 "만약 하나님과 함께하는 영혼이 오로지 그 혼자만 있다고 하더라도 그 자는 (완전한) 행복을 느낄 수 있으며, 사랑할 이웃이 없다고 하더라도 상관없다"고 주장하였다. 그러나 그는 어떤 주해註解에서 이 말은 순전히 이론적일 뿐이라는 사실을 인정하여 자신의 주장을 완화시켰다. 즉 그는 "성도들이 하나님 안에서 서로 만나고 교제를 즐김으로써 역시 행복해질 수 있다"는 사실을 인정했던 것이다.44)

아퀴나스는 "하나님 안에서in God"라는 두 단어를 강조함으로써, 모든 사람이 하나님을 우선적으로 생각해야 한다고 주장하였다. 자신의 완고한 주장을 완화시키기는 했지만, 실제로는 전혀 양보하지 않았던 것이다. 성적인 쾌락까지 인정하고 있는 이슬람교의 천국관에 큰 혐오감을 느끼고 있던 아퀴나스는 신 중심적인 천국관을 유지하는 것이 정당하다고 생각했다. 육체가 부활하여 새롭게 되어 인간의 영혼을 더 행복하게 할 수는 있지만, 그것이 교제의 삶을 살기 위한 것은 아니었다. 영혼은 육체 없이도 지복의 비전에 참여할 수 있다. 그러나 육체는 영혼과 결합했을 때에만 천국의 영광에 참여할 수 있다. 결론적으로 신자들 사이의 우정은 하나님을 경배하는 데 방해가 될 수 있지만, 인간의 새로운 육체는 하나님에 대한 기쁨을 더 증가시킨다고 생각했던 것이다. 아퀴나스는 성도들이 서로 교제를 나누는 것은 하나님께 열중하면서 동시에 다른 인간에게 열중한다는 사실로 이해했기 때문에, 이런 성도들간의 교제가 하나님으로부터 멀어지도록 만들 수 있다고 보았던 것이다. 성도의 친구와 하나님이 경쟁할 수는 없었던 것이다.45)

아퀴나스의 제자였던 로마의 질레스Giles of Rome(1247~1316)는 이 점에 있어서 선생의 주장을 과감히 반대하였다. 오히려 그는 성도들이 완벽한 사회societas perfecta를 구성한다고 예언하였다. 축복받은 성도들은 천국에서 서로 간의 교제를 바탕으로 해서 조화롭고 즐거운, 완벽한 사회적 삶을 누리게 될 것이다. 질레스는 일반적으로 스콜라 학자들이 쓰고 있는 건조한 서술 방식을 벗어나 아름다운 수사학 문체로 자신의 사상을 표현하고 있다.

사회가 언어에 기초하고 있다는 사실을 볼 때, 우리는 다음과 같은 사실도 인정해야만 한다. 사회가 소멸되지 않고 오히려 완벽해지는 상황에서는 그 언어도 역시 소멸되는 것이 아니라 완벽해진다. 그 사회 안에서 성도들 간의 동료애는 진정한 것이라 할 수 있다……. 언어는 소멸될 수 없다. 성도들은 언어를 통해 생각을 하고 자신을 표현하기 때문에 성도들의 사회적 위안이 될 것이다. 말을 한다는 것은 불완전을 의미하는 것이 아니라 완전하다는 것을 뜻한다— 그리고 완전한 모든 것은 성도들이 말할 수 있는 것임에 틀림없다. 그래서 나는 천국의 성도들은 들을 수 있는 실제적인 언어를 사용할 것이라고 믿는다. 언어라는 선물은 무지를 극복하거나 지식을 얻기 위해서 뿐만 아니라, 앞에서 언급했듯이 사회적 위안을 위해서 우리에게 주어진 것이다. 서로 사랑하는 사람들은 이야기를 함으로써 즐거움을 얻게 된다. 사랑하는 사람과 이야기를 나눈다는 것은 큰 즐거움일 뿐만 아니라 어떤 것을 배우려는 목적 없이 행하는 것이다.

질레스는 천국의 성도들이 언어뿐만 아니라 정신적, 사회적인 기능까지 그대로 가지고 있다고 생각했다. 완벽한 사회적 삶을 살기 위해서는 이런 것들이 꼭 필요하기 때문이다.[46]

프란체스코 회 신학자 보나벤투라Bonaventure(1221~74) 역시 천국의 성도들이 누리게 될 사회적인 삶을 긍정적으로 보았다. 그는 아퀴나스의 견해, 즉 인간은 신 이외의 다른 어떤 것으로도 영원한 지복을 느낄 수 없다는 아퀴나스의 주장에는 별로 동의하지 않았던 것으로 보인다. 보나벤투라는 천국에서 성도들의 사랑이 너무나도 완벽하여 "이 세상에서는 거리감을 느꼈던 사람들조차도 천국에서는 가장 친한 친구가 된다. 사랑은 모든 사람에게로 확장되며, 이 사랑은 가장 친했던 친구 한 사람에게만 가능했던 그런 진실된 사랑을 의미한다"고 말했다. 천국에서는 진정한 우정이 보편화될 것이다. 이렇게 보나벤투라 같은 신학자들은 공동체가 갖는 중요성을 인식하고 있었지만, 이 선을 넘어서서 개인적인 우정 관계를 인정하는 데까지 나아가진 못하였다. 그들도 아우구스티누스처럼 성도들 간의 사랑은 일반적인 것이어야 하며, 절대 배타적이지 않아야 한다고 생각했다. 그러나 개인적인 우정 관계를 거부한 이런 사상은 또 다른 기독교인들, 즉 이 선을 넘어서서 더 개인적인 사랑의 관계를 원했던 기독교인들에게는 걸림돌이 될 수밖에 없었다.[47]

천국에서의 사랑

스콜라 신학자들은 완벽한 사회적 삶에 대해서 더 이상 연구하는 것을 원치 않았으며, 단순히 사실을 언급하는 것만으로 충분하다고 생각했다. 천국 성도들의 교제에 대해서 언급하는 것보다는 하나님을 보는 지복의 비전이 더 중요했던 것이다. 또한 스콜라 신학자들은 작은 사실 하나 하나를 세밀히 생각하는 것보다는 개념을 명확하게 정의하는 일에 더 흥미를 느끼고 있었다. 그러나 이렇게 지적이고 추상적인 개념들이 스콜라 신학자들의 마음은 만족시켰을지 모르겠지만, 대다수의 평범한 중세인에게는 만족을 줄 수가 없었다. 천국에서의 하나님의 사랑이나 성도들 간의 사랑에 대한 신학자들의 이론은 그들에게 너무나도 추상적이었다. 학자들이 말하는 사랑은 이성적이고 멀게 느껴지며 감정이 없는 것으로서, 인간의 가장 근본적인 특징이라고 할 수 있는 열정이 결여되었다. 이 때문에 시인과 신비주의자들은 스콜라 신학자들의 가르침을 뛰어넘을 수밖에 없었다. 생 빅토르의 휴 Hugh of St. Victor(1141년 사망)는 "마음의 생명은 사랑이다. 고로 사랑 없이 살기를 원하는 마음이 있다는 것은 전적으로 불가능하다"라고 주장하였다.48)

12세기에는 마음의 움직임이나 마음에서 일어나는 복잡한 감정을 주제로 한 논문들이 많이 나타났는데, 이 글들은 일반적으로 사랑을 중심으로 하고 있었다. 시인, 신비주의자, 성직자 그리고 음악가들은 모두 자신의 관점에 따라 사랑을 설명했는데, 육체적인 욕망으로부터 하나님과의 영적인 우정 관계에 이르기까지 매우 다양했다. 학문적인 글과는 다르게 사랑을 주제로 한 시들이 전례가 없을 정도로 많이 쏟아져 나온 것은 매우 이례적이다. 이 시들은 기사knights나 음유 시인이 자신의 여인들을 기념하기 위해서 지은 것이었다. 자크 르 고프 Jacques Le Goff는 "중세에 새롭게 나타난 감정적인 어떤 것이 바로 궁정 연애courtly love"라고 주장하였다. 결혼은 일반적으로 후손을 낳는 합법적인 수단으로 생각했으며, 혈족 관계와 경제적 필요성 그리고 계급 구조와 복잡하게 얽혀 있었다. 결혼을 통해서 두 사람만 하나가 된 것이 아니라, 두 사람의 운명, 재산, 두 가계의 혈족이 하나가 되는 것이다. 이런 결혼 제도 안에서 사랑은 극히 제한된 의미만을 갖고 있었다. 사랑이라는 감정 때문에 가족이나 사회 그리고 종교가 이루고 있던 미묘한 균형이 깨어져서는 안 되었다. 그러나 궁정 연애가 새롭게 유행하게 되면서, 결혼이라는 제도와 상관없이 변치 않는 사랑의 관계가 인정되기 시작했다. 성적인 의미가 전혀 없었던 것은 물론 아니었지만, 성적 접촉이 없는 가장 순수한 형태로서의 궁정 연애는 제도상의 제약에서 벗어나 자유롭게 존재할 수 있었다.49)

신학자들의 신 중심적인 천국관은 궁정 연애를 유행시켰던 사람들의 마음을 만족시킬 수가 없었다. 어떤 기사는 사랑하는 여인에게 두 가지 내세에 대해서 말하였다. 한 곳은 기사들의 구애에 대해서 너무 빠르거나 아니면 너무 늦게 응답한 여인들이 있는 곳이며, 또 다른 곳은 궁정 연애의 규율을 잘 지킨 여인들이 있는 곳이었다. 그는 현명한 여자들이 살고 있는 낙원에는 화려한 장식으로 치장된 "실크 덮개와 진홍색 장식들로 둘러싸인 침대가 수없이 많이 놓여 있었다"고 묘사하고 있다. 그리고 그곳에는 아름다운 여인들이 누워서, "기사들이 자신을 선택할 때까지 기다리고 있었다. 그들이 얼마나 큰 행복과 황홀감을 느끼는지 인간의 말로는 표현할 수 없다. 그 낙원 전체가 여인들이 느끼는 행복으로 가득 차 있었다"고 말하였다. 중세 연구가인 베시 보우덴Betsy Bowden도 중세 시대 기사들은 "영원한 축복이 무엇인가 하는 문제에 대해 확실한 대답이 있었다. 즉 내세에 가면 축복받은 여성들이 자신을 위해서 준비된 신부용 침대가 하나씩 있으며, 사랑의 병사들은 자신의 여인을 선택하기만 하면 된다고 생각했다"고 말하였다.50)

위의 이야기는 『사랑에 관하여On Love』에 나오는 등장 인물이 한 얘기이다. 이 책은 프랑스 공주의 구혼 사건에 연루되었던 궁정 사제, 안드레아 르 샤플랭Andreas le Chaplain이 궁정 연애의 글들을 모아 편집한 책이었다. 1180년경에 저술된 이 책은 프랑스의 궁정 연애를 풍자적으로 묘사한 것으로 알려져 있다. 저자의 실제 의도가 어떤 것이었든지 간에, 이 책을 통해서 중세 연인들의 천국관이 얼마나 대담했는지 짐작할 수 있다. 이 책의 대부분은 켈트 족의 자료에 근거한 것 같은데, 왜냐하면 이렇게 성애적인 연인들의 천국관은 기독교 신학에서는 그 유례를 찾아볼 수 없기 때문이다. 이들이 말하는 천국에서 하나님은 완전히 부재했으며, 그 대신 사랑이라고 불리는 여왕과 왕이 이곳을 지배하고 있었다. 이 책의 저자는 이방 전통의 영향을 받아서 하나님에 대한 사랑과 인간에 대한 열정을 어떻게 하나로 통합시켜야 할 것인가 하는 문제는 전혀 생각하지 않고 있다.51)

중세의 어느 시인도 하나님에 대한 사랑과 여인에 대한 사랑 사이에서 후자를 선택하였다. 1200년경 낭만적인 프랑스 송가에 나오는 영웅 오카생Aucassin은 "나는 낙원에 가려고 노력하지 않는다"라고 자랑스럽게 말했다. 천국은 지루하고 따분한 장소에 불과하기 때문에 사람들이 추구할 만한 가치가 없는 곳이다. "제단 앞에서 그리고 성당 지하실에서 밤낮으로 무릎 꿇고 앉아 있는 당신네 늙은 사제들과 신체장애자들 그리고 절뚝발이들, 불구자들…… 낙원에 들어갈 사람들은 바로 그런 자들이다." 그는 차라리 지옥에 가기를 원했는데, "왜냐하면 훌륭한 성도들이나 멋진 기사들은 지옥으로 가기 때문이다……. 그들과 함께 나도 지옥으로 갈 것이다. 그리고 나의 가장 아름다운 친구인 니콜레트Nicolette도 나와 함께 갈 것이다"라고 말했다. 오카생보다는 좀더 부드러운 표현을 썼지만, 이와 같은 사상을 지아코모 다 렌티니Giacomo da Lentini(1246년 사망)가 쓴 14행 시에서도 찾아볼 수 있다.

> 나의 여인과 함께가 아니라면, 나는 (낙원에) 가지 않을 것이다
> 금빛 머리와 등불 같은 눈을 가진 사람
> 그녀가 없이는 내겐 축복도 있을 수 없기 때문에
> 만약 나의 사랑이 멀어진다면, 나의 영혼은 넘어지고 말 것이다

그리고 시인은 다음과 같이 해명하고 있다. "그러나 이러한 나의 시에

악의는 없으며, 이 시로 인해서 내가 죄를 짓는 것은 아니다." 그는 자신의 시가 얼마나 도전적이고 대담한 것인지 잘 알고 있었던 것이다.52)

지아코모의 시는 12세기 초 남성과 여성의 사랑을 새롭게 인식한 음유 시인들이 나타났다는 상황을 염두에 두고 살펴보아야 한다. 궁정의 청중들을 위해서 시를 지었던 이 음유 시인들은 하나의 딜레마에 봉착했다. 그들은 교회의 가르침을 통해서 세상적인 존재는 허무하다는 것과 영과 육은 서로 갈등을 일으킨다는 것, 어리석은 것은 곧 죄악이라는 사실들을 잘 알고 있었다. 그러나 그들의 열정적인 사랑 때문에, 이들은 개인적인 행복과 사회적인 관습 사이에 갈등이 있다는 것, 그리고 여인에 대한 사랑과 하나님에 대한 사랑 사이에도 갈등이 있다는 것을 깨닫게 되었다. 그래서 그들은 자신의 열정이 우상 숭배로 기울 때마다 볼로냐의 귀도 귀니첼리Guido Guinizelli of Bologna(1230~76)가 얘기한 가상의 인물처럼 하나님의 책망을 듣게 될까 봐 두려워하였다. "내 영혼이 하나님 앞에 섰을 때, 그는 나에게 '이 무례한 놈아! 너는 하늘을 넘어 나에게 왔으면서도 단지 나를 세상적인 사랑과 같다고 여겼다. 칭송은 이제, 모든 위선과 가장이 끝나는 곳에 있는 나와 그리고 여왕에게 돌려져야 한다'라고 하였다." 하나님의 면전에서, 종교는 그에게 궁정 연애의 관계는 모두 끝나 버렸다고 얘기한다. 시인은 기껏해야 여인들에게 돌렸던 존경을 동정녀에게 돌릴 수 있을 뿐이다. 여인에 대한 숭배와 하나님에 대한 사랑은 서로 화합될 수 없는 것처럼 보였다.53)

그런데 1200년경에 활동했던 한 음유 시인은 두 가지 사랑을 화합시킴으로써 이 딜레마에서 벗어날 수 있었다. 다니엘 아르노Daniel Arnaut라는 이 시인은 남자의 사랑은 가족이나 혈족에 대한 애착심을 버리고 새롭게 정화되어야 한다고 주장했다. 즉 진정한 사랑의 가치는 그 사람의 혈족이 아니라 그 사람이 사랑하는 여자와 하나님에게 있었다. 남자가 기사도적인 사랑으로 한 여자를 숭배한다면 그는 천국으로 올라갈 수 있다. 아르노는 내세에서 두 가지 축복, 즉 하나님의 임재를 맛보는 것과 사랑하는 여인과 함께 지낼 수 있는 축복도 누릴 수 있다고 믿었다. 그는 "나는 삼촌이나 사촌보다 그녀를 더 사랑한다. 그러므로 나의 영혼은 낙원에서 이중의 지복을 누리게 될 것이다. 인간은 진정한 사랑을 통해서 낙원에 들어갈 수 있다"고 노래하였다.54)

한 세기 뒤에 쓰여진 단테의 『신생 Vita Nuova』에서 그리고 보카치오 Boccaccio(1313~75)의 『단테의 생애 Life of Dante』에서도 아르노의 사상이 남아 있는 것을 알 수 있다. 단테는 열렬한 사랑의 시 마지막 부분에서 다음과 같이 기대하고 있다. "내 영혼이 내 의중에 있는 여인, 축복받은 베아트리체의 영광을 보게 될 것이다. 지금 그녀는 영원한 축복이신 하나님의 얼굴을 영광 중에 바라보고 있다." 또한 보카치오는 단테의 죽음을 가리켜 '이제 시인의 영혼이 그의 여인의 팔에 안기게 되었다'고 표현하였다. 그곳에서 단테는 "지고선至高善이신 하나님이 보시는 가운데", 그 앞에서 그 여인과 함께 즐거운 삶을 살게 되었다. 여기에서는 하나님과 여인을 동등하게 여기는 것처럼 보이지만, 이 두 이탈리아 시인들은 하나님에게 우선권이 있다는 사실을 확신하고 있었다. 그가 아무리 열렬한 사랑에 빠져 있다고 하더라도, 하나님만이 최고의 선이라는 사실을 인정해야만 했던 것이다.55)

아르노가 주장했던 천국에서의 "두 가지 기쁨 two-fold joy"은 예기치 않게도 시가 아닌 다른 곳에서도 나타난다. 독일 작센의 조르단 Jordan 수사는 15년(1222~37) 동안 도미니크 회 수도사 총회장을 지낸 사람이었다. 그는 수녀원을 세우는 데 기여했을 뿐만 아니라, 그 자신 역시 종교심이 많은 여인들에게 깊은 애정을 가지고 있었다. 그가 이탈리아 볼로냐의 수녀원에 살고 있던 고명한 수녀, 안달로의 디아나Diana of Andalo에게 쓴 편지가 현재 37장 남아 있는데, 여기에 이 수녀를 향한 그의 사랑이 그대로 나타나 있다. 지칠 줄 모르는 여행가였던 그는 독일과 이탈리아, 프랑스에 세워진 도미니크 회 수도원들을 방문하면서 디아나도 자주 만날 수 있었다. "오 디아나," 그는 한 편지에서 다음과 같이 안타까워하고 있었다,

> 참아야만 하다니, 이 얼마나 비참한 상황인가! 이 세상에서의 우리 사랑은 언제나 고통스럽고 불안하다. 당신은 나를 온종일 볼 수 없기 때문에 좌절하고 아파하고 있다. 그리고 나 또한 나를 반기는 당신의 모습을 자주 볼 수 없기 때문에 낙담한다. 나는 우리가 요새처럼 견고한 하늘의 도시, 만군의 여호와 주님의 도시로 가게 될 것이니…… 그곳에서 주님과 멀어지는 일이 없이, 또한 우리가 서로 헤어지는 일도 없이 영원히 함께 살 수 있다고 믿는다.

수사 조르단은 하나님에 대한 사랑과 디아나를 향한 영적인 열망은 오로지 '견고한 성읍 도시'인 천상의 예루살렘에서만 성취될 수 있다고 생각했다.[56]

그러나 아르노나 조르단과 같이 인간적인 사랑과 영적인 열망을 조화시켰던 사람은 극히 드물었다. 이것은 상당히 많은 생각을 하고, 영적인 고민을 겪은 다음에 도달할 수 있었던 개인적인 해결 방법이었다. 아르노가 평생 천국에서 '두 가지 기쁨'을 누릴 수 있을 것이라고 믿고 있었는지 확실히 알 수는 없다. 전해지는 이야기에 의하면, 그는 시와 '멋진 사랑'을 모두 포기하고 수도사로 살다가 죽음을 맞이했다고 한다. 그의 시는 출판되어 널리 읽혀졌지만, 아르노의 천국관은 그렇게 대중화되지는 못했다.[57]

르네상스 인문주의의 아버지이며, 아르노를 숭배하고 모방했던 페트라르카Petrarch(1304~74) 역시 하나님에 대한 사랑과 인간적인 열정 사이에서 갈등하였다. 그러나 그는 여러 가지 면에서 중세의 인물로 남아 있었으며, 전통이라는 짐을 벗어버리지 못했다. 사랑했던 여인 라우라Laura가 죽자 페트라르카는 어떤 해답도 얻지 못하고 방황했다. 그러나 그가 내세에서 사랑하는 여인과 함께 있게 될 것이라는 아르노의 시를 생각해 냈을 때, 그 사상이 "거룩하고 순수한 주장"이라고 생각하게 되었다. 그러나 다른 사람들의 비판뿐만 아니라 자기 안에서 일어나는 의심을 없애기 위해 페트라르카는 신 중심적인 천국관을 옹호하였다. 그럼에도 불구하고 그는 한편의 시에서 자신이 그리스도와 함께 라우라도 보기를 원한다고 얘기함으로써——"나의 주님 그리고 나의 여인이여"——아르노의 주장을 반복할 만큼 대담해진 자신을 느낄 수가 있었다. 그러나 마음이 약했던 페트라르카는 천국에서 인간과 하나님이 조화를 이루는 것이 불가능하다고 생각하였다.58)

페트라르카는 시인으로서의 생애를 통해, 두 가지 사랑 사이에서 그리고 "인문주의자로서의 확신과 카톨릭 신자로서의 죄책감" 사이에서 계속 갈등하였다. 라우라가 완벽하고 순수한 모습으로 그를 개선시키고 그의 영혼을 고귀하게 하며 하나님에게 자신을 인도할 때에도, 가상으로 내세운 대화자인 아우구스티누스의 목소리가 계속해서 들려온다고 고백했다. 그는 스콜라 신학의 전통이라는 짐을 벗어버릴 수가 없었던 것이다. 아우구스티누스는 "그녀는 천상적인 것들에 대한 사랑으로부터 너의 마음을 멀어지게 만든다. 그리고 네가 창조주보다 피조물을 더 사랑하도록 이끈다. 또한 그것은 그 무엇보다도 빨리 너를 죽음으로 인도한다"고 계속해서 충고하였던 것이다. 아우구스티누스에게는 사랑도 분명한 위계가 있었다. 하나님에 대한 사랑이 제일

먼저이고, 그 밖의 다른 사랑들은 부차적인 것이어야 했다. 하나님의 사랑과 인간적인 욕망을 혼동해서는 안 된다. 인간적인 열정과 욕망이 결국에는 하나님에 대한 순수한 사랑으로 변화한다고 주장하는 것은 하나의 기만이다. 실제 삶에서는 그렇지 않았지만, 페트라르카는 자신의 시에서는 자신이 가상으로 내세웠던 영적 지도자, 아우구스티누스의 권위에 순종하고 있다.[59]

이런 갈등에 대한 해결책이 종종 미술 작품 속에 나타나곤 하였다. 파리 노트르담Notre Dame 성당 중앙 정문 위쪽의 삼각면tympanum에는 최후 심판에 대한 부조浮彫가 있다(그림 7). 거기에는 긴 두루마기를 입고 면류관을 쓴 남녀 성도들이 새겨져 있다. 그들은 대천사장의 시험을 받은 뒤에 위의 보좌에 앉아 있는 주님을 명상하는 데 열중하고 있다. 그런데 한 여자 성도가 주님과 그녀의 애인에게 동시에 관심을 보이고 있는 것을 볼 수 있다. 즉 눈은 위에 계신 주님을 응시하고 있지만, 손은 사랑하는 남편(또는 애인?)의 손을 붙잡고 있는 것이다. 이로부터 100년이 지난 뒤에, 단테는 자신의 시 속에서 베아트리체가 하나님의 빛을 응시하기 이전에 자신을 바라보며 짧은 미소를 지은 것으로 묘사하였다. 이렇게 사랑스러운 눈길을 보낸다거나 손을 잡는 것과 같은 행동은 스콜라 신학에서도 용납될 수 있는, 그리고 만족할 만한 해결책이었다. 하지만 이것이 오카생의 열정이나 페트라르카의 열망까지도 만족시킬 수 있었겠는가?

클레르보의 베르나르Bernard of Clairvaux(1090~1153) 같은 종교 저술가들은 음유시인들이 노래했던 세속적인 사랑을 종교에 이용하려고 하였다. 그는 스콜라 신학자들과 달리, 인간의 영혼은 지식이 아니라 열정과 열망으로 가득 찬 사랑을 통해서 하나님께 나아갈 수 있다고 주장하였다. 그는 자신의 이런 주장이 성경 「아가서」에 나타난 사실을 발견하자 이 에로티시즘에 영적인 의미를 부과하였다. 그는 「아가

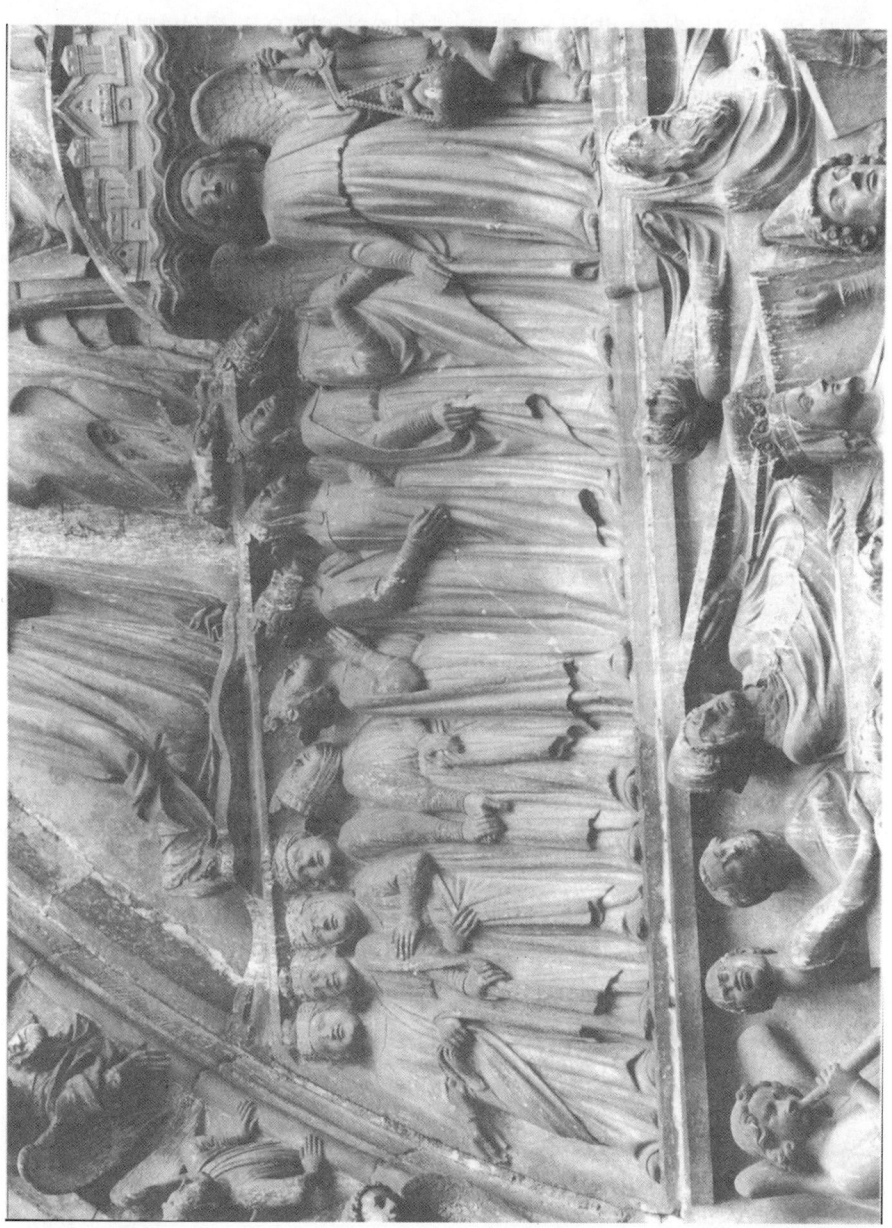

그림 7. 최후심판을 받은 부부들이 손을 맞잡고 있다. (1210~20년경, 파리, 노트르담 대성당의 중앙 입구)

서」에 나오는 젊은 연인들을 하나님과 인간의 영혼으로 해석하면서, 자신의 종교적인 체험을 이 연인들의 사랑을 통해서 설명하려고 하였다. 결국 베르나르의 작품, 『아가서에 대한 설교Sermons on the Song of Songs』로 인해서 중세 기독교는 이전과는 다른 감정적인 특성을 가진 신비주의자들이 나타나게 되었다.

베르나르가 설교한 사랑의 신비주의가 가장 생생하게 나타난 것은 중세 여인들이 본 환상 속에서였다. 중세 중기에는 수많은 수녀원과 베긴 수도회beguine houses(수녀로서의 서약을 하지 않은 평신도 여자들의 수도회로서 12세기부터 생겨나기 시작하였다-역주)들이 설립되었으며, 점차로 많은 여성이 이곳에 매력을 느끼게 되었다. 13세기의 여성 신비주의자들은 이전의 신비주의자들과 달리, 천국을 사람들이 듣고 이해할 수 있는 물리적인 장소, 즉 낙원이나 천상의 도시로 생각하지 않았다. 비록 그들이 여전히 천국을 물질적으로 그리고 만질 수 있는 것으로 묘사하고 있긴 하지만, 이들 후기 신비주의자들은 천국에 계신 하나님에게 초점을 맞추고 있었으며, 그 주님과의 결합을 열망하고 있었다. 비트리의 자크Jacques de Vitry(1180~1254)는 "당신은 이 여인 중 몇 사람이 하나님을 향한 특별하고 경이로운 사랑 때문에 쇠약해진 것을 볼 수 있다. 그들은 그 열정 때문에 힘이 빠져서 여러 해 동안 자신의 침대에서 일어나지도 못할 정도이다"라고 기록하였다. 이들 그리스도의 신부들은 "그들의 영혼이 주님에 대한 열망 때문에 쇠약해져 있다는 것 외에는 어떤 허물도 없는 순결한 동정녀들이다. 그리고 그들이 주님과 달콤한 휴식을 취하게 될 때, 육체적으로 쇠약해졌던 만큼 영적인 안락을 누리게 될 것"이다. 자크는 이들 성스러운 여인들을 그리고 그 여인들이 체험하고 있는 다른 세계와의 접촉을 찬양하고 있었다.60)

어떤 신비주의자들은 무아지경 중에 자신의 영혼이 주님을 만나는 것을 느낀다고 하였다. 또 다른 이들은 그들의 영혼이 육체를 벗어나 천국으로 올라가서 그리스도를 만났다고 하였는데, 이때 그들은 그리스도를 자신의 신랑이나 애인으로 묘사하였다. 그들은 그리스도 또한 자신들과 똑같은 열정을 가지고 그들에게 응답하였고, 인간과 하나님은 진정한 동반자로 만났다고 주장하였다. 인간과 하나님과의 이런 부부 관계를 독일의 신비주의자 메흐틸트Mechthild(1207~82)가 체험하게 되었으며, 이후로 그녀의 생애를 지배하게 되었다. 메흐틸트는 20대 초반에 마그데부르크Magdeburg에 있는 베긴 수도원에 들어갔으며, 그곳에서 30년 이상을 살았다. 이곳의 여성들 대다수가 귀족 가문의 후예로 작은 독립 공동체에 들어가기 위해서 가족을 떠났다. 전형적인 베긴 파 공동체는 하나의 도시로서 기능하고, 여성 대표mistress를 선출하여 기도하는 것과 일하는 것에 시간을 다 바치고 있었다. 이 여성들은 이 공동체에 속해 있는 동안은 순결과 순종의 맹세를 지켜야 했지만, 그들이 원할 때에는 언제든지 불명예스럽지 않게 이곳을 떠날 수 있고, 결혼도 할 수 있었다. 메흐틸트는 이 공동체 안에서 환상을 체험했으며, 이 체험을 독일 남부 방언으로 기록하였다. 그녀는 종종 시의 형식을 빌어 자신의 체험을 적곤 했는데, 이를 통해서 그녀가 궁정 교육을 받았다는 사실을 알 수 있다.

메흐틸트는 「하나님으로부터 넘쳐 나는 빛Flowing Light of the Godhead」이라는 작품에서, 천국과 그곳에 있는 하나님의 거처에 대해서 묘사하였다. 메흐틸트가 환상을 통해서 본 천국은 하나의 공간이 아니라, 나름대로 독특한 특징이 있는 여러 구역이 모여서 이루어진 곳이었다. 일반적으로 이 세상 어디엔가 아무도 접근할 수 없는 곳에 지상 낙원이 있다고 생각했는데, 이곳이 바로 천국 중에서도 가장 낮은 천국이었다. 그러나 메흐틸트의 영혼은 이 지상 낙원에서 특별한 권리를 인정받아 구약의 인물인 에녹과 엘리야를 만날 수 있었다. 그곳에서 그들은 나무와 달콤한 향기가 나는 공기 그리고 강물이 부드럽게 흐르고 있는 사랑스러운 정원을 산책하였다. 이 지상 낙원 위로는 천상의 천국이 짝을 이루며 떠 있었다. 메흐틸트는 이 낙원이 연옥에도 갈 수 없고, 천국에 갈 자격도 없는 영혼들이 살기에 적당한 곳이라고 간결하고 함축성 있게 기록하고 있다.[61]

만약 이 낙원을 '첫번째 천국'이라고 부를 수 있다면, '두 번째 천국'은 그 위에 펼쳐져 있었다. 두 번째 천국은 '둥근 계단 모양의 성가대석choirs'처럼 열 단계로 된 커다란 돔 모양의 좌석들로 이루어졌다. 각 계단마다 좌석의 숫자는 이전의 계단보다 더 작아졌으며, 따라서 각 계단마다 점점 더 적은 수의 천사들과 성도들이 앉아 있었다. 원래 각 좌석들은 천사들로 꽉 차 있었는데, 천국에서 반란 사건이 일어나 루시퍼Lucifer와 그 무리들이 쫓겨나게 되면서 빈 자리가 생겼다. 최후 심판이 있은 후, 성도들이 자신이 쌓은 덕德의 정도에 따라서 빈 좌석을 채우게 될 것이다. 어린 나이에 죽어서 덕을 쌓을 수가 없었던 아이들이 낮은 자리에 앉게 된다. 다른 성도들과 달리 그들은 면류관을 쓰고 있지 않았기 때문에 메흐틸트가 곧 알아볼 수가 있었다. 그들은 이 세상에서 살지 않고 싸우지도 않았기 때문에 생명의 면류관이나 승리의 면류관을 받지 못했다. 하나님께서는 순교자(8번째 계단)와 사도(9번째 계단), 그리고 거룩한 여인들(10번째 계단)을 위해서 두 번째 천국 중에서도 가장 위에 있는 세 개의 계단을 준비해 두셨다. 최상부에 있는 좌석은 타락한 천사들의 우두머리가 앉았던 곳이지만, 지금은 마리아와 메흐틸트를 비롯한 동정녀들을 위해서 비워 둔 곳이었다.[62]

메흐틸트는 환상 중에 연옥으로부터 올라오는 영혼을 천국에서 받아들이고 있는 모습을 보았다. 이들은 모두 면류관을 받았는데, 그 중에 몇몇은 하나님이 직접 주었다. 하나님은 "죽도록 충성하라. 그리하면 내가 생명의 면류관을 너에게 주겠다"(계시록 2:10)고 한 성경의 약속을 글자 그대로 지킨 것이다. 성도들은 삼위일체 하나님을 예배하면서 춤을 추고 노래를 불렀으며, 여기에 대한 응답으로 하나님으로부터 빛이 흘러나오고 있었다. 또한 그들의 예배 속에는 하나님을 보는 지복의 비전도 포함되어 있었다.[63]

그런데 이보다 좀더 높은 단계인 '세 번째 천국'에서는 더욱 열정적인 예배가 행해지고 있었다. 이 세 번째 천국은 하나님의 보좌가 있고 그리스도의 신부新婦를 위해서 방이 준비되어 있는 곳이었다. 메흐틸트는 "하나님의 보좌 위에는 오로지 하나님, 하나님, 무한하고 위대한 하나님만이 계실 뿐이었다"고 기록하고 있다. 보통의 성도들은 이 최고의 영역에 들어가지 못한다. 그러나 두 번째 천국의 제10계단, 즉 최상층에 앉아 있는 거룩한 동정녀들은 신부의 방에서 그리스도와 직접적인 결합을 이룰 수가 있다. 메흐틸트가 천국을 여행하는 동안에, 그녀도 제10계단에 앉아 있는 동정녀들만 들어갈 수 있는 '비밀스러운 방'에 들어갈 수 있었다. 기록에 의하면, 그녀는 보좌에 앉아 있는 그리스도에게로 다가갔다. 그리고 "그의 사랑에 감사하면서 무릎을 꿇은 뒤, 자신의 머리에 있는 면류관을 벗어서 장밋빛 상처가 있는 그의 발 아래에 두었다. 그리고 그에게 더 가까이 다가가기를 원하였다. 그는 그녀를 자신의 팔로 안으면서, 아버지와 같은 손을 그녀의 가슴 위에 놓고 그녀의 얼굴을 들여다보았다. 그리고 그녀는 그리스도와의 입맞춤을 통해서 천사의 성가단 어느 곳보다 더 높이 올라가는 것 같은 기분을 느꼈다." 이렇게 그리스도는 순결한 동정녀들을 위해서 더 할 나위 없이 크고 극적인 기쁨을 준비해 두었던 것이다.[64]

궁정 연애 속에 자주 나타났던 주제, 즉 연인들이 밀회하는 모습이 메흐틸트의 환상에서도 나타났다. 메흐틸트는 자신의 영혼을, 그녀를 원하면서 사랑을 고백하는 "아름다운 청년들"을 계속해서 거부한, 고귀한 숙녀로 묘사하고 있다. 그러나 이제 그녀는 주님 앞에서 자신의 몸을 맡기기를 원한다. 그리고 그 청년(그리스도)이 다가오는 소리가 들릴 때, 그녀의 하인들이 그녀를 치장하여 나이팅게일과 또 다른 새들이 노래하고 있는 나무 밑으로 보낸다. "사랑스런 메호틸트가 가장 아름다운 청년(그리스도)에게 다가가면 그들은 신성의 방으로 들어간다. 그녀는 그곳에서 사랑의 침대를 발견하게 된다." 주님은 달콤한 목소리로 그녀에게 말을 한다. "두려움과 수치심 그리고 모든 외적인 정결의 의복들을 벗어 버려라. 그리고 네 안에 있던 내적인 정결의 옷을 입어라. 그것은 바로 너의 고귀한 욕망이며, 열렬한 열망을 의미한다. 내가 너의 이 열망에 대해서 끝없는 부드러움으로 영원히 응답해 줄 것이다."65)

메호틸트는 주저하면서 작은 목소리로 대답한다. "오 주님, 이제 나는 벌거벗은 영혼이며, 당신은 가장 영화로운 하나님이십니다." 마침내 주님을 향한 사랑으로 인해서 그녀의 두려움은 없어지고, 그녀의 영혼도 하나님의 연인이 될 수 있을 정도로 고양되었다. 이렇게 자신감을 얻은 그녀는 다음과 같이 회상한다. "우리들의 결합은 죽음이 없는 영원한 삶이다." 그리고 이와 똑같은 확신을 가지고 자신의 독자들에게 다음과 같이 얘기한다. "그래서 그들 모두가 바라는 것을 소유하게 되었다. 그는 그녀에게 자신을 주었고, 그녀 또한 그에게 자신을 주었다." 메호틸트는 비밀스럽게 행해진 축복의 결합이 영원히 계속되지는 않는다는 사실을 잘 알고 있었다. 짧은 만남 이후에 그들은 헤어졌다. 그러나 그들의 마음은 결코 분리될 수 없었다.66)

메호틸트의 환상을 통해서 볼 때, 천국에서 하나님과 교제를 나누는 것에는 두 가지 단계가 있다는 것을 알 수 있다. 단순한 지복의 비전beatific vision은 모든 성도에게 허락된 것으로, 특히 순교자와 사도들은 하나님의 보좌 가장 가까이에서 지복의 비전을 즐길 수 있었다.

그러나 그리스도와의 지복의 연합beatific union은 가장 순결한 동정녀들 몇 사람에게만 허락된 것이었다. 거룩한 여성들은 말로 할 수 없는 최고의 결합을 통해서 그리스도와 하나가 될 수 있다. 다른 성도들은 지복의 비전을 통해서 그의 존재를 즐거워하며, 단순히 '아름다운 방식으로' 그를 볼 수 있을 뿐이다. 그러나 메흐틸트는 순결한 동정녀들이 가장 직접적이고 가장 높은 수준의 보상을 받는다고 믿고 있었다.67)

그리스도와의 결합을 통해서 그녀가 느낀 절정은 음탕한 성적 결합과는 아무런 관련이 없는 것이었다. 또한 이것은 합법적인 결혼 관계와도 무관한 것이었다. 메흐틸트와 그리스도는 아내와 남편의 관계가 아니라 단지 궁정 연애에서 자주 나타나는 연인의 관계였다. 중세에 쓰여진 어느 글에서는 "순수한 사랑 안에 궁극적인 평안은 있을 수 없다. 그래서 순결하게 사랑하기를 원하는 사람들은 순수한 사랑을 할 수 없다"고 설명하고 있다. 궁정 연애의 관례는 연인들이 서로 만나서, 달콤한 대화를 나누고, 키스를 하고 포옹하며, 벌거벗은 채로 접촉하여 육체적인 기쁨을 즐기는 것이었다. 그러나 메흐틸트와 그리스도가 만났을 때, 이들은 단지 몇 가지 점에서만 궁정 연애의 관례를 따랐을 뿐이었다. 신비스러운 연합은 인간과의 결합을 거부하고 순결을 지켰던 동정녀에게 그리고 그리스도에게 허락된 것이었다.68)

메흐틸트는 그녀의 마지막 생애를 작센의 헬프타Helfta에 있는 시토회Cistercian 수도원에서 보냈는데, 이곳은 300년 후에 마르틴 루터가 태어날 아이스레벤Eisleben과 그리 멀지 않은 곳이었다. 그 당시에 헬프타 수도원에는 다른 신비주의자들도 많이 살고 있었는데, 그 중에서도 가장 유명한 사람은 카톨릭 교회의 성자가 된 게르트루데Gertrude(1256~1302)였다. 게르트루데는 「신의 사랑의 사자Herald of Divine Love」라는 일기장을 남겼는데, 이 내용은 메흐틸트의 신비주의와는 전혀 다른 특징을 가지고 있다. 메흐틸트가 20대 초반에 베긴 수도원에 들어갔던 것에 반해서, 게르트루데는 수도원에서 엄격한 신학 교육을 받으면서 성장했다. 그래서 그녀는 메흐틸트와 달리 라틴 어를 읽고 쓸 줄 알았다. 그래서 그녀는 종종 그가 존경했던 아우구스티누스와 클레르보의 베르나르와 같은 사람의 글을 인용하곤 하였다.

게르트루데는 그리스도와 신부新婦의 신비스러운 관계를 글자 그대로 이해하였다. 그리고 자신이 체험한 그리스도와의 직접적인 결합을 언급할 때에도 궁정 연애의 느낌은 거의 드러내지 않고 있다. 그녀의 환상 속에서 그리스도는 "열여섯 살 된 잘 생긴 청년, 아름답고 부드러우며, 나의 마음과 육체의 눈을 끌어당기는" 그런 모습으로 나타났다. 그녀는 환상을 통해서 그리스도와 교정交情을 나눔으로써 외로운 수도원 생활을 즐겁게 보낼 수 있었다. 「아가서」에 나오는 성애적인 장면을 이용하여, 그녀는 그리스도를 자신의 연인으로 그리고 배우자로 언급하였다.

>당신은 친밀하고 달콤한
>부드러운 사람
>오, 가장 부드럽게 애무하는 사람이여,
>가장 은근한 열정을 가진,
>매우 열렬한 연인,
>가장 달콤한 배우자,
>가장 순수한 구애자.

예수 또한 그녀 못지않은 열정으로 사랑을 고백한다. "나는 사랑을 통해서 당신과 하나가 되었다. 나는 당신 없이는 어떤 축복도 누릴 수 없으며…… 우리가 서로 헤어져야 한다면 나는 견딜 수 없을 것이다"

라고 그녀에게 분명하게 얘기한다. 게르트루데는 또 예수가 그녀에게 다가와 사랑의 노래를 부르고 그녀와 결합하는 것은 자신이 겪은 고통과 비애, 수난을 통해서 맺은 유일한 열매이며, 이에 완벽하게 만족하였다고 기록하였다. 한 사람이 자신이 사랑하는 사람과 결합하기 위해서 죽음도 마다하지 않았다면 이것보다 더 큰 사랑이 어디에 있겠는가?69)

메흐틸트가 그리스도와의 결합을 궁정 연애의 관계로 묘사했다면, 게르트루데는 베르나르의 견해를 따라서 결혼의 관계로 묘사하였다. 어떤 기록을 보면, "주님은 그녀를 자신의 팔로 안아, 자신의 품에 안긴 그녀의 얼굴을 들여다보면서 그녀를 부드럽게 애무한다 …… 그는 그녀의 눈과 귀, 입술, 가슴, 손 그리고 다리에 입을 맞추었다"고 쓰고 있다. 물론 게르트루데는 그녀의 사랑이 순결하다고 주장하였다. "내가 그를 사랑할 때 나는 순결하며, 내가 그를 만졌을 때 나는 순수하다. 그리고 내가 그를 소유했을 때에도 나는 여전히 동정녀이다." 또 다른 기록에서 게르트루데는 자신이 천국의 왕과 잠자리를 같이하고 보좌에도 함께 앉는 여왕이 되었다고 주장하였다. 하나님이 그녀를 향해 다음과 같이 말했다. "나는 내 마음속에서 당신을 찬양하려는 마음을 억누를 수가 없다. 왕과 한 침대를 사용한 사람은 여왕이라고 불리는 것이 합당하며, 존경의 대상이 되어야 한다."70)

우리는 12세기에 그려진 그림을 통해서 게르트루데가 상상했던 모습이 어떤 것이었는지 분명하게 알 수 있다. 바이에른의 필사본에는 부활한 영혼(역시 교회로도 이해할 수 있다)이 그리스도 옆의 보좌에 앉아 있는 장면이 있다(그림 8). 그녀는 왕관을 쓰고 있고, 그리스도는 그녀를 껴안고 있다. 로마 트라스테베르의 산타 마리아 성당Santa Maria in Trastevere in Rome의 유명한 모자이크에는 그리스도가 자신의 어머니, 즉 그의 배우자이면서 여왕인 동정녀를 껴안고 있는 것을

그림 8. 「여왕이 되어 그리스도와 함께 보좌에 앉은 영혼」 (12세기)
[Manuscript lat. 4450, fol. 1 verso, Bavarian State Library, Munich]

볼 수 있다(그림 9). 이 여인이 동정녀 마리아인지 아니면 한 인간의 영혼인지는 별로 중요하지 않다. 왜냐하면 이 여인이 누구든 이들은 모두 그리스도와 결합하게 될 것이기 때문이다. 중세의 사제들도 이와 같은 의미로 다음과 같이 설교하였다. 스티븐 랭턴Stephan Langton (1150~1228) 같은 이는 "당신을 사랑의 팔로 안아 당신에게 구원의 입맞춤을 해 줄 것이다"라고 약속하였다.71)

게르트루데는 죽으면서 자신의 '배우자'와 최종적으로 결합할 수 있기를 원했다. 그녀는 자신의 죽음을 준비하면서 분명한 어조로 다음과 같이 기도하였다. "결혼한 부부의 사랑과 포옹을 통해서 나는 당신의 위대함을 보게 될 것이다……. 당신의 달콤한 입맞춤으로 나를 당신의 것으로 만들어 당신과 아름다운 사랑을 나눌 수 있는 신부의 방으로 나를 데려가 주소서." 그녀에게 있어서 죽음은 성모 마리아가 그랬던 것처럼 하늘로의 승천을 의미했다. 성모 승천 대축제일(8월 15일)에 읽는 시편의 내용을 보면, "동정녀 마리아는 왕 중의 왕이 앉아 있는 신부의 방으로 올리어 갔다"라는 구절이 있다. 같은 날 부르는 또 다른 교송交誦에서도 "오늘, 동정녀 마리아가 하늘로 승천하였다. 기뻐하라. 그녀가 그리스도와 함께 영원히 지배하게 될 것이다"라는 구절이 있다. 게르트루데는 이런 사상을 자기 자신에게 적용시켰던 것이다. 그녀 자신도 마리아와 똑같은 동정녀가 아닌가?72)

게르트루데는 자신을 그리스도의 배우자로 말하고 있는데 이것은 분명히 모순이다. 그녀는 주님의 유일한 배우자가 될 수 없다. 헌신을 다 한 동정녀들 모두가 주님의 배우자이기 때문이다. 그러나 메흐틸트와 게르트루데 모두 무아지경에 사로잡혀 천국을 체험하는 특별한 능력을 가졌음에도 불구하고, 이 체험이 다른 사람들은 누릴 수 없는 자신만의 것이라고는 생각하지 않았다. 그들은 자신이 속한 공동체보다 자신을 우위에 두지 않았을 뿐만 아니라, 공동체와 떨어져 존재하

그림 9. 연어으리움 등 성도자들과 함께 있는 그리스도, 〈모자이크〉, 〈로마, 산타체칠리아 교회당〉

려고도 하지 않았다. 그들은 자신의 체험을 다른 사람들에게 하나의 모범으로 제시하였다. 세상에는 동정녀들이 많이 있으므로 자연히 그리스도의 배우자도 그만큼 많을 수 있으며, 이들 모두 그리스도와의 결합을 통해서 무아지경을 체험할 수 있다. 실제로 게르트루데의 두 번째 저술인 『영성 훈련Spiritual Exercises』에서는 동정녀들(수녀들)이 그리스도와 부부로 결합한 것을 기념하는 공동 예배가 묘사되어 있다. 기도를 인도하는 사람이 "당신의 달콤한 입술의 입맞춤으로 나를 당신의 것으로 만들어 당신과 아름다운 사랑을 나눌 신부의 방으로 나를 데려가 주소서"라고 선포한다. 이것은 겉보기에는 개인적인 내용의 기도 같지만 곧 이어 군중들이 한 목소리로 다음과 같이 응답한다. "우리는 당신이 우리의 목소리를 들어 주기를 소원합니다te rogamus audi nos." 중세의 신비주의자들은 그리스도와 특별한 관계를 맺음으로써 개인적인 자기 만족을 얻으려고 하지 않았다. 그들은 자신이 공동체에 속해 있다는 사실을 강하게 인식하고 있었다. 그리고 그들은 자신이 체험한 새로운 형태의 종교 경험을 그리스도와의 '배우자' 관계로 표현하였던 것이다.[73]

따라서 게르트루데는 자신뿐만 아니라 다른 수녀들도 내세에서 누리게 될 영원한 삶이 어떤 것인지 이야기했다. 그들 역시 자신의 배우자인 그리스도와 결합하기 위해서 천국으로 올라갈 것이다. 게르트루데는 수도원에서 죽어 가는 수녀들의 죽음에 대해서 생각하면서 가끔씩 환상에 사로잡히기도 하였다. 동료 수녀가 죽음을 맞이할 때, 게르트루데는 천사가 그녀의 영혼을 어떻게 천국으로 인도해 가는지 보았다. 병든 수녀가 하나님의 보좌 앞에 다가가자, "동정녀들의 배우자이신 예수가 위대한 사랑으로 그녀를 돌아다보며 '너는 나의 영광이다'라고 말씀하신다. 그리고 나서 그는 그녀에게 여왕의 왕관을 씌워 주고 영광의 보좌에 앉게 하신다." 게르트루데는 자신이 죽기 직전에 계속되는 무아지경에 사로잡혀서 환상을 보게 되었다. 예수는 그녀가 죽으면 천상의 궁전으로 인도되어 거기서 결혼식을 치를 때까지 명예롭게 거할 것이라고 설명하였다. 그리고 왕이 그녀에게 다가가 직접 보좌를 내어 준다. 그리고 그녀는 죽음을 준비하면서 자신이 아름다운 젊은 여인이 되어서 주님의 품 안에서 안식하고 있는 모습을 보았다.74)

게르트루데와 메흐틸트는 자신을 예수(한 남성으로서)에게 응답하는 한 여성으로 보았다. 메흐틸트는 이런 신비스러운 관계를 설명하기 위해서 궁정 연애의 관계를 제시하였다. 그녀는 숙녀였고 그리스도는 그녀의 연인이었다. 게르트루데는 그리스도와 자신을 배우자의 관계로 설명한 점에서 메흐틸트와 달랐다. 게르트루데는 기독교인들을 그리스도의 신부로 비유했던 성서의 의미를 글자 그대로 자신에게 적용하였다. 클레르보의 베르나르는 성도들의 영혼이 모두 그리스도의 배우자가 될 것이라고 생각했던 반면에, 게르트루데는 신과 직접적인 접촉을 할 수 있는 사람은 자신과 같은 동정녀들뿐이라고 생각했다. 그녀는 단지 여성들만이 그리스도의 진정한 신부가 될 수 있다고 주장했다. 그녀도 메흐틸트처럼 지복의 비전vision과 지복의 연합lovemaking을 넌지시 구별하고 있었던 것이다. 하나님을 볼 수 있는 지복의 비전은 일반적이고 객관적이며 천사들을 포함한 모든 성도들에게 허락된 것이었다. 그러나 천상에 있는 신부의 방으로 들어가서 그리스도와 결합하는 것은 더 단계가 높은 개인적인 축복으로, 완전하게 동정을 지킨 소수의 여성들에게만 허락된 것이었다. 이런 생각들은 전문적인 신학자들에게는 충격적인 이론이었다. 신학자들은 천국 중에서도 최고의 단계인 삼위일체의 영역coelum Trimitatis에 들어갈 수 있는 피조물은 아무도 없다고 생각했다. 아퀴나스의 천국은 성적 느낌이나 감정이 아니라 이성과 지성의 힘으로 만들어졌다. 스콜라 신학자들은 인간과 하나님을 분리시켰지만, 신비주의자들은 유례없이 신과의 접촉을 주장함으로써 인간과 신을 연결시켰다.75)

수녀들이나 베긴 수도원의 여성들이 주님의 진정한 배우자가 될 것이라는 생각은 신비주의자들의 환상에서 뿐만 아니라 예배 의식이나 설교에서도 나타났다. 대수녀원장 힐데가르트Hildegard of Bingen는 교회 축제일에 수녀들에게 하얀 신부 가운을 입히고 왕관을 씌웠으며, 그리스도의 문장이 새겨진 동물(양 한 마리)과 반지를 주었다. 중세 연구가인 캐롤라인 비눔Caroline Bynum은 수녀들이 영성체를 받을 때 신부 드레스를 입었을 것이라고 추측하였다. 영성체는 배우자인 그리스도와의 결합을 미리 체험한다는 뜻을 가지고 있기 때문이다. 수녀를 그리스도의 신부로 생각한 것은 아직도 카톨릭 신앙 안에 생생하게 남아 있다. 어떤 곳에서는 아직도 수녀들이 선서를 할 때 웨딩 가운을 입고 반지를 받는다고 한다.76)

「수녀들의 규칙Anchoresses' Rule」에서는 여성들은 동정녀 마리아에게 다음과 같이 기도하라고 가르치고 있다. "오, 여인이여, 성 마리아여…… 나는 천국에 가서 당신의 축복된 얼굴을 보기를 원합니다. 그리고 내가 동정녀들의 무리에 들어갈 자격이 없는 자일지라도, 그들의 영광이라도 볼 수 있기를 원합니다." 거룩한 동정녀들을 보는 것도 천국에서 누릴 수 있는 가장 큰 기쁨 중의 하나였다. 어떤 지방의 방언으로 기록된 설교를 보면, 한 사제가 내세에 있는 이스라엘 족장들과 예언자 그리고 사도, 순교자, 고백자 그리고 동정녀들에 대해서 얘기하고 있다. 그는 몇 마디 겉치레로 이들을 칭송하였지만, 마지막 그룹인 동정녀들을 언급할 때는 열정적이고 열광적이 되었다. "그들의 아름다운 모습, 달콤한 노래, 이 모든 것들을 제대로 표현할 수 있는 언어란 있을 수 없다." 동정녀들은 그 어떤 성도들보다도 우위에 있고 그들이 지닌 매력은 모든 성도의 눈길을 끌기에 충분했으며, 심지어 하나님 자신도 그들의 매력에 감탄하지 않을 수 없다는 것이다. 천국에 살고 있는 성도들은 동정녀들이 풍기는 달콤한 향기 때문에 넋을 잃는다. 하나님도 평소에는 그 보좌에 앉아서 기도와 탄원을 들어 주지만, 동정녀들이 다가올 때에는 그 보좌에서 일어선다. 이러한 종류의 열정주의는 분명히 수녀들 사이에 널리 퍼져 있었을 것이며, 특히 메흐틸트와 게르트루데 같은 이들에게 이 열정주의는 자신만의 개인적인 신학을 형성하는데 있어서 하나의 출발점이 된 것으로 보인다.[77]

구약 「아가서」에 나타난 결혼의 의미 그리고 궁정 연애 시詩에 나타난 연인의 모습을 이끌어 냄으로써, 신비주의자들의 천국관은 독특한 감성을 지니게 되었다. 궁정 연애라는 새로운 방식의 사랑은 전통적으로 동정녀를 존중했던 기독교인들에게 새로운 의미를 부여해 주었다. 즉 이제 동정녀도 한 사람의 연인이 될 수 있다고 생각하게 되었다. 성서에 나타난 하나님의 사랑은 일종의 명령으로 인간적인 자발성이나 열정이 결여된 것이었다. 사랑은 종종 개인적인 감정으로부터 말미암은 것이 아니라 순종과 충성, 봉사 그리고 민족에의 복종을 의미하였다. 그러나 신비주의자들의 체험은 이런 범주를 넘어서서, 열정, 개인적인 접촉 그리고 숭고한 에로티시즘을 가진 개인으로서 하나님이나 그리스도를 사랑할 수 있게 되었다.[78]

중세의 천국관

중세 사람들은 천국을 영원한 도시로 생각하기도 했으며, 하나님에 대한 지식을 얻을 수 있는 곳으로 생각하기도 했다. 그리고 그리스도와 사랑의 결합을 이룰 수 있는 곳으로 믿기도 하였다. 도시가 새롭게 발달하고 지식인들이 생겨나고 사랑에 대한 새로운 개념이 형성되는 등 새롭고 독특한 천국관이 이 세 가지 요인을 바탕으로 다양하게 형성되었다. 중세 사상은 그 내용이 매우 방대하고 복잡하며, 서로 상이한 입장에 있는 여러 사회적 그룹들을 그대로 반영하고 있다고 할 수 있다. 예술가, 시인, 신학자, 여성 신비주의자들은 모두 나름대로의 논리와 의미를 가진 독특한 천국관을 제시해 주고 있다. 오랫동안의 문화적 변동을 겪은 이들이 신약의 금욕적인 천국관에 도전을 가하거나, 아우구스티누스의 사상을 확대·발전시키게 되었던 것이다.

수도사와 탁발 수도사는 자신이 도시나 시골 중 어느 곳에 더 편안함을 느끼는가에 따라서 천국을 그 환경에 맞게 설명하였다. 수도원에서 농경 생활을 했던 수도사들은 천국을 초목으로 뒤덮인 땅과 알맞은 기후, 향기로운 꽃들로 가득한 에덴이라고 설명했다. 이곳에서는 여성과 남성이 모두 벌거벗고도 순수할 수 있었다. 이런 천국관은 중세 초기에는 중요한 의미가 있었지만, 르네상스 때까지 계속해서 살아 남지는 못했다. 도시가 발달하면서 중세 사람들의 상상력을 또다시 사로잡았다. 그래서 천국은 하나의 도시——성서에 나오는 새 예루살렘과 같은 도시, 웅장한 고딕 양식의 성당 그리고 환상 속의 천상의 성들——가 되었다. 내세에 대한 기록들 속에는 황금 길, 보석으로 만들어진 건물들, 화려하게 차려입은 성도들로 가득했다. 실제로 중세 도시는 좁고 어두운 길과 바람 부는 성들로 이루어져 있었으며, 사람들도 거친 천으로 만든 옷들을 입고 있었음에도 불구하고, 기독교인들은 도시를 자신들의 천국으로 생각하고 있었다.

중세 신학자들은 자신이 지식층이며 특권적 엘리트라고 생각했다. 그래서 이들은 수도사들이 제시한 천국관을 단지 사람들을 즐겁게 해주는 이론으로 여겼을 뿐이었다. 천국을 도시나 정원으로 설명한 천국관은 지식을 무엇보다도 우선으로 여겼던 이들에게는 전혀 매력이 없었다. 오토 주교Bishop Otto of Freising(1112~58)는 보편사普遍史를 서술한 작은 책자에서 내세의 영원한 삶을 제시하는 것으로 마지막 결론을 내렸다. 그리고 그는 자신의 이론이 아무런 근거도 없는 이론이 아니라고 확신했다. 그는 새 예루살렘이 문자 그대로 돌로 만들어지고 황금이나 진주 문들이 있는 세상의 도시라고 생각하지 않았다. 또한 성도들도 "초목으로 뒤덮인 기름진 땅에서, 그리고 새들이 노래하고 계피 나무와 향나무 같은 향기로운 식물이 있는 즐거운 곳에서 새로운 힘을 얻고 애정을 느끼게" 되는 그런 곳이 아니었다. 오토 주교는 "이런 것은 눈에 보이는 것들을 이용해서 눈에 보이지 않는 것들을 설명하려는 단순한 마음을 가진 이들이 만들어 놓은 환상이다"라고 설명하였다. 학식 있는 신학자들은 천국을 빛이나 조화, 명상과 같은 스콜라적인 관념으로 이해하였다. 천국은 최고천의 하늘이며, 천국에서의 삶은 곧 하나님에 대한 지식을 의미한다. 이들의 입장에서 수도사들이나 신비주의자들이 본 환상은 인간들의 단순하고 소박한 믿음을 그대로 표현하고 있는 것에 불과했다.[79]

이렇게 스콜라 신학자들이 지식을 통해서 하나님을 추구하고 하나님에 대한 궁극적인 지식을 기대했다면, 신비주의자들은 사랑을 통해서 하나님을 추구했으며 하나님과의 궁극적인 결합을 소망했다고 할 수 있다. 아퀴나스와 같은 사색가들은 자신의 천국관을 체계적으로 연구하고 정리하였지만, 궁정 연애가 나타나고 중세 신비주의가 유행하면서 천국은 개인적이고 인간적인 특성을 갖게 되었다. 하나님에 대한 사랑과 여인에 대한 사랑 사이에서 고민하던 시인들은 천국에서 그 해결책을 발견하게 되었으나, 그 해결책은 자신 없고 불확실한 것이었다. 최후 심판 후에 손을 잡는 행위나 한 여인이 하나님을 바라보는 지복의 비전에 들어가기 전에 사랑하는 사람을 향해서 미소를 짓는 것이 천국에서 기대할 수 있는 모든 것이었다. 세상과의 결속을 거부했던 여성 신비주의자들은 천국에서 좀더 열렬한 사랑을 체험할 수 있을 것이라고 생각했다. 궁정 연애와 「아가서」에 나오는 결혼관을 이끌어 냄으로써, 정결한 동정녀들은 신부의 방에서 그리스도와 열정적인 결합을 이룰 수 있다고 믿었다. 신약 시대의 종교적 열정주의가 중세에 이르러 신비주의자들의 환상 체험으로 변형되어 나타난 것이다. 신비주의자들은 성적인 결합과 같은 열정을 거부한 것이 아니라, 오히려 그 열정을 하나님에 대한 사랑으로 해석하였다. 아우구스티누스는 기독교인들이 육체적인 욕정 때문에 순수한 우정의 관계를 더럽히게 될까 염려했지만, 이제 이 육체적인 욕정까지도 순수한 천국의 열정으로 받아들이게 된 것이다.

메흐틸트와 게르트루데 같은 중세 신비주의자들이 본 환상은 자극적이고 매혹적인 것이었지만, 이것이 일반적인 기독교 교리가 되진 못했다. 그들의 환상은 토마스 아퀴나스의 신학과는 다른, 개인적인 영성주의의 한 형태로 남아 있게 되었다. 그러나 이들의 전통을 이어받은 후대의 신비주의 저술가들이 천국에서 인간과 하나님과의 직접적인 관계를 설명할 때 이와 유사한 주제를 사용하기도 하였다. 명확하면서도 추상적인 성향의 아퀴나스 천국관은 카톨릭 신학의 표준이 되었던 반면, 인간의 열정으로 가득한 신비주의자들의 천국관은 각 세대 사람들이 천국을 상상하는 데 하나의 윤활유 역할을 하였다. 신학자들의 지적이며 추상적인 천국관과 신비주의자들의 감성적이며 화려한 천국관이 때때로 갈등을 일으키기도 했지만, 대부분의 경우 이 두 가지 관점은 평화롭게 공존하였다. 신학자들의 천국관이 대학이나 신학교, 강단과 같은 공공 장소에서 울려 퍼졌다면, 신비적인 천국관은 일기장이나 수도원, 고백실, 예배당 같은 개인적인 공간 안에서 존재했던 것이다.

천국을 다시 회복된 낙원으로 보거나 내세에서 성도들이 서로 교제를 나눈다는 생각은 종교 사상이나 예술 작품에 잠깐 나타났던 일시적인 현상에 불과했다. 낙원으로서의 천국관은 수도원에서 읽혀졌던 『해설』속에 잘 나타나고 있지만, 이 천국관은 자연이 갖고 있는 낭만적인 성격에 도전을 가하면서 나타난 도시적인 천국관에 그 자리를 곧 내 주어야만 했다. 그리고 내세에서 인간적인 사랑과 교제를 나누고 싶다는 소망 역시 시인들의 작품에서 잠깐 나타났을 뿐, 이것이 교리로 정착되진 못했다. 스콜라 신학자들은 하나님에 대한 지식에 관심을 가지고, 신비주의자들은 하나님과의 사랑에 흥미를 느꼈던 것이다. 그러나 14, 15세기에 이르러 이탈리아의 르네상스 저술가들과 예술가들이 유럽의 신학과 문화 분야를 담당하게 되었을 때, 이들은 새로운 지적 분위기 속에서, 이전까지 묻혀 있던 고대 전통 사상을 그 정면으로 내세우게 되었다.

제5장
르네상스 시대의 천국관

THE PLEASURES OF
RENAISSANCE PARADISE

이탈리아 극작가 루잔테Ruzzante(1502~42)는 『가장 우스꽝스러운 대화Most Ridiculous Dialogue』에서 내세에 두 개의 낙원이 있다는 죽은 자의 말을 기록하고 있다. 한 곳에는 정결하면서도 적극적이고 활동적인 삶을 살았던 사람들이 살고 있고, 다른 곳에는 세상을 거부했던 사람들이 살고 있었다. 첫번째 낙원에 있는 사람들은 여전히 "먹고 마시면서, 그들이 원하는 것을 모두 하고 있었다." 그러나 두 번째 낙원에 있는 성도들은 "금식하고 절제하는 행위를 통해서 만족감을 느끼기 때문에 전혀 먹거나 마시지 않았다. 그들은 계속해서 하나님을 명상하였는데, 이것이 그들이 누리고 있는 축복의 전부였다." 경솔한 결론일지는 모르겠지만, 루잔테의 이런 농담은 르네상스 시대 낙원의 기본적인 구조를 잘 드러내고 있다. 천국은 스콜라 신학자들의 가르침처럼 이제 더 이상 하나님의 영역으로서 인정되지는 않았다. 15, 16세기에 이르러 천국은 두 가지 단계, 인간적인 것과 신적인 것으로 나뉘었다. 그리고 당시의 예술가나 신학자, 환상가들visionaries은 이 두 단계의 천국을 모두 공정하게 다루었다.[1)]

중세 문화가 유럽 전역에서 아직도 지배적이었던 반면, 15세기 이탈리아의 여러 도시에서는 문화와 지식, 정치 분야에서 르네상스라고 불리는 새로운 현상이 나타나고 있었다. 중세 사상, 즉 내세의 영원한 삶을 준비하기 위해서는 "이 세상에서in the world" 활동적인 삶을 사는 것보다 수도원에서 명상하는 것이 더 좋다고 생각했던 사상이 쇠퇴하기 시작하였다. 학자, 상인, 시인, 고위 성직자들 모두가 "이 세상에서"의 삶 역시 수도원에서 세상을 거부하고 사는 것만큼이나 정결하고 가치 있는 것이라고 생각하였다. 그들은 세상을 거부하기보다는 차라리 이 세상을 즐기면서 새롭게 만들어 나가야 한다고 주장하였다. 15세기 중반에 이르러서는 행정관이나 귀부인, 군인 같은 사람들도 의기양양해질 수 있었다. 더 이상 독신으로 사는 것만이 정결하게 사는 방법이라고 생각하지 않았기 때문이다. 피렌체Florence와 시에나 Siena, 베네치아Venice 같은 도시에서 발생한 르네상스 문화는 이탈리아 전역으로 전파되었으며, 이윽고 유럽 전체로 퍼져 나갔다. 그리고 16세기 초가 되자, 미켈란젤로Michelangelo와 마키아벨리Machiavelli, 로드리고 보르지아Rodrigo Borgia(교황 알렉산데르 6세. 체사레 보르지아의 아버지-역주), 로테르담의 에라스무스Erasmus of Rotterdam 등이 미술이나 건축, 책이나 건물, 여성이나 세속 권력에 르네상스 인의 관심을 상징적으로 표현하기 시작했다.[2)]

당시의 철학적 논의에서는 인간의 능력 중 가장 고귀한 것은 명상 지향적인 지성intellect이 아니라 행동 지향적인 의지will라고 주장하였다. 중세의 스콜라 학자는 자신들이 이상으로 여겼던 명상의 삶을 옹호하기 위해서 아리스토텔레스의 권위에 의존했지만, 르네상스 저술가들은 행동적인 정치가로서 웅변가인 키케로Cicero를 더 좋아하였다. 13, 14세기를 의미하는 '아리스토텔레스의 시대'는 15, 16세기에 이르러 키케로에게 그 자리를 양보해야만 했다. 르네상스 시대의 신학이 주장한 것은, 우리 인간은 고귀한 존재로 이 세상을 거부하는 것이 아니라 향유하도록 만들어졌다는 것이다. 「창세기」 1장은 이러한 '행동하는 삶operositá'을 새로운 이상으로 여기는 데 그 근거가 되어 주었고, 사람들은 거기서 인류가 어떻게 하나님의 형상을 나타낼 수 있는지 알 수 있다고 생각했다. 기독교인들은 하나님이 만든 세상에서 사랑하고 즐거워하며, 적극적으로 참여함으로써 자신이 하나님을 얼마나 사랑하는지 나타낼 수 있다고 생각했다.3)

르네상스라는 새로운 문화 풍토에서 영원한 삶에 대한 예전의 이상理想도 재형성되었다. 인간과 하나님은 경쟁적인 관계가 아니라 서로 조화를 이루는 존재라고 여겼기 때문에, 천국관에 인간적인 특성이 전보다 훨씬 더 많이 가미되었다. 신학자들, 특히 시인과 예술가들은 이제 하나님만이 인간에게 축복을 줄 수 있는 유일한 원천이라고 생각하지 않았다. 친구라는 존재도 낙원의 중요한 구성 요소가 되었다. 가장 대담한 모습으로는, 천국을 에로틱한 인간적인 사랑의 장소서 보거나 쾌적한 자연 경관에 둘러싸인 목가적인 장소로 이해하기도 하였다. 그리고 낙원의 내부나 위쪽에 거룩한 도시가 따로 있어서, 그곳에서 천사들이 하나님을 영원히 찬양하고 있다고 주장하였다. 그러나 이런 천국관을 이루고 있는 중심 요소들은 모두 중세에서 물려받은 것들이었다. 회복된 낙원, 거룩한 도시 새 예루살렘, 천국에서의 사랑과 같은 개념들이 모두 중세의 천국관에 이미 나타났던 개념들이다. 그런데 르네상스 시대에 이르러 이 개념들이 새로운 형태를 가지게 되었던 것이다. 천국이 갖고 있는 신 중심적인 성격을 잃지 않은 채, 이제 천국은 세상적이고 좀더 인간적인 것으로 변화되었다.

낙원에서의 쾌락

1306년에 완성된 지오토Giotto의 작품, 『최후 심판Last Judgment』은 이탈리아 파도바Padua에 있는 아레나Arena 성당의 프레스코 화로, 그리스도가 (천사들의 도움을 받아) 의인과 죄인을 구별하는 모습이 그려져 있다(그림 10). 성인은 천국으로 보내고, 죄인은 지옥의 악마들의 손으로 떨어졌다. 중세 시대의 다른 그림들처럼, 그림의 윗부분에 천국이 위치하고 있다. 그곳에는 성도들이 중심에 있는 하나님을 응시하면서 앉아 있다. 일단 천국으로 올라간 성도들은 다른 곳으로 옮겨 가지 않고 영원히 부동의 자세로 있게 된다. 이와 마찬가지로, 피렌체의 산타 마리아 노벨라Santa Maria Novella의 스트로치 만토바 Strozzi Mantova 성당에 있는 나르도Nardo와 안드레아 디 치오네 오르카냐Andrea di Cione Orcagna 형제가 낙원을 주제로 그린 프레스코 화에서도 역시 천국의 성도들이 움직이지 않는 자세를 취하고 있다(그림 11). 토마스 아퀴나스를 기념하기 위해 1340년에서 1350년 사이에 건립된 이 성당에서도 한쪽 벽에는 낙원에서 살고 있는 의인의 모습이 그려져 있고, 다른 쪽 벽에는 지옥으로 떨어진 저주받은 자들의 모습이 그려져 있다. 그리스도가 왕의 보좌에, 마리아가 여왕의 보좌에 앉아 있으며, 그 주위에 성도들이 수평으로 줄을 지어 서 있다. 대다수 성도들은 그리스도와 마리아 그리고 두 명의 천사를 황홀하게 쳐다보고 있지만, 몇 명의 성도는 지복의 비전 형태를 깨고 서로의 얼굴을 쳐다보고 있었다. 이렇게 하나님을 바라보는 일률적인 행위가 다소 깨진 것은 이 프레스코 화 전체의 정적靜的인 성격을 강조하려는 의도에서였다. 그리고 성도들은 단테가 묘사한 천상의 장미 모양처럼, 자신의 영적 위계에 따라 앉아 있고, 그 자리에서 영원히 움직이지 않는다.

그러나 서양 기독교의 단선적인 천국관은 비잔틴 미술의 영향을 받아 그 내용이 더욱 풍부해졌다. 이제 내세는 두 가지 장소를 포함

그림 10. 지오토, 「최후의 심판」 (1306년, 아레나 예배당, 파도바, 이탈리아)

그림 11. 나르도와 안드레아 디 치오네 오르카냐 형제, 「낙원의 영광」(1350년대, 산타 마리아 노벨라, 피렌체, 이탈리아)

하게 되었다. 한 곳은 파도바와 피렌체의 프레스코 화에 나타난 것처럼 성도들이 하나님의 심판을 목격하고 찬양하는 장소이며, 다른 한 곳은 성도들 자신이 살게 될 장소였다. 화가들이 귀감으로 삼았던 책을 보면, 저주받은 자들이 "낙원에서 아브라함의 품에 안겨서 성도들과 함께 기뻐하는 자들을 아득히 먼 곳에서 바라보고 있다. 낙원은 그 바깥에 순금과 크리스털로 화려하게 만들어진 벽이 쳐져 있다. 그 주위에는 수많은 새들이 살고 있는 나무들이 자라고 있다"고 기록하고 있다. 이 기록을 볼 때, 천국은 크리스털과 금으로 만들어진 도시 그리고 식물과 동물들이 살고 있는 회복된 낙원, 이렇게 두 부분으로 구성되었다는 것을 알 수 있다.[4]

    서양에서는 적어도 11세기 이후로는 이러한 전통에 친숙했다. 그 무렵 몬테 카지노의 데시데리우스 대수도원장Abbot Desiderius of Monte Cassino —— 뒤에 교황 빅토르 3세Victor III가 되었다 —— 같은 건축가가 장인匠人들을 콘스탄티노플에서 데려 왔기 때문이다. 이들은 자신의 기술을 다른 사람들에게 전수하는 것뿐만 아니라 직접 모자이크를 완성하기 위해 고용된 자들이었다. 베네치아 근처에 있는 토르첼로Torcello라는 12세기의 대성당에는 성당 벽면 전체를 덮을 정도로 큰 모자이크 화가 그려졌다(그림 12). 이 모자이크 화는 대조되는 두 장면을 통해서 성도들의 다른 모습을 보여 주고 있다. 위쪽에는 성도들이 팔을 뻗어 기도하면서 그리스도를 바라보고 있다. 그러나 아래쪽에는 신을 향하고 있는 모습을 찾아볼 수 없다. 아래쪽 모자이크에서는 꽃과 큰 종려나무가 있는 땅, 즉 낙원을 그리고 있다. 천사 한 명과 성 베드로 —— 열쇠를 갖고 있는 남자 —— 가 지품천사(cherub: 천사 9계급 중 제2위이며 지식이 뛰어난 천사)가 지키고 있는 정원의 문을 가리키고 있다. 그 문을 지나서 정원으로 들어가면, 성경에 기록된 사람을 몇 명 볼 수 있다. 허리 싸개를 두르고 십자가를 들고 있는 남자는 예수가 십자가에 못박

그림 12. 上「구원받은 성도들이 주님을 바라보다」 下「낙원」(1200년경. 「최후의 심판」 모자이크의 부분. 토르첼로 성당, 이탈리아)

힐 때 낙원을 약속 받았던 도둑이고, 기도하는 모습으로 손을 들고 있는 여인은 성모 마리아다. 그리고 세 번째, 자리에 앉아서 자신보다 더 작은 사람을 팔에 안고 있는 사람은 아브라함으로 가슴에 나사로를 안고 있다. 또한 아이들의 모습을 한 수많은 영혼들이 아브라함의 발 양쪽에 서 있는 것을 볼 수 있다.5)

토르첼로 성당의 모자이크를 볼 때, 낙원의 장면이 천국과는 분명히 떨어져 있다는 것을 알 수 있다. 그리고 그 안에 있는 인물들은 하나님을 향하여 위를 쳐다보고 있는 것이 아니라 바깥을 쳐다보고 있다. 이것은 최후 심판과 관련이 없는 유일한 장면이다. 중세의 예술가들은 비잔틴 예술가들이 그린 낙원의 모습을 쉽게 받아들이지 않았다. 하지만 르네상스 시대의 예술가들은 이들의 사상을 받아들이고 발전시켰으며, 자신의 천국관을 형성하는 데에 중요한 주제로 사용하였다. 그래서 천국은 두 영역, 즉 하나님을 볼 수 있는 지복의 비전의 장소와 종려나무와 꽃들이 있는 낙원으로 구분되었다.

1420년경, 어느 무명 화가가 로레토 아프루티노Loreto Aprutino의 아브루지Abruzzi라는 마을에 있는 피아노Piano의 산타 마리아Santa Maria 성당에 그린 그림은 비잔틴 예술의 주제를 전개한 것이다(그림 13). 최후 심판이라는 주제는 충분히 전통적인 것이었지만, 그가 그린 낙원의 모습은 중세의 원형에서 크게 벗어났다. 그림을 보면 다리를 건너온 성도들이 있는데, 이들도 아직 낙원에 있는 것이 아니었다. 그들은 아름다운 옷을 입고 한 쌍의 저울을 들고 있는 천사 앞으로 벌거벗은 채 보내졌다. 그 천사는 새로 들어온 영혼들의 그 공덕을 저울로 달아 위계를 정했다. 그래서 그 보상도 낙원으로 들어가도록 하는 것과 새 예루살렘으로 들어가도록 하는 것, 두 가지가 있다. 낙원에서는 벌거벗은 성도 아홉 명이 종려나무에 올라가 새 예루살렘을 바라보면서 종려나무 가지를 즐겁게 흔들어 대고 있다. 천상의 도시는 테라스가 있는 2층 사각형 건물로, 이것은 르네상스 시대의 대표적인 건물 모습이다. 성 베드로라고 여겨지는 남자가 출입구 앞에 서 있었다. 아래층 테라스에서는 한 천사가 새로 들어온 사람들에게 두루마기를 입히고 있었다. 그리고 위층 테라스에서는 새 예루살렘의 시민들이 무아지경의 기쁨을 누리고 있었다. 그들은 모두 새 옷을 입고 있었다. 어떤 이들은 무아지경에 빠져 자신을 잊은 채 춤을 추고 있었으

그림 13. 낙원. (「최후의 심판」 부분, 1420~30년경. 산타 마리아 성당, 피아노, 로레토 아프루티노, 이탈리아)

며, 다른 사람들은 종려나무 숲을 바라보면서 낙원의 주민들과 즐거운 인사를 나누고 있었다. 낙원과 도성, 이 두 영역 사이에 어떤 불화가 있다고는 전혀 생각할 수 없다. 비록 그들이 받은 보상에는 차이가 있었지만(승리의 종려나무는 좀더 낮은 보상을 의미한다), 성도들 모두가 똑같이 충만한 행복을 느끼고 있었다. 낙원은 연옥이 아니었다.

여기서는 고통을 당하거나 더 높은 단계로 상승하기 위해서 기다리는 사람은 전혀 찾아볼 수 없었다.6)

  이 무명 예술가의 그림은 최후 심판을 표현하던 전통적인 방법에서 벗어났지만 전통적인 교리 자체를 거부한 것은 아니었다. 즉 그가 표현한 천국의 모습은 스콜라 신학에서 도출해 낸 것은 아니었지만, 중세에 있었던 천국관 중 하나에 해당하는 것이었다. 아퀴나스와 보나벤투라는 천국에 식물과 동물이 존재하지 않는다고 주장하였다. 피아노의 산타 마리아 성당 그림은 이런 스콜라 학파의 가르침을 따르지는 않았지만, 초기 수도원에서 주장했던 회복된 낙원의 모습을 표현하고 있었다. 이것은 『해설』에 나오는 천국의 모습으로, "향기로운 꽃과 백합, 장미, 바이올렛"이 가득 피어 있는 정원과도 같은 곳이었다. 13세기 이탈리아의 대주교 보라지네의 제임스 James of Voragine가 편집한 『황금 전설 Golden Legend』에 의하면, 천사가 마리아에게 그녀의 죽음을 전하러 왔을 때 종려나무 가지를 가지고 왔다고 한다. 사람들은 성도들이 이 세상에서의 전투를 끝마친 뒤에 승리의 상징인 종려나무를 상으로 받게 된다고 믿었던 것이다. 또 다른 전설을 보면 한 기사가 천국으로 가는 도중에 좁은 다리 하나를 건너게 되었는데, 이 다리 밑에는 유황불이 타오르는 강이 흐른다고 한다. 이 다리를 안전하게 건넌 후에 기사는 즐거운 목초지, 즉 낙원에 도착할 수 있었다. 이렇게 무명 예술가는 이러한 전설과 수도원의 전통적인 가르침에 근거해 그림을 그린 것이며, 새로운 사상은 전혀 나타나지 않았다고 보아야 한다. 단지 중세 예술이나 신학에서 눈에 띄지 않았던 미세한 경향들을 다시 이끌어 내어 표현했던 것이다.7)

  우리는 메흐틸트의 환상에서 회복된 낙원의 모습이 사라지고 하나님의 거처가 등장하는 것을 보았다. 그녀는 이 세상에 아무도 찾을 수 없는 낙원이 있으며, 이 지상 낙원이 바로 최하층의 천국이라고 생각했다. 그러나 메흐틸트는 신부新婦의 방이 있는 더 높은 단계의 천국에 초점을 맞추었기 때문에 자연히 지상 낙원에는 관심을 보이지 않았다. 그러나 15세기경의 종교 저술가들은 낙원을 묘사하는 데 천국을 묘사하는 것과 똑같은 시간과 노력을 들였다. 피렌체의 도미니크회 수사 사보나롤라Savonarola(1452~98)는『계시 해설Compendium of Revelations』(1495)에서, 천국을 분명하게 두 영역으로 구분하였다. 그는 천국을, 우주를 둘러싸고 있는 화려한 돌벽 위에 있다고 생각했다. 즉 이 천구 바깥이 바로 낙원이었던 것이다. 영혼들은 일단 이곳에 머물러서 눈부신 빛에 감각적으로 익숙해질 때까지 단련을 받는다. 그리고 이후의 천국은 여러 단계로 분류되어 있다.

사보나롤라가 묘사한 가장 낮은 단계의 천국은 "실로 광대한 초원으로, 형용할 수 없이 아름다운 꽃들이 뒤덮여 있고, 생기 있는 크리스털 같은 개울들이 여기 저기에서 졸졸졸 소리를 내며 흐르고" 있었다. '온순한 동물들'(양, 족제비, 토끼)이 수없이 많이 있었는데, 이들은 눈보다도 더 하얀 털을 가지고 있었으며, 물가에 피어 있는 꽃과 풀 사이에서 뛰놀고 있었다. 사보나롤라는 "수없이 많은 종류의 나무에 잎이 무성하고, 가지가 휠 정도로 많은 꽃과 열매가 달려 있었으며, 다채로운 색깔의 새들이 나뭇가지 여기저기를 날아다니면서 감미로운 소리로 노래하고 있었다"고 기록하였다. 사보나롤라는 아퀴나스의 교리를 따르는 도미니크 회에 속했지만, 그는 스콜라 신학자이기를 거부하였다. 그가 생각한 천국은 순수한 빛을 발하는 이성적인 세계가 아니라 식물과 동물이 살고 있는 하나의 정원이었던 것이다.8)

이 낙원 위에는 아홉 계층의 천사들이 있었고, 마리아의 보좌와 '세 가지 얼굴을 가진 경이로운 빛', 즉 삼위일체 하나님이 있었다. 사보나롤라는 동정녀 마리아가 있는 곳까지 이를 수 있었다. 마리아가 임재함으로써 천국은 심판자 그리스도의 것만이 아닌 인간적인 곳이 되었다. 성도들은 천사들 사이에 있는 자신의 자리에서 휴식을 취하기도 하고 또는 아래에 있는 낙원으로 여행하기도 하였다. 마리아는 또 다른 보좌에서 낙원을 다스리기도 하였다. 천국에 있는 이들은 누구도 완벽한 자유를 누렸으며, 자유롭게 그 안을 이동하기도 하였다. 커다란 사다리가 있어서 낙원과 그 위의 천국을 편리하게 오르내릴 수 있도록 연결해 주었다. 사보나롤라는 세상에서 온 방문자였기 때문에 사다리가 필요했지만, 천국의 성도들은 사다리 없이도 오르내릴 수 있었다. 그들이 입은 신령한 육체는 모든 물질적인 것을 벗어 던졌기 때문에 아무 노력 없이도 날아다닐 수 있었다. 엄격하게 고정된 자리에 앉아 하나님만 바라보고 있던 중세의 천국 성도들과는 달리, 르네상스 시대의 천국 성도들은 정원과 도시 사이를 자유롭게 왕래하였다. 그들도 천국에서 정한 위치에 따라서 자신의 자리를 갖고는 있지만, 그 자리에 속박된 존재는 아니었다. 천국의 두 영역은 모든 성도를 위해서 동시에 존재하고 있었다.9)

하나님이 거주하는 천국과 낙원으로서의 천국이 따로 존재한다는 사상은 이전의 어느 예술가 작품보다는 히에로니무스 보쉬Hieronymus Bosch(1450~1516)의 그림에서 더 선명하게 나타나고 있다(그림 14). 그런데 불행하게도 보쉬의 그림 중 현재 남아 있는 것은 1505~10년경에 그린 「최후 심판」이라는 그림의 일부뿐이다. 그가 그린 원작은 소실됐지만, 16세기 중반에 그 그림을 기본으로 해서 만든 동판화를 통해서 보쉬의 양면적인 천국관을 짐작해 볼 수 있다. 이 동판화는 바닷가에 위치한 낙원 그리고 구름 위에 떠 있는 건물로 된 천국, 이렇게 두 부분으로 나뉘어 있다. 낙원에는 장막이나 배 같은 것들이 있어서 이동이나 변화의 성격을 나타내고 있지만, 교회처럼 생긴 하나님의 거처는 훌륭한 고딕 양식의 뾰족탑에 아치형 건물로 지어져서 영원하고 고정적인 것처럼 보여 뚜렷한 대조를 이루고 있다.10)

그림 14.
히에로니무스 코크, 「낙원」
(히에로니무스 보쉬의 원화, 16세기.
「최후의 심판」의 부분)

낙원(성도들의 거처)과 천국(삼위일체 하나님의 거처)을 분리한 것은 자연과 문화를 구별한 것과 같다. 그러나 여기에서 낙원이란 절대적으로 에덴 동산과 같은 자연 풍경만을 의미하는 것은 아니다. 최후 심판 후에 하나님이 두 번째 창조를 통해서 회복시킨 자연은 아담과 하와가 살았던 에덴 동산과 같을 수는 없다. 아니 오히려 에덴 동산을 넘어서는 것이어야 했다. 그 결과 회복된 낙원에 문화적인 요소가 끼여들게 된 것이다. 그래서 낙원 속에 배나 분수, 장막 같은 것들이 그려지게 되었다. 그러나 이런 것들이 결코 자연 경관을 압도하지는 못한다. 문화는 자연을 손상시키지 않는다. 정교하게 조성된 공원처럼, 낙원은 야만적이지도 않으면서 동시에 도시가 갖고 있는 폐단도 없는 곳이었다. 문화적인 특성을 가진 삼위일체 하나님의 천국과 자연적인 특성을 가진 성도들의 낙원 사이에는 조화와 균형이 유지되고 있었다.

보쉬의 그림을 기본으로 해서 만들어진 이 동판화는 단지 에덴 동산과 새 예루살렘이라는 전통적인 천국관을 나타내고 있는 것은 아니었다. 르네상스 시대의 예술가, 신학자, 시인들은 성서뿐만 아니라 고전 시대의 작가들을 재발견하여 거기에 나오는 '황금 시대the Golden Age'나 '지복의 섬the Isles of the Blest' 개념까지 자신의 천국관에 포함시켰다. 그리스 로마 신화에 따르면, 인간 역사가 시작된 첫 시기에는 어떤 고통이나 전쟁도 없었다고 한다. 그러나 시대가 지날수록 고귀함과 안락함이 점점 감소되어 갔다. 고전 시대의 저술가 헤시오드 Hesiod는, 황금 시대는 오로지 지복의 섬에서만 존재하며 그곳은 영웅적인 남자나 여자를 위해 남겨진 내세라고 말했다. 황금 시대를 지배했던 크로노스Cronos라는 신이 지금은 지복의 섬 또는 엘뤼시온이라고 불리는 곳을 지배하고 있다. 이런 고전 시대의 신화는 르네상스 시대의 예술이나 시 그리고 사상을 형성하는 데 풍부한 레퍼토리가 되었다.[11]

고전 시대의 전통에 따르면, 엘뤼시온에는 사람들이 살 만한 집이 없다고 한다. 그래서 보쉬는 낙원에 성도들이 거할 수 있도록 장막을 그려 넣었던 것이다. 베르길리우스Virgil의 작품에는 낙원에 간 이교도가 "우리들 중 어느 누구도 고정된 집을 가지고 있지 않으며, 우리는 울창한 숲을 거닐 뿐이다. 강둑에서 잠을 자고 맑은 개울이 흐르는 푸른 목초지에서 산다"고 말하고 있다. 이와 같은 모습이 보쉬가 그린 기독교의 낙원에서도 나타나고 있다. 성도들이 놀고 있는 분수대는 성서에서 나오는 '생명의 샘fountain of life' 개념과 이방 신화에 나오는 '사랑의 샘fountain of love' 개념을 혼합한 것으로, 르네상스 시대의 건물이나 풍경화에서 나타나고 있다. 『장미 이야기Roman de la Rose』에 따르면, 사랑의 샘에 접촉한 사람은 모두 베누스Venus의 아들, 쿠피도Cupid의 포로가 되어 사랑을 하게 된다고 한다. 새를 잡기 위해서 덫을 놓은 것처럼, "사람을 끌어들이기 위해서 뿌린 씨앗 때문에 이 샘은 사랑의 샘이라고 불렸다. 그리고 많은 사람들이 책이나 낭만적인 소설 등에서 이 샘에 대해서 얘기하고 있다"고 설명하였다. 이탈리아의 한 인문주의자가 1543년에 쓴 열정적인 편지에는 샘이 있는 정원을 방문했던 대목이 나온다. 그는 이곳에서 "궁정 귀족 같은 매력적인 신사 몇 명"과 함께 목욕을 했다. 그는 "이 샘을 보고, 그 물소리를 듣고, 맛을 보고, 목욕을 했는데, 물이 얼마나 순수하고 깨끗하든지 그 이름처럼 진정으로 정결해 보였다"고 했다. 성서에 나오는 생명의 샘이 쉽게 사랑의 샘과 혼합될 수 있었으며, 곧 이어 사랑의 샘의 의미로 변형되었다. 그리고 현실에 있던 샘의 존재와 그것이 이러한 르네상스 시대의 상상력을 더욱 굳건하게 뒷받침해 주었다.[12]

르네상스 시대 사람들은 도시나 도시 생활에 관심을 가지고 있으면서도 시골에 큰 가치를 두었다. 그들은 돌로 만들어진 세계인 도시 바깥에 있는 것을 더 좋아했다. 르네상스 시대의 도시는 정원이 없었고,

이목을 즐겁게 해 줄 만한 푸른 풀밭도 없었다. 사람들은 전원 생활이 갖고 있는 고요함과 초원의 신록을 갈망하였고 이것에 대해서 찬사를 아끼지 않았다. 페트라르카 Petrarch(1374년 사망)는 아비뇽 Avignon 근처에 있는 보클루제 Vaucluse의 한 시골 별장에서 휴식을 취했으며, 그의 친구 보카치오(1375년 사망)도 시끄러운 피렌체보다는 전원적인 체르탈도 Certaldo를 더 좋아했다. 보카치오는 "푸른 잎과 여러 꽃으로 옷을 입은 들과 언덕, 나무들을 보고 있을 때에만 영원한 행복감을 느낄 수 있다"고 했다. 그는 『데카메론 Decameron』(1353년, 그러나 처음 출판된 것은 1470년)에서 젊은이들이 아름다운 정원과 공원에서 놀고 있는 장면을 묘사하였다. 어떤 곳은 꽃과 나무, 잔디, 새들로 가득했고, 샘도 하나 있었는데, "이곳이 숙녀들과 젊은이 세 명에게 얼마나 큰 기쁨을 주었는지, 이들은 만약 낙원이 이 땅 위에 지어진다면, 이 정원과 다른 모습이리라고는 상상도 하지 못할 것"이라고 했다. 낙원이란 이제 더 이상 에덴 동산만을 의미하는 것은 아니었다. 그리스 로마 시대의 이미지들을 재발견하거나 조용한 시골 풍경에 관심을 가지게 되면서, 사람들은 천국을 점점 더 전원적인 곳으로 생각하였다.[13]

    천국관의 변화를 개괄하려면, 르네상스 시대의 화가 지오반니 디 파올로 Giovanni di Paolo(1403~83)가 단테의 천국을 어떤 식으로 해석했는지 살펴볼 필요가 있다. 1440년경, 지오반니 디 파올로가 단테의 『신곡』 천국 편에 채색한 삽화를 그려 넣었다. 특히 그는 제30장에 넣은 두 개의 삽화에 모든 성도를 벌거벗고 있는 것으로 표현하였다. 그 중 한 장면에서는 벌거벗은 성도들이 꽃밭 위를 날아다니거나 수영을 하고 있었다(그림 15). 단테가 빛이 흐르는 강으로 묘사했던 것을 지오반니는 새롭게 목초지로 표현한 것이다. 다른 장면에서는 벌거벗은 성도들이 원형극장처럼 생긴 돌 벤치에 앉아 있다(그림 16). 지오반니는 단테가 얘기한 천국의 보좌를 벤치로 변형시켜서, 벌거벗

그림 15. 지오반니 디 파올로, 「영혼과 삼위일체」 (1438~44년경)
[Manuscript Yates Thompson 36, fol. 183 recto]

그림 16. 지오반니 디 파올로, 「낙원의 영혼」 (1438~44년경)
[Manuscript Yates Thompson 36, fol. 184 recto]

그림 17. 지오반니 디 파올로, 「낙원의 축복받은 동정녀」 (1438~44년경)
[Manuscript Yates Thompson 36, fol. 186 recto]

은 성도들이 따뜻한 빛 아래 앉아서 젊고 아름다운 육체를 쉬게 하고 일광욕하는 것으로 표현했던 것이다. 그러나 제31장의 삽화에서는 베아트리체가 천상의 순례자 단테에게 사랑스러운 정원에 앉아 있는 동정녀 마리아를 보여 주는 장면이 그려져 있는데(그림 17). 이곳에서는 등장 인물이 벌거벗지도 않았으며 식물도 없는 것으로 보아 분명히 단테의 원작에 근거를 두고 그렸다는 것을 알 수 있다. 단테는 아퀴나스가 제시한 신 중심적인 천국관, 즉 꿰뚫는 빛으로 표현한 천국의 모습에 편안함을 느끼고 거기에 안주하였다. 그러나 지오반니는 최고천의 하늘을 하나의 낙원, 즉 꽃이 있고 벌거벗은 채로 목욕도 할 수 있는 이상향으로 자유롭게 표현하였다. 그는 천국 편에서 묘사하고 있는 천국의 모습을 글자 그대로 표현하기보다는 르네상스적인 상상력을 발휘하여 그것에 심취하기를 더 좋아했던 것이다.[14]

황금 시대나 엘뤼시온 같은 고전 시대의 개념을 통해서 상상할 수 있는 것은 나무가 우거진 숲이나 강둑뿐이 아니다. 보쉬의 그림에 나오는 낙원의 성도들은 그들 위에서 벌어지고 있는 성스러운 일에는 전혀 무관심한 것처럼 보인다. 그들은 서로 모여서 천사들이 악기를 연주하는 소리를 듣고, 물 속에서 물을 튀기며, 새들에게 먹이를 주기도 한다. 날개를 달고 있는 천사들은 동판화에서 특별히 기독교인이라는 것을 과시하였지만, 이들도 이제 더 이상 하나님의 성가대로서 그의 영광을 찬양하지 않았다. 그 대신 그들은 앉거나 걸어가면서 달콤한 이야기를 나누는 연인들을 위해 세레나데를 부르고 있었다. 이 모든 장면에서 하나님은 개입하지 않고 있다. 보쉬의 그림에는 천사들이 있고 신성이 느껴지기도 하지만, 천국의 성도들은 베르길리우스의 작품, 『목가Eclogue』에 나오는 양치는 목자들처럼 행동하고 있을 뿐이다. 그러나 단순히 목초지나 푸른 숲, 물이 흐르는 시내로 가득한 전원에서 사는 것만이 이상적인 삶은 아니었다. 르네상스 시대는 또

한 사후에도 의로운 자들이 서로 교제를 나누며 즐거워한다는 고전 시대의 전통 역시 계승했다.15)

성도와 연인은 천국에서 재회한다

고대 로마의 웅변가 키케로는『노년에 관하여On Old Age』와『스키피오의 꿈Scipio's Dream』을 통해서 르네상스 시대의 독자들에게 매력적인 내세관을 제시해 주었다. 키케로는 적극적인 삶을 포기한 금욕주의자가 아니라 공익을 위해 노력한 정치가나 봉사자들이 천국에 들어갈 수 있다고 주장했다. 키케로는 이 책의 주인공인 카토Cato와 스키피오Scipio를 공화주의자의 용기와 덕을 가진 사람들의 모범으로 제시하였다. 키케로는 카토와 스키피오처럼 국가를 위해 헌신한 사람들은 천국으로 올라가고, 그곳에서 그의 조상이나 친척들은 물론 이전 시대의 정치적 인물들과도 만나게 된다고 믿었다. 인문주의자들이 가장 즐겨 읽고, 르네상스 시대 도서관에는 어느 곳에서도 발견할 수 있었던『스키피오의 꿈』과『노년에 관하여』는 독자에게 깊은 인상을 주었다.16)

르네상스 시대 천국관을 형성하는 데 키케로가 미친 영향은 이미 앞에서 언급했지만, 이에 대한 실례를 페트라르카의 책을 통해서 설명하고자 한다. 페트라르카는 어느 위로의 편지에서 "마르쿠스 툴리우스Marcus Tullius(키케로)의 이교주의는 유감스러울 정도로 유명한 것이 사실이지만, 그는 내세가 없다고 주장하진 않았다"고 썼다. 키케로는 "영혼이 불멸한다는 것과 영예로운 영혼들을 기다리고 있는 천상의 거처가 있다는 것"을 믿었다. 또한 페트라르카는 키케로가『노년에 관하여』에서 주인공 마르쿠스 카토를 통해서 천국에 대한 그리움을 솔직하게 표현하고 있다는 사실을 강조하였다. 늙은 정치가 카토는 오랫동안 그리워했던 먼저 죽은 친구와 동료들을 다시 만날 수 있다고 믿었고, 또한 단순히 이름만 한 번 들었거나 책을 통해서 알게 된 사람들도 만날 수 있다고 기대하였다. 르네상스 시대가 끝나 갈 무렵, 로테르담의 에라스무스Erasmus(1466~1536)도 페트라르카처럼 키케로에게서 깊은 감명을 받았다. 에라스무스는 『친숙한 대화Familiar Colloquies』에서, 일찍이 페트라르카가 감명을 받았던 '천국에서의 재회heavenly Reunion'에 관한 구절을 인용하고 있는데, 그것은 등장 인물이 다음과 같이 외치는 구절이었다. "천국에서의 재회, 어느 기독교인이 이보다 더 경건한 말을 할 수 있겠는가?" 르네상스 시대의 천국관은 키케로를 인용하는 것으로 시작해서, 이것으로 끝맺었다고 할 수 있다.17)

티불루스Tibullus(기원전 19~기원후 54)와 같은 고전 시대의 시인들은 황금 시대에서 사랑의 행위는 금지된 것이 아니라 자유롭게 행해졌다고 주장했다. 티불루스는 "황금 시대의 사람들은 어느 곳에 있든지 항상 사랑을 했다"고 기록하면서 "비너스가 하나님의 사랑을 숨쉬는 이들에게 아름다운 골짜기에서의 쾌락을 가져다 준다. 그곳에는 훔쳐보는 사람도 없으며, 방해자들을 막기 위해서 닫아야 할 문도 없다"고 설명하였다. 르네상스 시대 사람들은 티불루스처럼 황금 시대, 즉 자유로운 사랑이 "악담 거리가 되지 않는" 비너스의 시대를 동경하였다. 황금 시대를 주제로 한 그림에서는 종종 벌거벗은 남녀들이 춤을 추고 놀거나, 푸른 풀밭에 비스듬히 누워 있는 모습을 볼 수 있다(그림 18). 따라서 낙원에서의 삶도 휴식을 취하거나 자연 속에서 사랑을 나누는 것으로 생각하게 되었다. 낙원의 남성과 여성들은 모두 벌거벗었으며, 일반적으로 두 남녀가 짝을 이루어 풀밭에서 휴식을 취하거나, 목욕이나 수영을 하고 또는 산책을 하는 모습으로 표현

그림 18. 루카스 크라나하, 「황금 시대」 (1530년, Alte Pinakothek, 뮌헨, 독일)

되었다. 티불루스는 이런 황금 시대가 지나가 버린 먼 과거의 일이라고 생각하지 않았다. 이런 삶은 이상향, 즉 죽은 자들이 내세의 나라 엘뤼시온에서 누릴 수 있는 삶이기도 했다.

나는 항상 온순하게 부드러운 사랑을 따랐기 때문에, 비너스가 나를 엘뤼시온으로 인도해 줄 것이다. 그곳에서는 노래하며 춤추는 일에 어떤 피곤함도 느끼지 않는다. 새들이 여기저기로 날아다니고, 그들의 아름다운 목구멍에서는 달콤한 소리가 연주될 것이다. 땅은 계속해서 아카시아를 피워 낼 것이고, 그 땅 전체가 향기로운 장미꽃으로 가득 차게 된다. 젊은 남자들은 얌전한 처녀들을 만나 장난을 치고 있다, 사랑이 그들로 하여금 이 장난을 그만 두도록 내버려 두지 않을 것이다. 사랑 때문에 죽음을 당한 사람들이 모두 여기에 있다. 그들의 머리에는 모든 사람이 볼 수 있도록 비너스 신의 나무로 만든 화관을 쓰고 있다.

저 세상에 대한 키케로의 철학과 티불루스의 시詩의 비전이 르네상스 시대 사람들의 상상력에 불을 당겼다. 그래서 기독교 사상가, 신학자, 예술가들이 기독교의 전통 이미지와 그리스 로마 시대의 이미지를 하나로 통합시키기 위해서 노력하게 되었다.[18]

도미니크 회 수도사이며 인문주의자인 프란체스코 콜론나Francesco Colonna(1443~1527)도 티불루스처럼 내세에서의 사랑을 강조하는 대담성을 보였다. 그는 『하이프너오토마키아 : 꿈 속에서 겪은 사랑의 투쟁hypnerotomachia: The Strife of Love in a Dream』에서 요정과 연인들이 사는 세계를 그렸다. 주인공이 이 세계로 들어가자, 분수와 즐거운 목초지와 신선한 개울 그리고 월계수 나무 언덕이 있는 그림 같은 장소에서 놀고 있는 연인들과 만나게 되었다. 그곳에는 아름다운 처녀들과 그녀들의 풋내기 애인들이 즐겁게 뛰놀고 있었다. 어떤 이들은 비스듬히 누워 있었으며, 또 다른 이들은 서로 장난을 치고 있었다. 또 한 곳에서는 자신이 버림받은 것처럼 가장하여 "14행의 연애시와 사랑의 구절들"을 노래하는 사람이 있고, 어떤 이들은 깔깔대고 웃으면서 도망다니기도 하였다. 또 그곳에는 한 쌍의 연인이 "가장 예의 바른 태도로, 연인의 가슴에 장미 꽃잎을 하나하나 놓아 주고 있었으며, 곧 이어 달콤한 입맞춤을 하고" 있었다. 프란체스코가 말한 내세에서의 연애놀이는 기독교적인 천국관과는 전혀 상관없는 것이었지만, 16세기 시인들에게는 그렇지 않았다. 이들은 이제 천국을 절반은 이교적이고, 절반은 기독교적인 연인들의 땅으로 생각하게 되었던 것이다.[19]

르네상스 시대 시인들이 노래했던 내세에서의 사랑을 가장 잘 표현하고 있는 사람은 아마도 프랑스 현대시의 선구자라고 할 수 있는 피에르 드 롱사르Pierre de Ronsard(1524~1585)일 것이다. 그의 송가 「오, 정말로 고운 처녀여O pucelle plus tendre」에서, 시인은 자신이 사랑하는 여인을 끌어안은 채 내세를 기대하고 있었다.

> 우리는 서로 하나로 묶여 키스를 하면서
> 진흙 호수 밑바닥을 건너
> 분노한 플루토Pluto가 지배하는 곳을 통과하여
> 향기로운 초원에 도착하게 될 것이다.
> 신이 준비해 놓은 초원에
> 행복한 연인들의 땅이 있다.

행복한 연인들을 위해서 준비된 땅은 물론 그리스 로마 신화에 나오는 엘뤼시온을 의미한다. 또 다른 시에서는 롱사르Ronsard의 꿈이 묘사되어 있는데, 여기서 그의 사상이 좀더 명확하게 나타나고 있다. 즉 엘뤼시온을 끝없는 사랑의 장소로 묘사하고 있는 것이다.

> 매일 비너스의 신목神木이 자라는 곳에 앉아서
> (사랑 때문에 죽은 후에)
> 고대의 영웅들을 만나 보자
> 이들은 그들의 여인을 품에 안고
> 어느 곳에서나 사랑을 얘기한다

이 꿈의 세계에서는 '성스러운 고대 연인들'이 새로 온 사람들을 맞아들이고 있었다. 즉 롱사르의 천국에서는 성자가 곧 연인들이었던 것이다.[20]

1531년, 프랑스 국왕의 모후인 사보이의 루이제 부인Madame Louise

of Savoy이 죽었을 때 애가哀歌가 헌정되었다. 이 시에서도 이와 비슷한 사상을 엿볼 수 있다. 작자 클레망 마로Clement Marot(1469~1544)는 독자들에게 루이제 부인이 "엘뤼시온에 가게 되었다"고 분명한 어조로 말하였다.

> 그녀가 있는 그곳에는 한창때가 아닌 것이 아무것도 없다. 그곳에서는 시간도 가지 않으며, 쾌락도 결코 사라지지 않는다. 그리고 선명한 푸른색도 결코 없어지지 않는다……. 모든 것이 신의 향기로움을 발하고 있으며, 계절의 변화도 없고 오로지 봄만 있을 뿐이다. 또한 친구의 죽음을 탄식하는 일도 없다……. 그곳에서 그녀는 가치를 헤아릴 수 없는 값비싼 음식을 먹으며, 어떤 갈증도 해소해 줄 수 있는 음료수를 마신다. 그곳에서 그녀는 수많은 고귀한 영혼을 만나게 될 것이다. 즐거움을 주는 동물들이 모두 그곳에 있으며, 수천 마리의 새가 영원한 기쁨을 줄 것이다.

중세 시대 대중들 사이에서 유행했던 회복된 낙원으로서의 천국관이 엘뤼시온의 이야기로 인해서 그 내용이 더욱 풍부해졌다.[21]

내세를 사랑의 장소로 설명한 고전 시대의 사상에 매혹당한 사람들은 시인이나 예술가뿐만이 아니었다. 르네상스 시대의 신학자들도 이런 고전 시대의 사상을 직접 받아들였다. 특히 로렌초 발라Lorenzo Valla(1405~57)가 이런 경우에 속하는 사람이었다. 그는 대화집『쾌락에 관하여On Pleasure』(1431)의 마지막 부분을 축복어린 낙원의 장면을 묘사하는 것으로 끝맺었다. 가장 유명한 이탈리아 인문주의자 중의 한 사람인 발라는 내세에서 친척이나 유명인들을 만나게 된다고 설명한 키케로의 사상을 잘 알고 있었다. 그러나 그는『노년에 관하여』나『스키피오의 꿈』에 나오는 고대 정치가의 사상을 단순히 지지

하지만은 않았다. 그는 키케로를 능가하려는 생각으로 기독교적인 낙원의 모습을 제시하여 이교도적인 경향을 약화시키려고 노력했다.

발라가 꾸며 낸 가상의 대화자인 안토니오가 낙원의 모습을 세밀하게 설명해 주고 있다. 죽음과 함께 천사들이 내려와 의로운 영혼을 데리고 여러 개의 천구를 통과하여 하늘로 인도하게 된다. 그 축복받은 영혼이 천국에 도착하면, 마치 "도시의 기쁨을 알리기 위해서 모든 교회에서 종을 울리는 것처럼" 거룩한 음악이 천국 전체에 울려 퍼지게 된다. 친척과 친구들이 새로 도착한 영혼에게 다가와 환영하며 키스를 하고 포옹을 한다. 또한 성자의 무리가 그를 맞이하고, 성모 마리아도 "그리스도에게 젖을 빨렸던 그 가슴으로 그를 끌어안고 그에게 키스해 줄 것"이다. 그러고 나서 성자들이 그를 새 예루살렘으로 인도하며, 그곳에서 그는 하나님 앞에 서게 된다. 천국에 도착한 영혼을 맞이한 것은 성자들뿐만이 아니었다. 안토니오는 그보다 먼저 죽은 형제 자매뿐만 아니라, 아버지와 어머니 그리고 사랑하는 아들딸도 만나고 싶어했다. 발라에게 있어서 천국에서의 재회라는 주제는 매우 중요한 의미를 지닌 것으로, 그는 안토니오를 통해서 자신의 소망을 표현하고 있었던 것이다. 그의 영혼이 얼마나 고통스러웠는지 다음 기록을 통해서 조금이나마 느낄 수 있다. "나에 대해서 말하자면, 나는 수많은 사람들, 특히 내 아버지와 내 형제 자매들을 다시 만나고 싶은 욕망 때문에 우울하고 쇠약해졌다. 그들은 나보다 어린 나이에 죽었기 때문에 내 자녀들처럼 보일 것이다. 그들이 죽었을 때, 나는 그들의 침상과 무덤 앞에서 거의 눈이 멀 정도로 울었다. 오, 언제 그들을 만나 볼 수 있을까?"[22]

발라는 천국에서의 환영 의식을 키케로나 고전 시대의 작가들보다 훨씬 더 상세하게 계속 서술하고 있다. 그곳에서 우리들을 기다리고 있는 것은 휴식의 삶이고 ── 모든 감각이 완전히 만족할 수 있는 삶이다. 우리의 육체는 "뼛골까지 떨릴 만큼 달콤함으로 충만하게 되고, 그 어떤 성적 만족감도 이것과는 비교할 수 없게 될 것"이다. 그리고 그는 잠깐 동안 생각하고 나서, "육체가 고결한 위엄을 갖고 있음에도 불구하고, 내가 여기에서 너무 외설적인 용어를 사용한 것 같다"라는 사과의 말을 덧붙이고 있다. 진정한 인문주의자였던 발라는 내세에서 세상의 모든 언어를 다 배울 수 있을 것이라고 기대했으며, 모든 분야의 학문과 예술을 "어떤 실수나 의심도 없이, 그리고 명확하게" 알 수 있기를 원했다. 그는 또한 천사들과 만나게 될 것도 기대했는데, 천사들은 영적인 존재이며 그들이 가진 아름다움은 "정욕을 불타오르게 하는 것이 아니라 오히려 가라앉게 만드는 것이며, 성스러운 종교적 경외심을 불러일으킨다"고 설명하였다. 우리의 육체는 원하는 곳이면 어디든지 아무런 방해도 받지 않고 갈 수 있고 날개 달린 천사들과 하늘에서 함께 놀 수도 있다. 뿐만 아니라 산이나 계곡 또는 바닷가에 가서 물고기처럼 바다 속에 오래 잠수해 있을 수도 있다.23)

발라의 사상을 회화적으로 표현하려는 시도는, 1440년 도나텔로 Donatello가 만든 피렌체 성당의 성가대석 조각에서 볼 수 있다. 일렬로 늘어선 기둥들 뒤쪽에서 뛰놀고 있는 로마 양식의 어린 천사들 조각이 실제로 천국에서 즐거워하는 인간의 영혼을 나타내는 것인지는 확실치 않다. 여전히 전통적인 천국관이 지배적이었던 당시의 예술에서, 발라의 사상은 하나의 작은 배출구 역할을 했다. 그리고 이 새로운 변화는 최후 심판의 도상학iconography에서 더 분명하게 나타나고 있다. 즉 15세기에 이르러 예술가들은 최후 심판에 관한 그림을 그릴 때, 낙원을 성도들이 서로 재회하는 장소로 그리기 시작했던 것이다. 프라 안젤리코Fra Angelico(1400~55)로 더 잘 알려진 피에졸레의 지오반니Giovanni da Fiesole가 피렌체에서 그린 최후 심판에 관한 그림(1431)은 이전의 최후 심판에 관한 그림과 구별된다(그림 19). 이미 확

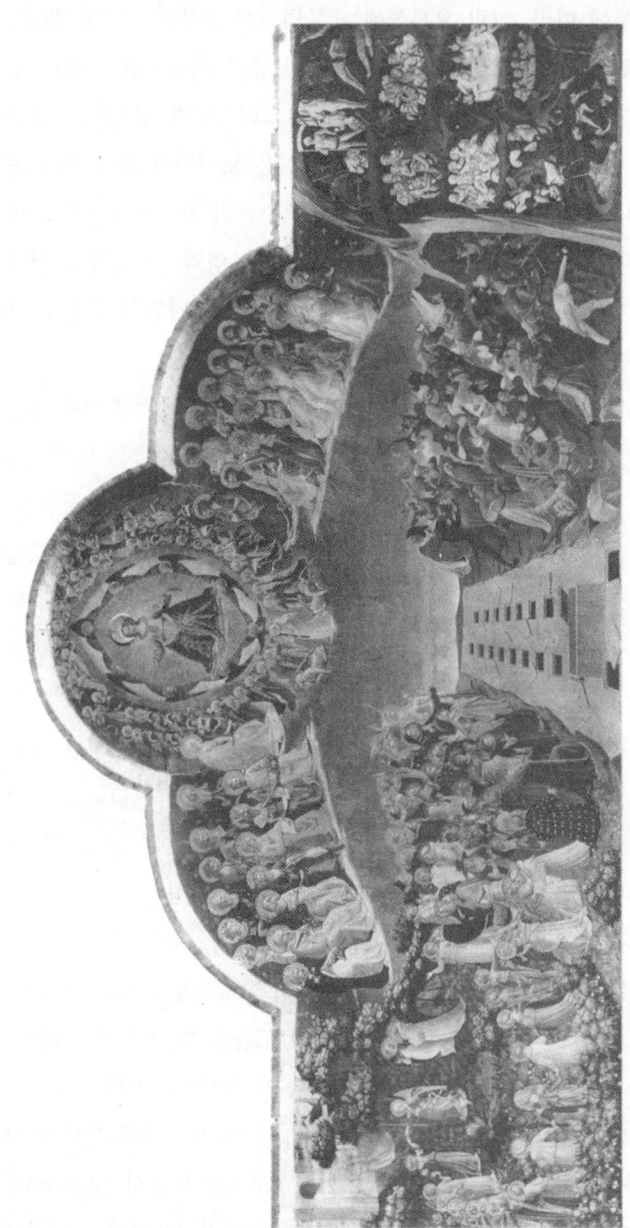

그림 19. 프라 안젤리코, 「최후의 심판」 (1431년경, 산 마르코 미술관, 피렌체, 이틀리아)

립된 전통에 따라, 그림 오른쪽에는 무덤에서 소생한 저주를 받은 자들이 심판자인 그리스도에게서 달아나 고통의 지옥으로 향하는 모습을 그리고 있다. 그리고 중앙 위쪽에는 그리스도와 성자들이 당당하게 앉아 있다. 이것은 바로 안젤리코와 같은 도미니크 회 출신의 토마스 아퀴나스가 묘사한 천국의 모습으로, 스콜라적인 천국관을 그대로 표현한 것이다. 그러나 안젤리코는 단지 두 영역 — 축복의 천국과 고통의 지옥 — 만을 그리고 끝낼 수가 없었다. 낙원의 풍경을 그리지 않고는 이 그림은 완성될 수가 없었던 것이다.[24]

그래서 안젤리코는 그림 왼쪽에 나무가 있는 푸른 목초지와 정원을 배경으로 낙원의 풍경을 가득 그려 넣었다. 미술사가들은 안젤리코가 실물 풍경화를 그린 최초의 화가라고 말하는데, 역시 그는 정원을 실제적으로 묘사하기 위해서 심혈을 기울이고 있다. 수많은 성도들이 여전히 심판자를 바라보고 있는데 반해 다른 성도들은 천사들에게 이끌려 이 정원으로 오고 있었다. 이곳에서 성도들은 천사들과 번갈아 손을 잡고 둥근 원을 만들며 평화롭게 춤을 추고 있었다. 이 장면은 확실히 낭만적이면서도 인간적인 특성을 가지고 있다. 정원 오른쪽 아래 부분에는 한 천사가 수도사와 포옹을 하고 있다(그림 20). 미술사가 허버트 스튀처Herbert Stützer는 이 장면을 다음과 같이 설명하였다. "여기 한 수도사가 있다. 그는 평생 동안 여성과 접촉하지 않고 살아왔다. 그러나 이제 그는 여성의 모습을 한 천사와 부드럽게 포옹하고 있다. 결국 안젤리코는 천국에 세상적이고 인간적인 축복을 전해 주고 있었던 것이다." 스튀처가 여성 모습을 한 천사에 대해서 과장된 말을 하고 있는 것이 사실이지만, 안젤리코가 천사들은 성性의 구별이 없다고 하는 스콜라 학파의 견해를 벗어난 것도 분명한 사실이다. 물론 프란체스코 콜론나Francesco Colonna나 롱사르Ronsard에게서 볼 수 있었던 노골적인 사랑 표현이 안젤리코에게서는 나타나지

그림 20.
프라 안젤리코, 「낙원에서」
(「최후의 심판」의 부분, 1431년경.
산 마르코 미술관, 피렌체, 이탈리아)

않았지만 그가 성도들과 천사들의 애정어린 모습을 묘사하고 있는 것은 확실하다.25)

또한 낙원의 위쪽, 즉 그림 거의 바깥쪽에 도시의 성문이 그려져 있는데, 그 사이로 황금빛이 새어 나오고 있다. 그리고 성도 두 사람이 그 빛을 향해서 걸어가고 있다. 그 도시는 높다란 황금 벽과 활짝 열린 창문들, 눈부신 빛으로 묘사된 새 예루살렘으로, 모든 것이 성서에 언급된 그대로다. 그리고 성도들이 땅 위에 떠 있는 모습도 볼 수 있는데, 이것은 그들이 아무런 노력 없이도 움직일 수 있다는 사실을 의미한다. 또한 이것은 이전의 육체와 부활한 새 육체가 근본적으로 다르다는 사실을 강조하고 있는 것이다. 이 세상에서는 거칠고 더러운 길도 발로 걸어가야 했지만, 천국에서는 아무런 힘도 들이지 않고

그림 21.
프라 안젤리코, 「성도들의 춤」
(「최후의 심판」의 부분, 1431년경.
산 마르코 미술관, 피렌체, 이탈리아)

움직일 수 있다. 넓은 지역을 돌아다니면서 설교를 했던 수도사들에게는 아무런 힘도 들이지 않고 움직일 수 있다는 사실은 매우 특별한 은총으로 여겨졌을 것이다.

프라 안젤리코가 낙원의 풍경을 그려 넣은 것은 천국을 두 개의 영역으로 구분했다는 뜻이다. 빛의 도시가 하나님을 영원히 경배하기 위해서 있는 것이라면(계시록에 기록된 것처럼), 도시 바깥에 있는 정원은 성도들과 천사들이 만나서 얘기하고 즐겁게 춤을 추기 위해서 있는 곳이었다(그림 21). 둥글게 원을 그리며 춤을 추고 있는 사람들의 평화로운 몸 동작이나 규칙적인 행동들은 저주받은 사람들의 혼란스러운 행동(그림의 오른쪽)과 큰 대조를 이루고 있을 뿐만 아니라, 최고천에 앉아 있는 천사들의 고정적인 자세(그림 19, 상단)와도 극한 대조를 이루고 있다. 기독교인들이 지켜야 할 사랑과 순결을 그대로 실천하며 살았던 성도들과 천사들은 서로 손을 잡고 애정을 표현하고 있다. 이렇게 안젤리코는 자신의 낙원 속에 움직임과 감정, 소망과 같은 인간적인 특성을 불어넣었다.

둥글게 손을 잡고 춤을 추는 장면은, 지극한 기쁨 속에서 질서 잡힌 행동을 감동적으로 표현하고 있을 뿐만 아니라 안정감마저 느끼게 한다. 안젤리코의 천국 성도들은 자신이 성문 바깥에서 춤을 추고 있다는 사실에 대해서 하나도 불안해 하지 않았다. 천국 성도들은 도시 안에서와 마찬가지로 새 예루살렘 바깥에서도 안전하다고 느꼈다. 따라서 천상의 도시가 갖고 있는 성벽은 방어의 목적으로 세워진 것이 아니라 심미적인 목적을 가진 것이라 볼 수 있다. 황금으로 만들어진 성벽은 도시와 정원을 구별하기 위해서 만들어진 것이었다. 즉 두 영역은 구별되고 독립된 환경을 가지고 있었던 것이다. 이와 동시에 성벽은 천국의 빛을 밖으로 나가지 않도록 하는 역할을 한다. 지옥의 문이 활짝 열려 있어서 여러 가지 고통의 방이 그대로 다 보이게 하는 것과 분명한 대조를 이루고 있다. 천국의 성도들에게는 사랑하는 사람과 교제를 나누는 즐거움이 — 정원과 도시에서 — 허락되었지만, 저주받은 자들은 무의미한 고통 속에 버림받은 존재가 되었다.

시에나 출신의 예술가 지오반니 디 파올로Giovanni di Paolo가 1445년 성당의 제단 위에 그린 낙원 그림(그림 22)은 분명히 안젤리코의 그림을 모방한 것이었다. 지금은 소실되었지만 이 그림은 제단의 아래나 윗부분을 장식하고 있던 다섯 조각의 그림 중 한 부분이었다. 이 그림들은 각각 독립된 장면, 즉 창조, 낙원, 최후 심판 그리고 지옥과 노아의 대홍수를 나타내고 있다. 안젤리코와 마찬가지로, 지오반니도 낙원의 모습을 작은 꽃들이 향기를 뿜어 내는 목초지와 열매를 맺은 나무들로 세밀하게 표현하였다. 수도사와 성직자, 수녀, 평신도들을

그림 22. 지오반니 디 파올로, 「낙원」 (1445년경, 메트로폴리탄 미술관, 뉴욕)

천사들이 애정어린 포옹을 하며 맞이하고 있고, 또 다른 이들은 서로 즐거운 대화에 열중하고 있다. 특히 지오반니는 이 성도들을 쌍쌍으로 배열시키고 있다. 이는 안젤리코가 영원한 축복을 공동체적인 기쁨으로 표현했던 것과 달리, 지오반니는 이보다 개인적이고 사사로운 특성을 강조하고 있는 것으로 보인다.

미술 비평가인 존 포프-헤네시John Pope-Hennessy는 이 그림에서 지오반니가 단순히 안젤리코의 그림을 모방하는 것에서 벗어난 면을 발견하였다. 먼저 안젤리코의 그림에 나오는 성도들의 표정은 "모두 한결같이 무표정한 평안함으로 가득 차 있다. 이로 인해 그의 그림이 갖고 있는 가장 매력적인 특성, 즉 인간적인 특성이 잘 드러나지 않았을 뿐만 아니라, 오히려 몰개성적으로 묘사되는 결과를 초래하고 있다"고 말했다. 그러나 지오반니의 그림에서는 "모든 인물이 각자 독특한 개인적인 감정들—겸손, 놀라움, 애정, 만족—을 드러내고 있으며, 이것은 가히 감동적이라 하지 않을 수" 없다. 지오반니는 천국 성도들을 그리스도나 하나님과 관계를 맺지 않은 독립적인 존재로 표현했기 때문에 이런 감정적인 표현들은 주로 인간적인 특성을 반영한 것이라고 보아야 할 것이다.[26]

안젤리코나 지오반니의 그림에서 낙원에 있는 성도들이 거룩한 성자saints라는 사실은 찾아볼 수 없다. 즉 예술가들은 낙원을 유명한 성자들을 위해 마련된 곳으로 보지 않았고, 따라서 좀 덜 고귀한 사람들이 살게 될 또 다른 장소가 있다고는 생각하지 않았다. 르네상스 예술가들은 각 사람들이 세상에서 쌓은 덕의 정도에 따라 보상을 받는다고 하는 신학적, 교리적인 주장들을 자신의 그림 속에서 표현하지 않았다. 또한 천국에는 여러 '계층'(사도, 동정녀, 순교자 등등)이 있다고 믿었던 중세의 일반적인 관점도 전혀 나타나지 않고 있다. 사람들의 영적 상태나 수준이 모두 다르더라도, 안젤리코와 지오반니의 낙원에서는 성도들이 편안한 분위기 속에서 자유롭게 어울릴 수 있었다. 왜 박사가 동정녀와 말하거나 순교자나 거룩한 과부에게 말을 걸어서는 안 되겠는가? 심지어 지오반니가 더 후기에 그린「낙원」그림에는 거룩한 순결자들(Holy Innocents : 헤롯왕에 의해 죽은 아이들-역주), 이들은 발가벗은 어린이들로 그들의 순교 표시로 아름다운 붉은 점이 있으며, 다른 성도들과 함께 놀고 있다. 결국 예술가들은 천국의 정원은 오직 하나뿐이라고 생각했으며, 이곳에서 평범한 사람들은 그 위계에 관계없이 살게 될 것이라고 믿었다. "천국의 시민들 중 대다수가 수도사, 수사, 수녀라는 사실은 명백하다. 하지만 원칙적으로 천국은 원시공산주의적 사회라고 할 수 있다. 낙원은 의로운 자 '모두'를 위한 장소이기 때문이다"고 포프-헤네시는 설명하였다.27)

하나의 낙원에서 모든 성도가 다 함께 살게 된다고 믿는 사상은 안젤리코보다는 지오반니의 그림에서 더 선명하게 나타나고 있다. 지오반니는 천국을 회복된 낙원으로 생각했기 때문에 낙원 그림을 최후의 심판 이후에 놓지 않고 창조와 최후의 심판 사이에 배열하였다. 그래서 그는 새 예루살렘도 생략하고 그리지 않았다. 즉 그는 아담과 하와가 그랬던 것처럼, 성도들은 도시가 아니라 정원에서 살게 된다고 믿었다. 또 하나의 중요한 사실은 지오반니가 정원에 동물──놀고 있는 작은 토끼들──을 그려 넣었다는 점이다. 낙원을 다시 회복시키려면 하나님이 창조한 피조물이 모두 갖추어야만 했다. 그러나 이런 생각은 아퀴나스의 천국관에서는 금지된 것이었다. 이제 천국은 새롭게 회복된 땅을 포함하였으며, 이곳에서 인간들은 살아 있는 모든 선한 것을 즐길 수 있다고 생각했다.

예술가들의 비전은 신비주의자들의 환상 속에서도 나타났다. 도미니크 회 수녀, 만토바의 오잔나Osanna of Mantua(1449~1505)가 본 천국의 환상도 애정과 키스, 포옹, 성도들 간의 달콤한 대화로 가득했다. 또한 그녀는 환상 속에서 두 성자——바울과 시므온Simeon——가 자신을 사랑스럽게 맞이하고, 자신의 손을 잡아 하나님의 보좌 앞으로 데려가는 장면을 보았다. 하나님도 그녀를 자신이 가장 사랑하는 딸이라고 부르면서 애정어린 말을 건넸다고 한다. 또한 오잔나는 천국은 하나님만을 위한 장소가 아니라고 주장하는 것처럼, 그녀가 만났던 성도들의 이름, 즉 토마스 아퀴나스와 마리아 막달리나 그리고 그녀가 좋아했던 시에나의 캐더린의 이름을 열거하고 있다. 오잔나는 성 도미니크 축제일에 또 한 번 낙원에 가게 되었는데, 그곳에서 그녀는 자신이 속한 수도회의 창설자를 만날 수 있었다. 기대했던 대로, 그는 그녀에게 아버지처럼 자비롭고 부드럽게 말을 하였다. 그러나 그녀는 실망스럽게도 시에나의 캐더린을 볼 수 없었으며, 그녀의 친구이자 페루지아Perugia의 도미니크 회 수녀원 창시자인 콜룸바 Columba(1476~1501)도 만나 보지 못했다. 그녀는 콜룸바가 천국에 있다는 사실을 알고 있었다. 페루지아에서 콜룸바가 숨을 거두는 것과 같은 시간에 그녀가 하늘로 올라가는 것을 실제로 목격했기 때문이다. 그러나 또 다른 환상을 통해서 오잔나는 친구를 만날 수 있었다. 그리고 그때 그녀는 콜룸바의 포옹에서 벗어날 수 없다는 사실을 깨달았다.28)

　인문주의 대가인 로테르담의 에라스무스는 그 표현이 좀더 억제되긴 했지만, 그도 여전히 천국에서의 재회 장면을 상상하였다. 1522년에 그의 친구 존 로이힐린John Reuchlin이 사망했을 때, 그는 로이힐린이 목초지에서 수많은 천사들과 특별한 성인 한 사람을 만나는 모습을 상상했다. 그 성인은 교회의 아버지라고 할 수 있는 히에로니무스 Jerome였으며, 히에로니무스가 로이힐린을 포옹하며 기쁘게 맞아들였다는 것이다. 그는 로이힐린에게 세 가지 색깔로 만든 아름다운 두루마기를 한 벌 주었는데, 이는 그가 히브리 어와 그리스 어, 라틴 어에

능통했다는 사실을 상징한다. 로이힐린과 히에로니무스는 히브리 학자로 쌍벽을 이루었다. 그 후 히에로니무스가 새 두루마기를 입은 로이힐린을 목초지 중앙에 있는 계단으로 데리고 가서 그를 끌어안자 하늘 문이 열렸다. 그리고 그들은 천국과 낙원을 연결하는 하나님의 빛을 통해서 천사들이 연주하는 음악에 맞추어 하늘로 올라갔다.29)

낙원에서 하나님의 거처로 올라가는 상승 이론을 처음 고안해 낸 사람은 에라스무스가 아니었다. 그는 르네상스 당시의 사람들 사이에 널리 퍼져 있던 생각에 로이힐린과 히에로니무스를 등장시켰을 뿐이다. 1470년 벨기에 루뱅Leuven 시市 청사에 그려진 디에릭 부츠Dieric Bouts의 그림「낙원」에는 이런 생각이 훨씬 더 잘 나타나 있다(그림 23). 천사들은 뾰족탑 모양의 분수대가 있는 정원에서 성도들을 만난다. 그 후 천사들이 성도들을 계단으로 인도하는데, 그 계단 위에는 천국이 있어서 빛의 영역으로 올라오는 성도들을 맞아들이고 있었다.

천국에서 다른 사람을 만나 사랑하게 된다는 르네상스 시대의 꿈을 확실하게 표현하고 있는 신학 논문이 적어도 한 권은 있다.『낙원에서의 감각적인 쾌락에 대한 만족할 만한 설명Pleasing Explanation of the Sensuous Pleasures of Paradise』(1504)이라는 제목의 논문은 영화롭게 된 인간의 육체가 매우 아름다우며, 보고 듣고 노래하는 능력이 향상되어 이 세상에서 불렀던 어떤 노래보다도 뛰어나게 하나님을 찬양할 수 있다고 설명하고 있다. 인간은 천국에 가서도 냄새를 맡고, 맛을 느끼며, 촉감을 느낄 수 있다. 예수가 어린아이들을 품에 안았다는 성경 말씀을 근거로 내세우면서, 천국의 성도들도 서로 만질 수 있고, 예수가 성자들을 품에 안을 것이라고 추론하였다. 또한 "우리는 아버지와 형제 자매들과 포옹하게 될 것이며, 특별히 성자들은 예수님께서 차례 차례로 안아 주실 것이다. 어린아이들을 품에 안아 주시는 예수님의 모습을「마가복음」9장을 통해서 보라"고 설명하고 있다. 여

그림 23. 디에릭 부츠, 「낙원」 (15세기, 보자르 미술관, 릴, 프랑스)

기서 성자들이 서로 포옹한다는 것은 그리스도가 보여 준 모범을 따른다는 의미였다.30)

부활한 인간의 육체는 영적인 것이지만 그리스도와 포옹할 수 있고 즐거움도 느낄 수 있다. 또한 입을 맞추는 행위도 사람들에게 영화로운 것이 된다. 우리가 그리스도에게 또한 그리스도가 우리에게 입을 맞출 것이다. 그리고 "우리가 사랑하는 사람들에게, 남자이건 여자이건 상관없이 우리가 입맞추기를 원하는 모든 사람에게 이와 같은 행동을 할 수 있다." 저자는 이 사실을 증명하기 위해 권위 있는 자들의 설교를 인용했는데, 이것은 성모 승천 대축제일에 행해진 위僞-아우구스티누스Pseudo-Augustine의 설교와 클레르보의 베르나르Bernard of Clairvaux의 설교였다. 즉 마리아가 천국에 들어갔을 때, 예수는 자신의 어머니에게 실제로 '육체적인' 입맞춤을 했다는 것이다. 이런 행동은 두 사람이 모두 영화롭게 된 육체를 가지고 있었기 때문에 가능한 일이었다. 따라서 성도들 역시 입을 맞출 수 있고, 입맞춤을 받을 수도 있다. 더 흥미로운 사실은, 두 사람이 어떤 거리에 있든지, 다시 말해 사랑하는 사람이 낙원이 아닌 다른 곳에 있다고 하더라도 입맞출 수 있다는 사실이다. '수천 마일'의 거리도 문제가 될 수 없으며, 먼 거리에서 키스를 한다 하더라도 입술을 직접 맞닿았을 때와 똑같은 감촉을 느낄 수 있다. 연인들은 이제 더 이상 육체적으로 떨어져 있다는 사실 때문에 제약받지 않고 항상 친밀하게 직접적으로 접촉을 느낄 수가 있다. 또한 저자는 키스와 더불어 달콤한 향기도 맡을 수 있다고 하였는데, 이는 입맞춤의 영적인 특성보다는 '육체적'인 특성을 더 강조하고 있다는 사실을 말해 준다.31)

이 논문의 저자는 금욕주의 수도사 첼소 마페이Celso Maffei(1425~1508)다. 그는 라테라노Lateran의 아우구스티누스 참사회 회장으로 일곱 번이나 재선되었다. 교황 율리우스 2세(1443~1513)에게 헌정한 이 책에서, 저자는 낙원을 계층적인 즐거움hierarchy of pleasure이 있는 곳으로 묘사하였다. "대략 계산해 보면, 가장 낮은 계층에 있는 성도들의 육체는 이 세상의 꿀이나 설탕, 그 밖의 자연식품이나 인공식품보다 오십 배나 더 좋은 것을 맛보게 된다. 그 위의 성도라면 이보다 백 배나 더 달고 좋은 맛을 맛보게 되며, 또 그 위의 천 배나 더 달고 좋은 것을 먹는다." 그러나 마페이는 이 논문의 마지막 부분에 이르러, 승리의 감정을 느끼는 것과 동시에 변명을 하는 것처럼 보이기도 한다. 그는 이제까지 키스나 포옹 같은 감각적인 즐거움들은 모두 인간적인 행복이라고 얘기했었다. 따라서 천사들은 육체가 없기 때문에 천국에서 입맞추는 것과 같은 감각적인 즐거움을 느낄 수가 없다. 성도들만이 누릴 수 있는 이 기쁨은 이 세상에서 느낄 수 있는 그 어떤 쾌락보다도 즐거우며, 순결이나 동정성에 아무런 해도 입히지 않고 모든 육체적인 감각들이 만족하게 될 것이다. 그가 말한 간단한 변명은——"순결이나 동정성에 아무런 해도 입히지 않고"——르네상스 시대의 기독교인들은 중요하게 여기지 않았던 금욕주의를 반영하고 있는 것처럼 보인다. 그러나 이 논문을 다 읽은 사람들은 이 저자가 알려진 대로 정말 금욕주의 삶을 살았는지 의심하게 될 것이다.[32]

마페이가 말한 육체적인 감각이 안젤리코나 지오반니의 순결하고 우아한 작품에서는 나타나지 않았지만, 루카 시뇨렐리Luca Signorelli(1441~1523)의 대담한 구도에서는 찾아볼 수 있다(그림 24). 그는 이탈리아 오르비에토Orvieto 대성당의 예배당 하나를 장식해 달라는 의뢰를 받고 그림을 그렸는데, 여기에서 그는 한 세대 전에 안젤리코가 시작했던 기획을 완성시켰다. 그는 안젤리코와 달리 장중함을 좋아했기 때문에, 1499년에서 1502년에 이르는 기간 동안 성당 벽을 가득 채우는 거대한 그림을 그렸다. 이 그림에서 시뇨렐리는 최후 심판이라는 드라마를 몇 개의 독립된 장면을 연속으로 배열해 표현하려고 하였다.

그림 24. 루카 시뇨렐리, 「축복받은 성도들의 대관식」 (1499~1502년, 오르비에토 대성당, 이탈리아)

그림 25. 루카 시뇨렐리, 「축복받은 성도들의 대관식」 (1499~1502년, 오르비에토 대성당, 이탈리아)

즉 트럼펫을 불고 있는 부활의 장면, 저주받은 자들의 고통, 축복받은 자들의 대관식 그리고 천국으로 승천하는 모습을 각각 하나의 그림으로 독립시켜 표현하고자 하였다.

시뇨렐리는 '축복받은 성도들의 대관식the Coronation of the Blessed' 이라는 주제를 표현하는 데 예배당 벽 하나를 전부 사용했다. 그는 그림 아래쪽 절반을 남자와 여자들로 가득 채웠는데, 어떤 이들은 허리싸개를 하고 있고, 어떤 이들은 완전히 벌거벗은 채 서 있다. 그들은 위쪽을 바라보고 있고, 천사들이 머리에 금 면류관을 씌워 주고 있다. '여성'의 천사들이 여러 겹의 두루마기를 입고 악기를 연주하고 노래를 부르고 있다. 이 프레스코 화 중앙에는 두 천사가 허공에 떠서 평화롭게 꽃을 뿌리고 있다. 그림에 등장하는 남자와 여자들은 모두 젊고 건강하며, 흠이 없는 육체들을 가지고 있다(그림 25). 어떤 예술사가는 "그들 중에 1온스ounce도 군살이 찐 사람을 찾아볼 수 없다"고 말하면서, "그들의 피부는 한 겹의 고무가 근육을 덮고 있는 것처럼 투명해 보이며 자세도 고요하고 평화롭다"고 지적하였다. 최후의 심판을 묘사한 이전의 화가들과는 달리, 시뇨렐리는 성도들을 묘사하는 데 수도사들의 삭발 머리를 제외하고는 나이나 지위 등에서 차등이 없게 표현하고 있다.[33]

부활한 성도의 육체는 아퀴나스의 묘사처럼 영화롭거나 빛이 나는 신체가 아니다. 오히려 이러한 표현은 만년의 아우구스티누스에게서 찾아볼 수 있다. 처음에 아우구스티누스는 천국에서 육체라는 물질은 존재하지 않는다고 주장했지만, 나중에는 부활한 육체가 갖게 될 아름다움을 인정하고, 그 육체는 꽃과 같이 젊을 것이며 어떤 흠이나 결점도 없는 완벽한 몸이라고 믿었다. 이 그림에서 남자와 여자들은 자신의 팔을 쭉 뻗음으로써 자신의 육체가 가지고 있는 균형과 비례를 과시하고 있다. 또한 그들은 어떤 수치심도 보이지 않고 의연하게 서 있는 것을 볼 수 있는데, 이것은 그들이 어떤 정욕도 느끼지 않고 서로의 아름다움을 즐기기 때문이었다. 남성들을 죄악으로 인도하고 신으로부터 멀어지게 만든다는 이유로 비난을 받았던 여성들도 남성과 똑같이 면류관을 받고 있었다.

시뇨렐리의 그림에서는 무덤에서 나온 부활한 자들이 모두 벌거벗고 있는 것이 당연한 일이겠지만, 면류관을 받는 장면에서도 이들이 계속해서 벌거벗고 있는 것은 특별한 의미가 있다. 어떤 사람은 성도들이 면류관을 받기 이전에 먼저 두루마기를 받아 입어야 하는 것으로 생각할 것이다. 예를 들어 영국의 경우엔 대관식에서 먼저 두루마기를 받고 나중에 왕관을 받아 쓰기 때문이다. 그러나 시뇨렐리는 회복된 낙원에서 살게 될 성도들은 의복이 필요 없다고 생각했기 때문에 두루마기를 수여하는 장면을 생략했던 것이다. 그는 인간의 육체를 칭송하는 데는 르네상스 시대의 생각을 고집했지만, 이와 동시에 중세 신학과 중세인들의 마음속에 있었던 정서, 즉 부활한 성도들이 벌거벗고 살게 될 것이라는 중세 사상도 염두에 두고 있었던 것이다. 그는 『해설』에 나오는 예언, "그들은 벌거벗고 살게 될 것이다. 하지만 그 어느 때보다도 고상하고 자신의 육체를 부끄러워하지도 않을 것이다. 왜냐하면 그들은 진실로 아름다운 눈을 가지고 있기 때문이다"라는 구절을 상기하고 있었던 것이다. 시뇨렐리는 벌거벗은 인간의 육체를 회복된 낙원의 주요한 특징으로 이해하였다. 어떤 미술사가는 이 그림에 나오는 허리싸개가 후대의 사람들이 새로 그려 넣은 것이 아닌가 의심하기도 한다. 그러나 사실이 어떻든 시뇨렐리가 부활한 육체가 갖고 있는 활기와 싱싱한 젊음을 즐기고 있었던 것만은 확실하다. 또한 미켈란젤로가 시스티나Sistine 성당에 그린 「부활」이라는 프레스코 화에서 이 사상을 발전시켜 표현하고 있다는 사실도 그리 놀랄 일은 아니다.[34]

언뜻 보기에, 시뇨렐리의 그림에 나오는 여성과 남성은 산만하게 서 있는 것 같다. 이들은 모두 면류관을 받아 쓰기를 기다리고 있고, 그 후엔 다음 장면에서 보듯이 천국으로 올라가게 된다. 그러나 성도들을 배열하는 데는 중요한 구도가 하나 있다. 바로 각각 남녀 한 쌍씩 배열하고 있다는 점이다. 그림 앞쪽에 세 쌍의 남녀가 있는데, 왼쪽 끝에 한 쌍이, 중앙에 또 한 쌍 그리고 오른쪽 끝에 나머지 한 쌍이 서 있다. 시뇨렐리는 천국에서도 여성과 남성의 관계가 여전하다고 믿었다. 만약 하나님이 에덴 동산을 만들고 인간도 남녀 한 쌍을 창조하였다면, 회복된 낙원에서도 이런 기본적인 결합은 유지되어야 했다. 성도들도 자신의 영성에 따라 계층별로 앉아 있거나, 서로에게 무관심한 것처럼 표현할 필요가 없다. 르네상스 시대의 예술이나 신학에서는 성도들은 내세에 가서 자신이 선택한 사람들과 특별한 관계를 맺을 수 있다고 보았다. 천국에서 자신의 옆자리에 누구를 앉힐 것인지 결정할 때 하나님의 뜻에 무조건 순종하는 것이 아니라, 성도 자신이 결정권을 갖는 것이다.

르네상스 시대의 예술가와 신학자들은 쾌락과 행복이 인간 삶의 목적일 뿐만 아니라 기독교인의 삶에서도 목적이 된다고 확신하였다. 그리고 그들은 쾌락주의Epicurean 철학에서 주장하는 것처럼 기독교도 덕을 쌓는 것이 행복을 이루기 위한 수단일 뿐 그 자체를 목적으로 삼을 수 없다고 생각했다. 덕을 쌓는 것보다 더 고귀한 것이 행복이었다. 또한 행복하기 위해서는 서로간의 교제가 필요하다. 인문주의자 바르톨로메오 파치오Bartolomeo Facio(1457년 사망)도 내세에서 누리게 될 가장 즐거운 일들 중에 하나가 바로 '시민의 모임'이라고 설명하였다. 그리고 파치오는 다음과 같이 덧붙였다. "고독한 삶은 행복과는 전혀 상관없는 것이다." 이 말은 부드럽게 들리긴 하지만, 스콜라 신학에서 보면 정도에서 벗어난 생각이었다. 아퀴나스는 『신학대전』에서 내세에서 누리게 될 기쁨과 인간적인 우정은 아무런 관계가 없다고 주장했을 뿐만 아니라, 그 기쁨은 완벽하게 '영적인 것'임을 강조하였다. 그러나 르네상스 시대의 관점에서는 다른 사람과 사랑과 우정의 교제를 나누는 것도 하나님과 영원한 사랑을 나누는 것만큼이나 중요한 것이었다.[35]

네덜란드 화가 얀 벨레감베Jean Bellegambe는 1526년에서 1530년경까지 교회 제단에 3부작 그림triptych을 그렸다(그림 26). 벨레감베는 이 그림을 통해서 르네상스 시대 천국관을 여실히 보여 주고 있다. 먼저 천국이 두 층으로 분명하게 나누어져 있다. 아래층의 천국에서는 벌거벗은 성도들이 서로 인사하며 풀밭에서 놀기도 하고 천사들과 대화를 나누기도 한다. 또한 그림 중앙에는 성서, 고전 시대의 신화, 르네상스 시대의 전통을 따라서 분수대가 그려져 있다. 완전히 벌거벗

그림 26.
얀 벨레감베, 「낙원」
(1526~1530년경, 「최후의 심판」
제단장식화의 부분, 국립미술관)

고 있는 사람들의 모습은 고대의 황금 시대나 엘뤼시온을 생각나게 한다. 이것은 단순히 아담과 하와라는 최초의 인류를 상징하기 위해 몇 명의 성도들을 그려 넣은 회복된 낙원의 모습이 아니었다. 벨레감베의 낙원은 서로간의 교제를 즐기며, 야단법석을 떨며 놀고 있는 성도들의 무리들로 가득 차 있다. 그들은 하늘로부터 뻗어 나와 있는 천상의 도시에는 무관심한 것처럼 보인다. 맨 앞에서 면류관을 씌우고 두루마기를 입히는 일이 진행되고 있었지만, 그들은 이 일에도 별다른 관심을 보이지 않고 있다. 전통적인 기독교적 요소들 —— 천상의 도시와 화려하게 차려 입은 천사들 —— 이 전혀 약화되거나 축소되진 않았지만, 동시에 좀더 '이방적인' 요소들, 즉 놀고 대화하고 서로 접촉하는 행위들도 나타났던 것이다.

르네상스 시대의 사람들은 기독교 전통 교리를 직접적으로 거부하지도 않으면서 낙원에서 친구를 만날 수 있다는 고전 시대의 이교 사상을 그대로 받아들였다. 이제는 페트라르카도 하나님을 만남과 동시에 자신이 사랑했던 여인과도 만날 수 있었다. 내세에서 단테가 "가장 경애했던 여인, 베아트리체의 가슴 속에 안겼다는 사실은 의심할 여지가 없으며, 지금은 지고선至高善이신 그분이 보시는 앞에서 그녀와 함께 살고 있다"라는 설명은 보카치오와 같은 14세기의 아웃사이더들에게는 더 이상 대담한 설명이 아니었다. 고대 신화에 나오는 지복의 섬the Isles of the Blest과 회복된 낙원의 개념을 혼합하고 이것에 확증을 줄 수 있는 성서 구절과 환상적인 표현을 덧붙임으로써, 인간이 아름다움과 조화를 누릴 수 있게 되었다. 천국은 이제 더 이상 성도들이 자신의 행복에는 전혀 무관심한 채 오로지 하나님만을 찬양하는 장소가 아니었다. 부활한 인간의 육체는 팽팽한 근육을 갖고 있으며, 이로 인해 그들이 갖고 있는 인간적인 모습이 오히려 더 세련되게 나타났다. 아우구스티누스주의자와 스콜라주의자들이 갖고 있었던 두 가지 사랑—하나님을 향한 진실된 사랑과 여기에서 파생된 피조물들에 대한 사랑—은 더 이상 존재하지 않았다. 르네상스 시대의 천국관에는 하나님에 대한 헌신과 사랑하는 사람에게 느끼는 매력 사이에서 갈등할 필요가 없었다. 즉 신적인 것과 인간적인 것이 모두 만족될 수 있었던 것이다.

천국의 지리

르네상스 시대에 이르러 금욕주의보다는 '세속에서' 적극적으로 활동하는 것에 가치를 두고, 내세에서 친구나 연인을 만날 수 있다는 키케로적인 소망을 받아들이게 되면서 전통적인 기독교의 내세관이 변화하기 시작했다. 르네상스 시대의 저술가와 예술가들은 중세 시대의 천국관이 당대의 정신에 부합하지 않는다는 사실을 발견하였다. 스콜라 신학자들은 천국에서 누리게 될 지복의 비전에 초점을 맞추고 있었기 때문에 인간적인 측면이 개입할 여지가 없었다. 그러나 르네상스 시대의 신학자와 예술가들은 자신의 천국관에 인간적인 특성을 도입하기 위해서 천국을 양면적인 모습으로 그렸다. 그래서 한 장소에서는 하나님의 장엄한 현존이 부각되도록 했고, 다른 장소에서는 성도들이 그들 나름대로 피조물로서의 독립된 위엄을 가질 수 있도록 하였다. 아름다운 자연에서 사랑하는 연인과 함께 살고 싶어하는 인간적인 소망을 충족시키고, 신학적인 요구에도 부합하기 위해서 위와 같은 이중적인 천국관이 형성되었던 것이다. 하나님이 거하는 거룩한 도시와 성도들이 서로 사랑하고 교제를 나누는 낙원, 이렇게 천국은 양면적인 성격을 갖게 되었다.

르네상스 시대의 천국의 모습은 천상의 도시와 회복된 낙원으로 나누어져 있었다. 눈부신 빛과 화려한 고딕 건축물로 표현된 하나님의 거처는 르네상스 시대 사상과 계시록에 나타난 이미지들이 혼합되어 나타난 결과였다. 신약의 요한은 새 예루살렘을 하나의 커다란 성전으로 생각하였다. 새 예루살렘은 도시적인 성격을 갖고 있었고 오로지 예배만 드리는 장소였다. 그러나 르네상스 시대의 천국 도시는 성문과 성벽으로만 표현되고 있을 뿐 내부 구조는 거의 언급되어 있지 않았다. 그래서 사람들은 그 도시 안에서 무슨 일이 벌어지고 있는지 알 수가 없다. 다만 예술가들은 이 천상의 도시를 고딕 양식의 건축물로 표현함으로써 교회라는 이미지를 던져 주고 있을 뿐이다. 천국은 우선적으로 성도들을 위한 거처가 아니라 하나님을 위한 것이라고 생각되었다. 이 세상에서 하나님의 거처가 교회인 것처럼, 천국에서 하나님의 거처는 천상의 도시였다. 성도들은 하나님의 도시에 살기 위해서가 아니라 그를 예배하기 위해서 들어갔던 것이다.

천국의 성도들도 하나님이 거주하는 곳에서 하나님과 함께 살 수는 없다. 성도와 천사들이 하나님의 빛을 향하여 올라가는 모습이 보이긴 하지만, 그들은 좀더 세속적인 환경에서 살고 있는 것처럼 보인다. 즉 황금 문 안쪽 지역은 하나님을 찬양하기 위해서 들어가는 것으로 추측되며, 성도들의 거처는 회복된 낙원이다. 낙원은 천상의 도시와 분명하게 구별되어 있지만, 그렇다고 덜 고귀한 장소는 아니었다. 아퀴나스가 설명한 최고천의 천국에서는 볼 수 없었던 것 나무, 새, 꽃, 목초지 등이 이곳에는 모두 있었다. 그러나 이것들은 그냥 살아 있는 야생의 자연이 아니라 인간의 이익과 필요에 맞게 설정된 자연이었다. 즉 천국의 자연은 계획된 것으로, 극적인 풍경이나 장대한 경치 같은 것은 없었다고 볼 수 있다. 분수대와 장막들, 배와 성문 같은 것들도 자연의 조화를 깨뜨리기보다는 성도들을 위해서 준비된 것들이었다. 사람들은 이 낙원에서 자연을 느끼고 놀고 음악을 들으면서 영원한 즐거움을 누리고 있었다. 이전에는 단순하게 신을 위해서만 봉사하던 천사들도 이제는 연인들을 위해서 세레나데를 부르고, 꽃을 뿌리면서 면류관을 씌워 주며, 천국에 온 것을 환영하는 포옹도 해 준다. 르네상스 시대에는 천사들도 좀더 인간적인 모습으로 표현되어 있었던 것이다. 그래서 어떤 그림에서는 여성의 모습을 하고 있는 천사들도 나타나고 있다.

르네상스 시대에는 자신이 쌓은 덕의 정도에 따라서 천국의 자리가 결정된다고 생각하지 않았고, 미술이나 문학, 신학 교리에서도 이런 사상은 찾아볼 수 없다. 그러나 중세 스콜라 신학자들의 천국에서는 성도들이 자신의 영성에 따라 엄격한 위계를 지키며 줄지어 앉아 있다. 토마스 아퀴나스는 개인이 세상에서 쌓은 덕의 양에 따라서 중앙에 있는 하나님과의 관계가 결정된다고 주장하였다. 즉 영적 수준이 높은 사람일수록 그 사람의 영혼은 하나님께 더 가까이 다가갈 수 있다. 그리고 하나님께 더 가까이 다가갈수록, 하나님에 대한 지식도 그만큼 더 커진다. 여기서의 중세의 천국은 위로 올라갈수록 점점 더 작아지는 커다란 원추 모양과도 같다. 메흐틸트와 같은 여성 신비주의자들은 동정녀들이 이 원추의 꼭대기를 차지하게 된다고 믿었다. 그러나 전통적인 저술가들은 사도나 순교자들 그리고 동정녀 마리아가 하나님과 가장 가까이 있게 된다고 주장하였다.

르네상스 시대의 천국은 —— 빛의 장소와 낙원 모두 —— 등급이나 계층이 없던 곳이었으며, 중세의 천국관이 갖고 있던 엄격성과 고정성, 계급성은 완전히 사라졌다. 낙원에서 친구들을 만나거나 분수대에서 놀고 있는 사람들의 얼굴에는 어떤 슬픔이나 좀더 나은 곳으로 상승하기를 기다리는 근심스러운 표정도 나타나지 않았다. 옷을 입지 않고 벌거벗고 있는 사람들도 이들이 다른 성도들보다 결코 천박해 보이지 않았다. 벌거벗었다는 사실은 그들이 하나님 앞에서 평등하며 서로 닮은 존재라는 사실을 강조하고 있을 뿐이다. 단지 사회적인 지위의 차이를 의미하는 몇 가지 표시들—가장 흔한 것은 수도사의 삭발 머리—만이 남아 있을 뿐이었다. 하나님이 천국에 온 성도들에게 그들이 쌓은 덕의 정도에 따라서 각각 다른 보상을 준 것은 사실이지만, 이런 차이가 성도들 사이에서 나타난 것은 아니다. 순교자가 동정녀와 대화할 수 있고, 교사가 상인과 함께 노래를 부를 수 있으며, 쌍을 이룬 무리들이 손에 손을 잡고 산책을 할 수도 있다. 르네상스 시대 사람들은 중세의 천국관이 갖고 있던 계층적인 구별을 중요하게 생각하지 않고, 오히려 내세를 인간 중심적으로 이해한 키케로나 고대 신화에 더 관심을 가졌다.

만약 중세의 천국이 하나님을 정점으로 하는 원추 모양이라면, 르네상스 시대의 천국은 위쪽에서는 하나님을 예배하고, 아래쪽에는 낙원이 있는 하나의 상자 모양과 같았다. 그리고 두 장소는 서로 고립된 것이 아니라 신성을 가진 성도들이 이 두 곳을 왕래할 수 있었다. 사보나롤라Savonarola와 같은 이들은 환상 속에서 하나님의 거처와 성도들의 낙원을 연결시켜 주는 사다리를 보았다. 생명의 분수대도 하나님의 거처와 성도들의 거처를 연결시키는 역할을 하고 있었다. 이 생명의 분수대(그리고 사랑의 분수대)는 이곳에 하나님의 축복이 현존하고 있다는 사실을 상징한다. 심지어 위를 향해 치솟은 장막이나 돛대들도 두 장소를 연결해 주는 신비스러운 극점으로 이해하였다. 에라스무스가 히에로니무스와 로이힐린이 즐겁게 영원한 대화를 나누고 있다고 상상한 것은 그들이 처음 만났던 낙원에 얼마든지 다시 건너갈 수 있다는 사실을 의미하는 것이었다. 구원받은 성도들이 지옥으로 되돌아갈 수 없는 것처럼, 성도들이 낙원에서 하늘로 올라갔다고 해서 이 낙원에 다시 되돌아올 수 없다는 뜻은 아니었다. 심지어 사보나롤라는 낙원에 마리아의 보좌가 있다고 설명하기도 하였다.

낙원에서는 성도들이 자유롭게 활동할 수 있었지만, 이것이 하나님의 거처인 천국에서는 허용되지 않았다. 아리스토텔레스와 마찬가지로, 아퀴나스도 성도들의 민첩하고 기민한 움직임, 힘을 쓰지 않고 움직일 수 있는 능력을 확신하지 못했다. 그리고 그는 "움직인다는 것은 불완전한 존재들이 하는 행동"이라고 생각했다. 그래서 "움직이지 않고서 신의 선함을 공유하는 것은 움직이면서 신의 선함을 공유하는 것보다 더 우수하다." 그러나 성도들이 하나님처럼 완벽한 고정성을 가질 수 있겠는가? 아퀴나스는 이것이 불가능하다는 사실을 잘 알고 있었다. 오로지 하나님만이 편재Omnipresent할 수 있고, 거리를 극복하기 위해서 움직이지 않아도 된다. 피조물이 편재할 수 없다는 사실은 천국에 가서도 고칠 수 없는 하나의 '결점'이다. 그리하여 아퀴나스는 천국의 성도들이 움직일 수도 있다는 가능성을 남겨 두었다. 그러나 그들이 실제로 움직일 것인가? 움직인다는 것은 불완전하다는 것을 의미하겠지만, 아퀴나스는 이것을 하나의 가능성, 즉 '있을 법한' 일로 생각했을 뿐이었다. 그리고 성도들은 "그들이 원한다면 가끔씩 움직이게 될 것이다……. 그래서 여러 종류의 피조물들이 갖고 있는 아름다움을 통해서 그들이 누리고 있는 지복의 비전도 새롭게 될 것이다." 성도들은 다양한 피조물을 즐거워하게 된다. 왜냐하면 이것들 안에서 "하나님의 지혜가 빛을 발하고 있기 때문"이다. 그러나 15세기경에 이르러 아퀴나스의 논리는 거의 힘을 잃어버렸다. 먼 거리에 있는 도시나 나라들을 여행하기를 좋아했던 르네상스 시대의 사상가들은 더 이상 아퀴나스가 있을 법한 것으로 생각했던 단순하고 간단한 '동작'들에 만족할 수가 없었다. 그래서 움직인다는 것을 더 이상 불완전한 존재가 갖고 있는 특징으로 생각하지 않았으며, 오히려 낙원에서 누릴 수 있는 큰 기쁨 중의 하나로 생각하였다. 프라 안젤리코는 성도들이 기쁨에 겨워 춤을 추고 있는 것으로 묘사하였으며, 보쉬는 그들이 배를 타고 여행을 하는 것으로 묘사하였다. 발라는 좀더 과장되게 낙원의 성도들이 새처럼 날아다니고, 공중에서 놀며, 물고기처럼 물 속으로 잠수를 한다고 상상했다. 그러나 그가 당시 일반인들의 감정을 나타내고 있었던 것은 분명한 사실이다. 만약 낙원이 인간들이 거주하는 곳이라면, 그곳은 고정적이거나 움직임이 없는 장소는 될 수 없었던 것이다.36)

인간적인 감정을 느낄 수 있는 르네상스 시대의 낙원으로서의 천국관은 생명력이 짧았다. 이 천국관은 유럽의 지성사에 새로운 동력을 제공한 종교개혁에 의해서 곧 파묻혀 버리고 말았다. 16세기 말에 이르러, 이 천국관은 사실상 거의 잊혀져 버렸다. 오로지 한 가지, 천국에서 성도들이 서로 재회한다는 사상만이 살아 남았다. 그러나 이것도 로렌초 발라 같은 사람들이 생각했던 것과 달리 그다지 중요하게 여기지는 않았다. 종교개혁자들과 카톨릭의 종교개혁자들은 이와 같은 비성서적인 사상들은 모두 거부하였던 것이다. 종교개혁과 카톨릭의 개혁으로 인해서 불붙기 시작한 논쟁은 르네상스 시대 인문주의자들의 신학 사상을 파괴시켜 버렸다. 이 개혁 운동들은 인간의 위엄성을 그 중심에 두기보다는 하나님을 강조하면서 이 세상에서의 삶에 대해서, 그리고 내세에 대해서 새로운 방향을 제시하였던 것이다.

제6장

신 중심 천국관 :
프로테스탄트와 카톨릭 종교개혁자들

GOD AT THE CENTER :
PROTESTANT AND
CATHOLIC REFORMERS

16, 17, 18세기의 유럽은 종교적 혼란을 겪었다. 중세 때보다도 더 많은 사람이 교리 논쟁에 가담했으며, 이로 인해 종교적인 파문과 박해, 심지어 전쟁까지 일어나게 되었다. 분리주의자들은 새로운 교회를 설립했으며, 기존의 교회 안에서도 개혁 운동이 일어났다. 다양한 신학적 주장들이 이제 더 이상 근본적으로 같은 진리에 근거하고 있다고 생각할 수 없었다. 두 사람의 종교개혁자, 루터와 칼뱅은 교황의 권위, 독신주의와 스콜라 신학을 거부함으로서 카톨릭 교회와는 전혀 다른 조직과 교리를 가진 새로운 형태의 교회를 설립하게 되었다. 카톨릭의 입장에서 보면, 이단이 자기 주장에 성공하고, 기독교 세계의 통일성을 파괴한 것을 의미하였다. 여태껏 이음새 자국도 전혀 없던 그리스도의 옷이 갈기갈기 찢어지게 된 셈이었다. 그러나 프로테스탄트들은 이제서야 진정한 복음의 가르침이, 왜곡과 미신 그리고 그 남용의 굴레에서 벗어나 자유롭게 되었다고 생각했으며, 이와 함께 성서의 순수성도 회복될 수 있다고 믿었다. 이렇게 프로테스탄트와 카톨릭은 서구 세계에서 새로운 형태의 종교 지도를 그려 나가기 시작했다.

이렇게 유럽이 종교적으로 재편성되자, 기독교인의 천국관도 새롭게 형성될 수밖에 없었다. 프로테스탄트와 카톨릭 모두 전통적인 종교 사상에 도전을 가하면서 새로운 내세관을 제시하였다. 루터와 칼뱅은 전통적인 내세관을 바탕으로 하고, 그 위에 하나님과 인간 본성에 대한 자신의 견해를 결합시킴으로써 새로운 천국관을 제시하였다. 종교개혁자들은 의로운 영혼이 하나님과 영원한 교제를 나눌 수 있는 곳이 바로 천국이라고 생각했다. 또한 카톨릭 사상가들도 종교개혁에 대응하기 위해서 중세 후기의 신비주의를 발판으로 삼아 신앙 개혁을 주도해 나갔는데, 이 과정에서 전통적인 내세관을 재구성하고 새롭게 자신들의 내세관을 형성하였다. 이 새로운 카톨릭 영성주의는 신비스러운 내향적 신앙을 장려하고, 독실한 일반인에게 일부 개정된 수도원의 가치관을 보급시키는 것으로 나타났다. 이리하여 하나님과 인간 영혼과의 접촉을 강조하고 동정녀 마리아의 위치를 높임으로써 르네상스적인 천국관이 갖고 있던 인간적인 특성은 그 빛을 잃게 되었다.

종교개혁파와 카톨릭의 개혁 운동이 갖고 있던 활기와 열정이 가라앉기 시작하자, 이들 개혁 운동이 갖고 있던 원래의 열기를 계속 유지시키기 위해서 새로운 운동이 일어났다. 이 과정에서 일어나게 된 프로테스탄트의 청교도Puritans나 감리교Methodists 그리고 카톨릭의 얀센주의자Jansenists는 16세기의 종교개혁자들과 달리 이 세상을 낙관적으로 바라보지 않았다. 이들은 세상을 거부하라고 가르쳤으며, 때때로 지나치게 엄격한 규율까지도 지키라고 권고하였다. 카톨릭에서 금욕주의란 여전히 수도원으로의 칩거를 의미했다. 한편 프로테스탄트의 금욕주의는 도덕을 엄격히 지키고 자기 성찰과 명상을 통해 덧없고 일시적인 세상을 초월하기 위한 것이었다. 그래서 당시의 천국관은 세상적인 일들을 경멸하면서 하나님의 절대적인 주권을 강조하는 모습으로 나타났다.

이들 세 그룹 —— 프로테스탄트의 종교개혁자들, 카톨릭의 반反종교개혁자들, 새로운 금욕주의자들 —— 은 모두 저마다 독특한 천국관을 새롭게 형성해 나갔다. 그러나 이 천국관들은 신 중심주의라는 근본적으로 공통된 요소가 하나 있었다. 일단, 기독교인의 삶의 중심에 하나님이 놓이게 되자, 의로운 인생은 하나님과 영원히 함께 할 때 완벽해질 수 있다는 주장만이 유일하게 이치에 맞는 말이 되어 버렸다. 17, 18세기에 좀더 인간 중심적인 천국관을 제시한 사람들이 나타나기도 했지만, 기독교 정통 교리로 인정된 것은 종교개혁자들의 신 중심적인 천국관이었다. 비록 종교적인 열정은 가라앉았다고 하더라도 신 중심적인 천국관은 계속되고 있었던 것이다. 경건한 기독교인은, 천국은 하나님이 지배하는 곳이라는 단순하면서도 명백한 천국관을 포기하고 싶지 않았던 것이다.

루터와 칼뱅 : 프로테스탄트 종교개혁자들

종교개혁이 일어나기 100년 전부터 중앙 및 북유럽에서는 종교적 열정이 점차로 뜨거워져 갔다. 대중들도 적극적으로 교회에 헌신했으며, 새로운 형제단brotherhoods이 창설되고, 순례자들이 먼 나라까지 여행을 하고, 종교 서적도 점점 더 늘어갔다. 이전에는 사제나 수도사, 수녀들의 일로만 여겼던 기독교 영성과 헌신이 일반인에게도 주요한 관심거리가 되었다. 또한 이렇게 종교적인 열정이 커짐에 따라, 속인俗人은 물론이고 종교인까지도 교황이나 주교, 세속 사제에게서 멀어지는 결과가 초래되었다. 개혁을 외치는 사람들은 기존 교회가 돈과 정치권력에 관심을 갖는 것을 비판하였다. 사보나롤라Savonarola 같은 수도사들 또는 『그리스도를 본받아The Imitation of Christ』의 저자인 토마스 아 켐피스Thomas a Kempis(1380~1471) 같은 신비주의자들이 기존 교회의 성직자들이나 주교들보다 더 강력한 영적 지도력을 가지게 되었다. 이러한 카리스마적 인물들은 하나님을 향한 신 중심적인 종교상을 제시하는 데 온 힘을 기울였다. 그들은 당시 대중들이 관심을 가지고 있었던 순례나 면죄부를 사는 행위들은 성서에 근거한 행동이 아니며, 오히려 그들의 영혼을 진정한 기독교로부터 멀어지게 만드는 원인이 된다고 주장했다. 진정한 종교적 열정은 하나님에게만 집중되어야 했다. 토마스 아 켐피스는 "오, 주님 나의 마음이 언제쯤 당신에게만, 오로지 당신에게만 고정될 수 있습니까?"라고 묻고 있었다. 즉 극단적인 신 중심주의가 새로운 영성의 기초를 이루고 있었던 것이다.[1)]

그러나 카톨릭 교회의 종교 생활이나 교리에 대해서 가장 과격하게 비판을 가한 사람은 아우구스티누스 회 수도사 마르틴 루터Martin Luther(1483~1546)와 프랑스의 평신도 장 칼뱅John Calvin(1509~64)이었다. 이 두 종교개혁자는 하나님의 절대적인 우월성과 위엄을 강조하는 신학을 주장하였다. 성례전, 순례 여행, 면죄부, 경건한 자선 행위 같은 것들이 카톨릭 교회에서는 구원을 보장받을 수 있는 수단이 되었지만, 종교개혁자들은 이런 행위가 전적으로 하나님만을 믿는 것에 방해가 될 뿐이라고 생각했다. 또한 윤리적인 측면에서도 루터와 칼뱅은 이 세상과 세상적인 가치들을 새롭게 인정하고 받아들이라고 권장하였다. 기독교인들은 이제 더 이상 경건한 신자가 되기 위해서 세상을 거부하거나 수도원으로 들어가지 않아도 되었다. 이 세상이 죄의 본성을 가지고 있는 것은 사실이지만, 그 나름대로의 의미와 가치도 지니고 있다고 생각했던 것이다. 그리고 종교개혁 사상이 갖고 있는 이 두 가지 요소 —— 하나님을 강조한 것과 세상에 대한 개방적인 태도 —— 를 기본으로 해서, 여기에 회복된 새 땅의 교리가 합쳐져 새로운 형태의 천국관이 형성된 것이다.

루터는 기독교 역사에서 신 중심적인 신학을 가장 강하게 주장했던 사람 중 하나다. 오늘날에는 루터의 신조를 다음과 같이 해석한다. "루터는 하나님이 모든 것을 포함하고 있으며, 모든 것을 지배하며, 모든 것에 충만하다고 믿었다." 하나님의 위대함은 너무나 광대해서 도저히 헤아릴 수조차 없다는 인식이 루터 사상의 기반이었다. 하나님의 절대적인 우월성을 항상 강조하였던 루터는 "그리스도와 하나님의 은총을 충분히 나타내지 않는 사람은" 어느 누구도 자신의 친구가 될 수 없다고 기록하였다. 또한 그는 로테르담의 에라스무스Erasmus of Rotterdam를 "그에게는 신적인 것보다 인간적인 것이 더 중요했다"라고 비판하였다. 인간이 거의 신적인 상태까지 도달할 수 있다고 믿는 르네상스 사상은 진정한 기독교 교리를 왜곡한 것이다. 종교개혁자들의 관점에서 볼 때 인간은 단지 죄인일 뿐이며, 하나님의 은총과 자비를 구하는 거지에 불과하다. 인간은 이제 더 이상 하나님의 일을 함께 할 수 있는 합당한 동역자가 아니다. 루터는 죽기 직전에 "우리가 거지라는 사실은 참 진리"라는 말을 마지막으로 남겼다고 한다. 인간이 구원을 받으려면, 자비로운 하나님이 영원한 저주 속에 버림받은 인간을 구하기 위해서 먼저 행동해야 했다. 또한 인간은 저주받아 마땅한 존재이다. 그리고 루터는 인간이 하나님 앞에서 어떤 '행위works'를 함으로써 스스로 구원을 얻으려고 노력하는 것은 헛된 몸짓에 불과하다고 주장했다.[2]

칼뱅도 하나님의 우월성을 강조하고 있다는 점에서는 루터와 다를 바 없다. 칼뱅도 "우리 인간은 하나님 한 분 안에서만 실재할 수 있다"고 기록하였다. 그러므로 기독교인의 삶은 전적으로 하나님에게만 집중되어야 한다. "우리의 삶에서 하나님의 영광을 나타내지 않아도 될 만큼 미비한 행동은 하나도 없다." 그래서 "우리는 심지어 먹거나 마실 때에도 하나님의 영광을 나타내기 위해서 노력해야" 한다. 칼뱅은 자신의 교리문답서에서 "인간에게 있어서 하나님을 위해서 살지 않는 것보다 더 나쁜 일은 없다"고 가르치고 있다. 칼뱅도 루터와 마찬가지로 자신의 신 중심적인 견해를 완전한 진리로 확신하고 있었다. 하나님은 모든 선good의 근원이 되는 존재로서, 자신의 피조물인 인간에게 절대적인 관심과 사랑을 요구한다. 따라서 기독교인의 삶은 하나님 중심적인 것이 되어야만 한다.3)

종교개혁자들이 주장했던 신 중심적인 사상은 여러 가지 다양한 사상적 배경을 가지고 있다. 먼저 유명론唯名論적 철학자들은 하나님을 인간이 헤아릴 수 없는 본성을 가진 장엄한 존재로 인식한 바 있다. 또한 명상적인 신비주의자들도 하나님은 인간에게 나눔이 없는 절대적인 사랑을 요구한다고 주장했다. 이와 함께 탄원 시편이나 회개 시편에 나타난 하나님의 전능성, 그리고 하나님은 모든 죄를 씻어 준다고 했던 바울의 고백이 특히 종교개혁자들에게 강렬한 인상을 주었다. 루터는 이런 하나님의 이미지를 더욱 확대시켜서 전제적인 아버지 repressive father라고 불렀는데, 이것은 하나님이 성도들의 삶을 지배한다는 뜻으로 하나님의 전능을 강조하게 된 또 하나의 배경이 되었다. 그러나 그들의 사상적 배경이 어떤 것이었든지 이들 종교개혁자는 카리스마적인 열정을 가지고 자신의 종교적 견해를 홍보하고 권장하였다. 그들의 관점에서 볼 때, 전능하신 하나님이 루터와 칼뱅을 타협할 줄 모르는 종교개혁자로 만들었다고 할 수 있다.

종교개혁자들의 신 중심적인 사상은 그들의 내세관에서도 나타났다. 그들은 내세에 가서 하나님과 최고의 교제를 나누게 될 것이라고 생각했다. 루터는 탁상 담화 중에, 자신은 영원한 삶이란 변화가 없고 먹거나 마시지도 않으며, 어떤 일도 하지 않을 것이라고 종종 상상한다고 말하였다. 그리고 그는 "우리가 고작 할 수 있는 일이란 하나님과 함께 하는 일일 것이다. 따라서 사도 빌립보Philip가 '주님, 우리에게 성부 하나님을 보여 주십시오, 그리하면 우리가 만족하겠나이다' 라고 한 것은 정말로 맞는 말이다. 성부 하나님을 보는 것이야말로 우리들을 가장 열중하게 하는 것임에 틀림없다"라고 말하였다. 루터가 죽었을 때 그의 친구인 필립 멜란흐톤Philipp Melanchthon(1497~1560)은 종교개혁자들의 신 중심적인 천국관을 묘사하는 것으로써 애도의 글을 대신하였다. "루터가 이제 하나님과 그리고 그의 아들, 우리 주 예수 그리스도와 기쁘고 친숙한 교제를 나눌 수 있게 된 것을 기뻐하십시오. 또한 그는 선지자와 사도들과도 대화를 나눌 수 있게 되었습니다. 이 모든 것은 그가 항상 추구하고 기대했던 하나님의 아들에 대한 믿음 때문에 가능하게 된 것입니다." 또한 썩어 없어질 육체로부터 구원을 받은 영혼은 "가장 높은 학부에 들어가서 하나님의 본질이 무엇인지, 그리스도 안에서 인성과 신성이 어떻게 연합하고 있는지 그리고 교회를 설립하고 구원하신 목적이 무엇인지 묵상하게 될 것"이라고 말하였다. 이제 그는 구세주를 "얼굴을 대면하여 볼 수 있게 되었으며, 이로 인해서 말할 수 없는 기쁨을 누리고 하나님의 위대한 선하심에 대해서 자신의 영혼 전체를 다하여 감사를 퍼붓게 될 것"이다. 멜란흐톤은 루터가 살았을 때, 이 세상에서 신 중심적인 삶을 살았던 것처럼 천국에 가서도 그런 삶을 살 것이라고 확신하였던 것이다.[4]

 루터와 멜란흐톤은 이 세상이나 저 세상, 어느 곳에서도 하나님이 중심이라는 사실을 강조한 점에서 칼뱅의 견해와도 일치하였다. 칼뱅은, 성도들은 "하나님을 보는 것에 전적으로 몰두하여, 하나님 이외에는 그 눈을 돌리거나, 그 욕망을 기울이게 하는 것은 아무것도 없다"고 설명하였다. 또한 성도들이 하나님을 보는 것도 성도들 스스로 보는 것이 아니라 전적으로 하나님께 달려 있다. 그는 "하나님이 우리들에게 자신의 영광을 드러내실 것이며, 그래서 우리는 그 영광을 서로 얼굴을 맞대면해 보는 것처럼 볼 수 있을 것이다"라고 예언하였다. 하나님은 "선택된 자들이 주님을 즐길 수 있도록 스스로 자신을 내어 주실 것이다. 그리고 이보다 더 즐거운 것은 선택된 자들을 주님과 함께 살 수 있는 존재로 만들어 주신다는 사실이다." 그러나 칼뱅은 창조주와 피조물 사이의 거리를 유지시키기 위해, "천국에서는 우리가 주님을 완벽하게 이해할 수 있도록 허락되었지만, 우리가 누릴 영광은 그만큼 완벽하지는 못할 것이다……. 그때에도 하나님과 우리 인간 사이에는 넓은 간격이 여전히 존재하기 때문이다"라고 설명하였다. 경외심, 황홀감, 거리감과 친밀감── 하나님을 체험하면서 느끼는 이러한 감정들은 이 땅에서나 천국에서나 똑같이 갖게 된다.5)

종교개혁 초기의 예술가들은 하나님의 탁월성을 강조한 칼뱅의 견해를 따라서 그림 중앙에 하나님을 위엄 있게 묘사하였다. 1549년에 멜란흐톤은 교리문답서에 삽화를 넣어 출판하였는데, 여기에는 사도신경에 관한 그림도 포함되어 있었다(그림 27). 사도신경의 마지막 구절인 "영원히 사는 것을 믿사옵나이다. 아멘"이라는 말을 그림으로 표현하기 위해서 예술가가 선택한 장면은 천국의 모습이 아니라 최후 심판의 장면이었다. 특히 그리스도의 상이 목판화 거의 대부분을 차지할 정도로 크게 그려져 있다. 이렇게 심판주로서 그리스도가 가지고 있는 권위를 강조하고 있기 때문에, 하나님에 대한 친밀성은 거의 느낄 수가 없다. 또한 성자나 이스라엘 민족의 족장을 등장시켜서 내세를 인간적인 삶으로 묘사하려고 하거나 하나님의 분노를 경감시키려는 기미도 전혀 보이지 않는다. 그리고 성자나 족장들을 대신해서 천사들이 이런 역할을 담당하지도 않는다. 천사들은 죄인들의 편에 서서 이들을 변호하기보다는 다만 하나님의 심판을 정확하게 집행하고 있을 뿐이다. 이 화가는 심판의 장면을 매우 엄격하게 묘사하고 있을 뿐, 중세 시대에 나타났던 자비와 영광의 기미는 전혀 표현하지 않

그림 27. 영원한 삶, 멜란흐톤의 「프로테스탄트 교리문답서」에서. (비텐베르크, 독일, 1554)
[Ferdinand Cohrs, ed., Philipp Melanchthons Schriften zur Praktischen Theologie (Leipzig: Haupt, 1915). I, 466]

고 있다. 그리스도는 죽은 자들을 저주받을 자와 축복받을 자로 나누었으며, 천사들은 무덤에 있는 이들을 모두 깨워 일으켰다. 하지만 이 예술가는 최후 심판 이후에 의로운 성도들이 어떤 삶을 살게 될 것인가에 대해서는 어떤 암시도 주지 않았다. 이 예술가도 멜란흐톤의 종교적 관점을 따라서, 영원한 삶에 대한 약속을 강조하기보다는 마지막 때의 심판을 기대하고 있었던 것이다. 결국 천국은 심판자 하나님이 다스리는 곳이었다.

1530년, 「아우구스부르크 신앙고백Augsburg Confession」에서 종교개혁자들이 처음 발표한 교리 강령에는 천국관에 대해서는 전혀 언급이 없다. 루터의 친구, 멜란흐톤은 "내세에서의 영원한 삶이나 궁극적인 기쁨"과 같은 교리들은 논쟁의 대상이 되지 않는다고 보았다. 16세기에 서양 기독교가 분열한 것은 천국이 어떤 곳인가 하는 문제가 아니라 어떻게 천국에 들어갈 수 있는가 하는 문제 때문이었다. 종교개혁자들이 내세에서 가장 중요한 것은 하나님을 보는 것, 즉 지복의 비전이라고 선포했을 때, 이것은 단순히 전통적인 스콜라 신학의 가르침을 따른 것이 아니라 하나님과 성도들 사이의 관계를 좀더 날카롭고 분명하게 설명한 것이었다. 스콜라 신학은 이 세상에서 쌓은 덕의 정도에 따라서 천국에서 그 영혼의 거처가 결정된다고 보았다. 즉 죽은 자가 천국에 가면 이 세상에서 쌓은 덕의 정도에 따라서 중앙에 있는 하나님에게 가까이 가거나 멀어진다는 것이다. 또한 하나님도 가까이 있는 영혼을 그렇지 못한 영혼보다 더 좋아한다. 모든 성도가 삼위일체 하나님을 볼 수는 있지만, "덕의 정도에 따라서, 어떤 사람은 다른 사람보다 더 완전하게 하나님을 보게 될 것"이다. 그러나 종교개혁자들은 지복의 비전을 보는 데 차이가 난다는 사실을 거부하였다. 피조물로서의 인간은 결코 혼자 힘으로 천국에 들어갈 수 없으며, 한 사람의 친구로서 하나님에게 다가갈 수도 없고, 다른 사람보다 하나님을 더 많이 체험했으면 하고 바랄 수도 없는 존재이다. 한 영혼이 영원한 삶을 부여받았다고 하더라도, 그 사람이 그럴 만한 가치가 있어서가 아니라 단순히 구세주를 만나도록 허락을 받은 것에 불과하다. 하나님도 천국의 성도들이 직접적으로 하나님을 체험할 수 있도록 자신을 내어 주셨을 뿐, 어느 누구에게 특별히 애정을 더 갖고 있는 것은 결코 아니다. 하나님과의 관계에 있어서 모든 성도는 평등하다. 칼뱅은, 하나님은 성서에 나오는 지주처럼 일을 많이 했든 적게 했든 모든 사람에게 똑같은 보상을 준다고 말하였다. 하루 종일 일을 했거나 또는 단 한 시간밖에 일을 하지 않았다고 하더라도 모든 일꾼에게 똑같은 보상을 한다는 것이다.6)

그러나 내세에서 개인적인 보상이 전혀 없는 것은 아니다. 내세에서 받을 보상은 사람마다 다르다고 성경에 분명히 언급되어 있기 때문에 —복음서에서 100배, 60배, 30배의 열매를 맺는다는 구절— 종교개혁자들도 이런 성서 구절에 모순되는 주장을 하기를 꺼려했다. 다만, 그들은 스콜라 신학에서 말하는 천국에서의 계층 이론을 약화시키고자 했던 것이다. 종교개혁자들은 개인적으로 받는 특별 보상이 지복의 비전과는 아무런 관계가 없다고 생각했기 때문에, 이런 보상쯤은 부차적이고 사소한 것으로 여길 수 있었던 것이다. 그래서 루터는 "우리들도 사도 바울과 베드로, 마리아 그리고 다른 성도들이 받은 것과 똑같은 영예와 영광을 누리게 될 것이다"라고 설교하였다. 그러나 그는 다른 저술에서는 성도들이 저마다 다른 보상을 받게 된다고 주장하였다. 예를 들어 베드로는 바울이 받은 것과는 다른 보상을 받는다. 그리스도가 이 세상에서 그들에게 서로 다른 직무를 맡겼기 때문이다. 루터는 "나는 예레미야와 함께 하나님 가까이 있게 될 것을 기대한다. 왜냐하면 우리 두 사람은 모두 하나님의 도움으로만 견딜 수 있는 어렵고 힘든 삶을 살았기 때문이다"라고 기록하였다. 루터는 천국의 성도들이 하나님을 보는 축복을 누리는 데에 저마다 차이가 난다고 주장한 스콜라 신학의 교리를 부정하고 아우구스티누스의 견해를 지지하였다. 아우구스티누스는 각 개인이 쌓은 덕이나 그에 따른 보상은 다르지만, 천국 그 자체는 모든 사람에게 똑같은 것이라고 주장하였다. 칼뱅 역시 천국에서의 보상 개념은 오해를 일으킬 우려가 있다고 생각했다. 그에 따르면 하나님은 "이 세상에서 모든 기독교인에게 똑같은 은총을 주지 않았다. 내세에서도 그는 이 방식을 바꾸지 않을 것이다. 하나님은 몇몇 성도들을 다른 이들보다 더 좋아할 지도 모른다. 그러나 이것 때문에 이들이 하나님께 더 가까이 갈 수 있는 것은 결코 아니다. 어떤 경우에도 이런 결정은 전적으로 하나님께 달려 있다. 인간은 이 세상에서 행한 자신의 행동을 통해서 하나님과의 관계를 바꾸지 못한다." 칼뱅은 하나님의 의지가 절대적이며 전제적이라는 사실을 강조하였다. 하나님은 자신의 행동을 정당화시킬 필요가 없으며, 왜 그렇게 행동했는지 설명할 필요도 없다. 이렇게 루터와 칼뱅은 천국에서의 보상 개념을 약화시키고, 이것을 자신의 신학체계 주변부로 밀어냈다.[7]

프로테스탄트 종교개혁자들은 신 중심적인 사상을 강조하면서도 이 세상에 대한 가치를 새롭게 인식했다. 하나님은 성도들에게 자신만을 바라보라고 했지만, 이것이 비종교적인 행동은 모두 하지 말라는 뜻은 결코 아니었다. 루터가 수도원에서의 삶을 거부하고 수녀였던 여인과 결혼을 한 것도 새로운 형태의 영성을 몸소 실천한 것이었다. 종교개혁자들의 새로운 신학은 세상에서의 활동이 중요하다고 인정하였고, 이제껏 가장 가치 있는 것으로 여겼던 독신주의나 명상의 삶을 더 이상 받아들이지 않았다. "우리는 인간 사회로부터 도망가도록 창조된 것이 아니라, 그 사회 속에 살면서 선과 악을 공유하도록 창조되었다"고 루터는 생각하였다. 종교개혁자들은 기독교인 중에 명상을 하는 종교적인 자와 '세상에' 살고 있는 세속적인 자를 구별하지 않았다. 이 세상과 그 안에서 하는 활동들을 새롭게 존중해야 한다고 생각했다.8)

종교개혁이 정치 문제로 대두되었을 때, 루터와 칼뱅은 자신의 주장이 갖고 있는 실질적인 의미를 더 자세하게 설명하였다. "복음으로는 전 세계는 고사하고 한 나라도 지배할 수 없다"고 루터는 주장하였다. 세상사는 인간의 이성과 경험을 통해서만 성공할 수 있기 때문에 자율적이고 종교적인 간섭에서 벗어나 독립되어야 한다. "하나님은 인간 문명을, 물질적인 것을 지배하는 이성의 아래에 두었다"고 강조하였다. "우리는 이 세상의 문제를 해결하기 위해서 성서를 찾아볼 필요가 없다." 이성이라는 축복은 이방인들에게까지도 주어졌으며, 이들도 이성을 통해서 매일 매일의 삶을 살아갈 수 있다. 이렇게 루터는 이 세상을 용납하고 있었다. 그는 세상의 일들이 교회의 성례전과 같이 거룩하고 숭고하다고 생각하지는 않았지만, 결혼이나 가정 그리고 세속적인 직업이 갖고 있는 가치를 당시의 카톨릭 교회보다는 훨씬 더 긍정적으로 평가하고 있었다.9)

루터는 시골 출신이었기 때문에 그가 말하고 있는 세상에서의 삶이란 시골이나 소도시에서의 생활을 의미했다. 하지만 도시 출신이었던 칼뱅은 위험을 무릅쓰고 세상 속으로 더 깊이 들어갔다. 그는 자본이나 신용, 은행, 대규모의 상업, 재정, 그 밖에 도시에서 사업을 하는 데 필요한 일들이 실제로 어떤 것인지 잘 알고 있었다. 그리고 그는 이런 실제적인 지식에 기초해서 사회 윤리학을 발전시켜 나갔다. 일상 생활을 하다 보면 종교와 멀어지기가 쉽기 때문에, 칼뱅은 그 일상 생활 자체의 영적인 특성을 주장하였다. 그는 기독교인들이 단순히 기도를 통해서 뿐만 아니라 일상 생활을 통해서도 하나님의 영광을 나타내야 한다고 주장했다. 이는 경쟁과 노동을 통해서 이 세상을 성화시키는 것을 의미한다. 칼뱅주의자들은 영원한 생명을 선물로 받은 하나님의 자녀들이 이에 대한 감사의 표시로서 적극적인 활동을 통해 이 세상을 정화시켜 나가야 한다고 주장하였다. 축복받아 성공한 사람은 "이미 자신의 고결함에 상응하는 열매를 받은 자들"이었다. 즉 세상에서 성공했다는 것은 하나님이 영원한 생명의 축복을 주려고 그 사람을 선택했다는 뜻이었다. 이와 반대로 가난한 사람 또는 경제적인 노력에 비해서 행운이 따르지 않는 사람들은 하나님에게 저주를 받았다고 생각했으며, 당연히 자선을 베풀 가치도 없었다. 부자들은 자선을 베풀지 않고도 양심의 가책을 느낄 필요가 없었으며, 계속해서 자본을 투자하고 축적할 수 있었다. 가난을—— 이전에는 완벽한 기독교인의 상징이었다 ——가치 절하하고 성공을 장려하면서 세속적인 낙천주의가 촉진되었다.10)

 종교개혁자들은 이 세상을 긍정적으로 보았기 때문에 자신들의 천국관에서도 이 땅을 중요하게 생각했다. 그래서 철저한 신 중심적인 천국관이 좀더 부드러워지는 결과를 낳았다. 스콜라 신학자들은 이 땅에서 멀리 떨어진 최고천에 대해서 숙고했지만, 종교개혁자들은 자연과 우주에 대해서 관심을 기울였다. 그러나 이들은 지구를 우주의 중심으로 보는 중세의 사상에 따라, 당시 니콜라우스 코페르니쿠스 Nicolaus Copernicus가 주장한 새로운 천문학을 거부하거나 또는 단순히 무시해 버렸다. 코페르니쿠스의 태양 중심설은 종교개혁자들의 천문 개념에 설 자리가 없었던 것이다. 루터는 중세의 견해를 따라서, 지구가 우주의 중심이며 이 우주는 올라갈수록 더욱더 순수해지고 내려갈수록 불순해진다고 생각했다. 그리고 최후 심판 때에 하나님은 우주의 아래쪽에 있는 지구를 정화시킬 것이다. 연금술사가 용광로에 어떤 물질을 집어 넣어 여러 다른 요소로 분리하고 추출해 내는 것처럼, 하나님도 "영혼과 생명 그리고 활력은 모두 위로 끌어올리고, 불순한 것들은 바다에 남아 있도록" 할 것이다. 그리하여 최후 심판이 있은 후에, 하나님은 불로 이 세상을 정화하고, 불순하고 더러운 것들은 지구 중심에 있는 지옥으로 쫓아 버릴 것이다. 이렇게 함으로써 모든 세상(지옥이 있는 지구의 내부 중심부를 제외한)이 중세에서 말하는 우주의 상층부처럼 순수해질 것이다.[11]

하나님은 우주를 정화시키고 그곳을 성도들을 위해 준비함으로써 자신이 이 우주에 얼마나 관심을 갖고 있는지를 보여 주었다. 낮은 지역에 있던 천구들도 상층부의 천구天球처럼 순수해지고 나면, 성도들은 이제 가장 높은 지역에서만 살 필요가 없다. 성도들에게 새로운 땅이 주어지기 때문이다. 뿐만 아니라 "하늘과 땅들이 모두 새로운 낙원이 되어" 이 우주 전체가 성도들에게 유용한 장소가 될 것이다. 루터는 하늘이 땅을 에워싸는 방식으로 하늘과 땅이 하나가 되고, 그래서 두 영역 사이에 경계가 존재하지 않을 것이라고 생각했던 것 같다. 이제 성도들은 이전보다 훨씬 더 넓은 거처를 갖게 되었으며, "하늘, 땅, 태양 이 밖에도 다른 피조물들을 모두 조종할 수 있게 될 것"이다. 루터는 우주가 전멸하는 것이 아니라 새롭게 거듭난다고 믿었다.[12]

마지막 때에 지구는 거듭나고 새롭게 형성될 것이다. "꽃과 나뭇잎, 풀들이 에메랄드처럼 아름답게 되고, 모든 피조물이 가장 사랑스러운 모습을 갖는다." 루터는 낙원에 동물들이 존재할 것인가 하는 물음에 대해서, "당신은 하늘과 땅에 오로지 공기와 모래만이 있을 것이라고 생각해서는 안 된다. 양, 소, 짐승들, 물고기, 땅과 하늘, 공기 중에 존재할 수 없는 것을 제외하고는 모든 것이 그곳에도 있다"고 대답하였다. 또한 그는 곤충에 대해서도 언급하고 있다. "개미나 빈대와 같이 불쾌하고 냄새나는 피조물들도 가장 사랑스럽고 향기로운 냄새를 갖게 될 것이다." 모든 것이 에덴 동산의 상태로 되돌아가기 때문에 사람들도 모두 아담과 같이 될 것이다. "사람들은 가장 강한 힘을 가졌다고 하는 사자나 곰보다도 더 강해지고, 강아지를 다루는 것처럼 그 짐승들을 다룰 수 있다." 게다가 자연은 인간이 바라는 것을 모두 성취시켜 준다. 엘베 강엔 진주와 아름다운 보석들이 물처럼 흐르고, 하늘에서는 동전이 비처럼 쏟아진다. 나무들은 은빛 나뭇잎으로 무성하고, 황금으로 만들어진 사과와 배들을 맺게 될 것이다.[13]

 루터는 어린이들이 상상하고 있는 천국의 모습도 인정해야 한다고 생각했다. 루터의 딸, 마그달레나Magdalene는 천국을 "사과, 복숭아, 설탕, 자두 같은 것들을" 많이 먹을 수 있는 곳이라고 얘기하였다. 그녀의 아버지는 이런 '흥겨운 상상'을 반대하지 않았을 뿐만 아니라 오히려 지지하였다. 그는 자신의 아들인 한스에게 천국을 "예쁘고 아름답고 즐거운 정원이라고 했으며, 그곳에는 황금으로 만든 옷을 입은 아이들이 살고 있다"고 설명했다. 또한 그들은 나무 밑에서 사과, 복숭아, 체리 그리고 노랗고 파란 자두를 줍기도 하고, 노래하며 뛰고, 결혼도 하게 되며, 모두가 멋있는 조랑말을 갖고 있다고 설명해 주었다. 어린이들의 세계를 잘 이해하고 있는 루터의 재능에 감탄을 금할 수 없지만, 성인들에게는 전혀 다른 천국관을 제시하였다. 그는 어린이들에게는 우유를 주고, 좀더 지식이 있는 자들에게는 딱딱한 음식을 줄 줄 아는 훌륭한 선생이었다. 어린이는 어린애다운 생각을 갖도록 했으며, 어른들에게는 신학적으로 좀더 올바른 천국관을 갖도록 의도했던 것이다.[14]

 그는 성도들이 천국에서 영원한 삶을 살게 되면 먹고 마시지도 않으며, 잠을 자지도 않을 것이라고 얘기했다. 그는 어리석은 이방인이나 배설물을 만들어 내는 육체를 계속 가지고 싶어한다고 공격하였는데, 이것은 이슬람 전통을 염두에 두고 한 말인 것 같다. 영화롭게 된 인간의 육체는 이제 더 이상 음식을 필요로 하지 않는다. 공중에 떠다니고 "태양과 모든 피조물들"을 조종할 수 있게 되면서 그들은 "먹고 마시는 것을 잊어버리게 될 것"이다. 우주가 없어지는 것은 아니지만, 이 우주를 의로운 자들이 살게 될 영원한 거처로 생각해서는 안 된다. 오로지 하나님을 보는 행위 그 자체가 성도들의 진정한 안식이다. 새롭게 거듭난 지구가 "보기에 아름답긴" 하지만, 루터는 신 중심적인 견해를 계속해서 강조하고 있다. 그는 "인간의 육체와 영혼은 모든 것 안에 충만하신 하나님으로 인해서 살게 된다. 그리고 그를 봄으로써 얻게 되는 기쁨이나 생명력, 즐거움이 다른 피조물들을 통해서 얻는 그것보다 훨씬 더 크다"고 말하였다. '모든 것 안에 충만하신all in all' 하나님이 성도들의 음식과 음료수, 의복과 집, 가정이 되어 준다. 루터는 하나님이 자연을 창조한 것에 경의를 표하였지만, 성도들은 물질이 아니라 영적인 삶을 살게 된다는 사실을 거듭 강조하였다.15)

칼뱅 역시 회복된 새 땅 때문에 성도들이 하나님에게서 멀어져서는 안 된다고 주장했다. 성서도 낙원의 존재를 분명하게 언급하고 있다. 기독교인들은 산상수훈을 통해서 "온유한 자는 복이 있나니 저희가 땅을 기업으로 받을 것임이요"라는 말씀을 잘 알고 있다. 칼뱅도 루터와 마찬가지로, 새 땅이 "어떤 오점이나 결점도 없는" 곳일 뿐만 아니라 식물과 동물이 모두 완전한 모습으로 존재한다고 생각했다. 여기에서 말하는 '완전'이 무엇을 의미하는지, 그리고 이 완전이 불멸성을 뜻하는 것인지는 자신도 잘 모른다고 고백했다. 그러나 칼뱅은 스콜라 신학에 따라, 성도들이 회복된 새 땅에서 살게 되진 않을 것이라고 생각했다. 오히려 성도들과 새 땅 사이에는 일정한 거리가 있다고 보았다. 새 땅은 단지 명상하려는 목적에서 창조된 것일 뿐 다른 목적은 없었다. 칼뱅은 "회복된 새 땅을 봄으로써, 즉 성도들이 새 땅에 사는 것이 아니라 단지 새 땅을 보고 그 존재를 알게 되는 것만으로도 즐거움과 행복감을 느끼게 된다. 그리고 이 행복은 현재 우리가 즐거워할 수 있는 모든 것보다도 더 큰 즐거움"이라고 설명하였다. 성도들은

새로워진 세계를 보고 기뻐한다. 하지만 그들이 또 다른 세계인 그곳에 들어가는 일은 없을 것이다.16)

루터와 칼뱅은 하나님이 지구를 새롭게 창조하고 우주를 깨끗하게 할 것이라고 주장했다. 동물과 식물들도 새롭게 거듭나 완전한 상태로 영원히 존재하게 될 것이다. 하나님이 창조한 이 세계는 처음부터 하나님이 세운 계획의 한 부분이었기 때문에 결코 멸망하지 않는다. 이렇게 종교개혁자들은 새 땅의 존재를 인정하긴 했지만, 성도들이 여기서 또 다시 세상적인 존재로 살아간다는 생각은 완강히 거부하였다. 루터는 성도들이 새 땅을 방문하기는 하겠지만, 그 땅이 성도들의 거처가 될 수는 없다고 주장하였다. 심지어 칼뱅은 성도들이 새로워진 세계를 알고 싶어하지도 않을 것이라고 생각했다. 하나님은 단지 세상을 지복의 비전의 한 부분으로 만들기 위해서 새롭게 하였을 뿐이다. 일단 최후 심판이 시작되어 시간이 멈추고 나면, 이 세상에 속한 존재들은 모두 그 존재성을 멈추게 될 것이다. 만약 성도들이 회복된 새 땅에서 산다고 하더라도 하나님을 영원히 볼 수 있는 축복에 비하면 이것은 부차적인 의미밖에는 갖지 못한다. 하나님을 중심으로 살아가는 영원한 삶은 현재의 삶과는 달라야 했던 것이다.

세상에서의 삶과 천국에서의 삶에 한 가지 다른 점이 있다면, 그것은 바로 성도들의 공동체이다. 천국에서 성도들의 공동체란 어떤 것이겠는가. 루터는 성도들이 자신의 성性은 유지하지만 지위나 신분은 모두 없어질 것이라고 생각했다. 천국에서는 모든 사람이 평등하여 왕도 농부도, 행정관이나 설교자도 없을 것이라고 생각한 점에서 루터와 칼뱅의 의견은 또 한 번 일치하였다. 현 세계의 특징이라고 할 수 있는 사회의 계층 구조는 사라질 것이다. "이 세상이 종말을 맞은 것처럼 정부와 행정, 법률, 계급 차별, 다양한 신분 체계 등등이 모두 사라지게 될 것이다. 하인과 주인, 왕과 농부, 행정관과 시민이라는 구별이 더 이상 존재하기 않는다." 그리고 신분이나 지위와 같은 세상적인 구별이 계속 유지되어야 할 이유가 전혀 없다. 하나님만이 유일한 권위자이며, 성도들도 모두 그만을 바라보고 있기 때문에 다른 사람의 지배를 받을 필요가 없는 것이다. 또한 칼뱅은 "교회의 일반 목사와 고위 성직자"라는 구별의 종식까지도 의미하였다. 주교, 선생, 예언자들 모두 자신의 직무에서 물러나야 한다. 천사도 예외는 아니다. 창조주로서의 구세주 앞에서 모든 남녀가 평등하기 때문에 금욕주의자나 은둔자처럼 훌륭한 종교 생활을 했다고 해서 지도자가 될 수 없으며, 또 특별한 신학적 지식이 있다고 해서 다른 사람을 지배할 수 있는 것도 아니다. 하나님이 성도들을 다스리게 되면 어느 누구에게도 자신의 권위를 양도하지 않을 것이다.[17]

천국에 권위 구조가 존재하지 않는다는 것은 가족이라는 혈연 관계도 존재하지 않는다는 뜻이다. 16세기 종교개혁자들은, 가정이란 권위가 유지될 때에만 비로소 기능할 수 있는 것으로 보았다. 즉 남편은 아내를 지배하고, 부모는 자식을 지배하며, 주인은 하인 위에 군림한다. 결혼은 지배와 순종을 의미하므로 지위의 구별이 없는 천국에서는 당연히 결혼이란 것도 있을 수 없다. 칼뱅은 이 세상에서 결혼으로 맺어졌던 남녀가 "서로 헤어지게" 된다고 주장하였다. 이와 마찬가지로 어린이들은 권위 있는 인물을 필요로 하기 때문에 내세의 영원한 삶에서는 어린이도 존재하지 않을 것이다. 루터는 자신이 죽은 아버지를 "잠깐 그리스도 앞에서 만나게 될 것"이라는 사실을 확신하고 있었지만, 이것이 가족 간의 재결합을 의미하는 것은 아니었다. 자신의 혈족을 만나는 것이 순종과 복종의 회복을 의미하는 것은 아니었다. 그래서 루터는 오로지 어리석은 자들만이 "만약 내 아내가 천국에 있다면, 나는 그런 곳에 가고 싶지 않다"고 말한다고 주장하였다.[18]

종교개혁자들이 천국의 재회 사상을 르네상스에서 물려받은 것은 신학상의 문헌을 통해서가 아니라 고전 시대의 저작가 키케로의 작품을 통해서였다. 르네상스 시대 종교개혁자들이 고전 시대의 학문에 관심을 가지고 있었던 것은 아니지만, 키케로의 작품은 프로테스탄트의 교육에서 중요한 자리를 차지했다.『노년에 관하여』는 대학의 라틴 어 수업 표준 교과서로 읽혀지고 있었기 때문에, 학생들은 그리운 옛 친구들과 천국에서 재회하기를 원했던 카토의 소망을 잘 알고 있었다. 인문주의자이며 종교개혁자인 멜란흐톤은 멀리 있는 친구에게, "천국에서 우리는 다시 만나 지혜의 근원에 대해서 흥겨운 대화를 나눌 수 있을 것"이라고 편지를 썼다. 스위스의 종교개혁자 츠빙글리 Zwingli(1484~1531)도『신앙의 해설Exposition of the Faith』에서 천국에서의 재회에 대해 설명하였다. 츠빙글리는 프랑스 왕, 프랑소아 1세를 프로테스탄트로 끌어들이기 위해서, 천국에서는 성서적 인물뿐만 아니라 경건한 선조들과 만날 수 있고, 그들과 함께 영원한 행복을 누리며 살게 될 것이라고 약속했다. 그는 인문주의자다운 화려한 미사여구를 구사하면서 헤라클레스와 소크라테스 그리고 카토와 스키피오와 같은 사람들도 천국에서 왕을 기다리고 있다고 덧붙였다. 물론 카토와 스키피오는『노년에 관하여』와『스키피오의 꿈』을 함께 언급하면서 나온 이름이었다. 이렇게 츠빙글리가 교묘하게 키케로를 인용하였지만, 이런 표현이 프랑스 왕의 주목을 끌지 못했던 것은 분명하다. 그 후에도 프랑크와 그의 나라, 프랑스는 여전히 카톨릭을 고수했던 것이다. 한편 루터는 츠빙글리가 천국 성도들의 명단에 '이교도'를 포함시킨 것에 대해서 그를 나무랐지만, 루터 자신도, 자기도 모르는 순간에, 키케로가 천국에 있기를 바라는 소망을 내비쳤다.[19]

천국에서의 재회 사상은 특히 16세기 프로테스탄트 지식층에서 뚜렷하게 나타난다. 가장 엄격한 종교개혁자였던 칼뱅만이 그것이 천국의 삶과는 전혀 상관이 없다고 주장했을 뿐이다. 그는 "낙원에서 하나님과 함께 산다는 것은 두 사람이 서로 얘기하고, 그 얘기를 듣는 것이 아니라 오로지 하나님을 즐거워하고, 그의 선한 의지를 느끼며, 그 안에서 휴식하는 것"이라고 주장했다. 루터의 제자이면서 루터의 전기를 처음으로 쓴 요하네스 마테시우스Johannes Mathesius(1504~65) 같은 설교자는 천국에서의 재회까지 부정하는 것은 너무 심하다고 생각했기 때문에, 천국에서의 재회 장면에 신 중심적인 의미를 부여하려고 노력하였다. 마테시우스는 라틴 어 학교 교장을 지냈으며, 키케로에 정통하였다. 그는 자신의 설교에서 실제로 『스키피오의 꿈』을 언급하면서 애국심 하나만으로는 천국에 들어갈 수 없다고 말했다. 그는 또 다른 설교에서 현재 낙원에 있을 것으로 생각되는 이교도들의 명단을 제시하고 있는데, 여기엔 알렉산더 대왕과 스키피오, 루크레티우스, 아리스티데스와 같은 인물들이 포함되어 있었다. 마테시우스는 천국에서 배우자나 부모와 자식이 재회하는 장면을 반복해서 설교하긴 했지만, 이것이 그의 설교의 주된 요지는 아니었다. 그는 성도들이 천국에서 혈족들과 함께 있는 것이 아니라 하나님이나 그리스도 가까이에 있거나 아니면 최소한 이스라엘 족장과 사도들 또는 그들 각자의 배우자 가까이에 위치해 있다고 확신하였다. 이것은 자신의 배우자나 혈족을 만나는 일은 천사들을 만나거나 성서의 인물들과 대화하는 일 보다 중요하지 않다는 뜻이다. 마테시우스는 인문주의적인 사상을 가지고 있긴 하였지만, 성서적이고 신 중심적인 사상을 더 강조하였던 것이다. 이와 마찬가지로 멜란흐톤도 루터의 장례식 연설에서, 선지자들이 위대한 종교개혁자 루터를 보고 "기쁘게 맞아들이게 될 것"이라고 상상하였다. 새로 도착한 루터의 영혼을 맞이한 것은 루터의 가족이 아니라 성서의 인물들이었던 것이다. 또 루터도 "지금 그들과 포옹하고 있으며, 그들과 차례 차례로 즐겁게 대화하고 있다"고 말하였다. 가족들과 재회한다는 것은 이스라엘 족장들이나 선지자들

같은 성서적 인물과 만나는 것에 비하면 그리 중요한 일이 아니었던 것이다.[20]

초기 종교개혁자들의 천국관은 이 세상이 새롭게 회복되기를 기대하고 하나님의 절대적인 주권과 지배를 강조하는 모습으로 나타났다. 루터와 칼뱅은 스콜라 신학의 견해를 따라 최고천 개념을 주장했지만, 새롭게 회복된 새 땅에 동물과 식물이 존재한다고 함으로써 그 개념을 좀더 부드럽게 만들었다. 어린이들에게는 그들이 꿈꾸는 환상적인 천국의 모습을 인정해 주었으며, 천국에서 가족이나 친구들과 재회하기를 기대하는 소망도 실현 가능한 것으로 보았다. 그러나 이런 인간적인 요소들이 하나님의 지배라는 일차적인 강조점을 결코 흐리게 해서는 안 된다. 프로테스탄트 종교개혁의 영향력을 약화시키기 위해서 노력했던 카톨릭 개혁자들은 최후 심판 후에 회복될 새 땅에 대해서는 관심을 보이지 않았다. 그들의 관심은 역사의 종말에 있는 것이 아니라 각 영혼들이 내세에서 누리게 될 천국의 삶에 있었다.

카톨릭 종교개혁자들

프로테스탄트의 종교개혁이 16세기의 종교 부흥을 촉진하는 유일한 운동은 아니었다. 카톨릭에서도 개혁 운동이 일어나고 있었다. 카톨릭의 개혁 운동은 그 정신에 있어서는 프로테스탄트보다 적어도 100년은 더 거슬러 올라가야 한다. 이 운동의 정신은 체계가 잡혀 있지 않고 모호한데, 『그리스도를 본받아』(1420년경)나 1498년 이단으로 파문을 당해 교수형에 처해진 사보나롤라의 열정적인 설교집과 같이 본질적으로 서로 다른 견해를 가진 초기 자료들에서 이 정신을 발견할 수 있다. 기독교적 삶의 부흥 운동은 100여 가지도 넘는 방법으로 다른 장소에서 일어났다. 이것은 트렌트 공의회Council of Trent(1545~63)를 통해서 뿐만 아니라 종교 교단이나 신학자들, 신비주의자들 그리고 추기경이나 주교와 같은 개인에게서도 나타났다. 그러한 카톨릭의 개혁 운동이 프로테스탄트의 종교개혁과 같은 점이 있다면, 신 중심적인 신비주의 사상과 결합하였다는 점이다. 그리고 사람들에게 진정한 기독교인의 삶이 무엇인지 가르치려는 열정과 교회 조직을 새롭게 하려는 노력도 프로테스탄트와의 공통점이다. 그리고 이들 개혁자들은 중세 스콜라 신학의 천국관을 받아들였다.

카톨릭 개혁 운동이 갖고 있던 신 중심적인 성격을 가장 잘 나타내는 사람은 아마도 추기경, 피에르 드 베륄Pierre de Bérulle(1575~1629)일 것이다. 17세기경에는 태양이 우주의 고정된 중심이며, 지구는 그 주위를 돌고 있는 위성이라는 지동설이 보편화되어 있었다. 베륄은 이 새로운 이론이 천문학 분야에서 지속적으로 살아 남을지는 잘 모르겠지만, 이 이론이 "구원의 학문에 있어서"는 매우 유용하다고 보았다. 그는 "광대하신 예수가 바로 모든 것을 움직이게 하는 고정된 태양"이라고 주장했던 것이다. 예수는 성부 하나님의 오른편에 앉아, "성부 하나님의 고정성을 함께 누리며 모든 것들을 움직이게 하신다. 예수는 세계의 진정한 중심이며 세상은 항상 그를 향하여 움직여야만 한다. 예수는 모든 영혼의 태양이다. 인간의 영혼이 그에게서 유출되었으며, 모든 은총과 지혜도 그에게서 받은 것"이다. 우주가 태양 중심적인 체계를 가지고 있는지는 모르겠지만, 종교적인 삶은 하나님 중심이 되어야만 한다. 인간의 영혼은 하나님을 중심으로 그 주위를 돌고 도는 운동을 계속 해야 하는 것이다. 스페인의 신비주의자, 아빌라의 테레사Teresa of Avila (1515~82)가 말한 것처럼, "하나님은 홀로 충만하신 분Solo Dios basta"이다."[21]

카톨릭 개혁 시대 저술가들은 『트렌트 공의회의 교리문답Catechism

그림 28. 삼위일체 하나님을 찬양하는 성도들, (1569년, 마에르텐 반 헴스케르크 원화, 국립수집미술관, 카셀)

of the Council of Trent』(1566)에서 가르치는 대로 천국의 모습을 상상하였다. 이 교리 문답서에서는 성도들의 행복이란 "하나님을 보는 것 그리고 모든 선함과 완전성의 근원이며 원리가 되시는 그분의 아름다움을 즐거워하는 것, 이 두 가지로 이루어져 있다"고 가르쳤다. 카톨릭 예술가들 역시 천국을 그릴 때 하나님이 중심이 된다는 사실을 강조하였다. 마에르텐 반 헴스케르크Maerten van Heemskerck(1498~1574)의 동판화에서는 위성이 태양 주위를 도는 것처럼 천군과 천사들이 하나님을 중심으로 둘러서 있는 것으로 표현되었다(그림 28). 그들의 시선은 모두 하나님을 향하고 있다. 성도들의 근육질 육체가 시뇨렐리의 그림을 연상시키지만, 반 헴스케르크는 의로운 자가 그들의 육체에서 즐거움을 얻는다는 의미를 완전히 배제하였다. 시뇨렐리의 그림에 나오는 성도들은 똑바로 서 있기도 하고, 면류관을 씌워 주는 천사들을 열정적으로 반기기도 하지만, 반 헴스케르크가 묘사한 성도들은 지배자인 삼위일체 하나님을 향해 고정되어 있을 뿐이다. 수많은 성도들이 사적인 행동은 전혀 하지 않는 것을 보면 천국에서는 모든 관심을 하나님에게만 집중해야 한다는 사실을 강조하는 것 같다. 이런 천국에서는 성도들 각자가 갖고 있는 개인적이고 인간적인 특성들이 표현될 필요가 없었다. 심지어 판화의 윗부분에 매달려 있는 발도, 이 광대한 천국에서 모든 시선은 하나님만 향하고 있다는 사실을 보여 주고 있었다.22)

반 헴스케르크의 동판화에서 성도들이 제대로 옷을 입지 않고 있는 것 역시 천국의 성도들은 오로지 하나님만을 필요로 한다는 사실을 나타낸다. 더 정결한 영혼이 중앙에 있는 하나님으로부터 더 가까운 곳에 자리를 잡게 되지만, 지상의 신분을 나타내는 것은 모두 사라졌다. 프랑스 황태자가 세례를 받을 때 그에게 헌정된 예수회의 교리문답서를 보면, 왕도 천국에 갈 때에는 왕의 예복을 입지 않는다는 내용이 포함되어 있다(그림 29). 그 그림의 맞은편에는 황태자에게 자제에 관해 가르치고 있다. "천국의 선함을 갈망하는 사람은 이 세상에서 받은 선물을 모두 버릴 줄 알아야 한다 Qui d'un bon clin les biens du ciel advise / Tous les pressens de la terre il méprise." 천국에서는 왕족의 화려함을 누릴 여지가 없다. 그가 황태자라 할지라도 하나님 앞에서는 벌거벗어야 하는 것이다.23)

프로테스탄트와 카톨릭은 신학이나 예술 모든 방면에서 신 중심적인 천국관을 강조하였다. 그러나 카톨릭에서는 천국의 성도들이 순결과 묵상의 삶을 이상으로 여기고 살게 될 것이라고 주장했다. 이탈리

그림 29. 「낙원」 (루이 리케옴이 쓴 『왕실 교리문답서』. 리용 : Pillehotte, 1607년)

아의 도미니크 회 수사 안토니노 폴티Antonino Polti는 『천국의 지복에 관하여On the Supreme Felicity of Heaven』(1575)에서 최고천의 낙원에 수많은 천사와 카톨릭 성자들이 살고 있는 것으로 묘사하였다. 그는 성자 58명의 이름을 열거하였는데, 세례 요한이나 아우구스티누스, 히에로니무스 같은 인물(이들은 프로테스탄트 측이 묘사한 낙원에서도 등장한다)뿐만 아니라, 교황 대大그레고리와 성 베네딕트, 성 도미니크 그리고 성 프란체스코 같은 주요한 교단의 설립자도 포함되어 있었다. 폴티의 천국은 동정녀와 순교자, 수도사와 탁발 수도사들이 사는 낙원이었으며, 이곳에서 프로테스탄트나 이교도의 이름은 전혀 언급되지 않았다. 의심할 여지없는 카톨릭 정통주의 신학자이며 도미니크 회 수사인 그는, 교회에서 성자로 공식적인 시성諡聖을 받지 못한 자들은 천국 성도의 명단에 결코 포함시키지 않았던 것이다.[24]

폴티가 열거한 성자들 중에서도 가장 중요한 인물은 "천국의 가장 고결한 왕후이며 천사들의 여왕 그리고 모든 선택된 자의 어머니"인 동정녀 마리아였다. 그녀의 풍모는 "선택받은 자들 중에서도 가장 특별하고 고귀한 영광"을 부여받았다는 사실을 나타내고 있었다. 그리고 그녀는 "천사들보다도 더 많은 칭송을 받으며, 하늘과 땅에 있는 모든 아름다움으로 치장하고" 있었다. 폴티는 동정녀의 영적인 성격보다도 육체적인 아름다움에 더 큰 기쁨을 표현하면서, 그녀가 "육체적인 아름다움과 신의 풍모를 지니고 있어서 낙원에서도 가장 고귀한 영광을 발하고 있다"고 찬양하였다. 그는 동정녀의 「신체의 아름다움 bellezza corporale」이라는 논문을 출판하기도 했는데, 성모가 갖고 있는 육체적인 아름다움을 찬양함으로써 이미 오래 전부터 있었던 성모 숭배의 전통을 계속 유지했다.[25]

동정녀가 "신의 풍모"를 가졌다는 말은 단지 표현을 경건하게 하기 위해서가 아니라 더 깊은 의미가 있다. 폴티는 천국이 하나님 중심이라는 사실을 나타내는 인물이 바로 마리아라고 생각했다. 그리고 천국의 성도들이 그녀를 볼 때 어떤 감정을 느끼게 되는지 설명하기 위해서, 야곱이 그의 형 에서에게 한 말 "네 얼굴을 보는 것이 마치 하나님의 용모를 보는 것과 같다"라는 성서 구절을 인용하였다. 또한 폴티는 천군 천사에게 둘러싸여 있는 마리아의 모습을 자신의 저서에 삽화로 넣었다(그림 30). 이 삽화에서는 폴티의 천국이 여성적인 경향으로, 즉 마리아 중심적인 성격이라는 것을 강조하고 있다. 마리아는 천국의 여왕으로서 모든 성도를 지배하고 있다. 이 세상의 여왕들이 왕의 권위를 함께 나누어 가지는 것처럼, 왕관을 쓴 동정녀 마리아도 그리스도의 권능과 왕가의 웅장함을 함께 공유하고 있다.[26]

천국에서 성도들이 보게 될 지복의 비전beatific Vision을 마리아 중심으로 설명한 신학자는 폴티뿐만이 아니었다. 예수회의 피터 카니시우스Peter Canisius(1521~97)의 판을 거듭해 찍은 『교리 문답서』의 초기 판본에는 사도신경의 마지막 구절——영원히 사는 것——이 그려져 있다(그림 31). 여기서도 마리아 중심적인 표현을 사용하고 있다. 천국에 있는 사람들뿐만 아니라 천국으로 가는 사람들도 무릎을 꿇어 동정녀 마리아를 찬양하고 있다. 이 화가는 찬미가 「경하합니다, 성모 마리아여Salve Regina」에서 마리아를 "우리들의 중재자"라고 부르면서 그녀에게 호소한 대로 마리아를 자비의 어머니로 표현하고 있다. 중세 후기의 카톨릭 교인은 마리아를 '우리들의 중재자advocata nostra', 즉 죽음과 최후 심판 때에 인간의 편에 서 주는 최고의 변호자로 생각하였다. 최후 심판의 그림에서도 그녀는 심판주 옆에 서서 그의 엄격한 판결을 완화시켜 주는 역할을 하는 것으로 종종 묘사되었다. 사제와 평신도들이 모두 다함께 아베마리아Ave Maria를 노래하면서, "거룩한 마리아, 하나님의 어머니여, 지금도 그리고 우리가 죽음을 맞이할 때도 죄인들을 위해서 기도해 주소서"라는 말을 덧붙였다. 앞에

그림 30. 천국의 거룩한 동정녀. (1575년)
[Antonino Polti, O. P., Della felicita suprema del cielo (Perugia: Rastelli, 1575)]

그림 31.
영원한 삶을 사는 동정녀의 환상.
(1560년)
[Peter Canisius, S. J., Kurtzer Unterricht von Catholischen Glauben (Dillingen, 1560). Friedrich Streicher, S. Petri Canisii Catechismi (Rome: Universitas Gregoriana, 1933), II, 32]

서 살펴본 것처럼, 멜란흐톤의 교리 문답서는 하나님의 정의를 강조하기 위해서 심판주의 모습을 통해 '영원한 삶'을 표현하였다. 이와 반면에 카니시우스는 하나님의 자비를 강조하기 위해서 자비의 어머니인 성모 마리아를 등장시켜 '영원한 삶'을 표현하였다.[27]

마리아는 인간의 변호자일 뿐만 아니라, 또한 그 자체로도 천국의 존재이다. 도상학적으로는 단순하지만, 이 목판화에서는 자비의 어머니라는 이미지와 천국의 여왕이라는 이미지가 날카롭고 호소력 있게 잘 나타나고 있다. 대개 날개 달린 천사는 하나님이나 삼위일체를 둘러싸고 있는 것으로 묘사되고 있는데, 여기서는 마리아를 둘러쌈으로서 그녀의 신성을 나타냈다. 이는 좀 대담하긴 하지만 이후 카톨릭의 전통 사상으로 확립되었다. 트렌트 공의회는, 종교 예술은 모두 카톨릭 교리에 맞게 표현되어야 하며 주교의 감독을 받아야 한다고 결정했다. 이제 카톨릭 예술가들은 천국을 표현하는 데에도 자신이 상상한 모습이 아니라 신학 사상과 그 교리에 맞는 모습으로 나타내야만 했다. 정통 카톨릭 신자라면 마리아가 천국의 여왕이라는 사실에 의문을 가져서는 안 되었다. 요한은 「계시록」에서 "하늘에 아주 신기한 광경이 나타났다. 한 여자가 해를 옷처럼 입고 발로 달을 밟고 머리에는 열두 개의 별이 빛나는 관을 쓰고 있었다"고 기록하였는데, 카톨릭 전통에서는 이 여인을 동정녀 마리아로 보았던 것이다.28)

천국에서 마리아가 차지한 특별한 위치는 카톨릭에서 오랜 전통을 가지고 있다. 중세 신학자 보나벤투라Bonaventure는 "천국에는 경이로운 일들이 수없이 많지만, 그 중에서도 성도들의 영혼을 기쁘게 하고, 거룩한 피조물들에게 말로 표현할 수 없는 행복을 주는 것은 바로 천국의 여왕으로부터 나오는 신의 빛을 보는 것이다"라고 기록하였다. 15세기에 장 푸케Jean Fouquet가 그린 지복의 비전에 대한 그림에서는 삼위일체 하나님 바로 옆 보좌에 신성한 빛으로 둘러싸인 동정녀가 앉아 있다(그림 32). 사보나롤라는 천국 환상에서 본 동정녀를 둘러싸고 있는 빛이 너무나 눈이 부셔서 그녀를 하나님으로 생각할 뻔했다고 기록하였다. 그는 "삼위일체 하나님으로부터 나오는 지고의 빛은 어느 누구도 쳐다볼 수 없기 때문에, 동정녀에게서 나오는 빛을 본 사람은 동정녀가 곧 하나님이라고 생각하게 될 것"이라고 설명했다. 피터 카니시우스Peter Canisius는 「누구와도 비교할 수 없는 동정녀 그리고 성스러운 성모 마리아에 대하여On Mary the Incomparable Virgin and Most Holy Mother of God」(1577)라는 논문에서 마리아와 삼위일체 하나님 간에 깊은 유대가 있다고 설명했다. 천국에서 밤낮으로 찬양을 받는 분은 하나님뿐만이 아니라(계시록 4:8), 마리아도 포함된다. 마리아를 둘러싸고 있는 천사의 무리(교리문답서의 그림에서

그림 32. 장 푸케, 「축복받은 동정녀와 삼위일체 하나님」 (15세기)
[Le livre d'heures d'Etienne Chevalier, Musee Conde, Chantilly]

보는 것처럼)들이 "마리아를 환호하라"고 노래하면서 그녀를 찬양하고 있었다. 카니시우스는 "세 계급의 천사들이 크고 아름다운 목소리로" 노래를 부르며 마리아를 찬양하고 있다고 구체적으로 설명하였다. 카톨릭의 반反종교개혁자들이 천국에서의 마리아의 위치를 강조한 이유는 낙원이 갖고 있는 신 중심적인 성격에 손상을 가하거나 그 중요성을 경감시키려고 한 것은 아니었다. 오히려 성모 자신이 영향력을 갖고 있다는 사실도 근본적으로는 신 중심적인 성격의 한 부분에 불과한 것이었다.29)

마리아를 천국의 여왕으로 표현하는 것은 카톨릭 교회만의 특별한 사상이 되었다. 프로테스탄트 종교개혁자들은 마리아나 그 밖의 다른 성인들을 결코 숭배하지 않았기 때문에, 성모 마리아를 중요한 인물로 부각시킨 것이 카톨릭 사상의 주요한 특징으로 자리잡게 되었다. 그러나 프로테스탄트들도 천국이 갖고 있는 여성적인 요소를 완전히 제거하지는 못했다. 영국의 시인, 플레처Giles Fletcher(1585~1623)는 마리아의 이름을 언급하지 않고도 천국의 신 중심적인 성격을 여성적인 용어로 설명하였다. 「천국에서의 그리스도의 승리Christ's Victory in Heaven」(1610)라는 시에서, 그는 하나님의 자비와 사랑을 '자비의 여인Lady Mercy'이라는 인물로 의인화해 표현하였다. 그리고 이 자비의 여인도 카톨릭의 동정녀 마리아처럼 눈부시게 아름다운 여인으로 묘사되었다. "당신의 볼은 생기 있는 심홍색이며…… 눈까풀은 얇다. 옆에는 그대를 기다리고 있는, 수십만 명의 후원자들이 앉아 있다……. 당신은 너무나 공평해서 모든 사람이 다 그대를 바라볼 수 있게 해 준다." 또한 그 여인은 어머니와 같이 젖을 먹여 주기 때문에 찬사를 받는다. 플레처는 그녀의 가슴은 "눈처럼 하얀 산등성이, 이곳으로부터 우유의 강물이 흘러나오고 있다"라고 찬양하였다. 자비의 여인은 그녀의 가슴을 모든 사람에게 내어 준다.

한낮의 더위 속을 지나가는 지친 여행자에게,
컬컬하게 마른 목을 축일 수 있게, 가라앉히게,
그들의 격한 길에
방울방울 떨어지는 신神의 술이
강물처럼 넘쳐흐른다.

이 시인은 모성적 요소를 부가하는 것으로 신 중심의 사고를 인간화 하였다. 천국의 하나님은 멀리 있거나 도저히 다가갈 수 없는 존재가 아니라, 아기에게 엄마의 가슴처럼 가까운 존재였다.30)

프랑스인 주교 프랑수아 드 살François de Sales(1567~1622)은, 신 중심적인 천국관을 그대로 보존하면서 천국을 더 인간적이고 접근 가능한 것으로 만드는, 17세기적인 관심을 갖고 작업에 참여하였다. 그는 신비주의를 생각하게 만드는 새로운 감정적 요소를 부여함으로써, 인간과 하나님과의 관계를 설명하였다. 즉 그는 1617년 성인의 날 Saints' Day에 안시Annecy의 수녀들에게 천국의 성도들은 하나님을 보는 것만이 아니라, "그분이 말하는 것을 듣고 그분에게 직접 말을 할 수 있을 것이다. 이것이 천국의 성도들이 누리게 될 중요한 축복 중의 하나다"라고 말하였다. 천국의 성도들은 하나님을 향한 영원한 사랑을 나타낼 수 있을 뿐만 아니라 하나님과 끊임없이 대화할 수도 있다. 드 살은 "너는 항상 나와 함께 할 것이며 그리고 나도 항상 너와 함께 있을 것이다"라는 하나님의 말씀에 인간의 영혼은 "나는 결코 조금이라도 당신으로부터 멀어지지 않을 것입니다. 이제부터 당신은 전적으로 내 안에 있고, 나도 당신에게 완전히 속하게 될 것입니다. 당신이 곧 나이며, 나 또한 전적으로 당신의 것이 될 것입니다"라고 대답하리라고 상상하였다. 연인에게 하는 것처럼 또는 수녀가 그리스도에게 하는 것처럼, 성도들은 그들의 관심과 사랑을 오직 하나님에게 다 바

칠 것이다. 그리고 두 사람의 이런 친밀한 관계를 떼어 놓을 수 있는 것은 아무것도 없다.31)

드 살은 하나님이 신비스러운 모든 일──성자들의 일대기나 성서 역사에 관한 일들──을 성도들에게 자세하게 알려 준다고 생각했다. 성도들은 "하나님 스스로 인간이 되신 위대한 성육신 사건과 하나님께서 인간을 만드신 일을 이해하게 되면서, 하나님의 거룩한 신비에 참여할 수 있다. "그곳에서, 우리들의 주님은 위대한 비밀들을 자세하게 가르쳐 주실 것이다"고 드 살은 기록하였다. "그는 성도들에게 자신의 희생과 그 밖에도 인간을 위해서 하신 일들에 대해서 말씀할 것이다. 어떠한 때에, 나는 너를 위해서 이런 고통을 당했다고 말씀해 주실 것이다. 또한 주님은 성육신과 구속의 신비에 대해서 설명하시면서, 다음과 같이 말씀하신다. '나는 너를 오랫동안 기다렸다. 네가 고집을 부릴 때에도 나는 계속해서 너를 돌보았으며, 네가 나의 은총을 받아들이도록 부드럽게 만들기도 했다.'" 심지어 드 살은 천국에서도 성도들 각자의 삶은 중요하다고 생각했다. 왜냐하면 그들의 삶은 모두 성스러운 역사의 한 부분이기 때문이다. 예수님은 눈에 보이지는 않지만 인간의 삶을 이끌어 주는 인도자이다. 드 살은 예수님께서 다음과 같이 말씀하실 것이라고 예언하였다. "나는 그때 너에게 이런 추진력을 주었고, 이런 영감을 주었다. 또한 너와 같은 사람들을 나에게로 끌어들이기도 하였다." 그때 모든 일이 분명하게 드러나게 될 것이다. 사랑하는 이들 사이에, 즉 하나님과 성도들 사이에 드러나지 않은 비밀이란 전혀 존재하지 않을 것이다.32)

천국에서 성도들의 친절한 동반자였던 예수가, 이번에는 친구들을 만날 수 있도록 허락해 준다──그러나 이것은 지복의 비전 뒤에 따라오는 '부차적'인 선물일 뿐이다. 드 살은 진정한 친구 관계는 영원하다고 믿고 있었다. 여기서 개인적인 우정은 천국에서 존재하지 않으며, 모두 일반적인 사랑의 공동체 안으로 흡수된다고 하는 아우구스티누스의 가르침이 그 힘을 상실한 것을 알 수 있다. 그가 "이 세상에서 맺었던 선한 우정은 내세의 영원한 삶에서도 계속될 것이며, 우리는 그 사람을 (다른 사람들보다) 더 사랑하게 될 것"이라고 주장한 것은 틀림없이 자신과 편지를 주고받거나 친교를 나누었던 수많은 여성들을 염두에 두고 한 말이었을 것이다. 안시의 수녀원장 잔느 드 샹탈Jeanne de chantal과 주교의 영적 결합이 천국에서의 재회로 이어질 것이라고 누가 감히 가정할 수 있겠는가? 프로테스탄트는 세상적인 윤리를 요구했던 반면에, 드 살(칼뱅주의의 중심인 쥬네브의 주교였다는 의미에서)은 내세에서도 카톨릭적인 관점을 유지하려고 노력했다. 이렇게 드 살은 하나님과 인간 사이 그리고 인간과 인간 사이의 관계성을 직접적이고 구체적으로 묘사함으로써 낙원을 좀더 매력적인 곳으로 만들었다. 즉 드 살의 천국은 여전히 철저하게 신 중심적인 곳이었지만, 스콜라 신학의 최고천 개념이 갖고 있던 추상적이고 냉랭한 기운은 없었다.33)

당시 수많은 카톨릭 교인들처럼 프랑수아 드 살의 사상도 낙관주의적이었다. 인간의 영혼은 죄를 짓는 경향보다는 천국에 갈 운명을 타고났다. 하나님은 우리들을 사랑하며, 우리가 정결하게 살 것이라는 사실을 이미 알기 때문에, 우리를 영원한 영광 속에 살 운명으로 결정해 놓았다. '영광으로의 예정predestination of glory'이라고 불리는 이 개념이 드 살의 주목을 끌었다. 그래서 그는 예수회의 저술가에게 다음과 같은 편지를 보냈다. "나는 당신의 사상이 가장 명쾌한 주장이라는 사실을 발견했다. 왜냐하면 나는 이 사상이 가장 진실되면서도 가장 매력적이고, 하나님의 은총과 자비 중에서도 가장 가치 있는 것이라고 느꼈기 때문이다." 또한 이 사상은 성도들에게 설교를 하고 그들을 영적으로 인도하는 데 실제적인 도움을 주었다. 드 살은 확고하면서도 감미로운 영성주의를 강조함으로써, 평신도들이 종교적 이상을 쉽게 받아들일 수 있도록 해 주었다. 드 살이나 그와 같은 정신을 가진 저술가들의 작품에 나타난 프랑스의 카톨릭 사상은 "가장 편안하고 흥미로운, 한 마디로 가장 인간적인 것처럼 보이는" 것에 중점을 맞추고 있다.34)

이러한 용기, 자제, 인내 그리고 "르네상스 시대 사람들이 인간에 대해서 품고 있던 낙관적인 생각과 인간의 노력을 가치 있게 여겼던 태도들"이 카톨릭 개혁 정신의 주요한 특징이 되었다. 당시에 영향력을 떨쳤던 철학자, 유스투스 립시우스 Justus Lipsius(1547~1606)는 인간의 영혼은 고귀하며, 거의 신적인 것에 가깝다고 주장하였다. 왜냐하면 인간의 영혼은 "자신이 하늘에서 온 존재라는 흔적을 가지고 있으며, 자신이 순수한 불에서 생겨났다는 것을 나타내는 밝은 광선을 가지고" 있기 때문이다. 립시우스가 보기에 인간은 "올바른 이성과 하나님"에게 자신의 전 존재를 바쳐 복종해야 하며, 그래서 우주와 조화를 이뤄야 했다. 이러한 철학은 인간에게 자연과 조화를 이루며 살기를 권했던 고전 시대의 스토아 사상을 반영하고 있는 것이다. 드 살은 「신의 사랑에 대한 논고 Treatise on the Love of God」(1616)라는 글에서 고전 시대의 노예 출신 철학자인 에픽테투스 Epictetus의 글을 광범위하게 인용하고 있다. 그는 이 스토아 철학자를 크게 찬양하면서, 독자들에게 그를 하나의 모범으로 추천하고 있다. 드 살과 립시우스는 스토아 철학을 해석하는 과정에서 인간과 인간의 본성이 갖고 있는 가치를 긍정적으로 보게 되었다. 이들에게는 기독교의 계시조차도 이 세상이 선하다는 자신의 주장을 뒷받침하기 위해 등장하는 엑스트라에 불과했다.35)

대부분의 카톨릭 개혁자들이 웅장한 최고천에 큰 관심을 가졌지만 이 지구를 전적으로 무시한 것은 아니었다. 회복된 새 땅을 무용지물로 생각했던 스콜라 신학자들과 달리, 안토니노 폴티Antonino Polti는 하나님이 회복된 지구를 사용할 것이라고 믿었다. 자연도 인간과 같이 하나님 앞에서 새롭게 회복되어 유용하게 쓰일 수 있다. 다른 카톨릭 개혁자들처럼 낙관적인 생각을 가지고 있었던 폴티는 지구가 가장 낮은 단계의 천국이 되든가 또는 천국의 기초 부분으로 쓰이게 될 것이라고 주장했다. 최후 심판 후에 이 지구는 "정화되어 영화롭게 되고", 높은 계층의 천구들과 연결될 것이다. 사보나롤라는 『십자가의 승리Triumph of the Cross』(1497)에서 미처 세례도 받지 못하고 죽은 어린아이들이 회복된 새 땅에서 살게 될 것이라고 생각했다. 그곳에서 그들은 영원히 하나님께 영광을 돌리며 행복하게 살게 된다. 기독교인이며 인문주의자인 폴티는 죄가 없는 어린이들을 지옥이나 그 밖의 어떤 고통스런 장소에 내버려 둘 수가 없었던 것이다. 지구가 축복받은 성도들에게는 그리 좋은 장소는 못 된다고 하더라도, 몇몇 영혼에게는 영원한 거처로서 더없이 적합한 장소라고 생각했던 것이다.36)

트렌트 공의회를 전후한 시기에 활동했던 카톨릭 개혁자들은 루터나 칼뱅처럼 신 중심적인 천국관을 열정적으로 옹호하였다. 그러나 성모 마리아도 신 중심적인 천국의 한 부분을 차지한다고 주장한 점에서는 프로테스탄트 종교개혁자들과 달랐다. 스콜라 학파의 내세관을 대부분 수용하면서도, 폴티와 드 살 같은 사람들은 최고천의 천국을 인간화시키려고 노력하였다. 그들은 중세 신비주의자들이 체험했던 그리스도와의 직접적인 만남을 본보기로 삼으면서, 천국의 성도들도 서로 만나고 교제하는 즐거움을 누리게 될 것이라고 주장하였다. 또한 천국 성도들이 하나님에게 모든 관심을 집중시키는 것은 하나님의 능력이나 그에 대한 경외심 때문이라기보다는 하나님에 대한 무한한 사랑 때문이라고 생각했다. 스토아 철학의 영향을 받아 낙관적인 신학 사상을 갖게 된 카톨릭 개혁자들은 하나님을 향한 성도들의 사랑과 하나님의 성도들에 대한 사랑을 적극적으로 이해하였다. 심지어 지구도 하나님이 창조한 선한 한 부분이자 성도들이 영원한 삶을 살도록 계획된 거처라고 주장하였다. 그리고 카톨릭 교인 모두가 천국의 성도가 될 운명을 타고났다는 희망찬 메시지는 프로테스탄트 종교개혁의 도전을 받고 있던 카톨릭 교회에 새로운 활기를 불어넣었다. 천국도 교회처럼 개방되고 모든 사람이 접근할 수 있는 곳이 되었다. 카톨릭 저술가들은 하나님이 천국의 중심이라는 사실을 거듭 강조하면서도, 하나님과 성도 간의 관계를 더 정감어린 인간적 용어로 표현하였다. 프로테스탄트 종교개혁자들이 회복된 지구의 모습을 묘사함으로써 그들의 천국관을 부드럽게 하고 인간화시켰다면, 카톨릭 개혁자들은 하나님과 성도간의 관계를 정감 있고 친밀하게 표현함으로써 그들의 천국을 인간화시켰다.

경건하고 금욕적인 중산층

1662년 프랑스의 철학자 파스칼Blaise Pascal이 죽고 난 후, 가족들은 그의 옷 속에 들어 있던 양피지 한 조각을 발견하였다. 그 종이에는 그가 체험했던 신비한 체험이 기록되어 있었는데, 그는 이 체험으로 인해서 무의미한 철학적 사고에서 벗어나 성경 속의 하나님에게로 다가갈 수 있었다고 고백하고 있다. 이 체험의 중심은 그가 양피지에 기록했던 것처럼, "이 세상을 잊어버리고, 하나님을 제외한 모든 것들을 망각해 버렸다는 것oublie du monde et di tout, hormis de Dieu"을 의미한다. 17, 18세기의 많은 기독교인이, 그 열정의 정도는 달랐지만, 이와 유사한 감정을 가지고 있었다. 프랑스의 카톨릭 신자도 파스칼이나 얀센주의의 영향을 받아 드 살의 낙관적인 영성주의로부터 멀어지기 시작했다. 그리고 영국의 청교주의에서는 리처드 벡스터Richard Baxter 같은 사람들이 새로운 열정으로 하나님이 천국의 절대적인 지배자라는 사실을 강조하기 시작했다. 필립 야곱 스페너Philipp Jakob Spener가 지도하고 있던 독일 루터 파와 웨즐리 형제가 이끌던 영국 성공회파도 세속적인 언행을 삼가고 엄격한 삶을 사는 것이 자신들의 소명이라고 생각했다. 구대륙과 신대륙의 카톨릭 교인과 기독교인 중에도 '경건한 중산층the pious middle class'이라고 불리는 사람들은 하나님을 묵상하였으며, 사업의 세계를 다소 부정적으로 보기 시작했다.37)

청교도와 경건주의자, 감리교도 그리고 카톨릭의 얀센주의자들은 유스투스 립시우스와 같은 바로크 시대의 철학자들이 갖고 있던 낙관적인 스토아 사상에 강하게 반발하였다. 이 새로운 금욕주의자들은 인간 본성에 선이 내재되어 있다는 사실을 믿지 않았다. 그들은 인간을 바로크 시대 몇몇 철학자들이 주장했던 것처럼 거의 완벽한 존재가 아니라 죄의 본성을 가진 존재로 보았다. 그들은 이 세상이 타락했으며 곧 사라질 것이기 때문에 오로지 하나님만이 중요하고 가치 있다고 주장하였다. 이런 사상을 카톨릭 얀센주의자들은 아우구스티누스에게서 이끌어 냈고, 프로테스탄트는 루터와 칼뱅이 설명했던 원죄 교리에서 이끌어 냈다. 이 관점에서는 인간은 구원을 필요로 하는 존재였다. 그래서 당시의 헌신적인 글이나 영성주의에서 그 중심을 이루고 있었던 것은 창조주로서의 하나님이라기보다는 구원자로서의 하나님이었다.38)

인생은 예술 작품 속에서 칭송받을 만한 것도 아니며, 허세를 부리거나 자기 과시를 해서도 안 된다. 내세를 바라보고 사는 기독교인들은 검소하고 금욕적인 자기 억제의 생활을 함으로써 바로크 사회의 소비적인 생활과는 구별되는 삶을 살아야 했다. 청교도들은 힘든 노동을 그들이 실천해야 할 기본 규율로 권장하였는데, 이로 인해 프로테스탄트 윤리가 성공할 수 있었다. 카톨릭 교인들은 여전히 수도원에서의 삶을 선호하였다. 이렇게 같은 정신을 가지고 있으면서도 두 가지 형태의 행동이 취해졌던 것이다. 즉 막스 베버Max Weber가 지적했던 것처럼, 금욕적인 생활은 사제나 수녀들이 하는 독신 생활만을 의미하는 것이 아니라, 일상 생활 속에서 절제하는 것도 금욕적인 생활로 인정되었다. 금욕적인 생활이 너무나도 보편적인 행동이 되어 버렸기 때문에, 영국 성공회의 한 주교는 다음과 같이 말하기도 하였다. "개혁자들이 주장하는 새로운 헌신의 모습을 왜 수도원에서 동의하지 않는지 난 잘 모르겠다."[39]

이런 금욕주의가 저절로 생겨난 것은 아니다. 이는 역사가들이 17세기의 위기라고 부르는 상황에서 나타난 것이었다. 16세기는 번영의 시대였지만, 17세기는 소요와 불경기 그리고 빈곤이 이어졌다. 무역이 어렵게 되고 흉년이 계속되면서 경제 불황이 오랫동안 지속되었기 때문에 영국과 대륙이 심한 타격을 입게 되었다. 여기에다 사회적인 불안감이 점점 더 가중되면서, 지방 분열이 일어났으며, 때로는 시민 전쟁으로 확대되기도 하였다. 독일의 30년 전쟁(1618~48), 영국의 크롬웰의 시민 전쟁(1642~6), 터키의 빈 침공(1683) 그리고 스페인, 네덜란드, 독일과 루이 14세와의 끊임없는 전쟁(1667~97)들로 인해서, 수많은 사람들이 죽거나 집을 잃어 버렸다. 이런 위기에 직면한 기독교인들은 바로크 시대의 낙관주의에 심각한 의문을 품게 되었으며, 결국 새로운 신앙 태도를 갖게 되었다. 어느 역사가는 "16세기를 지배했던 진보 사상도 17세기에 이르러 무너지고 말았다. 이제 시대가 바뀌고 확신과 희망의 감정들은 염려와 불안이라는 감정들로 대체되었다"고 하였다.[40]

아마도 경건한 중산층이 가장 두려워한 것은 전쟁이나 빈곤이 아니라 불신앙과 방종이었을 것이다. 영국에서는 청교도와 비청교도의 생활 방식 사이에 갈등이 고조되었으며, 이로 인해 국지적인 분쟁이 수없이 일어났고, 급기야는 미국으로 이주하는 사람들이 생겨났다. 프랑스에서는 의사나 법률가, 관리, 사업가, 상인 같은 새롭게 발전하는 신흥 계층들은 자본주의 사업에 열중하였고, 카톨릭 신앙을 관습적으로 아무런 의심없이 지켰던 것은 잃게 되었다. 또한 이성주의와 회의주의의 영향으로 반反성직자적인 감정이 일어났으며, 어떤 이들은 교회를 향한 적대감을 공공연하게 드러내기도 하였다. 이렇게 이성의 시대가 침입해 오게 되자, 경건한 사람들은 자신이 세상으로부터 소외되었다는 것을 느끼고 하나님을 향해 도망가려고 했던 것이다.[41]

얀센주의 운동 본거지, 포르-루아이알-데-샹Port-Royal-desChamps에 있는 소박한 수도원은 근처의 베르사이유Versailles 궁전과 인상적인 대조를 이루고 있다. 그곳에서는 태양왕 루이 14세가 전제적 통치를 구가하고 있었기 때문이다. 두 곳을 통해서, 세속적인 삶을 즐기며 살아가는 사람과 세상을 거부하고 사는 사람 사이의 차이점을 쉽게 알 수 있다. 청교도처럼 얀센주의자들도 원죄 이론을 강조하였다. 인간은 본성적으로 타락하고 약한 존재다. 인간의 이성도 구원과 관련된 일에는 아무런 도움이 안 된다. 오로지 하나님의 은총만이 인간을 구원할 수 있으며, 이 은총도 소수의 몇 사람에게만 주어졌을 뿐이다. 하지만 하나님의 은총은 너무 압도적이기 때문에 선택을 받은 자들은 이를 결코 거부하지 못한다. 얀센주의자들은 하나님의 은총이 자신의 자아 의지를 압도하고 결국은 소멸되어 버리기 때문에, 자신의 의지가 하나님의 의지로 바뀌게 된다고 주장하였다. 이렇게 하나님의 의지를 갖게 된 선택받은 사람들은 다른 사람들——종교적 열의가 없는 자, 하나님에게 버림받은 자 또는 베르사이유 궁전의 거주자들——과는 구별된 삶을 살게 된다. 즉 프로테스탄트의 금욕적인 공동체들이 그랬던 것처럼, 카톨릭 얀센주의자들도 하나님이 선택한 사람들은 금욕적인 삶을 살아가는 데나 엄격한 도덕적 생활을 하는 데 뛰어날 수밖에 없다고 생각했다. 하나님의 은총은 그들을 세상으로부터 고양시키며, 하나님께 가까이 다가갈 수 있도록 해 준다. 그래서 그들은 세상에서는 항상 소외되고 외롭겠지만, 하나님 때문에 영원히 즐거워하게 될 것이다.

포르 루아이알 수도원이 얀센주의 운동의 중심지 역할을 했다면, 이 운동의 특성을 가장 잘 나타내고 있는 것은 마담 드 세비녜Mme. de Sévingné(1626~96)가 체험한 영적 갈등이었다. 어린 나이에 미망인이 된 부인은 브르타뉴Brittany의 시골집에 살면서 친척과 친구 그리고 그녀를 존경했던 사람들과 함께 교제를 나누면서 한평생을 지냈다. 귀족 출신인 그녀로서는 얀센주의자들의 엄격한 생활 방식을 받아들이기가 쉽지 않았겠지만, 일찍이 남편의 죽음과 독서를 통해서 견실한 영성주의를 갖게 되었다. 그녀가 포르 루아이알 수도원을 경애하고 있었다는 것, 파스칼과 얀센주의자 아르노Arnauld 그리고 아우구스티누스의 책을 좋아했다는 사실은 잘 알려진 얘기다. 그녀는 자신의 개인 예배실에 성인의 상像을 전혀 놓지 않았는데, 그 이유는 그녀가 "어떠한 질투나 시기도 피하기를" 원했기 때문이다. 즉 그녀는 하나님에게만 절대적인 영광을 돌려 드리려고 했던 것이다. 다만 이 예배실에는 성모 마리아의 그림이 걸려 있었으며, 십자가 그리고 비문도 하나 있었다. 그리고 이 비문에는 얀센주의자들이 좋아했던 글귀인, "영예와 영광은 오로지 하나님께만Soli Deo honor et gloria"이라는 글귀가 새겨져 있었다.[42]

오로지 하나님만을 위해서 예배실을 꾸미는 것은 쉬웠지만, 자신의 마음도 이와 똑같이 하나님만 향하게 하는 것은 그리 쉽지 않았다. 사랑하는 딸, 마르그리트에게 마음을 빼앗긴 드 세비녜 부인은 딸에게 수없이 많은 편지를 썼다 — 이 편지들은 프랑스 문학의 고전이 되었다. 역시 얀센주의자였던 그녀의 친구는 그녀가 딸을 우상처럼 숭배하고 있다고 꾸짖기도 하였다. "이러한 일종의 우상 숭배는 다른 것 못지않게 위험한 일이다." 드 세비녜 부인은 적어도 하나님과 자신의 딸 모두에게 똑같은 관심을 두려고 노력했다. 그녀는 딸에게 다음과 같은 편지를 썼다. "하나님께서 내 마음속에 들어오시기 위해서 내 마음속에 있는 너에 대한 생각을 없애 주실 때까지 너를 사랑한다. 내가 내 마음의 장소를 양보할 수 있는 분은 오로지 하나님 한 분뿐이니까." 그러나 때때로 그녀는 딸 때문에 하나님과 올바른 관계를 맺을 수 없다고 느꼈다. "나는 너에 대한 생각에 완전히 사로잡혀서 도저히 아무것도 생각할 수 없을 때가 있다." 그녀는 딸에 대한 생각을 "조금이라도" 떨쳐 버려야 성찬이 가치 있다고 말하면서 스스로 성찬식을 거부하였다. 부인의 노력은 얀센주의자들의 주장, 즉 선한 기독교인이라면 가족도 포함해서, 세상적인 것을 모두 버려야 한다는 생각을 강하게 나타내고 있다. 만약 기독교인이 이 세상에서 벗어나지 못한다면 이 세상과 함께 멸망하게 될 것이다. 이 세상은 결코 새롭게 회복될 수 없으며 멸망해야만 한다. 육체도 결국은 썩어 없어질 것이며, 물질 세계도 사라진다. 하나님과 성도들의 영혼만 남아서 영원한 고독 속에 자신들의 결합을 자축하게 될 것이다.[43]

그녀가 좋아했던 작가 중 한 사람은 프랑스의 얀센주의자 피에르 니콜Pierre Nicole(1625~95)이다. 그는 파스칼이 예수회Jesuits에 대항하는 글, 「시골에서 온 편지Letters provinciales」를 준비할 때 도와 준 사람으로서, 특히 『도덕 논집Essais de Morale』으로 잘 알려졌다. 니콜도 드 살 못지않게 천국을 하나님 중심적으로 설명하였다. 하지만 그는 드 살과 달리 어떤 인간적인 표현도 하지 않았다. "선택받은 자들이 천국에서 소유하게 될 것은 오로지 하나님뿐이다"라고 니콜은 기록하였다. "하나님만이 그들의 유일한 축복이 될 것이다……. 이것이 그들이 누리게 될 지복의 본질이다. 그리고 그들은 모든 것을 이 본질적인 선과 관련해서 생각하게 될 것이다." '오로지 하나님만God alone'이라는 표어가 니콜의 신앙을 단적으로 설명하고 있다. 천국의 성도들은 하나님 외에 그 어떤 것도 원하지 않게 될 것이다. 그들의 영혼은 "하나님을 사랑하고, 하나님을 원하며, 그를 누리는 것에 모든 힘을 다 쏟아 버렸기 때문에 하나님이 아닌 다른 것을 사랑하고 소망할 기력이 없다." 니콜은 성도들끼리의 교제를 하찮은 것으로 생각했기 때문에 "천국의 성도들은 영원한 고독 속에서 홀로 하나님과 함께 살도록 창조된 존재이다. 성도들은 서로의 독거를 결코 방해할 수 없다. 왜냐하면 천국의 성도가 유일한 선이라고 할 수 있는 하나님에게 몰두하고 있을 때, 그의 관심을 돌릴 수 있는 것은 아무것도 없기 때문이다. 또한 하나님의 피조물을 보는 행위도 하나님을 보는 행위 안에 다 포함되어 있다"고 말하였다. 하나님께서 성도들의 동반자가 되어 주시기 때문에, 그들은 천사나 그 밖의 다른 피조물들을 필요로 하지 않는다. 심지어 마리아도 성도들의 관심을 끌 수 없다. 성도들은 홀로 충만하신 하나님 한 분만을 바라보게 될 것이다.[44]

    그러나 니콜은 하나님과 성도들 사이의 영원한 관계가 어떤 것인지 더 이상 설명하지 않았다. 그래서 천국에서의 독거라는 말이 어떤 뜻인지 정확하게 알 수 없다. 그러나 니콜은 하나님과 성도들 사이의 관계를 직접적인 접촉이나 감정적인 것으로 생각하진 않았다. 드 살은 천국의 성도들이 예수와 우정어린 대화를 나눌 것으로 기대했지만, 니콜은 조용한 은둔자로서 하나님만 바라볼 것으로 생각했다. 천국의 성도들이 가족이나 친구를 만나는 모습도 이제 찾아볼 수 없었다. 천국의 성도들에게 있어서 하나님의 현존은 너무나 압도적이어서 지복의 비전에서 성도들의 눈을 떼게 할 수 있는 것은 아무것도 없다. 이 세상과 근본적으로 다르기 때문에, 천국에서의 영원한 삶이란 인간적이고 자연적인 것들과 완전히 단절하는 것을 의미하게 되었다.

오직 하나님에게만 중심을 두고 살아야 한다는 얀센주의자들의 주장은 경건한 프로테스탄트의 글에서도 나타나고 있다. 리처드 벡스터 Rechard Baxter(1615~91)는 1665년에 쓴 편지에서 "오늘날 논의가 왕성한 것은 명상적인 삶과 활동적인 삶 중에서 어떤 것이 더 나은가 하는 문제"라고 기록하였다. 비록 벡스터는 활동적인 삶이 필요 없다고 말한 것은 아니지만, "하나님과의 교제에 마음을 빼앗긴 채" 은거하는 생활을 더 좋아하였다. 그는 의도적으로 칼뱅주의 전통과의 결별을 시도하면서, "나는 '피조물들을 통해서' 하나님을 볼 수 있거나, 세상에서도 그분에게 봉사한다고 위선을 떨면서 사람들을 너무나도 과감하게 이 세상으로 몰아치는 사람이 되지 않기를" 원한다고 말하였다. 청교도인 벡스터는 수도원에서 은둔 생활을 한 것은 아니지만, 정신적으로는 철저하게 세상을 거부하면서 살았다. 크롬웰의 가정 목사였던 존 하우 John Howe(1630~1706)도 "이 세상을 버리고 저 세상을 마음에 품는 것이 당신의 소명입니다. 당신을 옭아매고 있는 덫이나 세속의 지위나 세상에 대한 애정으로부터 벗어날 수 있도록 서두르십시오"라고 말하였다. 도시 사회와 사업의 이윤이 매력적으로 보이고 대도시의 문화가 유혹으로 다가와 프로테스탄트의 신 중심적인 영성주의를 위협하자, 하나님에게 매달리려고 하는 청교도의 소망은 더욱더 뜨거워졌다.[45]

그러나 신대륙에서도 세속적인 유혹은 피할 수 없었다. 당시의 청교도들이 세속적인 풍요로움을 누리고 있었다는 사실을 미국의 시인 리처드 스티어 Richard Steere(1643~1721)를 통해서 알 수 있다. 그는 "세상적인 기쁨들을 자유롭게 그리고 흥겹게 누리는 것을 다음과 같은 이유 때문에 비난하라"며 다음과 같이 기록하였다. "세속적인 명예와 부유함과 즐거움은 모두 헛되고 불확실하고 일시적이며, 천국에서 누리게 될 기쁨과 비교해 볼 때 조금도 존중할 가치가 없고, 오히려 경멸하고 무시해야 할 것들이다." 청교도들은 설교, 사상 또는 비문 속에서 이 세상에 대해서 애정을 갖지 말라고 경고하고 있다. 육체가 썩고 부패하는 죽음을 통해서 우리는 세상에서의 영광이 얼마나 덧없는 것인가를 알 수 있다. 오로지 하나님만이 영원하며, 진실되고, 사랑할 가치가 있다. 오로지 천국의 기쁨을 명상할 때에만 인간의 영혼은 세상사의 늪으로부터 벗어날 수 있다. "천국에서 누리게 될 영원한 영광의 축복을 명상하는 사람들은 세상적인 기쁨보다 더 고양된 감정을 느낄 수 있다"고 스티어는 강조하면서, "그들은 달콤한 소망을 가지고 천국의 기쁨을 열망하는 가운데 이 세상을 잊어버리게 된다"고 설명하였다. 이렇게 금욕적인 개혁주의자들은 이 땅에 살고 있으면서도 천국으로 모든 시선을 집중시키고 있었다.46)

    금욕적인 개혁주의자들이나 경건한 명상을 강조했던 청교도들 모두 천국을 물질적인 장소가 아니라 영적인 것으로 생각하였다. 경건주의자들은 천국을 결코 현세의 복사판으로 생각할 수 없었다. 초기의 종교개혁자들은 회복된 새 땅도 천국의 한 부분이 된다고 주장했지만, 이제 그 이론도 사라져 버렸다. 이 세상에서 천 년 동안 풍요로운 삶을 살게 될 것이라고 예언했던 사람들도 자신의 주장을 포기했으며, 마지막 때가 되면 성도들이 모두 천국의 존재가 될 것이라고 믿게 되었다. 내세가 죽음과 동시에 오거나 또는 천년왕국이 지난 뒤에 오든지 간에, 성도들을 이 세상으로부터 벗어나게 해 주는 것은 확실하다. 다만, 한 가지 분명한 것은 성도들이 이 세상에서 계속 존재하지 않는다는 사실이었다. 존 하우John Howe도 "세상을 지으신 창조주가 사람들을 영원히 살게 할 목적으로 이 세상을 창조한 것은 결코 아니다"라고 주장하였다. 이렇게 왜소하고 무의미한 땅이 어떻게 성도들을 위한 장소가 될 수 있겠는가. 존 하우가 보기에, 성도들은 "더 고귀한 땅에서, 더 훌륭한 상태로 살아가야 할 사람이었다." 여기에서 우리는 존 하우가 얘기하고 있는 고귀한 지역이 스콜라 신학에서 말하는 최고천과 유사하다는 사실을 알 수 있다.47)

영국의 철학자, 토머스 브라운Thomas Browne(1605~82)도 결국 하나님이 전 세계를 멸망시킬 것이라고 주장하였다. 그리고 빈 공간으로 남게 된 이곳에는 하나님의 현존으로 충만하게 될 것이다. "천국이 최고천에 있든 또는 열 번째 천구 위에 있든, 세상이 소멸한다 해도 천국에는 아무런 영향도 없다. 왜냐하면 이 세상이 소멸할 때 모든 것은 최고천에서 존재하고 있을 것이기 때문이다……. 천국이 어디에 있는가 하고 묻는 것은 하나님께서 어디에 현존해 있는가, 우리가 하나님을 보는 지복의 축복을 어디에서 누리게 될 것인가 하는 물음과 같은 것이다." 다시 말해 최후 심판 때 하나님이 이 세상을 새롭게 회복시키는 것이 아니라 현 세계를 완전히 소멸시킨다는 뜻이다. 하나님은 천국의 성도들에게 넓고 충분한 '공간'이자 환경이 되어 준다.48)

리처드 벡스터도 『성자들의 영원한 휴식The Saint's Everlasting Rest』(1649)에서 금욕적인 청교도 정신과 신 중심적인 태도를 확실하게 보여 주었다. 그는 "하나님과 그리스도에 대한 지식, 서로에 대한 사랑을 통해서 느끼는 즐거운 만족감, 하나님과 만나 느끼는 영원한 즐거움, 영원히 계속되는 찬양의 노래 소리, 이것이 곧 성도들을 위한 천국이며, 영적인 존재들에게 알맞은 휴식이 있는 곳이다. 친애하는 친구들이여, 이렇게 우리들은 자신의 진가를 발휘할 수 있는 곳에서 살게 될 것"이라고 말하면서, 오로지 하나님만이 영원한 삶의 중심이 되어야 한다고 계속해서 주장하였다. 크롬웰 시대 영국의 종교적 정치 와중에서, 벡스터는 종교 정치에 전념하였기 때문에 명상 생활을 추구하는 것이 지극히 곤란한 때였지만, 피안 사상otherworldliness의 중요성을 매우 강조하였다. 이 세상에서 그리고 내세에서 오직 하나님만을 바라보고 산다는 말은 세상사에 관심을 두지 않는다는 뜻이다. 영적인 휴식이란 영적 특성을 가진 성도들에게 알맞은 것으로서, 하나님께 전적으로 전념할 때에만 가능하다.[49]

벡스터는 『성자들의 영원한 휴식』에서 내세에서 만나게 될 사람들의 이름(44명)을 열거함으로써 천국이 인간적인 특성을 갖고 있는 것으로 얘기하기도 했지만, 신 중심적인 경향을 결코 포기하진 않았다. 특히 이 명단에서 루터와 츠빙글리, 칼뱅, 베자Beza, 불링거Bullinger, 브레드포드Bradford와 같은 종교개혁자의 이름을 발견할 수 있다. 천국의 성도들은 "얼굴도 보지 못했던 모든 시대의 성자들"을 만나 볼 수 있다. 그러나 벡스터는 동시대인 앤드류 마벨Andrew Marvell(1621~78)이 상상했던 것처럼, 키케로식의 애국적인 내세관을 생각하지는 않았다. 마벨——존 밀턴John Milton의 조력자이면서 크롬웰 통치 시대의 궁정 시인——은 천국에 모세, 여호수아, 다윗과 호민관 크롬웰이 차례 차례로 앉아 있다고 상상했던 것이다. 또한 벡스터는 교제를 나누는 기쁨이 천국에 전혀 없는 것은 아니지만 부차적인 가치밖에는 갖지 못한다고 생각했다. "성도들이 누리게 될 모든 영광은 하나님을 즐거워하는 것에 모두 포함되어 있다"고 벡스터는 주장하면서, "만약 그곳에 어떤 작은 기쁨이 있다고 하더라도, 그것은 하나님을 즐거워하는 것으로부터 나온 소량의 기쁨에 불과할 뿐이다"라고 말하였다. 즉 천국의 성도들이 공동체를 이루고 있지만, 그들이 누리는 모든 축복은 오로지 하나님으로부터 나오는 것이며, 사회적인 삶을 산다고 해서 기쁨을 얻을 수 있는 것은 결코 아니라는 것이다.[50]

청교도적인 경향이 있는, 영국 국교회의 조셉 홀Joseph Hall(1574~1656)은 벡스터와 같은 사상을 덜 신학적이긴 하지만 더 사실적이고 생동감 있게 표현하였다. "우리가 어떤 위대한 왕 앞에서 우연히 형제나 아들을 만나게 되었을 때, 그 위대한 왕이 갖고 있는 경외로움에 완전히 주의를 빼앗겨 서로 애정을 나누는 것도 잊어버리게 된다." 이것을 영원한 삶에 적용시켜 보면, "우리가 천국에 계신 영광스러운 하나님의 보좌 앞에 서게 되면, 이 세상에서 맺었던 모든 관계가 완전히 끝나 버리고 지복의 비전 앞에서, 하나님의 사랑 안에서 그리고 권능자의 무한한 축복 앞에서 이 모든 관계가 압도당할 것이다." 하나님 앞에서 성도끼리의 만남은 모두 다 '무관심한' 것이 될 것이며, 결국 모든 사회적 관계들은 사라진다. 그리고 1651년에 "혈족의 안부를 묻는 것도 필요 없고 무의미한 것이 될 것이다"고 조셉 홀은 기록하였다. 벡스터가 이렇게 생생한 표현을 쓰지 않았던 반면에, 홀은 그림을 보는 것 같이 생생하게 다음과 같이 설명하였다. "자연은 하나님의 영광 안에 설 자리가 없다. 성도들은 혈연에 대한 애정을 느끼지 않으며 결혼이란 관습도 없다. 이런 야만스런 관계나 기쁨들은 이슬람 교인들의 낙원에나 있을 뿐 기독교인들이 살게 될 낙원에는 없다." 천국에서 맛보게 될 영광이 너무 감격스러워 성도들은 교제의 삶을 자연스럽게 망각하고 초월하게 될 것이다. 자연이나 인간적인 관계는 천국의 영광 안에 설 자리가 없다. 천국은 하나님의 왕국인 것이다.[51]

다만, 하나님을 영원히 찬양하는 행위, 그것만이 영광의 자리에 참여할 가치가 있다. 그래서 청교도의 종교개혁자들은 지복의 비전을 조용히 앉아서 명상만 하는 것으로 생각하지 않았다. 얀센주의자 니콜이 수도원에서 조용히 명상하는 것을 좋아했다면, 신 중심적인 개념을 갖고 있던 프로테스탄트들은 천국의 예배 의식을 더 선호하였다. 벡스터는 계시록의 예배 의식을 이끌어 냄으로써 천국의 삶을 노래와 찬양으로 가득한 것으로 재창조하였다. 중세 사람들은 내세에서 하나님을 찬양하는 일이 천사들의 임무라고 생각했으며, 루터와 칼뱅은 이 문제에 대해서 거의 관심을 보이지 않았다. 하지만 벡스터는 아우구스티누스가 강조했던 영원한 찬양이라는 주제를 재발견하여 성도들이 천국의 예배 의식에서 중요하고 독립적인 역할을 담당한다고 생각하였다. 즉 천사들이 합창을 할 때 단순히 부수적인 역할만 하는 것에서 더 발전한 것이다. 벡스터는 성서 구절을 참고로 하여, "오, 하나님과 그 어린 양의 앞에 서서 영원한 찬양을 부르는 축복받은 직무여. 오, 주님, 당신은 영광과 영예 그리고 권능의 하나님이라고 불려 마땅합니다"라고 기록하였다. 벡스터는 많은 부분에서, 노래와 음악으로 하나님을 찬양하게 될 성도들의 역할을 강조하고 있다. 그들이 감미로운 찬양으로 드리는 영원한 예배는 저주받은 자들의 "아비규환"의 소리와 날카로운 대조를 이루고 있다. 하프를 연주하고 노래를 부르는 것은 하나님께 영광을 돌리기 위한 것이므로, 지옥에는 이런 소리가 날 이유가 없는 것이다.[52]

　벡스터는, 그가 음악을 사랑한 점에서도 알 수 있듯이, 이 세상의 회중들이 부르는 찬양은 내세를 준비하는 것이라고 생각했다. 그는 시집 서문에서, "주님은 자비로운 섭리와 은총을 통해서, 우리처럼 무디고 의기소침한 사람들도 그토록 즐거운 찬송을 부를 수 있도록 허락해 주셨다. 이는 우리가 천국에서 부르게 될 영원한 찬양을 준비할 수 있도록 하기 위해서다"라고 기록하였다. 기독교인들은 찬송을 부름으로써 내세를 준비할 수 있을 뿐만 아니라 천국에서 누리게 될 영원한 기쁨도 미리 맛볼 수 있다. "내가 세상에 살면서 이것이 바로 천국의 모습이구나 하고 느낀 것은 하나님의 백성들이…… 마음과 목소리를 함께 모아 흥겹고 아름다운 노래로 하나님을 찬양할 때이다." 또한 벡스터는 독자들에게 노래하는 기쁨을 오용하지 말라고 경고하고 있다. 즉 회중의 음악이 하나님을 향하지 않고 스스로 기뻐하는 육체적인 즐거움에 빠져서는 안 된다는 것이다. 우리가 "육체적인 기쁨에만 빠져" 노래하는 것을 막기 위해서는 "주님의 탁월함과 그의 충만함을 깊이 체험하면서" 하나님을 찬양해야 한다. 또한 그는 음악이 영적인 특성을 가졌다고 주장하였다. "화음과 가락은 성도들에게 큰 기쁨을 준다. 비록 이것이 이성적인 기쁨에 속하진 않는다고 하더라도 이 기쁨에 가장 가까운 감정이라고 할 수 있다"고 주장하였다. 그래서 "이것들은 하나님에 대한 애정과 관심을 고양시키기에 충분한 것들이라고 할 수 있다." 이 세상에서 하나님을 찬양하는 행위를 하찮게 여기는 자들은 천국의 성가대가 될 자격이 없다. 그래서 벡스터는 비아냥거리는 투로 "그런 사람들은 천국에서 찬양을 부르는 것보다는 돼지에게 철학 강의를 듣게 하든지, 나귀에게 도시를 건설하게 하거나 왕국을 다스리게 하든지, 아니면 죽은 시체로 하여금 식탁에서 만찬을 먹도록 하는 것이 더 나을 것이다"라고 거리낌없이 말했다.53)

찬양을 통해서 천국의 기쁨을 미리 맛볼 수 있다고 생각했던 칼뱅주의자는 벡스터뿐만이 아니었다. 1640년 뉴잉글랜드의 존 코튼John Cotton(1584~1652)은 『찬미가 전집Whole Booke of Psalmes』의 서문에서, "주님께서 우리를 세상으로부터 데려가셔서, 우리의 눈물을 모두 닦아 주시고, 주님의 기쁨에 참여하여 영원한 할렐루야를 부르게 하실 때까지" 이 세상에서 찬양하며 살아야 한다고 말하였다. 또한 윌리엄 로William Law(1686~1761)도 이와 유사한 맥락에서 신도들에게 "당신의 상상의 날개가 저 구름 위에 있는 천국에까지 올라가서, 천국의 성도들이 부르는 영원한 노래에 동참하기를 갈망할 수 있을 때까지" 계시록을 세밀히 명상하라고 권면하였다. 『성자들의 영원한 휴식 The Saints' Everlasting Rest』과 윌리엄 로의 『경건하고 신성한 삶으로의 진지한 부름Serious Call to a Devout and Holy Life』(1728) 그리고 이 밖에도 여러 작품에서 성도들의 찬양을 이 세상에서 뿐만 아니라 내세에 가서도 행해야 할 성도들의 영원한 임무라고 얘기하고 있다.54)

천국의 음악과 노래는 성도들을 위해서 존재하는 것이 아니다. 그것은 성도들이 하나님을 경배하는 행위다. 이러한 신 중심적인 사상은 내세에서 성도들이 소유하게 될 지식을 설명하는 데에도 뚜렷하게 나타났다. 벡스터는 "천국의 성도들은 모든 것을 한순간에 다 알게 될 것이다"고 주장하였다. 가장 복잡한 신학적 문제나 과학적인 난제들을 한순간에 그리고 아주 쉽게 이해할 수 있다. 또한 벡스터는 "천국에선 아무리 보잘 것 없는 성도라 하더라도 한순간에 세상에 있는 그 누구보다도 완벽한 지식을 갖게 될 것이다"고 설명하였다. 이렇게 천국의 성도들은 지식을 한순간에 다 얻을 수 있다. 천국에서는 어떤 것을 배우기 위해 힘든 노력을 할 필요도 없으며, 혼란을 일으킬 염려도 없고 어떤 복잡한 과정을 거쳐야 하는 것도 아니다. 하나님은 천국의 성도들에게 인간의 상황과 하나님의 의지를 이해하고 감지할 수 있는 능력을 한순간에 주실 것이다. 이에 대해서 존 던John Donne(1572~1631)은 "하나님께서 우리 모두를 한순간에 박사로 창조하실 것이다"고 표현하였다. 천국에 들어가자마자 성도들의 삶의 형태는 근본적으로 변화할 뿐만 아니라 순간적인 지식을 소유하게 되면서, 이 땅의 피조물들은 도저히 이해할 수 없는 존재로 변화하게 된다.[55]

연구하고 글쓰기를 좋아했던 청교도 목사들은 천국에 가서 어렵고 복잡한 문제도 다 해결할 수 있다는 생각에 매우 기뻤다. 천국에서 그들은 단순히 많은 양의 지식을 갖게 되는 것이 아니라, 존재하는 모든 것을 다 알게 된다. 식민지 아메리카에 살았던 잉크리스 마더Increase Mather(1639~1723)도 벡스터가 주장했던 것처럼, 천국의 성도들이 무제한적인 지식을 갖게 된다고 주장했다. 정의로운 영혼이 천국에 오게 되면, 그는 "이 세상에서 있을 때 천 년 동안 열심히 연구해서 얻을 수 있는 것보다 더 많은 양의 지식을 어떤 노력도 하지 않고 하루 만에 얻을 수 있다"고 설명하였다. 결국 의로운 자들에게 있어서 죽음이란 세상의 지식이나 영적인 지식을 얻기 위해서 더 이상 수고하고 노력하지 않아도 된다는 것을 의미한다. 왜냐하면 하나님께서 천국에 온 그들에게 눈 깜짝할 사이에 완전한 지식을 주실 것이기 때문이다.56)

또한 천국의 성도들이 완벽한 지식을 소유하고 지적인 활동에 전념한다고 해서 고요하고 영원한 휴식을 취할 수 없는 것은 아니다. 그래서 벡스터는, 성도들의 휴식은 "중심을 잡으면 더 이상 움직이지 않고 그대로 놓여 있는 돌과 같은 휴식이 아니라 모든 능력을 갖춘 영혼과 육체가 흥겹게 끊임없이 활동하는 것도 포함하는 휴식……"이라고 주장하였다. 그리고 이 문장에 연결된 마지막 구절, 즉 "……하나님과 함께 하는 기쁨 안에서"라는 말이 매우 중요하다. 지식은 성도들의 즐거움이나 피상적인 행복을 위해서 주어진 것이 아니었다. 즉 하나님이 성도들에게 천국의 지식을 주어 그들의 주의와 관심을 하나님께 집중하도록 하기 위해서였다. 창조주는 "우리의 감각을 고양시키고, 우리의 능력을 확장시키며…… 모든 능력으로 충만케 하신다." 그리고 이 본문에서는 부활한 새 육체가 하는 일이 "하나님과 어린 양의 보좌 앞에 서서 그를 영원히 찬양하는 것"이라고 정의하였다. 성도들이 천국에서 소유하게 될 지식과 행동의 중심, 의미 그리고 그 동기는 오직 하나님뿐이었다.57)

벡스터의 글은 18세기 전반에는 그 호소력을 상실한 듯하였는데, 존 웨즐리John Wesley(1703~91)가 이것을 재발견하였고, 1750년대에 그 축약판이 출판되었을 때 다시 대중적인 인기를 누렸다. 감리교의 창설자인 존 웨즐리도 벡스터처럼 신 중심적인 삶을 선호하였다. 웨즐리는 "오 하나님, 내가 일에 너무 몰두하지 않게 하소서, 심지어 그것이 필요한 일이라고 하더라도, 그 일에 너무 몰두하지 않게 하여 주소서"라고 기도하였다. 그는 이것이 "일에 너무 몰두하다 보면 이 일의 유일한 목적이 되는 하나님으로부터 내 생각이 멀어지기 때문"이라고 설명하였다. 어떻게 하면 하나님과 관련된 일에만 온 마음을 집중할 수 있을까 하는 생각이 금욕적인 종교개혁자들의 마음을 항상 괴롭히고 있었다. 웨즐리는 매일 자기 반성을 할 때 스스로 던져야 할 질문으로 "나는 처음에도 그리고 나중에도 하나님만을 생각하고 있었는가?" 하는 물음을 추천하였다. 그러나 벡스터의 천국관을 문학적으로 재창조한 사람은 존 웨즐리가 아니라 그의 제자 중 한 사람인 제임스 허비James Hervey(1714~58)였다. 그의 저작 『무덤에서의 명상 Meditations among the Tombs』(1746)은 새롭게 형성된 감리교인들의 정서에 호소력이 있어 그 시대에 가장 널리 알려진 작품 중 하나가 되었다.[58]

『무덤에서의 명상』은 인간의 본성과 삶에 대해서 염세적인 태도를 보이고 있다. 본문에서 허비는 영국 콘월Cornwall에 있는 킬크헴톤 Kilkhampton이라는 묘지를 거닐고 있다. 그는 수많은 비석 앞을 지나가면서 구슬프고 낭만적인 생각에 빠지게 되었다. 그리고 이곳에 묻힌 사람들의 운명에 대해서 생각해 보았다. 죽기 직전 침상에서의 고통스런 장면과 슬퍼하는 친구들 그리고 천국에 올라가서 영원한 축복을 누리게 되는 것까지. 또한 그는 결혼식을 며칠 앞두고 죽음을 맞이한 한 젊은이의 비석 앞에서 생명의 허무함에 대해서 생각하게 되었다. 그는 슬픔을 당한 젊은이의 신부에게 다음과 같이 말하였다. "절망에 빠진 아가씨여! 이 세상에서 누리고 있는 축복들이 얼마나 불확실한 것인가에 대해서 슬퍼하라! 그리고 당신의 영혼이 확실하고 변함없는 지복을 열망하도록 노력하라! 쾌활하고 씩씩했던 피델리오 Fidelio가 차디찬 죽음의 팔에서 잠들었으니 이제 그는 이 세상의 것들을 모두 영원히 잊어버릴 것이다 ── 당신까지도." 허비뿐만 아니라 금욕적인 종교개혁자들은 모두 사람들에게 이 세상의 것들 ── 사업과 부유함, 가족 그리고 친구들 ── 을 믿거나 그것에 의지하지 말라고 계속해서 경고하였다. 그들은 앙상한 해골이나 썩은 육체에 대해서 계속 이야기하여 이 세상이 허무하다는 사실을 생생하게 보여 주려 하였다. '차디찬 팔'을 가진 죽음이 와서 우리들이 누리고 있는 삶의 기쁨을 모두 빼앗아 가고 말 것이다. 또한 허비에게 있어서 영원한 삶을 추구함은 세상과 관련된 것들로부터 정신적으로 멀어진다는 뜻이었다. 인간적인 관계는 결코 영원히 지속될 수 없기 때문에, 천국의 삶을 준비하는 사람들은 세상이라는 덧없는 환상들로부터 멀어져야만 한다. 또한 인간적인 사랑도 결코 영원할 수 없다.[59]

이렇게 내세의 영원한 삶이 이 세상과는 너무나 다르기 때문에 천국에서의 재회라는 인간적인 만남도 더 이상 끼여들 여지가 없었다. 허비는 "확실하고 변함없는 지복"은 오직 하나님을 통해서만 찾을 수 있으며, 인간에게서는 찾을 수 없다고 주장하였다. 그러나 허비가 내세에서 만날 수 있다고 상상한 사람이 몇 명 있는데, 그것은 다소 거리감이 느껴지는 창백한 얼굴을 하고 있는 성서의 족장들 —— 틀에 박힌 인물인 아브라함과 이삭 그리고 야곱 —— 과 자신의 스승들이었다. 하지만 허비는 신 중심적인 태도에 충실하기 위해서, 내세에서 스승과 제자가 만나는 장면은 묘사하지 않았다. 천국은 오랜 친구들이 다시 만나서 그들의 우정을 새롭게 하고 아름다운 추억을 되살리기 위한 장소가 아니라 하나님을 영원히 찬양하기 위한 장소였다. 그래서 허비는 "성도들은 항상 천국의 기쁨, 그 한가운데에서 즐거워하고 있다. 그들은 영원히 어떤 방해도 받지 않고 하프를 연주하고 트럼펫을 불게 될 것이다"고 설명하였다.[60]

어떤 방해나 중단도 있을 수 없다. 허비는 영원한 삶이 고정적이고 불변하다는 사실을 강조하였다. "바퀴는 결코 돌아가지 않는다. 무덤 뒤에 있는 것은 모두 견고하고 고정된 것이다. 내세에서 우리는 영원한 자비의 손에 의해서 보좌에 앉아 있거나 또는 불변하는 정의의 손에 의해서 고문대에 누워 있을 것이며, 이 처지는 이미 영원한 것으로 결정되어 있다." 세상의 모든 것은 변화하지만, 하나님은 고정되어 있으며 안정적이다. 허비도 벡스터나 니콜처럼, 이 세상을 정복하려는 의도는 갖고 있지 않았다. 그는 기독교인들에게 일시적이고 유동적인 이 세상에서 물러나 오로지 천국에서만 누릴 수 있는 안전한 축복을 향해서 자신을 고양시키라고 권면하였다. 이 세상에서 의지할 수 있는 것은 아무것도 없다. 오로지 천국에만 변하지 않는 완전성이 존재한다.61)

 경건하고 금욕적인 중산층들이 기대한 천국의 모습은 프로테스탄트나 카톨릭 종교개혁자들이 주장했던 신 중심적인 천국관을 극단적으로 받아들인 결과였다. 루터가 성도들의 기분 전환을 위해서 회복된 새 땅의 이론을 허락했던 반면에, 청교도들은 이 세상이 영원히 존재한다는 이론을 받아들이지 않았다. 그들은 마지막 때가 오면 이 세상은 세상적인 모든 것과 함께 멸망할 것이라고 주장하면서 그리스도의 천년왕국설도 믿지 않았다. 또한 카톨릭 교인들이 하나님도 인간과 가까워질 수 있다고 생각한 드 살의 관점을 거부하게 되면서, 그가 묘사했던 감정적이고 친밀감이 느껴지던 천국의 모습도 사라지게 되었다. 그들은 이런 것들 때문에 하나님의 광대함이 경감되어서는 안 된다고 생각했던 것이다. 마찬가지로 카톨릭 교인들은 폴티가 제시한 마리아 중심적인 낙원의 개념도 거부하였다. 여성의 출현은 성부, 성자, 성령 삼위가 갖고 있는 하나님의 일체성을 약화시킬 뿐이라고 생각했던 것이다. 17세기의 신학자들은 하나님을 전지전능하면서 다소 거리감이 있는 존재로 묘사함으로써 하나님만이 성도들의 유일한 중심이 된다고 주장하는 데에 성공을 거두었다.

신 중심의 천국관

17세기 중반, 신 중심적인 천국관은 유럽의 기독교권 전역에 널리 퍼졌다. 그리고 이것 때문에 바바리아Bavaria의 노이부르크Neuburg 예수회 사람들이 교회 제단 앞에 걸려 있던 루벤스Peter Paul Rubens (1577~1640)의 「최후 심판」 그림을 떼어 버렸다(그림 33). 이 그림은 여성의 육체가 관능적으로 묘사되어 있고 연인들이 다정하게 재회하는 모습을 표현하고 있었기 때문에, 당시 기독교인들이 배척하고 있었던 르네상스 시대의 예술이 다시 되살아난 것처럼 보였다. 그래서 당시 카톨릭 개혁자들의 정서에 맞으면서 덜 혐오감을 주는 그림으로 바꾸어야만 했던 것이다. 루벤스 그림의 관능성은 인간적인 열정과 육체를 찬양하고 있었기 때문에 종교개혁자들의 주장과는 모순되는 것이었다. 허비가 『명상』을 출판했던 1746년까지도 프로테스탄트와 카톨릭 교인들이 200년 동안 역설했던 전통적인 내세관은 그 힘을 잃지 않고 있었다.62)

심지어 경건한 중산층들의 종교적인 열정이 약화되었을 때에도, 많은 사람은 천국을 성도들이 시편을 찬양하면서 하나님을 보고 영원한 휴식을 취하는 장소로 생각하였다. 그러나 차차 카톨릭의 고위 성직자들이 얀센주의를 이단으로 정죄하였고, 청교도들의 열정이 약화되었으며, 『무덤에서의 명상』도 점점 더 호소력을 잃어 가기 시작했다. 그러나 이렇게 종교와 문화가 변화했음에도 불구하고, 신 중심적인 천국관은 18세기 동안에도 계속 주장되었으며, 19세기까지 지속되었다. 심지어 종교에는 별로 관심이 없는 사람들도 천국은 하나님이 지배하는 곳이라고 생각하였다. 19세기에는 종교 단체나 문학 분야에서 신 중심적인 천국관과는 전혀 다른 새로운 천국관을 제시하기도 했지만, 전통적인 천국관도 무시할 수 없는 사상으로 여전히 남아 있었다.

그림 33. 「최후의 심판」 (1615~17년, Alte Pinakothek, 뮌헨)

이렇게 새로운 천국관들은 모두 신 중심적인 견해를 반대하고 있었다. 그런데도 이것이 계속해서 살아남을 수 있었던 매력은 어디에 있는 것일까?

만약 우리가 루터와 칼뱅, 폴티, 드 살, 니콜 그리고 벡스터의 천국관들 중 서로 다른 점과 독특한 특성을 제거시키고 공통점만을 추려 보면 신 중심적인 천국관의 모습을 살펴볼 수 있을 것이다. 그리고 이렇게 나타난 천국의 모습은 다음과 같다. 천국은 하나님을 위한 장소이며, 성도들의 영원한 삶은 하나님을 중심으로 하여 그 주위를 돌고 있는 것이다. 성도들은 하나님을 찬양하는 영원한 예배 의식에 몰두해 있거나 혼자 명상을 하기도 하고 또는 하나님과의 친밀한 관계에 사로잡혀 있을 것이다. 이곳에서 세속적인 행동이란 있을 수 없다. 마지막 때에 이 세상은 소멸되어 버리거나 또는 남아 있더라도 아주 작은 역할 밖에는 하지 못할 것이다. 결국 천국은 하나님의 계시와 예배의 중심지이며, 거룩한 인물들과 경건한 대화를 나누는 종교적인 장소였던 것이다.

신 중심적인 천국관에서는 천국을 이 세상과 완전히 상반되는 곳으로 묘사하였다. 죽음도 이 세상의 삶과 내세의 삶이 근본적으로 다르다는 사실을 보여 주고 있다. 이 세상의 삶은 피상적이고 끊임없이 변화하며 절망으로 가득 차 있다. 세상에서 인간이 의지할 만한 것은 아무것도 없다. 왜냐하면 이 세상의 모든 것은 어느 순간에는 사라지기 때문이다. 그리고 인간은 약하고 죄짓기 쉽고, 자만하고 방종하기 때문에 이런 악한 것들 중에서도 가장 우위에 있다고 할 수 있다. 심지어 세속적인 삶이 갖고 있는 긍정적인 면들 —— 가족, 친구들, 일과 예술 —— 도 한계점이 있다. 오로지 하나님만이 결코 변하지 않는 무한한 사랑의 근원이며, 영원히 존재한다. 물론 선한 기독교인들은 가족 간의 사랑과 개인적인 명상 그리고 종교적인 활동을 통해서 이 세상에서도 하나님의 충만함을 느낄 수 있다. 그러나 이것은 영원한 삶에서 누리게 될 축복을 약간 맛보는 것에 불과하다. 죽음을 통해서 또는 마지막 때의 역사의 종말을 통해서 지금과는 전혀 다른 새로운 삶이 시작될 것이다.

천국의 삶을 세상적인 삶의 완성이라고 생각해서는 안 된다. 신 중심적인 천국관에서는 영원한 삶이 세상적인 활동과는 전혀 다른 것이라고 주장하였다. 천국의 성도가 된다는 것은 세상의 고통으로부터 벗어남은 물론 세상적인 모든 것으로부터 벗어난 것을 의미한다. 즉 세상에서 당한 슬픔, 아픔, 죽음 그리고 수고가 사라졌을 뿐만 아니라 친구와 가족, 변화 그리고 인간적인 활동들이 모두 하찮은 것으로 되었다는 뜻이다. 이 땅에서는 가족이나 나라, 심지어 교회까지도 인간이 지배했지만 천국에서는 하나님이 지배한다. 이 땅에서는 변화와 성장, 부패가 모든 것들을 영원하지 못하게 만들었다. 그러나 천국에는 오로지 완벽한 것만 존재하기 때문에 변화할 필요가 없다. 이 땅에서는 일, 지식에 대한 탐구, 가족 간의 사랑 등 모든 것이 하나님을 향하는 데 방해가 되었지만, 천국의 성도들은 이런 것들로부터 완전히 벗어나게 된다. 그리고 그들은 완벽한 지혜를 순식간에 부여받았기 때문에 연구하고 탐구하는 수고를 하지 않아도 된다. 또한 가족이란 존재도 하나님을 명상하는 행위를 방해하지 못한다. 그리고 죽음은 불완전의 영역과 완전의 영역을 구분하는 절대적인 분리자의 역할을 담당하고 있다.

신 중심적인 천국관은 간단 명료하며, 신학적으로도 논쟁거리가 되지 않는다. 하나님과 함께 영원히 독거하는 것이 진정한 기독교인들의 가장 큰 소망이라고 믿는데, 누가 감히 도전을 가할 수 있겠는가? 그리고 이렇게 하나님과 철저한 관계를 맺는 것보다 더 중요한 것이 무엇이 있겠는가? 이렇게 신 중심적인 천국관을 그대로 받아들인다면, 천국에서 성도들이 어떤 일을 할 것인가 고민하는 것은 더 이상 문제도 아니었다. 성도들은 어떤 일도 해야 할 필요가 없으며, 오로지 하나님과 함께 자신의 존재의 충만함을 느끼기만 하면 된다. 또한 신 중심적인 천국관은 상상력을 남발함으로써 천국을 과장되게 생각하는 것도 금지하였다. 만약 천국이 이 세상과 근본적으로 다른 곳이라면, 예술가나 시인들이 생각할 수 있는 내세의 삶도 제한적일 수밖에 없는 것이다. 그러나 영원한 세계를 상상할 수 없다는 사실에 모든 기독교인이 만족할 수는 없었다.

원주

그림 및 표 찾아보기

찾아보기

원 주

[약호]

AE	Emanuel Swedenborg, *The ApcalypseExplained*
CL	Emanuel Swedenborg, *Conjugial Love*
CR	*Corpus Reformatorum*
CSEL	*Corpus Scriptorum Ecclesiasticorum Latinorum*
HA	Emanuel Swedenborg, *Heavenly Arcana*
HH	Emanuel Swedenborg, *Heaven and Hell*
J	*The Complete Poems of Emily Dichinson*, ed. Thomas H. Johnson
LDS	The Church of Jesus Christ of Latter-day Saints("Mormons")
PG	Jacques-Paul Migne, ed., *Patrologiae cursus comletus. Series graeca*
PL	Jacques-Paul Migne, ed., *Patrologiae cursus comletus. Series latina*
SC	*Sources chétiennes*
SD	Emanuel Swedenborg, *The Spiritual Diary*
Sth	Thoma Aqrina, *Summa theologica*
TCR	Emanuel Swedenborg, *The True Christian Religion*
WA	*D. Martin Luthers Werke. Kritische Gesamtausgabe*("Weimarer Ausgabe")
WA B	*D. Martin Luthers Werke. Briefwechsel* ("Weimarer Ausgabe")
WA TR	*D. Martin Luthers Werke. Tischreden* ("Weimarer Ausgabe")

제1장

1. 고대 셈 족 문화나 성서 속에 조상 숭배의 모습이 어떻게 나타나고 있는가, 그리고 이들이 죽은 자들의 상태를 어떻게 이해하고 있는가 하는 문제에 대해서는 다음을 참고하라; Klaas Sponk, *Beautific Afterlife in Ancient Israel and in the Ancient Near East* (Kevelaer: Butzon & Bercker, 1986); Herbert C. Brichto, "Kin, Cult, Land and Afterlife—A Biblical Complex,", *Hebrew Union College Annual* 44 (1973), 1-54; Oswald Loretz, "Vom Kanaanäischen Totenkult zur jüdischen Patriarchen-und Elternehrung," *Jahrbuch fur Anthropologie und Religiosgeschichte* 3 (1978), 149-204; Jack N. Lightstone, "The Dead in Late Antique Judaism," *Cahiers de recherches en sciences de la religion* 6 (1985), 51-79; George C. Heider, *The Cult of Molek* (Sheffield; JSOT Press, 1985); Akio Tsukimoto, *Untersuchungen zur Totenpflege (kispum) im alten mesopotamien* (Kevelaer: Butzon & Bercher, 1985). 죽은 어머니를 숭배하는 것에 대해서는 아시리아의 왕이었던 앗수르바니팔의 경우를 보라. Simo Parpola, *Letters from Assyrian Scholars to the Kings Esarhaddon and Assurbanipal* (Kevelaer: Butzon & Bercker, 1970), 106
2. Robert Cooley, "Gathered to His People: A Study of a Dothan Family Tomb," Morris Inch et al., eds., *The living and active wind of God: Studies in Honor of Samuel J. Schultz* (Winoa Lake, IN: Eisenbrauns, 1983), 47-58.
3. "그 조상에게; 그의 친족에게 / Goes to; gathered to," 「창세기」 15:15, 25:8. 죽은 사람을 '신god'이라고 부른 경우는 「사무엘상」 28:13을 보라. 『새 영어 성경』에서도 '영적인 존재'ghostly form라는 뜻으로 엘로힘Elohim을 사용하였다. 그리고 엘로힘은 '신god'을 의미한다. 「시편」 16:3에서도 죽은 자를 '땅에 있는 신들'이라고 부르고 있다. Sponk, *Beatific Afterlife*, 249.
4. 「이사야서」 14:4-21.
5. 「사무엘상」 28장. 고대 기록에서도 '구멍을 파는 행위'와 유사한 행위를 찾아볼 수 있는데, 예를 들면 다음과 같다. Homer, *Odyssey* 11:25f.; and Jürugen Ebach and Udo Rütersworden, "Underweltsbeschwörung im Alten Testament," *Ugarit-Fors-chung* 9 (1977), 57-70; 12 (1980), 205-20; Heider, *Cult of Molek*, 249f.
6. 야훼—유일신 운동Yahweh-alone movement에 대해서는 다음을 참고하라. Bernhard Lang, *Monotheism and the Prophetic Minority* (Sheffield: Almond, 1983), 13-59.
7. Henri Hubert and Marcel Mauss, "Théorie générale de la magie," *Année sociologique* 7 (1920/3), 1-149, at 19.
8. 히스기야 개혁 때 지침으로 사용된 문서는 소위 계약 법전(covenant code)으로 불리는 「출애굽기」 20:23-23:19인 것 같다; 여기에 대해서는 다음을 참고하라. Rainer Albertz, "Die Religionsg eschichte Israels in worexilischer Zeit," Erich Lessing, ed., *Die Bibel: Das Alte Testament* (Munich: Bertelsmann, 1987), 287-360, at 342. 장자를 바치는 규례는 「출애굽기」 22:29에 나타나 있다. cf. Jacob Milgrom, "바쳐야/First-born," *The Interpreter's Dictionary of the Bible. Supplementary Volume* (Nashville, TN: Abingdon, 1976), 337-38. "너희는 내게 거룩한/You shall be," 「출애굽기」 22:31.

9. "요시야가 신접한 자와/Josiah got rid,"「열왕기하」 23:24. '가문의 신teraphim'이 조상을 의미한다는 사실에 대해서는 다음을 참고하라. Sprong, *Beatific Afterlife*, 40-41 and 50; Tsukimoto, *Untersuchungen zur Totenpflege*, 104f., and Hedwige Rouillard and J. Tropper, "Trpym, rituels de guérison et culte de ancetres," *Vetus Testamentum* 37 (1987), 340-61. 요시야 왕이 개혁의 지침으로 사용한 것은「레위기」 19:31; 20:6.27;「신명기」 18:11이다. 애도의 뜻으로 무덤 앞에 음식을 놓아두는 행위Funerary offering를 허용했다는 사실은「신명기」 26:14과「토비트서Tobit」 4:17에서 전제하고 있다. cf. Brichto, "Kin, Cult, Land," 28f. and Lightstone, "the Dead in Late Antique Judaism," 66ff.
10. 「마태복음」 23:27 cf.「민수기」 19:11~16;「예레미야」 8:1f.
11. 「욥기」 14:21 그리고「이사야」 63:16에서도 야웨 하나님을 이스라엘의 '아버지'라고 칭하면서, "아브라함은 우리를 모르고 이스라엘(족장 야곱)은 우리를 인정치 아니한다"라고 기록하고 있다; Sprong, *Beatific Afterlife*, 255.
12. "어둡고 혼돈스러운 땅/A land of,"「욥기」 10:22; "빛을 빼앗긴 사람들이/the house wherein," Gilgamesh, tablet 7 in James B.Pritchard, ed., *Ancient New Eastern Texts Relating to the Old Testament*, 3rd ed. (Princeton: Princeton Univ, Press, 1969), 87. 음부를 세상 고통에서 벗어날 수 있는 장소로 본 것은「욥기」 3:17-19이다.
13. "누가 가장 높으신/Who will praise,"「집회서」 17:22f., elaborating Pss. 6:5; 88:10ff.; 하나님의 노래를 부를 수 없는/not sing the Lord's song,「시편」 137:4; "이들은 주의 손에/for they are,"「시편」 88:6.
14. "너희는 너희 하나님/You are the,"「신명기」 14:1. 이와 비슷한 구절이「레위기」 19:28에도 있다. 그리고 제사장들의 규례는「레위기」 21:11.
15. 족장들과 순교자에 대한 숭배 의식에 대해서는 다음을 참조하라. Loretz, "Vom kanaanäischen Totenkult"; Light Stone, "The Dead in Late Antique Judaism," and Joachim Jeremias, *Heiligengräber in Jesu Umwelt* (Göttingen: Vandenhoeck & Ruprecht, 1958). "유대 인들 편에 서서/Vindicated thier race,"「제4마카베오서」 17:10 (James H. Charesworth, ed., *The Old Testament Pseudepigrapha* (Garden City, NY Doubleday, 1983/85), Ⅱ, 562. "그들의 후손이 아직도/wealth remain,"「집회서」 44:11f.
16. 「욥기」 42:10.
17. Mary Boyce, *A History of Zoroastrianism* (Leiden: Brill, 1975), Ⅰ, 236, 245f.; Boyce, "On the Antiquity of Zoroastrian Apocalyptic," *Bulletin of the School of Oriental and African Studies* 47 (1984), 57-75.
18. 「에스겔」 37:1-14. 이 구절에 대한 설명은 다음을 참고하라. Bernhard Lang, "Street Theater, Raising the Dead, and the Zoroastrian Connection in Ezekiel's Prophecy," Johan Lust, ed., *Ezekiel and His Book* (Leuven: leuven Univ.Press, 1986), 297-316. 조로아스터 교의 장례 풍습에 대해서는 다음을 참고하라. Boyce, *History of Zoroastrianism*, Ⅰ, 325-30.
19. 이 밖에도 바빌론 포로 생활에서의 해방과 이스라엘의 부활 예언에 대해서는「이사야」 26:19과 다음을 참조하라. Gerhard F. Hasel, "Resurrection in the Theology of Old Testament Apocalyptic," *Zeitschrift für die alttestamentliche Wissenschaft* 92 (1980), 267-84.

20. "땅의 티끌 가운데," 「다니엘서」 12:2; "나는 이 팔과 다리를/it was from," 「제2 마카베오서」 7:11.
21. 「에녹 1서」 10:10; 25:6. 「에녹서」에 나타난 종말론에 대해서는 다음을 참고하라. Bernhard Lang, "No Sex in Heaven: The Logic of Procreatin, Death, and Eternal Life in the Judaeo-Christian Tradition," André Caquor et al., eds., *Mélanges bibliques et orientaux en l'honneur de M. Mathias Delcor* (Neukirchen: Neukirchener Verlag, 1985), 237-53, esp. 238f.
22. 「시편」 73:3.4, 23-25.
23. "하나님이 나를 영접하시고," 「시편」 49:15. 이 구절에 대한 설명은 다음을 참고하라. Harold H. Rowley, *The Faith of Israel* (London: SCM Press, 1956), 171-5. "세상의 만민들아," 「시편」 49:1.4.
24. 히브리 말에서 "취하다, 데려가다, 영접하다"라는 용어는 하늘로의 승천을 가리킬 때 사용하는 말이었다. 예를 들어, 「시편」 49:15; 73:24 그리고 「창세기」 5:24 (에녹), 「열왕기하」 2:3.5.9 (엘리야)의 경우이다.
25. Andrew B. Davidson, *The Theology of the Old Testament* (Edinburgh: Clatk, 1904), 439.
26. 그리스 인들의 내세관을 설명한 부분에서 참고로 한 글은 다음과 같다. Paul Capelle, "Elysium und die Inseln der Seligen," *Archiv für Religionswissenschaft* 25 (1927), 245-64 and 26 (1928), 17-40; Larry J. Alderink, *Creation and Salvation in Ancient Orphism* (Chico, CA: Scholars Press, 1981); Dietrich Roloff, *Gottähnlichkeit, Vergöttlichung und Erhöhung zum seligen Leben* (Berlin: de Gruyter, 1970); Ioan P. Culianu, *Psychanidia, I : A Servey of the Evidence Concerning the Ascention of the Soul* (Leiden: Brill, 1983); Anthony T. Edwards, "Achilles in the Underworld," *Greek, Roman, and Byzantine Studies* 26 (1985), 215-27; Holger Thesleff, "Notes on the Paradise Myth in Ancient Greece," *Temenos* 22 (1986), 129-39. 그리스 사상에 대한 유대 인들의 관심에 대해서는 다음을 참고하라. T. Francis Glasson, *Greek Influence in Jewish Eschatology* (London: SPCK , 1961).
27. 그리스 벽화에 대한 설명은 다음을 참고하라. Martin P.Nilson, *Geschichte der griechischen Religion*, 2nd ed., (Munich: Beck, 1961), II, Plate 4,1. 베르길리우스의 작품을 표현한 벽화에 대해서는 다음을 참고하라. Thomas B.Stevenson, *Miniature Decoration in the Vatican Virgil* (Tübingen Wasmuth, 1983), 72; Virgil, *Aeneid*, 6:642-4 [*The Aeneid*, trans. Robert Fitsgerald (New York: Vintage, 1984), 182].
28. 이것은 신비orphic사상이었던 것 같다. Alderink, *Creation and Salvation*, 93. Cf. Plato, *Phaedrus*, 246E-249D, and *The Republic*, 614A-621D(Er's other-world journey); Cicero, *Scipio's Dream*; 바울의 세번 째 하늘 (고린도후서 12:2f.).
29. Philo, *On the Giants*: "비물질적이고 불변하는/a higher existence," 14. 필론은 무성 asexuality의 상태가 바로 인간의 원래 형태였다고 한다. 그리고 무성의 상태에서 물질이 창조되면서 여성과 남성이라는 성sexual이 나타났다고 한다. Philo, *On Creation*, 134.
30. Harry A.Wolfson, *Philo*, 4th ed. (Cambridge, MA: Harvard Univ. Press, 1968), I, 403f.; Philo, *On the Dreams*: "영혼이 물질 세계에 너무/some, longing for," 1: 139.
31. Testament of Job: angels, chariot, 52 (*Old Testament Pseudepigrapha*, I, 867f.).

32. Hans C. Cavallin, *Life after Death* (Lund: Gleerup, 1974); Cavallin, "Leben nach dem Tode im Spätjudentum und im frühen Christentum," Wolfgang Haase, ed., *Aufstieg und Niendergang der römischen Welt* 2nd ser. (Berlin: de Gruyter, 1979), XIX/1, 240-345.
33. Josephus, *Jewish Antiquities*: "육체가 멸할 때/the soul perishes," 18:16; *The Fathers according to Rabbi Nathan*: "은과 금으로 만든/use vessels of," A5 in George W. E. Nickelsbur et al.,eds., *Faith and Piety in Early Judaism. Texts and Documents* (Philadelphia: Fortress Press, 1983), 32; "우리는 내일 죽을/let us eat,"「고린도전서」15:32. 사두개 인과 관련된 고대 기록들은 Jean Le Moyne, *Les Sadduceens* (Paris: Gabalda, 1972)에서 다루고 있다.
34. "주의 궁전(성전)에서/a day in,"「시편」84:10.
35. 바리새파의 가르침을 적절하게 요약한 책은 다음과 같다. Jacob Neusner, *Judaism in the Beginning of Christianity* (London; SPCK, 1984), 26f.
36. Josephus, *Jewish War*: "선한 자의 영혼만이/the soul of," 2:163; "바리새 인으로 태어나서/born and bred," 사도행전 23:6ff.
37. 여기에서 인용한 글들은 모두 Josephus, *Jewish War*, 2:154f에서 인용한 것이다.

제2장

1. Mishnah, *Nedarim*: 반-세겔half-shekel, 2:4; Talmud Yerushalmi, *Shabbat*: "모세 오경을 미워하는/hate the Torah," 16:15d. 갈릴리 사람들의 종교 생활에 대해서는 다음을 참고하라. Sean Freyne, *Galilee from Alexander the Great to Hadrian* (Willington, DL: Glanzier, 1980), 315, 277f.
2. 팔레스타인의 유대 교에서 말하는 '성인聖人'에 대해서는 다음의 글들을 참조하라. Sean Freyne, "Galilean Religion of the First Century CE against Its Social Background," *Proceedings of the Irish Biblical Association* 5 (1981), 98-114; Morton Smith, *Jesus the Magician*, 2nd ed. (London: gollancz, 1978), 81-152, and Geza Vermes, *Jesus the Jew*, 2nd ed. (London: SCM Press, 1983), 58-82.
3. 「누가복음」 20:34-6. 이 성서 구절을 인용하면서 35절의 "저 세상의"라는 구절을 생략하였다. 왜냐하면 예수는 이런 말을 하지 않았다고 믿기 때문이다. 이와 같은 사건을 기록하고 있는 마태복음(22:23-33)과 마가복음(12:18-27)에도 이 말은 기록되어 있지 않다. 더 자세한 설명을 원한다면 다음을 참고하라. Dale c.Allison, *The End of the Ages Has Come* (Philadelphia: Fortress Press, 1985), 107.
4. 요세푸스가 일화 하나를 소개하였는데, 그 이야기는 여러 번 결혼했던 여자가 죽은 뒤에는 첫 남편과 결혼하는 것이 합당하다는 의미를 내포하고 있다. 첫 남편이 죽은 후에 여러 번 결혼을 한 어느 과부가 꿈속에서 첫 남편을 보았는데, 남편이 자신에게 돌아오기를 요구했다고 얘기하였다. 그리고 이틀 뒤에 그 여자가 죽었고, 첫 남자와 만날 수 있었다. Josephus, *Jewish War*, 2:114-6.
5. 사후에 사람들이 누리게 될 물질적인 풍요, 즉 이 땅에 하나님의 왕국이 세워진 뒤에 누리게 될 물질적인 풍요에 대해서는 다음을 참고하라. 「에녹1서」 10 (James H. Charlesworth, ed., *The Old Testament Pseudepigrapha*, Garden City, NW: Doubleday, 1983), 1, 17-19)와 Talmud, bShabbat 30b. 특히 탈무드의 기록에 의하면, 한 랍비(90년경 활동)가 메시아 왕국에서는 여자들이 날마다 아이를 출산하게 될 것이라고 주장했다고 한다. "하나님의 자녀들," 창세기 6:1-4.
6. "모세가 가시나무," 「누가복음」 20:37f. 「신명기」(5:26)의 "산 자들의 하나님"과 「출애굽기」(3:15)의 "아브라함의 하나님", 이 두 구절은 같은 경우에 사용된 말이다.
7. 죽은 족장들이 하나님과 함께 살고 있다고 믿는 믿음은 성서 본문에서 종종 나타나고 있다. 그리고 이런 믿음은 족장들의 무덤 앞에서 행하는 제사 의식 속에서도 볼 수 있다. 「제4 마카베오서」 16:25 [*The Old Testament Pseudepigrapha*, II, 562]; Jack N. Lightstone, "The Dead in Late Antique Judaism," *Cahiers de recherches en sciendes de la religion* 6 (1985), 51-79, at 63. 그리고 이 믿음에 대한 자세한 설명을 원한다면 다음을 참고하라. John J. Kilgallen, "The Sadducees and the Resurrection from the Dead," *Biblica* 67 (1986), 478-95; Otto Schwankl, *Die Sadduzäerfrage* (Mk 12, 18-27 parr) (Frankfurt: Athenäum, 1987). 랍비들이 부활의 개념을 성서를 통해서 증명하려고 노력했던 점에 대해서는 다음을 참고하라. Jacob Neusner, *What is Midrash!* (Philadelphia: Fortress Press, 1987). 95-101.
8. "천사들의 인도를 받아," 「누가복음」 16:22.

9. "음부로부터 천국으로 향하는 영적인 부활"(육체적인 부활이 아닌)의 교리는 몇몇 유대 인 집단 속에서 이미 발전되고 있었던 것으로 보인다. 특히 이 교리는 순교자들의 죽음과 부활을 설명할 때 적용되었는데, 여기에 대해서는 다음을 참고하라. Klaus Berger, *Die Auferstehung des Propheten und Erhöhung des Menschensohnes* (Göttingen: Vandenhoeck & Ruptecht, 1976) and Ulrich Kellermann, *Auferstanden in den Himmel* (Stuttgart: Kath. BibelWerk, 1979).
10. 「누가복음」 16:19-31.
11. 「누가복음」 16:19 이하의 비유가 진정 예수의 말씀이었는가 하는 문제에 대해서는 Walter Schmithals, *Das Evangelium des Lukas* (Zurich: Theologischer Verlag, 1980), 171에서 논의하고 있다. 그리고 이와 유사한 고대 이야기에 관해서는 다음을 참고하라. Hugo Gressmann, "Vom reichen Mann und armen Lazarus," *Abhandlungen der Berliner Akademie der Wissenschaften*, Philos.-hist. Klasse 1918, no 7 (Berlin: Akademie-Verlag, 1918); Isidore Lévy, *La légende de Pythagore de Grèce en Paléstine* (Paris: Campton, 1927), 310-12. 특히 이와 유사한 이집트 전설로는 "Setne and Si-Osire"라는 이야기가 있는데, 여기에 대해서는 Miriam Lichtheim, *Ancient Egyptian Literature* (Berkeley: Univ. of California Press, 1980), III, 138-42을 참고하라. 학자들은 일반적으로 예수가 이 비유를 통해서 죽음과 최후 심판 사이의 '중간 시기intermediate state'를 설명했다고 가정하고 있다. 그러나 Jacques Dupont, *Etudes sur les évangiles synoptiques* (Leuven: Peeters, 1985), 1066-75에서는 이 가정이 잘못되었음을 보여 주고 있다.
12. 엘리야나 모세, 「누가복음」 9:28-36; "오늘 네가 나와 함께," 23:43. "내 아버지의 집에," 「요한복음」 14:2. 「요한복음」 14:2의 의미를 정확하게 규정할 수는 없다. 이전의 성서 주석가들은 여기에서 말하고 있는 거처를 "여러 개의 방이 있는 하늘 나라"라고 생각했다. 그러나 현대 학자들은 이 거처를 공간으로 보지 않고 '상태state'── 하나님과 영원한 교제를 나눌 수 있는 상태──로 해석하고 있다. 이 부분에 대해서는 다음을 참조하라. Günther Fischer, *Die himmlischen Wohnungen. Untersuchungen zu Joh* 14. 2f. (Bern: Lang, 1975) and James McCaffrey, "John 14-2-3," *Proceedings of the Irish Biblical Association* 6 (1982), 58-80.
13. "나를 따르라," 「누가복음」 9:59f. "너희 육체는 죽여도," 「마태복음」 10:28. 예수가 가르친 하나님의 나라가 정확하게 어떤 의미인가 하는 문제는 지금도 계속해서 논쟁이 되고 있다. 한 가지 예로, Bruce J.Chilton, ed., *The Kingdom of God in the Teaching of Jesus* (London: SPCK, 1984)를 보라. Chilton의 주장은, "예수가 하나님의 나라를 선포하게 된 이유는 그에게 다음과 같은 확신이 있었기 때문이다. 즉 예수는 하나님께서 자기 자신을 강력한 힘으로 드러내실 것이라는 확신을 가지고 있었다는 것이다. 다시 말해 예수가 하나님의 나라를 선포하게 된 것은 하나님께서 그의 백성들을 위해서 강력한 힘을 발휘하실 것이라는 확신을 통해서 가능했다는 것이다."(23) 그리고 Chilton은 더 나아가서 하나님의 나라라는 용어는 어떤 특정한 장소나 시간을 가리키는 것이 아니라고 설명한다. 「누가복음」 23:42 이하의 내용도 예수가 당시에 퍼져 있던 천국관, 즉 천국을 이 세상의 것으로 보고 미래적인 것으로만 보는 생각들이 잘못된 것임을 알려 주기 위해서 한 말로 해석하고 있다.
14. 「데살로니가전서」 4:15는 진정한 예수의 말씀으로 추측된다.
15. Ernst Troeltsch, *The Social Teaching of the Christian Churches*, trans. O. Wyou (London:

Allen & Unwin, 1931), 50.
16. 아바Abba 「마가복음」 14:36; "내 아버지께서 모든," 「마태복음」 11:27.
17. "수고하고 무거운," 「마태복음」 11:28f. 가족과 헤어져 떠돌아다니는 생활을 기독교인의 이상ideal으로 여겼던 문제에 대해서는 다음을 참고하라. Gerd Theissen, *Sociology of Early Palestinian Christianity*, trans. John Bowden (Philadelphia: Fortress Press, 1978).
18. "어떤 능력과 권위를 가진 것으로서 / was characterized by," James D.G. Dunn, *Unity and Diversity in the New Testament* (London: SCM Press, 1977): 186. Max Weber, *On Charisma and Institution Building*, ed. S.N. Eisenstadt (Chicago & Univ. of Chicago Press, 1969), 21f. 예수를 카리스마적인 지도자로 설명한 것에 대해서는 다음을 참고하라. Michael N. Ebertz, *Das Charisma des Gekreuzigten: Zur Soziologie der Jesusbewegung* (Tübingen Mohr, 1987), 53-110.
19. 「마태복음」 10:35. 복음서는 예수의 결혼 생활에 대해서 어떤 언급도 하고 있지 않다. 그의 '공생애' 동안 아내를 동반했다는 기록도 없고 집에 머물렀다는 기록도 없다. 고대 유대 인들의 기록을 보면, 모세도 하나님의 부름을 받고 난 후에는 스스로 아내와 동침하는 것을 거부했다고 기록하고 있다. 그리고 기원후 1세기 말에 활동했던 한 랍비도 그의 생애를 성서 연구에 바치기 위해서 독신으로 지냈다고 기록하고 있다. 이 문제에 대해서는 다음을 참고하라. Vermes, *Jesus the Jew*, 99-102.
20. 예수와 그의 가족에 대해서는 「누가복음」 2:41-51과 8:19-21 그리고 다음을 참고하라. Ernst Renan, *The Life of Jesus*, introd. Charles Gore (London: Dent, 1927), 52f.; Dupont, *Etudes sur les évangiles synoptiques*, 131-45. Ferdubabd Nount, *The Subversive Family* (London: Cape, 1982)에서는 플라톤, 예수, 마르크스, 레닌, 히틀러 같은 사람들이 서로 다른 사상을 갖고 있음에도 불구하고 모두 다 가족 제도에 대해서 적대감을 갖고 있었다는 사실을 보여 주고 있다.
21. 「누가복음」 18:29. 새로운 유월절 의식에 대해서는 다음을 참조하라. Gillian Feeley-Hannik, *The Lord's Table: Eucharist and Passover in Early Christianity* (Philadelphia: Univ. of Pennsylvania Press, 1981), 144.
22. 초기 기독교 공동체가 갖고 있었던 열정주의에 대해서는 James D.G. Dunn, *Jesus and the Spirit: A Study of the Religious and Charismatic Experience of Jesus* (London: SCM Press, 1975)을 참고하라. 무아지경의 예배 의식ecstatic worship이나 여성의 참여에 대한 이론적인 연구로는 다음을 참고하라. Ioan M. Lewis, *Ecstatic Religion* (Harmondsworth: Penguin, 1971) and Mary Douglas, *Natural Symbols*, revised ed. (harmondsworth: penguin, 1973), 93-112.
23. "내가 너희에게 편지한," 「고린도전서」 14:37. 바울이 소아시아에서 세운 교회에 대해서는 다음을 참고하라: Wayne A.Meeks, *The First Urban Christians: The Social World of the Apostle Paul* (New Haven: Yale Univ. Press, 1983), 43. 또한 바울의 권위에 대해서는 Bengt Holmberg, *Paul and Power* (Philadelphia: Fortress Press, 1980)을 참고하라.
24. "장가 가지 않은 자는," 「고린도전서」 7:32f.; 경제적 자립 / finances, 「고린도후서」 11:7-9.
25. Dunn, *Jesus*, p.194.
26. "셋째 하늘에 붙들려," 「고린도후서」 12:2. "셋째 하늘"이란 아마도 좀더 낮은 계층의 천국

을 의미하는 것으로 보인다. 그러나 바울은 그곳이 "낙원", 다시 말해 하나님이 지배하는 곳이라고 말하고 있다(고린도후서 12:3). 이 점에 대해서는 다음을 참고하라. James D. Tabor, *Things Unutterable: Paul's Ascent to Paradise* (Lanham, MD: Univ. Press of America, 1986), 119. 조상 숭배에 대해서 바울이 취했던 입장은 「고린도전서」 10:14-22에서 찾아볼 수 있다. 여기에서 바울이 말하는 "우상"이란 조상의 분향소에 있는 상징물 symbols을 가리키는 것 같다. 이 문제에 대해서는 다음을 참고하라. Charles A. Kennedy, "The Cult of the Dead in Corinth," John H. Marks et al., eds., *Love and Death in the Ancient Near East* (Guilford, CT: Four Quarters, 1987), 227-36. 죽음을 '잠자는' 것으로 이해한 구절은 「고린도전서」 15:6, 20과 「데살로니가전서」 4:1 이하이다.

27. 신령한 육체, 「고린도전서」 15:44.
28. "순식간에 홀연히," 「고린도전서」 15:52; "공중에서 예수를," 「데살로니가전서」 4:17. 「데살로니가전서」 4:16 이하를 보면, 신자들이 살게 될 영원한 거처는 이 세상이 아니라 하늘에 있다고 기록하고 있다. 이와 유사한 경우는 에녹(창세기 5:24)의 경우이다. 그리고 다음을 참고하라. Joseph Plevnik, "The Taking Up of the Faithful and the Resurrection of the Dead in 1 Tess. 4: 13-18," *Catholic Biblical Quarterly* 46 (1984), 274-83. 이와 상반되는 주장에 대해서는 다음을 참고하라. Traugort Holtz, *Der erste Brief an die Thessalonicher* (Zurich: Benziger, 1986), 204.
29. Hans conzelmann, *Der erste Brief an die Korinther*, 2nd ed. (Göttingen: Vandenhoeck & Ruprecht, 1981): 메시아의 주권 행위는 지금도 일어나고 있는 현실, 330p 註63, 336p 참조; 생명을 주는 성령, 「고린도전서」 15:45; "내 안에 내가 사는," 「갈라디아서」 2:20. 신약 시대에는 죽은 자에게 붙잡힌 바 되는 것이 특별한 현상은 아니었는데, 이에 대해서는 다음을 참고하라. Smith, *Jesus the Magician*, 33-6.
30. "우리의 겉사람은," 「고린도후서」 4:16; "신령한 육체를," 「고린도전서」 5:5 (cf.1:22).
31. 「고린도후서」 5:1-5에 나오는 장막이나 의복에 관해서는 다음을 참고하라. Joseph Osei-Bonsu, "Does 2 Cor 5: 1-10 Teach the Reception of the Resurrection Body at the Moment of Death?" *Journal for the Study of the New Testament* 28 (1986), 81-101. 예수의 빈 무덤에 대한 전승을 바울이 모르고 있었다는 점에 대해서는 다음을 참고하라. Rudolf Bultmann, *Theology of the New Testament*, trans. K. Grobel (London: SCM Press, 1952), Ⅰ, 45 and Hans Grass, *Ostergeschehen und Osterberichte*, 3rd ed. (Göttingen: Vandenhoeck & Ruprecht, 1964), 146-73. 또한 이와 상반된 견해에 대해서는 다음을 참고하라. Murray J. Harris, *Raised Immortal: Resurrection and Immortality in the New Testament*, (London: Marshall, Morgan & Scott, 1983), 40f.
32. 위장과 음식물의 소멸, 「고린도전서」 6:13f. "하늘의 별들이 / the fine celestial," Wilhelm Bousset, *Kyrios Christos*, trans. John E.Steely (Nashville, TN: Abingdon, 1970): 176f. Bultmann, *Theology of the New Testament*, Ⅰ, p.198에 의하면, 그는 '영혼'은 본질 substance이며, '육체'는 부활한 사람의 형상을 가리킨다고 말하고 있다. 이에 반해 Harris(Raised Immortal)는 '신령한 육체'를 살아서 성령의 인도를 받는 본래의 육체로 볼 것인지, 아니면 신적인 성령의 속성을 가진 새로운 육체로 볼 것인지 확실한 판단을 내리지 못하고 있다.

33. "육체의 욕망은," 「갈라디아서」 5:17; 선과 악 그리고 그들의 영적인 상태가 「갈라디아서」 5:16-25;6:7f.; 「로마서」 8:1-17에 기록되어 있다. "신체의 행실," 「로마서」 8:13; "인간이 해야 하는/the proper act," Gerhard Kittel and Gerhard Friedrich, eds., *Theological Dictionary of the New Testament*, abridged ed. (Grand Rapids, MI: Eerdmans, 1985), 890.
34. Mary Douglas, *Natural Symbols*, 17, 195f.; Douglas, "Social Precondition of Enthusiasm and Heterodoxy," *Proceedings of the 1969 Annual Spring Meeting of the American Ethnological Society* (Seattle: American Ethnological Society, 1969), 69-80.
35. 「로마서」 6:1-4; 8:14-15, 8:15의 세례에 관한 구절은 Meeks, *The First Vrban Christian*, 152에서 다루고 있다.
36. 카리스마, 「고린도전서」 12장; "자신이 세상과 구별되었다는/exhibition before me," J. Christian Beker, *Paul the Apostle* (Edinburgh: Clark, 1980) 280; "공동의 선, 교회의 교육," 「고린도전서」 12:7; 14:12; 독신, 「고린도전서」 7:7.
37. 계시록의 저자에 대한 설명을 원한다면 다음을 참고하라. Adela Y.Collins, "Insiders and Outsiders in the Book of Revelation," *To See Ourselves as Others See Us: Christians, Jews, "Others" in Late Antiquity*, Jacob Neusner et al., eds. (Chico, CA: Scholars press, 1985), 187-218, esp. 216, and David E.Aune, *Prophecy in Early Christanity* (Grand Rapids, MI: Eerdmans, 1983), 197. 그리고 「계시록」의 저자가 독신이었다는 사실을 암시해 주는 구절은 「계시록」 14:4이다.
38. 어떤 순교자One martyr, 「계시록」 2:13. 로마의 황제 숭배 의식과 요한이 이 의식에 대항해서 싸운 것에 대해서는 다음을 참조하라. S.F.R. Price, *Rituals and Power: The Roman Imperial Cult in Asia Minor* (Cambridge: Cambridge Univ. Press, 1986); Collins, "Insiders," 215; Collins, *Crisis and Catharsis: The Power of the Apocalypse* (Philadelphia: Westminster Press, 1984). Collins는 요한이 극심해진 로마 인들의 박해에 대응해서 계시록을 저술했다고 하는 전통적인 견해를 반박하고 있다. 도미티안 황제 시대에 박해가 있었다는 기록은 전혀 없으며, 1세기 소아시아에서, 기독교인들은 종종 고소를 당하거나 소송까지 간 일도 있었지만, 실질적인 박해는 일어나지 않았다는 것이다.
39. "이리로 올라오라," 「계시록」 4:1; 하나님의 보좌가 있는 방, 4:2-5:2.
40. 동시대 유대 인의 것으로 추정되는 또 다른 묵시록에도 이와 같은 환상이 기록되어 있다. 즉 하나님이 "그의 영광의 보좌에 앉아 계시고, 그 주위에 천사와 의로운 자들이 둘러서 있다"는 것이다. 「에녹1서」 60:2. '장로들elders'을 제사장으로 해석하는 것은 「역대상」 24:4에 근거한 것이다. 「계시록」: "어린 양이," 5:6; "셀 수 없을 만큼," 7:9; 반 시간 동안, 8:1.
41. 「계시록」 7:14-17.
42. 「계시록」: 제단 아래의 영혼들, 6:9-11; 두 사람의 증인, 11:3-13.
43. Lucetta Mowry, "Revelation 4-5 and Early Christian Liturgical Usage," *Journal of Biblical Literature* 71 (1952), 75-84. Cf. also David E.Aune, "The Influence of Roman Imperial Cult on the Apocalyse of John," *Biblical Research* 28(1983), 5-26.
44. 예배에의 초대, 「계시록」 4:1.

45. 두 가지 단계, 「계시록」 19:11-20:6 and 20:7-22:5. 천년: 이것은 「계시록」 20:1-6의 내용을 기준으로 삼고 있다. 그러나 이 구절을 보면, 그리스도와 함께 순교자들이 지배하는 천년이라는 이 기간은 세상적인 의미라기보다는 영적인 의미가 더 크다는 것을 짐작할 수 있다. 여기에 대해서는 다음을 참조하라. Michel Gourgues, "The Thousand-Year reign (Rev. 20:1-6): Terrestrial or Celestial?," *Catholic Biblical Quarterly* 47 (1985), 676-81. "하나님께서 사랑하는," 계시록 20:9.
46. 하나님 도시, 「계시록」 21:10-22:5; "생명의 강, 생명의 나무, 이방인을 치유," 「계시록」 22:2. 성소, 「열왕기상」 6:20.
47. Josephus, *Jewish War*, "다가갈 수 없고, 볼 수 없는," 5:219.
48. 「고린도전서」 15:50.

제3장

1. Willam H. C. Frend, *Town and Country in the Early Christian Centuries* (London: Variorum Reprints, 1980), first paper, 34; Per Beskow, "Mission, Trade, and Emigration in the Second Century," *Svensk Exegtisk Arsbok* 35 (1970), 104-14.
2. 리용Lyons의 사회, 문화적 상황에 대해서는 다음의 글을 참고하라. Pierre Wuilleumier, *Lyon, métropole des Gaules* (Paris: Les Belles Lettres, 1953), 54; Moses Ⅰ. Finley, *The Ancient Economy* (London: Chatto & Windus, 1975), 59; C. P. Jones, "A Syrian in Lyons," *American Journal of Classical Philology* 99 (1978), 336-56; William H. C. Frend, *Martyrdom and Persecution in the Early Church* (Oxford: Blackwell, 1965), 4f.
3. 당시의 박해에 대한 기록은 유세비우스Eusebius의 『교회사Ecclesiastical History』, 5:1-2 (J. P. Milgne, *Patrologia Graeca* 20: 407-36)를 참고하라. 이레네우스가 원작자라는 주장은 Pierre Nautin, *Lettres et écrivains chrétiens des Ⅱe et Ⅲe siécles* (Paris: Cerf, 1961), 54-9 에 의해서 제기되었다.
4. 「제2 마카베오서」와 「제4 마카베오서」에 나타난 박해에 대한 기록은 다음을 참고하라. Frend, *Martyrdom and Persecution*, 19 이하 참조. "다시 부활해서 / That they might," 「히브리서」 11:35; 「제4 마카베오서」 18:17은 「에스겔」 37장과 관련이 있다[James H. Charlesworth ed., *The Old Testament Pseudepigrpha* (Garden City, NY: Doubleday, 1985), Ⅱ, 564]. "이것은 하늘로부터 / it was from," 「제2 마카베오서」 7:11.
5. Eusebius, *Ecclessiastical History*, 5:1, 62-3 (*PG* 20: 433/4).
6. *Martyrdom of Polycarp*, 14 (*Sources Chrétiennes* 10-229)에 수록 이하 *SC*라고 칭한다.
7. Irenaeus, *Against the Heresies*: "현재 이 세상을 / the Latins are," 5:30,3; "이 세상은 로마인들을 / the world enjoys," 4:30, 3 (*SC* 153: 380ff.; 100/2: 778f.).
8. Irenaeus, *Heresies*: 기독교인의 평판 / reputation, 1:25, 3; 허가를 받지 않고 / unauthorized meeting, 3:3, 2. 이 구절의 해석에 대해서는 다음을 참조하라. Gérald Vallée, "Theological and Nontheological Motives in Irenaeuus's Refutation of the Gnostics," E.P. Sanders, ed., *Jewish and Christian Self-Definition* (London: SCM Press, 1980), Ⅰ, 174-85.
9. Irenaeus, *Heresies*, 4:30, 3 (*SC* 100 / 2: 780f.).
10. Irenaeus, *Heresies*, 5:32, 1 (*SC* 153: 396-99).
11. 앞에서 인용한 농부의 믿음은 브라질에서 천년왕국 운동이 일어나게 된 중요한 계기가 되었다. 이에 대해서는 다음을 참조하라. Maria Isaura Pereira de Queiroz, *Images messianiques du Brézil* (Cuernavaca, Mexico: Centro Intercultural de documentación, 1972).
12. Irenaeus, *Heresie*: "하나님의 새 땅은 / nothing is," 5:35, 2; "하나님의 빛 아래에서 / wax stronger," 5:35, 1. (*SC* 153: 462f., 464f., 438f.).
13. Eusebius, *Ecclessiastical History*, 3:28 (*PG* 20: 375f.).
14. Irenaeus, *Heresies*: 성부 하나님의 왕국 / kingdom of God, 5:36, 3(아르메니아 판); "계속해서 인간의 / subsequently bestow," 「고린도전서」 2:9 인용; 5:36,3; "거룩한 천사들과 / communion, with," 5:35, 1 (*SC* 153: 462f., 464f., 438f.).
15. Augustine, *Confessions*: "사랑하고 사랑받는다는 / it was a sweet," 3:1; "잔인하고 악마적인

/ a savage and," 3:3; "지옥의 구덩이로 / was brought down," 3:6. 여기에서 사용한 아우구스티누스의『고백록』의 번역서는 다음과 같다. Augustine, *Confessions*, trans. Rex Warner (New York: New American Library, 1963).
16. Augustine, *Confessions*, 8:12 (*PL* 32: 762). 성서 구절은「로마서」13:13 이하다.
17. Augustine, *Confesseions*, 9: 10 (*PL* 32: 773/5). 사후에 영혼이 하늘로 올라가면서 경험하게 되는 천국으로의 황홀한 여행에 대해서는 다음을 참조하라. Alan F. Segal, "Heavenly Ascent in Heooenistic Judaism, Early Christianity, and thier Environment," Wolfgang Haase, ed., *Aufstieg und Niedergang der römischen Welt*, 2nd series (Berlin: de Gruyter, 1980), XXIII, 1333-94, esp. 1341.
18. Paul Henry, "Die Vision zu Ostia,"" Carl Andresen, ed., *Zum Augustinus-Gespräch der Gegenwart* (Darmstadt: Wiss. Buchgesellschaft, 1962), 201-70, at 268.
19. Augustine, *Confessions*, 9:10 (*PL* 32: 775).
20. Plotinus, *Enneads*, 1:6, 4-7.
21. Plotinus, *Enneads*, 6:9. 위의 인용구는 Enneads의 마지막 문장으로서 A.H. Armstrong, *Plotinus* (New York: Collier Books, 1962), 148의 번역을 참고하였다.
22. Corpus Hermeticum, *Poimandres*, 24ff. in C.K. Barret, *The New Testament Background. Selected Documents* (New York: Harper & Row, 1961), 87.
23. Augustine, *Confessions*: "한 걸음씩 / step by step," 7:17; "뭐라고 말할 수 / a kind of," 10:40. 아우구스티누스의 사상 안에 나타나고 있는 영혼의 상승설에 대해서는 다음을 참고하라. Frederick van Fleteren, "Augustine's Ascent of the Soul in Book VII of the Confessions," *Augustinian Studies* 5 (1974), 29-72, and Vernon J. Bourke, "Augustine of Hippo: the Approach of the Soul to God," E. Roznne Elder, ed., *The Spirituality of Western Christendom* (Kalamazoo, MI: Cistercian Publications, 1976), 1-12.
24. Abbot Allois in *the Verba Seniorum*: "만약 어떤 사람이 / unless a man," 11: 5 (*PL* 73: 934); A. Wilmart, "Le receuil latin des apophtegmes," *Revue bénédictine* 34 (1922), 185-98: "확신하건대 / as far as I am," 196.
25. Augustine, *Confessions*: "당신의 성서가 / may your scriptures," 11:2 (*PL* 32:810); *Holy Virginity*: "결혼이 아무리 / Let all conjugal," 13 (*PL* 40:401/2). 금욕주의자들이 이상 ideal으로 여겼던 천사와 같은 동정성virginity에 대해서는 다음을 참고하라. Ton H.C van Ejik, "Marrage and Virginity, Death and Immortality," *Epektasis: Mélanges patristiques Jean Daniélou* (Paris Beauchesne, 1972), 209-35; Ugo Bianchi, "The Religiohistorical relevance of Lk. 20: 34-36." R. van den Broek et al., eds., *Studies in Gnosticism and Hellenistic Religions* (Leiden: Brill, 1981), 31-7, and Peter Brown, "The Notion of Virginity in the Early Church," Bernard McGinn et al., eds., *Christian Spirituality: Origins to the Twelfth Century* (New York: Crossroad, 1985), 427-43.
26. Augustine, *On Faith and the Creed*, 10:24 (*PL* 40:195/6); Margaret R. Miles, *Augustine on the Body* (Missoula, MT: Scholars Press, 1979): "육체적 부활을 거부하고 / began his career," 99.
27. Augustine, *Confessions*: "영원한 예루살렘에서 / fellow citizen," 9:13; "하나님 당신을 알고

/whoever knows you," 5:4 (*PL* 32: 780. 708).
28. Augustine, *City of God*: "우리는 하나님을 보게 되는/we shall have," 22:30, 4; "그곳에서, 우리는/there we shall," 22:30, 5; "하나님은 우리가 바라는/he shall be," 22:30, 1 (*PL* 41: 803. 804. 802); *Sermon*: "내가 할 일이/what will I," 243:9 (*PL* 38: 1147). 아우구스티누스의 『신국City of God』의 번역서로는 다음을 참고하였다. Philip Schaff, ed., *A Select Library of Nicene and Post-Nicene Fathers* (1887; rprt. Grand Rapid, MI: Eerdmans, 1982), II and Augustine, *The City of God against the Pagans*, trans. William M. Green (Cambridge, MA: Harvard Univ. Press, 1972), VII.
29. Augustine, *Letters*: "당신은 아무런 희망도 없는/you should not greive," 92:1 (*PL* 33:318); *Literal Commentary on Genesis*: "서로 교제하면서/see each other," 8:25 (*PL* 34:391)
30. Robert Garland, *The Greek Way of Death* (London: Duckworth, 1985), 66. 플라톤의 『소크라테스의 변명Apology』 41A-C에 의하면, 소크라테스도 사후에 오르페우스Orpheus, 무세우스Musaeus, 헤시오도스Hesiod, 호메로스Homer 같은 사람들과 만날 것을 기대했다고 한다.
31. Pierre Coucelle, "La Postérité chrétienne du Songe de Scipion," *Revue des études latines* 36 (1958), 205-34, esp. 207-13; Ambrose, *On the Decease of His Brother Satyrus*: 재회/meeting again, 2: 135 (*Corpus Scriptorum Ecclesiasticorum Latinorum* [*CSEL*] 73: 324); *On Theodosius*: "그가 이 땅에서 헤어졌던/when he receives," 40 (*CSEL* 73:392).
32. 『바울의 환상the Vision of Paul』은 『바울의 묵시록Apocalypse of Paul』이라는 이름으로 불리기도 한다. 46-51. (Edgar Hennecke and Wilhelm Schneemelcher, eds., *New Testament Apocrypha*, trans. R. McL. Wlson (phiadelphia: Westminster Press,1965). II, 790-95); 아우구스티누스가 『바울의 환상』을 알고 있었다는 사실에 대해서는 다음을 참고하라. *PL* 35:1885 and Bertold Altaner, *Kleine patristische Schriften* (Berlin: Akadmie-Verlag, 1967), 210f. Augustine, *The Predestination of the Saints*: "우리들의 고향, 천국을/why do we," 28 (*PL* 44:931), 여기에서 인용한 키프리아누스의 글은 *On Mortality*, 26 (Corpus Christianorum Series Latina 3A:31).
33. Augustine, *Retractations*, 1:17 (*PL* 32:613).
34. Augustine, *Sermon*: "최후의 적인/take away death," 155:15; "하나님이 우리에게 가르쳐 주신/our faith, instructed," 241:7 (*PL* 38:849. 1137); *Retractations*: "육체라는 물질도/the substance of," 1:17 (*PL* 32:613). 천국에서 먹고 마시는 행위에 대해서는 『신국』 13:22와 『서한집Letter』 102:6에서 다루었다. 육체의 눈으로 하나님을 보는 것에 대해서는 『신국』 22;29, 6에서 다루었는데, 이것은 기원후 426년에 쓴 것이다. 이에 비해 408년에 쓴 『서한집』 92에서는 육체의 눈으로 하나님을 보는 문제에 대해 전혀 언급하지 않았다. 이 사실에 대해서는 다음을 참고하라. F.J. Thonnard, "La vision de Dieu," *Oeuvres de Saint Augustin*, ed. Etudes Augustiniennes (Paris: Desclé de Brouwer, 1960), XXXVII, 853-7; and Margaret Miles, "Vision: the Eye of the Body and the Eye of the Mind in St. Augustine's De Trinitate and Confessions," *Journal of Religion* 63 (1983), 125-42. "육체flesh"에 대한 아우구스티누스의 관점이 변화한 것에 대해서는 다음을 참고하라. François

Altemath, *Du corps psychique au corps spiritue; Interprétation du 1 Cor. 15: 35-49 par les auteurs chrétiens des quatre premiers siécles* (Tübingen: Mohr, 1977), 234f.
35. Augustine, *City of God*, 13:20, 이 문제에 대해서는 *Sermon* 242:8 (PL 41:393; 1142)에서 다시 설명하고 있다.
36. Augustine, *City of god*: "균형이나 조화가; 이땅에서 늙거나 / where there is; overgrown and," 22:19; 2; "젊은 시절 한창 때의 / both sexes will," 22:20, 3 (PL 41:781. 783).
37. Augustine, *City of God*, 22:19, 3 (PL 41:782). 고대에는 몸에 상처를 입고 죽은 사람들은 내세에서도 그 상처를 가지고 부활하게 된다고 믿고 있었다. Hilhorst, "The Wounds of the Risen Jesus," *Estudios Biblicos* 41 (1983), 165-7.
38. Augustine, *City of God*: "모든 사람이 서로가 / need is bound," 22:24,4; "남성도 여성도 / both sexes will," 22:17 [trans. W. M. Green] (PL 41:791. 778).
39. 그는 사랑과 정욕의 차이점을 *On the Christian Doctrine*, 3:10 (PL 34:72)에서 설명하고 있다. "나는 사랑(love, caritas)을 영혼의 행위라고 부른다. 즉 사랑은 하나님 그 자체를 즐거워하는 것을 목적으로 하면서 자신을 사랑할 뿐만 아니라 다른 사람들까지도 하나님과의 관계 속에서 사랑하게 된다. 그러나 정욕(lust, cupiditas)은 자기 자신과 다른 사람만을 즐거워하며, 그 목적이 어떻든지 하나님과는 아무런 관련을 맺지 않는 특징을 갖고 있다."
40. Augustine, *On the Christian Doctrine*: "하나님을 즐거워 하는; 당신이 하나님 안에서 / all of us, who; when you enjoy," 1:32-3 (PL 34: 23f), cf. Philem. 20 (Vulgate), "Teah, brother, May I enjoy thee in the Lord!".
41. Irving Singer, *The Nature of Love*, 2nd ed. (Chicago: Univ. of Chicago Press, 1984), I, 346.
42. Augustine, *On the Trinity*: "내가 나의 형제들을 / hwo much love," 8:8 (PL 42:959). 아우구스티누스의 사랑 개념에 대해서는 다음을 참고하라. Miles, "Vision," 137f.; Johannes van Bavel, "The Double Face of Love in Augustine," *Louvain Studies* 12 (1987), 116-30, and R.Canning, "The Unity of Love for God and Neighbor," *Augustiniana* 37 (1987), 38-121.
43. Augustine, *Commentary on 1 John*: "우리는 다른 사람을 / we should not," 8:5; "우리의 사랑은 꾸민 / our love must," 6:4 (PL 35: 2038. 2021).
44. Augustine, *Sermon*: "친구, 가족, 자녀 / friend, household, children," 80:7; Cicero, *On Friendship*: "단지 두 사람만을 / always unite two," 20.
45. Augustine, *On the Psalms*: "나그네와 같은 이 삶에서는 / in this sojourning," 55:9; *Letters*: "자기 자신을 더 / better known to," 92:2; *Sermon*: "인간이 지은 죄악의 / most of the," 306:9; "나만 홀로 선하다 / I alone am," 249:2 (PL 36:652; 33:318; 38:1401 and 1162).
46. Augustine, *On the Psalms* 1.: "완벽한 사랑 속에서 / the hearts of," 44:33; *Letters*: "더 잘 알고; 모든 사람이 서로에 / the better known; for none will," 92:2 (PL 36:514; 33:318). 아우구스티누스가 설명하고 있는 보편화된 사랑universalized love에 대해서는 다음을 참고하라. John Burnaby, *Amor Dei: A Study of the Religion of St. Augustine* (London: Hodder & Stoughton, 1938), 248f.

47. Augustine, *Letters*, 238:13 (*PL* 33:1043).
48. Peter Brewn, *Augustine of Hippo* (London: Hodder & Stoughton, 1938): "아우구스티누스는 나이가 들어감에 / far more open," 324; and Brown, *Augustine on Sexuality* (Berkley: Centre for Hermeneutical Studies in Hellenistic and Modern Culture, 1983), 30f. Augustine, *On Continence*: "인간의 영혼과 육체는 / according to each," 8; *Sermon*: "부부의 성관계 / conjugal embraces," 159:2; *City of God*: "원초적인 선 / original good," 22:24, 1 (*PL* 40:362; 38: 868; 41:788).
49. Augustine, *City of God*, 20:9 (*PL* 41:672/5); William H. C. Frend, *The Donatist Church*, 2nd ed., (Oxford: Clarendon Press, 1970), 233.
50. Augustine, *City of God*: "하나님께서는 불가사의한 방법으로 / in some wonderful," 22:24, 2 (*PL* 41:789); *Letters*(408년): 이 세상의 군주들도 주님을 / kings must serve, 93:3 (*PL* 33:325). 영혼과 물질의 관계에 대한 아우구스티누스의 설명은 다음을 참고하라. Mary Douglas, "Social Preconditions of Enthusiasm and Heterodoxy," *Procedings of the 1969 Annual Spring Meeting of the American Ethnological Society* (Seattle: American Ethnological Society, 1969), 69-80.
51. Albrecht Dihle, *The Theory of the Will in Classical Antiquity* (Berkley: Univ. of California Press, 1982), 130f. Dihle은 인간의 의지will를 현대적인 개념, 즉 심리학적인 개념으로 설명한 최초의 학자가 바로 아우구스티누스라고 주장하고 있다.

제4장

1. Otfrid of Weissenburg, *Book of the Gospl*, 5:23, 273-7, trans. in Hartmut Kugler, *Die Vorstellung der Stadt in der Literatur des deutchen Mittelalters* (Munich: Artemis, 1986), 85. 여러 가지 꽃들이 갖고 있는 상징적인 의미에 대해서는 다음을 참고하라. Augustine, *Sermons*, 304 (PL 38:1396); 낙원에서 달콤한 향기를 풍기고 있는 풀과 꽃들에 대해서는 다음을 참고하라. Jean-Pierre Albert, "Le légendaire médiéval des aromates longévité et immortalité," *Comité d'anthropologie françaises*, ed., Le corps humain (Paris: Comité des travaux historiques et scientifiques, 1985), 37-48.
2. 『해설Elucidation』은 Yves Lefèvre (L'elucidarium et les lucidaires: Paris, de Boccard, 1954)가 편집하였다; 이 책에 관한 정보를 알고 싶다면 다음을 참고하라. Georg Steer, "Lucidarius," *Die deutsche Literatur des Mittelalters. Verfasserlexikon*, 2nd ed. (Berlin: de Gruyter, 1985), v, 939-47. *Elucidation*: "추위와 더위, 폭풍우 / the punishment for," 3:78, in Lefèvre, L'elucidarium, 462f. 수도원의 정원에 대해서는 다음을 참고하라. PL 185:569ff.와 Albertus Magnus, *On Plants*, 7-1, 14 in B. Alberti Magni opera omnia, ed. Auguste Borgner (Paris: Vives, 1890~99), x, 294; trans. in Hermann Fisher, *Mittelalterliche Pflanzenkunde* (1929; rprt. Hildesheim: Olms, 1967), 171ff.
3. *Elucidation*: "그들은 벌거벗고 살게 / they will be," 3:81; "목말랐던 농부가 / as a thirsty," 3:107 (Lefèvre, *L'elucidarium*, 464 and 470).
4. *Le registre d'inqusition de Jacues Founier*, trans. Jean Duvernoi (Paris: Mouton, 1978): "새들이 노래하는 아름다운 땅 / Beautiful groves With," Ⅲ, 775; Otto of Freising, *The Two Cities: A Chronicle of Universal History to the Year 1146 AD*, trans. Charles C. Mierow (New York: Columbia Univ. Press, 1928), 508 (8:33); William of Auvergne, *On the Universe*, Ⅰ. 2, 39 and 48 in *Guilelmi Alverni opera omnia* (Paris: Pralard, 1674), Ⅰ, 742, 752.
5. 도시의 발달이 갖고 있는 종교적인 의미에 대해서는 다음을 참고하라. Barbara H. Rosenwein and Lesrer K. Little, "Social Meaning in the Monastic and Mendicant Spiritualities," *Past and Present* 63 (1974), 4-32 and C. Warren Hollister, *Medieval Europe*, 5th ed. (New York: Wiley, 1982), 155.
6. 수도사들이 도시에서 행한 설교에 대해서는 다음을 참고하라. David L. d'Avray, "Sermon to the Upper Bourgeosie by a Thirteenth-Century Franciscan," Derek Baker, ed., *The Church in Town and Countryside* (Oxford: Blakwell, 1979), 187-99; Latin srmon text in dAvray, *The Preaching of the Friars* (Oxford; Clarendon Press,1985) 260-71, Rosenwein and Little, "Social Meaning," 29-32; Laster K. Little, *Religious Poverty and the Profit Economy in Medieval Europe* (Ithaca, NY: Cornell Univ. Press, 1978),197-217.
7. 천국을 하나의 도시나 궁전으로 이해했던 천국관은 11, 12세기 이전에 이미 나타났다. 그러나 Jacqueline Amat, *Songes et visions: L'au-delà dans la littérature latine tardive* (Paris; Etudes Augustiniennes, 1985, 397f.)에 따르면, 이 시기에 이런 천국관을 주장한다는 것은 매우 드문 현상이었다고 한다.

8. Damien Sicard, *La liturgie de la mort dans l'église latine* (Münster Aschendorff, 1978): "천사들이 여러분을/may the angels," 215-20. 천국의 모습이 정원과도 같은 낙원의 개념에서 도시의 개념으로 바뀐 사실을 여러 가지 자료를 들어 설명하고 있는 책은 Kugler, *Die Vorstellung der Stadt*, 84-8 and 121-31. 다음의 책들에는 '도시적인 천국관'에 대한 중세의 자료들이 포함되어 있다. Peter Damiani, "The Joys of Paradise" (*PL* 145:980-83) in *The Song of S. Peter Damiana*, ed. and trans. Stephen A. Hurlbut (Washington: St. Albans Press, 1928); Abelard, "O Quanta qualia sunt illa sabbata" (*PL* 178:1786f.) in *Medieval Song: An Anthology*, trans. James J. Wilhelm (London: Allen & Unwin, 1972), 45f.; *Psalterium decem cordarum abbatis Joachim* (1527; rprt. Frankfurt: Minerva, 1965), 280f.; *Godeschalcus und Visio Godeschalci*, ed. Erwin Assmann (Neumünster Wachholtz, 1979), 134f., 190f., 56f., 59f.
9. Giacomino of Verona, "천상의 예루살렘/The Heavenly Jerusalem," 61-8 in Esther Ⅰ. May, *The De Jerusalem celesti and the De Babylonia infernali of Fra Giacomino da Verona* (Florence: Le Monnier, 1930), 75. Trans. From Joseph Tusiani, *The Age of Dante* (New York: Baroque Press, 1974), 137.
10. *Acta Sanctorum*, rev. ed. by Jean Carmandet (Paris: Palmé, 1866), vol. 7 of May, 168. 그리고 다음의 의견도 참고해 보라. Peter Dinzelbacher, *Vision und Visionsliteratur im Mittelalter* (Stuttgart: Hiersemann, 1981), 109.
11. David Herlihy, ed., *The History of Feudalism* (New York: Harper & Row, 1970), 198f.; Alfred Haverkamp, "Die Städte im Herrschafts-und Sozialgefüge Reichsitaliens," Friedrich Vittinghoff, ed., *Stadt und Herrschaft* (Munich: R. Oldenburg, 1982), 149-245, esp. 197 (castles), 227ff. (*contado*).
12. Peter Dinzelbacher는 자신의 글, "Reflexionen irdischer Sozialstrukturen in mittelalterlichen Jenseitsschilderungen," *Archiv für Kulturgeschichte* 61 (1979), 16-34와 "Klassen und Hierarchien im Jenseits," *Miscellanea Mediaevalia* 12 (1979), 20-40 속에서 천국의 집단, 즉 '성가대'에 대해서 다루고 있는데, 여기에는 혈족의 개념이 전혀 없다는 사실을 강조하고 있다. 그리고 Ian Bishop, "Relatives at the Court of Heaven: Contrasted Treatments of an Idea in Piers Plowman and Pearl," Myra Stokes et al., eds., *Medieval Literature and Antiquities* (Cambridge: Brewer, 1987), 111-18도 참고하라. 「진주Pearl」는 중세의 영국 시로, Mary V. Hillmann, *The Pearl* (Notre Dame, IN: Univ. of Notre Dame Press, 1967)안에 수록되어 있다; 여기에서 우리는 논쟁이 되고 있는 구절, 즉 「진주」 603ff. 부분은 Schotter의 번역을 표준으로 사용하였다. Anne H.Schotter, "The Paradox of Equality and Hierarchy in Pearl," *Renascence* 33 (1981), 172-9. 여기에는 「마태복음」 20:1-15에 나오는 포도원 일꾼에 대한 예수의 비유도 언급하고 있다.
13. William Langland (c. 1332~76), *Piers Plowman*, B 12: 203-5, trans. Schotter, "The Paradox of Equality," 175.
14, Herrad of Hohenbourg, *Hortus Deliciarum. Reconstruction*, ed. Rosalie Green et al. (London: Warburg Institute, 1979), 447—text of Elucidation 3:79; *Purity*, 114-16, trans. Schotter, "The Paradox of Equality," 176; *On god ureisun of ure lefdi* [A good

orison of Our Lady], 34 and 51 in *Old English Homilies and Homiletic Treatises of the Twelfth and Thirteenth CenTuries. First Series*, trans. Richard Morris (London: Trübner, 1868), 192 Hildegard of Bingen, *Scivias*: "비단옷을 입고 하얀 신을 신고 / clad in garments," 3:3 (in *Corpus Christianorum. Continuatio Mediaevalis* 43: 371).

15. Giacomino da Verona, "천상의 예루살렘 / The Heavenly Jerusalem," 119-20 in May, *The De Jerusalem*, 77 and trans. in Tusiani, *The Age of Dante*, 139. Reinhold Hammerstein, *Die Musik der Engel* (Munich: Franke, 1962), 34 with n. 48에서는 중세 시대의 자료들을 토대로 해서 성자들이 하늘에서 부른 찬송의 주제가 무엇이었는가를 추측해 보고 있다. 1300년경의 것으로 추정되는 프랑스 시는 *La court de paradis*, ed. Eva Vilamo-Pentti (Annales Academiae Scientiarum Fennicae, series B, 79 / 1: Helsinki: Suomalainen Tiedeakatemia, 1953).

16. 찬송가 「복된 도시 예루살렘에서」는 「계시록」 21:18ff.의 내용을 주제로 삼고 있는데, 이 찬송가는 Clemens Blume, *Die Hymnen des Thesaurus Hymnologicus H. A. Daniels* (Leipzig: Reisland, 1908), no. 102 에 포함되어 있다. 교회 헌당식 때 「계시록」 21:2ff.을 읽었다는 사실에 대해서는 다음을 참고하라. Michel Andrieu, *Le pontifical romain au moyen-âge* (Vatican City: Biblioteca Apostolica, 1938), I, 193; II, 439. 교회 건물을 새 예루살렘의 모형으로 본 사상에 대해서는 다음의 글들을 참고하라. Hans Selmayr, *Die entstehung der Kathedrale* (Graz: Akademiesche Druck-und Verlagsanstalt, 1976), esp. 95-164, etc.; Otto von Simson, *The Gothic Cathedral*, 2nd ed. (New York: Harper & Row, 1962), 8-11, 227, etc.; Laurence H. Stookey, "The Gothic Cathedral as Heavenly Jerusalem," *Gesta* 8 (1969), 35-41; and Marco Rossi and Alessandro Rovetta, "Indagini sullo spazio ecclesiale immagine della Gerusalemme celeste," M. L. Gratti Peter, ed., *La dimora di Dio con gli uomini {Ap, 21:31}: Immagini della Gerusalemme celeste dal III al XIV secolo* (Milan: Università Cattolica, 1983), 77-115.

17. William Durandus, *Rationale divinorum officiorum* (Lyons: Fradin, 1521), fol. xl verso (book 4, sect. "De accessu sacerdotis"). Hammerstein, *Die Musik der Engel*에서는 중세 시대 교회에서 드리는 예배를 하늘의 예배 의식과 동일시한 사상에 대해서 한 장(chapter) 전체를 할애하여 설명하고 있다(30-52).

18. Suger in Erwin Panofski, ed., *Abbot Suger on the Abbey Church of St. Denis*, 2nd ed. (Princeton NJ: Princeton Univ. Press, 1979), 65.

19. 알레고리적인 해석에 대한 몇 가지 예가 다음에 인용되어 있다. Barbara Nolan, *The Gothic Visionary Perspective* (Princeton: Princeton Univ. Press, 1977), 13-19. Claude Carozzi, "Structure et fonction de la vision de Tnugdal," André Vauchez, ed., *Faire croire* (Rome: Ecole Française de Rome, 1981), 223-34: 1149년에 쓰여진 Tnugdal의 환상에서는 천국이 말 그대로 영적인 성격을 가진 장소로 묘사되어 있으며, 천국의 피안적인 성격을 강조하고 있다고 저자는 주장한다.

20. Cosmas, *Christian Topography* 7:67 and 5:184f. (*SC* 197: 126f.; 159: 280f.).여기에서 사용된 번역본은 Cosmas Indicopleustes, *The Christian Topography*, trans. J. W. McCrindle (London: Hakluyt Society, 1897).

21. Augustine, *Literal Commentary on Genesis*, 2:9-10; cf. Enchiridion, 9 (*PL* 34: 270-72; 40: 235f). 천문학에 관련된 주제들이 신학과는 무관하다는 사실을 아우구스티누스보다 먼저 주장한 사람은 Lactantius, *Divine Institutes*, 3: 3 (*PL* 6: 354-6).
22. 하늘을 여러 계층으로 설명한 것에 대해서 다음을 참고하라. Honorius Augustodunensis, *De imagine mundi*, 1:138-40 (*PL* 172:146); Albertus, *Summa de creaturis*, 3:10 in B. *Alberti Magni opera omnia*, XXXIV, 415-20. 최고천을 언급하고 있는 고대 문서로는 *Glossa* (중세의 성서 텍스트)와 *Sentences* (Peter Lombard, *PL* 113:68; 192:656)가 있다. 그리고, 이에 대한 2차 사료로는 다음과 같은 책들이 있다. Bruno Nardi, *Saggi di filosofia dantesca*, 2nd ed. (Florence: La Nuova Italia, 1967), 167-214; Gregor Maurach, *Coelum empyreum: Versuch einer Begriffsgeschichte* (Wiesbaden: Steiner, 1968); Thomas Litt, *Les corps célestes dans l'univers de Saint Thomas d'Aquin* (Leuven Pubications universitaires, 1963), 255-61.
23. John Ruusbroec, *Spiritual Espousals*, 2:50 in *The Spiritual Espousals and Other Works*, trans. James A. Wiseman (New York: Paulist Press, 1985), 111.
24. Aquinas, *Commentary on the Sentences*, II, 328에서 아퀴나스는 정수에 대해 설명하고 있다. Alexander of Hales, *Summa theologica* (Quaracchi: Collegium S.Bonaventurae, 1928), II, 328.
25. Aquinas, *Summa theologica*, Suppl. 84:2. 여기에서 사용한 번역서는 *The Summa theologica of Saint Thomas Aquinas*, trans. Fathers of the English Dominican Province (London: Encyclopaedia Britannica, 1952). Alexander, *Summa theologica*, IV, 288f.
26. 중세, 빛의 형이상학에 대해서는 다음을 참고하라. James McEvoy, "The Metaphysics of Light in the Middle Ages," *Philosophical Studies [Dublin]* 26 (1979), 126-45 and Hans Sedlmayr, "Das licht in seinen künstlerischen Manifestationen," *Studium Generale* 13 (1960), 313-24. 그리고, 「요한1서」 1:5—"하나님은 빛이시니 그 안에 어두움은 전혀 없다", 또한 참고하라. '석류석carbuncle'이라는 빨간 보석은 다른 보석과 달리 하나의 독립된 빛의 근원을 가지고 있다고 여겼다. 이에 대해서는 다음을 참고하라. Marbod of Rennes (1035~1123), *Book of Gems* (*PL* 171:1754) and Albertus Magnus, *On Minerals*, 2:2; Albertus Magnus, *Book of Minerals*, trans. Dorothy Wyckoff (Oxford: Clarendon Press, 1967), 77f.
27. Aquinas, *Sth*, Suppl. 91:3; Albertus, *Commentary on the Sentences*, 4: 44, 31 in B. *Alberti Magni opera omnia*, XXX, 584.
28. Aquinas, *Sth*, Suppl.: 광휘의 회복, 91:3[cf. 이사야서 30:20]; 모든 요소들도 빛으로 가득 차게 될 것이다. "끝이 없는 빛의 존재가 / the excess of," 91:4; 지옥에서의 희미한 빛 / light in hell, 97:4. Dante, *Inferno*, 5:28; Otto of Freising, *The Two Cities*, 490 (8:25).
29. Aquinas, *Sth*, Suppl.: 식물과 동물들에 대해서는, 91:5; 하늘의 천구들에 대해서는, 91:2. 다음을 참고하라. Litt, *Les corps célestes*, 242-54; Edward Grant, "Medieval and Renaissance Scholastic Conceptions of the Influence of the Celestial Region on the Terestrial," *Journal of Medieval and Renaissance Studies* 17 (1987), 1-23.
30. Dante, *Paradiso:* 빛의 장소인 최고천 / *ciel ch'è* 30:39; 베아트리체는 장미 모양의 / Beatrice smiles, 31:91-3; "무한한 맑음의 본질 / within its depthless," 33:115-117; "해와 별들이

/that moves," 33:145. 여기에서 사용한 번역서는 다음과 같다. Dante Allighieri, *The Divine Comedy*, Vol. III: *Paradise*, trans. Mark Musa (Harmondsworth: penguin, 1986). Dante, *Letters to Can Grande*: "모든 것의 근원이며/when the Source," 33 in Charles A.Dinsmore, *Aids to the Study of Dante* (Boston: Houghton Mifflin, 1903), 286. 빛에 대한 단테의 관점에 대해서는 다음을 참고하라. Joseph A. Mazzeo, "Light Metaphysics, Dante's Convivio, and the Letter to Can Grande della Scala," *Traditio* 14 (1958), 191-229, and Patrick Boyde, *Dante: Philomythes and Philosopher* (Cambridge: Cambridge Univ. Press, 1981), 207-14.

31. Wiltrud Mersmann, *Rosenfenster und Himmelskreise* (MittenWald: Mäander, 1982), 95f., 특히 87-91에서는 이탈리아의 '장미 모양 창문들Assisi, Orvieto, Siena etc.'에 대해서 설명하고 있다. 장미 모양의 창문이 갖고 있는 여러 가지 다양한 의미에 대해서는 다음을 참고하라. Robert Suckale, "Thesen zum Bedeutungswandel der gotischen Fensterrose," Karl Clausberg et al., eds., *Bauwerk und Bildwerk im Hochmittelalter* (Giessen: AnabasVerlag, 1981), 252-94. Suger in Panofski, *Abbot Suger*, 101.

32. Suger: "사람의 마음을 비출 수/brighten the minds," in Panofski, *Abbot Suger*, 47f. Suger의 신학에 대해서는 다음을 참고하라. von Simson, *The Gothic Cathedral*, 50-55: Panofski, *Abbot Suger*, 18-24: and Georges Duby, *The Age of the Cathedrals*, trans, E. Levieux and B. Thompson (Chicago: Univ. of Chicago Press, 1981), 99f., 147f.

33. 13세기의 지적知的 상황에 대해서는 다음을 참고하라. Norman F. Cantor, *Medieval History*, 2nd ed. (New York: Macmillan. 1969). 464f. and Tina Stiefel, *The Intellectual Revolution in Twelfth-Century Europe* (London: Croom Helm, 1985), 102-6.

34. Aquinas, *Sth*: "종교적인 진리를 내적으로/to ponder an," II II 181:3; cf.180:3. 사후에 있을 특별한 보상에 대해서는 다음을 참고하라. Aquinas, *Sth*, Suppl. 96:7 and II. 중세 도상학(iconography)에서, 특별한 보상 또는 '후광aureole'(작은 왕관)이라고 불리는 것은 동정녀들이나 순교자들 그리고 선생들이 쓰고 있는 왕관으로 표현되었다. Edwin Hall and Horst Uhr, "Aureola super aurream: Crowns and Related Symbols of Special Distinction for Saints," *The Art Bulletin* 67 (1985), 567-603.

35. Aquinas, *Sth*: 어떤 행동도 하지 않을/cessation of active life, II II 181:4; Aquinas, *Summa contra gentiles*: "지적인 인식을/intellectual cognition is," 3:53. '시각'을 인간의 감각 중 가장 고귀한 것으로 인정한 사실에 대해서는 다음을 참고하라. Augustine, *On the Trinity*, 11:1; Allain de Lille (PL 42:985; 210:521f.); Anfinn Stigen, "On the Alleged Primacy of Sight-with some remarks on Theoria and Praxis-in Aristotle," *Symbolae Osloenses* 37 (1961), 15-44.

36. Aquinas, *Sth*, I II 1-5.

37. Aquinas, *Summa contra gentiles*: "모든 행동은/every agent acts," 3:2-3 [after Aristotle, *Nicomachean Ethics*, 1049a]; 하나님을 아는 것, 3:25. *Sth*: "오감에 의존하지 않아도/not depend on," I II 3:3. "우리들의 지식은 모두 감각 기관의 인지 능력에 기초하여 이루어진 것들이다"라는기록에 대해서는 I 12:12를 보라.

38. Aquinas, *Sth*: "영혼이 하나님과/a perfect union," Suppl. 96:1; "사랑은 지식으로부터/

love results from," ⅠⅡ 27: 2; "인간이 내세에서/the ultimate and," ⅠⅡ 3:5; 여러 가지 활동을 하는/many activities, ⅠⅡ 3:2. *Summa Contra Gentiles*: "경이로운 마음으로 명상한다면/nothing that is," 3:62.

39. Aquinas, *Sth*: '조명illumination' 사상, Ⅰ 12:5; 성도들은 내세에서 영원한/the blessed cannot, Suppl. 92:3. 조명 사상은 이슬람 신학의 영향을 받은 것처럼 보인다. 이 점에 대해서는 다음을 참고하라. Miguel Asin Palacios, *Islam and the Divine Comedy*, trans. H. Sutherland (1926; rprt., London: F. Cass, 1968), 161-3.

40. Aquinas, *Sth*: "하나님을 더 많이/the more love," Ⅰ12:6; "모든 성자는/all the blessed,"; 천국에 가서는 덕을 쌓을 수/no more merit, Ⅰ62:9, 그리고 ⅡⅡ 26:13. 세례 받지 않은 자들의 행복에 대해서는 다음을 참고하라. Aquinas, *Quaestio disputata de malo* 5:3, and W. R. Connor, "Natural Beatitude and the Future Life," *Theological Studies* 11 (1950), 221-39.

41. Dante, *Paradiso*: "나에게 말해 주시오/but tell me," 3:64-6; "하나님의 의지 안에e 'n la," 3:85.지복의 불변성(beatific immobility)에 대해서는 다음을 참고하라. Carl J.Peter, *Participated Eternity in the Vision of God. A Study of the Opinion of Thomas Aquinas* (Rome: Gregorian Univ. Press, 1964), 35, 254f.

42. Aquinas, *Sth*: 또 다른 방법은/types of vision ⅡⅡ 175:3; "하나님은 이 세상에서나/god can in," Suppl. 92:2.

43. Aquinas, *Sth*, Suppl. 93:1. 이 '어처구니없는 이론'은 다음에서 설명하고 있다. Jorge Aguadé, "Wer isst und trinkt, muss auch Notdurft verrichten: Ein Beitrag zur jürdischchristlichen Polemik gegen den Islam," *Welt des Orients* 10 (1979), 61-72. 천국에서 배설물은 향기로운 땀으로 대체될 것이라는 주장이 17세기 기독교인들이 작성한 이슬람 신학이 갖고 있는 '부조리들'이라는 항목 중에서도 나타나고 있다. 이 사실에 대해서는 다음을 참고하라. Hugo Grotius, *On the Truth of the Christian Religion* (1627), 6:10 in *Opera omnia theologica* (Amsterdam: Blaeu, 1697), Ⅲ, 93.

44. Aquinas, *Sth* ⅠⅡ 4:8. Aristotle, *Nicomachean Ethics*, 9:1169B in *The Complete Works of Aristotle*, ed. Jonathan Barnes (Princeton, NJ: Princeton Univ. Press, 1984), Ⅱ, 1848. 현대 주석가들에 의하면, 아퀴나스가 이미 존재했던 우정은(약간은 지복의 환상 속으로 흡수된다고 하더라도) 사후의 삶에서도 계속된다는 사실을 인정했으며, 오로지 새로운 인간 관계가 형성될 수 있다는 사실을 부인했을 뿐이라고 설명한다. 이에 대해서는 다음을 참고하라. William J. Hoye, *Actualitas omnium actuum. Man's Beatific Vision of God as Apprehended* by Thomas Aquinas (Meisenheim: Hain, 1975), 174, n. 41.

45. Aquinas, *Sth*, Suppl. 81:4, 이곳에서 아퀴나스는 "유대 인들과 사라센 인들(모슬렘) 그리고 천년왕국주의자들Chiliasts이라고 불리는 이단들"이 주장하는 감각적인 천국관으로부터 자신을 구별하고 있다. 그리고 이러한 주장은 중세 기독교인들이 이슬람 교도들과 대항할 때마다 공통적으로 나타나고 있는 내용이기도 하다. 다음을 참고하라. Aquinas, *Commentary on the Sentences* Ⅳ 44:1, 3 (end), and William of Auvergne, *On the Universe*, Ⅰ 2:34 in *Guilelmi Alverni opera omnia*, 1, 738f.

46. Giles of Rome [Aegidius Romanus], *Quodlbeta*, 6:25 in Hermann J. Weber, *Die Lehre*

von der Auferstehung der Toten in den Hauttraktaten der scholastishen Theologie (Freiburg: Herder, 1973), 260f. n. 500.
47. Bonaventure, *Sentences*, III 31:3, 2 in Hinrich Stoevesandt, *Die letzten Dinge in der Theologie Bonaventuras* (Zurich: EVZ-Verlag, 1969), 265
48. Hugh of Saint-Victor, *PL* 177:563.
49. Jaques Le Goff in Jerôme Dumoulin et al., eds., *The Historian between the Ethnologist and the Futurologist* (Paris: Mouton, 1973), 209. 12세기에 새롭게 나타난 사랑관에 대해서는 Peter Dinzelbacher가 쓴 두 개의 단편을 참고하라. Peter Dinzelbacher: "Sozial-und Mentalitätsgeschichte der Liebe im Mittelalter," *Unrich Müller, ed., Minne ist ein suaerez spil* (Göppingen: Kümmerle, 1986), 75-110, and "Pour une histoire de l'amour au moyen âge," *Le moyen âge*, 153 (1987), 223-40.
50. Andrea Capellanus, *On Love*, ed. and trans. P.G. Walsh (London: Duckworth, 1982), 113 and 115,: Betsy Bowden, "The Art of Courtly Copulation," *Medievalia et humanistica* 9 (1979), 67-85, at 78.
51. 켈트 족의 이야기에 대해서는 『브란의 여행Voyage of Bran』을 보라. 여기에는 '여성들의 땅land of women'이라고 불리는 또 다른 세계가 나오는데, 이곳은 앞에서 언급했던 침상들이 놓여 있는 곳으로서 자유롭게 사랑을 하는 곳이다. 한 구절을 읽어 보면: "남자들과 여자들이 나무 아래 앉아서 포도주를 마시면서 아무런 죄의식도 없이, 순수하게 아름답고 즐거운 게임을 즐기고 있다." Kuno Meyer, *The Voyage of Brán Son of Febal to the Land of the Living* (London: Nutt, 1895), I 20 (no. 41; cf. nos. 30 and 62).
52. *Aucassin and Nicolette*, trans. Francis W. Bourdillon (London: Folio Society, 1947), 20f. Giacomino da Lentini, "lom'agio posto in core a Dio Servire" in Ernest F. Langley, *The Poetry of Giacomino da Lentino* (Cambridge, MA: Harvard Univ. Press, 1915), 73 (Italian) and Tusiani, *The Age of Dante*, 24 (trans.)
53. Guido Guinizelli, "al cor gentil" in Bernard O'Donoghue, *The Courtly Love Tradition* (Manchester: Manchester Univ. Pres, 1982), 265.
54. Arnaut Daniel, "Lo ferm voler" in Alan R. Press, ed., *Anthology of Troubadour Lyric Poetry*, 2nd ed. (Edinburgh: Edinburgh Univ. Press, 1981), 191. '여인들'을 하나님 바로 다음의 위치에 설정하는 것에 대해서는 다음을 참고하라. Arnaut, "Ans que'l cim", *Les Poésies d'Arnaut Daniel*, ed. René Lavaud (1910; rprt. Geneva: Slatkine, 1973), 96ff.
55. Dante, *La Vita Nuova*, trans. B. Reynolds (Harmondsworth: Penguin, 1969), 99; Boccaccio, *Life of Dante* (early version), 86 in *Tutte le opere di giovanni Boccaccio*, ed. Vittore Branca (Verona: Mondadori, 1974), III, 458 and *The Early Lives of Dante*, trans. Philip H. Wicksteed (London: Dela More Press, 1904), 40.
56. Jordan of Saxony, letter 13 in Berthold Altaner, *Die Briefe Jordans von Sachsen* (Leipzig: Harrassowitz, 1925), 17 (Latin) and Simon Tugwell, ed., *Early Dominicans* (New York: Paulist Press, 1982), 403 (English).
57. L.T. Tospsfield, *Troubadours and Love* (Cambridge: Cambridge Univ. Press, 1975), 195.
58. Petrarch, *Canzoniere*: "거룩하고 순수한/holy and unsullied," no. 302; "나의 주님, 그리

고/veggia il mio," no. 349. 페트라르카가 아르노를 찬양한 사실은 *Trionfi d'Amore*, 4:40ff.에 나타나 있다.

59. Jill Tilden, "Spiritual Conflict in Petrach's Canzoniere," Fitz Schalk, ed., *Petrarca 1304 ~1374: Beiträge zu Werk und Wirkung* (Frankfurt: Klostermann, 1975), 287-319: "인문주의자로서의 확신과/humanist confidence," 319. Petrach, *The Secret Book*: "그녀는 천상적인 것들에 대한/She has detached," 3rd dialogue in Petrach's Secret or the Soul's Conflict with Passion, trans, William H. Draper (London: Chatto & Windus, 1911), 124. 페트라르카의 영적인 고민에 대해서는 다음을 참고하라. Irving Singer, *The Nature of Love* (Chicago: Univ. of Chicago Press, 1984), II, 130-41.
60. Jacques de Vitry, *Life of Mary Orignies*, preface, in Acta Sanctorum, Vol.5 of June, 548b. Dinzelbacher, *Vision und Visionsliteratur*, 226-51 에서는 13세기 신비주의자들의 환상적 체험이 여성화되고, 감정적이 되었으며, 개인주의화되었다는 사실을 언급하고 있다.
61. Mechthild, *The Flowering Light of the Godhead* 7:57. 이 책은 영어로 번역된 알맞은 번역서가 없기 때문에 현대 독일어 번역판을 참조하였다. Mechthild von Magdeburg, *Das fliessende Licht der Gottheit*, trans. Margot Schmidt (Einsieden: Benziger, 1955).
62. Mechthild, *Flowing Light*, 3:1. 메흐틸트가 설명한 천국의 구조에 대해서는 다음을 참고하라. Petrus W.Tax, "Die grosse Himmelsschau Mechtilds von Magdeburg und ihre Hollenvision" *Zeitschrift für deutsches Altertum* 108 (1979), 112-37. '빈 좌석들'을 성도들이 채우게 될 것이라는 사상은 중세에 있었던 일반적인 견해 중의 하나였다. 이에 대해서는 다음을 참고하라. Otto of Freising, *The Two Cities*, 505-8 (8:31-2).
63. Mechthild, *Flowing Light*, 4:24.
64. Mechthild, *Flowing Light*, 3:1.
65. Mechthild, *Flowing Light*; "아름다운 청년들; 사랑스러운 메흐틸트가/beautiful youth; the beloved goes," 1:44. 1:44 구절이 갖고 있는 궁정 연애와의 연관성에 대해서는 다음을 참고하라. Elizabeth Wainwright-de Kadt, "Courtly Literature and Mysticism," *Acta Germanica* 12 (1980), 41-60.
66. Mechthild, *Flowing Light*, 1:44.
67. Mechthild, *Flowing Light*, 3:1; cf. Tax, "Die grosse Himmelsschau," 124f
68. Andrea Capellanus, *On Love*, 470f.
69. 헬프타 수도원의 교육과 지적 생활에 대해서는 다음을 참고하라. Caroline Walker Bynum, *Jesus as Mother: Studies in the Spirituality of the High Middle Ages* (Berkley, CA: Univ. of California Press, 1982), 176. Gertrude, Herald,: "열여섯 살 된 잘 생긴 청년/a handsome youth," 2:1; 교정/friendship, 2:3; "당신은 친밀하고 달콤한/you are the delicate," 3:65; "나는 사랑을 통해서/I am so closely," 3:5 (SC 139:230, 236, 266, 26); *Mass, Celebrated by the Lord Himself*; sang a song, 14 (SC 331:304).
70. Gertrude, *Herald*: "주님은 그녀를 자신의 팔로/the Lord took," 4:14; "나는 내 마음속에서/I cannot be," 3:8 (SC 255:162; 143:34); *Spiritual Exercises*: "내가 그를 사랑할 때/when I love," 3:276-8 (SC 127:114). *Mass* 5 (SC 331:29ff.)에서 게르트루데는 왕족들이 입는 자줏빛 예복을 입고 그리스도 바로 다음에 놓여 있는 한 보좌에 앉게 되는 장면을 묘사

하고 있다.
71. Phyllis B. Roberts, "Stephen Langton's Sermo de Virginibus," Julius Kirshner et al., eds., *Women of the Medieval World* (Oxford: Blackwell, 1985), 103-18, at 117.
72. Gertrude, *Spiritual Exercise*: "결혼한 부부의/in conjugal," 3:166f. (*SC* 127:104). *Breviarium Romanum*, pars aestica (Mechelen: Desain, 1903): "동정녀 마리아는; 오늘, 동정녀 마리아가/the Virgin Mary; today, the Virgin," 605f.; 위의 두 가지 원본은 모두 중세 교창집에서 발견되었다. 즉, 하나는 12세기 Bamberg의 교창집에서 그리고 다른 하나는 13세기 Rheinau의 교창집에서 발견되었다. 이에 대해서는 다음을 참고하라. *Corpus Antiphonalium Officii*, ed. René-Jean Héobert (Rome: Herder: 1963-8), III, Nos.3707 and 3105.
73. Gertrude, *Spiritual Exercises*: "당신의 달콤한 입술의; 우리는 당신이 우리의/in a kiss; we beseech Thee," 3:174f. (*SC* 127:104). 한 단체에 속해 있다는 의식에 대해서는 다음을 참고하라. Bynum, *Jesus as Mother*, 82-109. 종교 체험이 갖고 있는 '역할들roles'에 대해서는 다음을 참고하라. Hjalmer Sundén, *Religionspsycholgie*, trans. H. Reller (Stuttgart: Calwer Verlag, 1982), 33-49 and Johan Unger, *On Religious Experience* (Uppsala: Almqvist & Wiksell, 1976), 9-32.
74. Gertrude, *Herald*: "동정녀들의 배우자이신 예수가/Jesus, the Spouse," 5:10, 3; 예수는 그녀가 죽으면/she heard jesus, 5:27,9; 주님의 품 안에서/reposing in the arms, 5:32, 2. (*SC* 331:146, 220f, 257).
75. 게르트루데가 여성을 남성보다 우위에 두었다는 사실은 그녀가 자신의 수도원과 관련을 맺고 있던 남성들의 사후의 상태를 어떻게 설명하고 있는지 살펴보아도 알 수 있다. 그녀는 이 남성들이 죽었을 때, 그들의 죽음을 무감정적이고 초연한 태도로 기술하고 있다. 이에 대해서는 다음을 참고하라. Gertrude, *Herald*, 5:11-15 (*SC* 331:148-63). 베르나르가 인간의 영혼을 「아가서」에 나오는 배우자와 동일시한 것과 그들이 천국에서 만나는 상황을 설명한 것에 대해서는 다음을 참고하라. Bernard, *Sermons on the Song of Songs*, 52:2 in *The Works of Bernard of Clairvaux* (Kalamazoo, MI: Cistercian Publications, 1979), IV. 50f. The *Coelum Trinitatis*는 다음에서 설명하고 있다. Albertus Magnus, *Summa de creaturis*, 3:10.
76. Caroline W.Bynum, "··· And Woman his Humanity: Female Imagery in the Religious Writing of the Later Middle Ages," C.W Bynum et al., eds., *Gender and Religion* (Boston: Beacon Press, 1986), 257-88 at 272. 20세기에 수녀들이 신부처럼 옷을 입는 것에 대해서는 다음을 참고하라. Eve Arnold, *The Unretouched Woman* (New York: Knopf, 1976), 136-45.
77. *The Anchoresses' Rule* (c.1200): "오, 여인이여, 성 마리아여/O Lady, St. Mary," in *The Ancrene Riwle*, trans. M.B. Salu (London: Burns & Oates, 1955), 15f. *Sawles warde* (Soul's Ward): "그들의 아름다운 모습/the beauty of," in *Old English Homilies*. First Series, 260; 이 본문은 동정녀를 찬양하려는 목적으로 쓰여진 '문집들' 중의 한 부분이다. 이에 대해서는 다음을 참고하라. Albert C.Baugh, ed., *A Literary History of England*, 2nd ed. (London: Routledge & Kegan Paul, 1967), 123-6. 수녀들에게 행했던 설교 자료에 대해서 더 많은 것을 원한다면 다음을 참고하라. Alain de Lille(1120~1202) in *PL*

210:194f. and Stephen Langton, *Sermo de virginibus*, in Roberts, "Stephen Langton's Sermo."
78. William L. Moran, "The Ancient Near Eastern Background of the Love of God in Deuteronomy" *Catholic Biblical Quarterly* 25 (1963), 77-87.
79. Otto of Freising, *The Two Cities*: Jerusalem not on earth, not of stones, 492(8:25); no golden streets, 495(8:25); "초목으로 뒤덮인 기름진 땅에서; 이런 것은 눈에 / refreshed and affected; these things are," 508(8:33).

제5장

1. *Dialogo facetissimo et ridiculosissimo in Angelo Beolco il Ruzante*, I Dialoghi, ed. Giorgio Padoan (Padua: Antenore, 1981), 92-5. 『가장 우스꽝스러운 대화』가 처음 공연된 것은 1529년이었다.
2. '이 세상'과 결혼에 대한 새로운 가치 평가에 대해서는 다음을 참고하라. Denys Hay, *The Italian Renaissance in Its Historical Background* (Cambridge: Cambridge Univ. Press, 1979), 130; Clarissa W.Atkinson, "Precious Balsam in a Fragile Glass: The Ideology of Virginity in the Later Middle Ages," *Journal of Family History* 8 (1983), 131-43; Charles Trinkaus, *In Our Image and Likeness: Humanity and Divinity in Italian Humanist Thought* (London: Constable, 1970), II, 674-82.
3. Walter Ruegg et al., "Cicero im Mittelalter and Humanismus," *Lexikon des Mittelaters* (Munich: Artemis 1983), III, 2063-77: aetas aristotelianal ciceroniana, 2053. 르네상스 시대의 신학에 대해서는 Trinkaus, *In Our Image and Likeness*를 참고하였다.
4. *The Painter's Manual of Dionysius of Fourna*, trans. Paul Hetherington (London: Sagittarius Press, 1974), 50. *Manuscrit grec* 74, fol. 93 (Bibliothèque Nationale, Paris) *Evangiles avec peintures byzantines du XIe siècle*, ed. Bibliothèque Nationale (Paris: Berthaud, 1908). I, pl. 81. 18세기의 소형 책자에서 최후-심판-낙원의 그림에서 볼 수 있었던 중세사상의 전통이 나타나고 있다.
5. 데시데리우스 대수도원장에 대해서는 다음을 참고하라. Leo of Ostia, "The Chronicle of Monte Cassino," 3: 27 in Elizabeth G. Holt, ed., *A documentary History of Art* (Garden City, NY: Doubleday, 1957), I. 13.
6. 이 해석은 다음의 견해와는 약간 차이가 있다. Otto Lehmann-Brockhous, *Abruzzen und Molise, Kunst und Geschichte* (Munich: Prestel, 1983), 395-7.
7. *Elucidation*, 3:78 in Yves Lefère, *L'elucidarium et les lucidaires* (Paris: de Boccard, 1954), 463. 종려나무가 승리를 의미한다는 것은 「계시록」 7:9과 함께 다음을 참고하라. Jacobus a Voragine, *Legenda aurea*, ed. Th. Graesse, 3rd ed. (1890; Osnabrück: O.Zeller, 1965), 505 (no. 119). 기사의 전설은 다음을 참고하라. "St. Patrick's Purgatory" in the *Legenda aurea*, 215f.(no. 50).
8. Savonarola, *The compendium of Revelations in Apocalyptic Spirituality*, trans. Bernard McGinn (New York: Paulist Press, 1979), 247.
9. Savonarola, *The Compendium*: 낙원에 있는 마리아의 보좌/Mary's throne in Paradise, 247; 사다리/ladder, 260f. 낙원에 하나님이 임재한다는 사상은 Jan van Eyck's가 그린, 갠트 Ghent의 제단화祭壇畵(1432년)의 "희생양을 찬양함,"이라는 장면에서도 나타난다.
10. Charles de Tohnay, "Two Drawings after a Lost Triptych by Hieronymus Bosh," *Record of the Art Museum. Princeton University* 20 (1961), 43-8.
11. Hesiod, *Works and Days*, 111 and 168-73. 다음을 참고하라. Harry Levin, *The Myth of the Golden Age in the Renaissance* (London: Faber & Faber, 1970) and Elizabeth Armstrong, *Ronsard and the Age of Gold* (Cambridge: Cambridge Univ. Press, 1968).

12. Virgil, *Aeneid*, 6:673-5, in *The Aeneid*, trans. Robert Fitzgerald, (New York: Vintage, 1984), 183. '샘'에 대해서는 「시편」 36:9를 보라. *Roman de la Rose, 1595~1599* in Guillaume de Lorris and Jean de Meum, *The Romance of the Rose*, trans. Charles Dahlberg (Princeton: Princeton Univ. Press, 1971), 52. Claudio tolomei, letter of 26 July 1543, trans. in Elizabeth B. MacDougall et al., *Fons Sapientiae: Renaissance Garden Fountains* (Dumbarton Oaks Colloquium on the History of Landscape Architecture, 1977; Washington, DC: Stinehour Press, 1978), 5f. 보쉬의 그림에 나오는 장막에 직접적인 영감을 준 것은 그가 독일어 번역본으로 읽은 12세기의 작품 *Vision of Tundal*이었다. 이 작품의 주인공은 낙원에서 "자줏빛 장막들과 하얀 실크로 만들어진 휘장들이 많이 있었는데, 이것들은 모두 값비싼 금과 은 그리고 실크로 만들어진 것들이었다"고 기록하고 있다. 성서에 나오는, 귀한 재료로 만들어진 하나님의 성막(출애굽기 26:1)이 낙원에서는 사람들의 거처로 변형되었다. D.Bax, *Hieronymus Bosch: His Picture-Writing Deciphered*, trans. M. A. Bax-Botha (Rotterdam: Balkema, 1979), 362.

13. Vittore Branca, *Boccaccio* (New York: New York University Press, 1976), 129 (Epistola consolatoria a Piano de'Rossi); Giovanni boccaccio, *The Decameron*, trans. G. H. McWilliam (Harmondsworth: Penguin, 1972), 233 (introduction to 3rd day).

14. John Pope-Hennessy, *A Sienese Codex of the Divine Comedy* (London: Phaidon Press, 1947).

15. 천사들의 음악이 하나님을 찬양하기 위한 것뿐만 아니라 "성도들을 더욱 더 기쁘게 하기" 위해서라는 설명은 르네상스 시대의 사상이다. 예를 들면, 음악가 요하네스 팅크토리스 (Johannes Tinctoris,1435-1511)도 Complexus effectuum musices (1475년 이후, in *Opera theoretica*, ed. Albert Seay (Rome: American Institute of Musicology, 1975), II, 168)에서 이와 같은 설명을 하고 있다. 또한, 팅크토리스는 자신의 이러한 견해를 뒷받침하기 위해서 베르길리우스의 『아에네이스』 6:643-6를 인용하고 있다.

16. 『스키피오의 꿈』이 르네상스에 미친 영향에 대해서는 다음을 참고하라. Pierre Courcelle, "La positérité chrétienne du Songe de Scipion," *Revue des études latines* 36 (1958), 205-34, at 229f. and Domminic Baker-Smith, "Juan Vivès and the Somnium Scipionis," R. R. Bolgar, ed., *Classical Influence on Eropean Culture AD 1500~1700* (Cambridge: Cambridge Univ. Press, 1976, 239-44. 이탈리아 도서관에 있는 『스키피오의 꿈』과 『노년에 관하여』의 수많은 사본들에 대해서는 다음을 참고하라. Berthold L. Ullman and Philip A. Stadter, *The Public Library of Renaissance Florence* (Padua: Antenore, 1972) and Elisabeth Pellegrin, *La bibliothéque des Visconti et des Sforza, ducs de Milan, au XVe siécle* (Paris: CNRS, 1955).

17. Petrarch, *Familiarum rerum libri*, 2:1 in Francesco Petrarca, *Le Familian*, ed. Vittorio Rossi (Florence: Sansoni, 1933), I, 58. Erasmus, *Familiar Colloquies*, section entitled "Convivium religiosum" in *Desiderii Erasmi opera omnia*, ed., Joannes Clericus (1703; rprt. Merisenheim: Hain, 1961), I, 682.

18. Tibullus, *Elegies* II 3:70-74 and I 3:57-66 [*Catullus, tibullus and Pervigilium Veneris*, trans. F.W. Cornish et al. (Cambridge, MA: Harvard Univ. Press, 1962), 267 and

209] La Metamorphose d'Dvide Figuree (Lyonss 1557)에 다음과 같은 시가 포함되어 있는데, 이것은 Levin, *The Myth of the Golden Age in the Renaissance*라는 책의 권두 삽화에서 인용되기도 하였다. "사랑은 악담거리가 아니다. 따라서 어떤 사람도 그 친구에게서 사랑을 받을 수 있으며, 방문을 하고, 아무런 불명예도 두려워하지 않고 키스도 할 수 있다. 그래서 이곳은 황금 시대라고 불릴 만한 충분한 이유가 있는 것이다."

19. Francesco Colonna, *Hypnertomachia*, English trans. (London: Waterson, 1952), 93-4. 이 글은 1467년에 쐬었지만, 처음으로 인쇄된 것은 1499년이었다.
20. Ronsard, "O pucelle plus tendre," 1550: "Et baisant nous mourrons. / Tous deux morts en mesme heure / Voirrons le lac franguex. / Et l'obscure demeure / De Pluton l'outrageux, / Et les champs ordonnerz / Aux amans fortunez." "Plus estroit que la vigne à l'orrmeau," 1578: "Là, morts de trop aimer, sous les branches myrtines / Nous voirrons tous les jours / Les anciens Heros aupres des Heroines / Ne parler que d'amours." Pierre de Ronsard, *Oeuvres complètes*, ed. Gustave Cohen (Paris: Gallimard, 1950), II, 702 and I, 295. 위의 두 시들은 모두 그 이전에 Joannes Secundus (1511~1536)가 라틴어로 쓴 시를 기본으로 하고 있다. 다음을 참고하라. F.A.Wright, *The Love Poems of Joannes Secundus* (London: Routledge, 1930), 40-43; 그러나, Ronsard는 Tibulus의 글도 역시 읽었었다. 이에 대해서는 다음을 참고하라. Andrée Thill, "Tibull au miroir de Ronsard," *Bulletin de l'Association G. Budé* (1979), 188-98 and R.E. Hallowell, *Ronsard and the Conventional Roman Elegy* (Urbana, IL: Illinois Univ. Press, 1954), 109f., 121-28.
21. Marot, "Lamentation for Mme Louise of Savoy" in Thomas P. Harrison, ed., *The Pastoral Elegy*, trans. Harry J. Leon (1939; rprt. New York: Octagon Books, 1968), 142f.
22. Valla, *On Pleasure*: "도시의 기쁨을 알리기 위해서 / the bells of," 3:25,2; "나에 대해서 말하자면 / as for me," 3:25,17; "그리스도에게 젖을 / will clasp you," 3:25,21. in Lorenzo Valla, *On Pleasure—De voluptate*, trans. A. Kent Hieatt and Maristella Lorch (New York: Abraris Books, 1977), 307, 313, and 315.
23. Valla, *On Pleasure*: "뼛골까지 떨릴 만큼 / that thrills you," 3:25, 11 in Laurentius Valla, *Opera omnia* (Turin: Bottega d'Erasmo, 1962), I, 990; "어떤 실수나 의심도 없이 / without error," 3:24,17; "정욕을 불타오르게 / does not inflame," 3:23,6; "천사들과 함께 놀다, 등등 / play with angels, etc.," 3:24,13.
24. Emma Spina Barelli, "Note iconografiche in margine alla Cantoria di Donatello," *Storia dell'arte* 15/16 (1972), 183-91.
25. "1420년대부터 1450년대까지, 화가들은 천년 이상이나 하지 않았던 일들, 즉 나무와 꽃들, 식물들 그리고 구름이 가득한 하늘과 같은 풍경을 주의 깊게 묘사하는 일에 열중하였다." 이에 대해서는 다음을 참고하라. James Beck, *Italian Renaissance Painters* (New York: Harper & Row, 1981), 4f.; Bernard Berenson, *The Italian Painters of the Renaissance* (London: Phaidin Press, 1968), II, 13; Herbert A. Stützer, *Malerei der italienischen Renaissance* (Cologne: Du Mont, 1979), 92.

26. John Pope-Hennessy, *Giovanni di Paolo 1403-1483* (London: chatto & Windus, 1937), 136.
27. Pope-Hennesy, *Giovanni di Paolo*, 135. 지오반니가 좀더 후기에 그린 낙원 그림(1463/83)은 이탈리아 시에나의 피나코테카(Pinacoteca of Siena)에 있다.
28. rancis Silvester, "Life of the Blessed Osanna," *Acta Sanctorum*, rev. ed., by Jean Carnandet (Paris: Palmé, 1867), vol. 4 of June, 557-601: 성 바울과 하나님 그리고 아퀴나스를 만난 것, 573(no. 71); 자신이 속한 수도회의 창설자를 만남, 574(no. 72); 콜룸바와의 포옹, 574(no. 73); 콜룸바의 죽음, 577(no. 89).
29. Erasmus, *Colloquia familiaria*, section on "The Apotheosis of that Incomparable Worthy, John Reuchlin," in *Desiderii Erasmi opera omnia*, I, 689-693.
30. Celso Maffei, *Delitiosa explicatio de sensibilibus deliciis paradisi* (Verona: Lucas Antonius Florentinus, 1504), no pagination.
31. 위에서 언급한 설교들은 위-어거스틴과 클레르보의 베르나르의 설교들이다. (*PL* 39: 2134; 183:416); 베르나르는 동정녀 마리아가 성부 하나님 오른쪽에 앉아 있는 분의 키스를 받으면서 그리고 즐거운 포옹을 받으면서 천국으로 올라간 모습을 상상하였다.
32. 첼소 마페이에 대해서는 다음을 참고하라. D. Nicola Widloecher, *La congregazione dei canonici regolari lateranensi* (Gubbio: Scuola Tipografica Oderisi, 1929), 335-9.
33. Ernest T. DeWald, *Italian Painting 1200~1600* (New York: Holt, Rinehart & Winston, 1961), 317f.
34. *Elucidation*, 3: 81 in Lefèvre, *L'elucidarium*, 464. 후대에 허리싸개를 덧그렸다는 주장에 대해서는 다음을 참고하라. Götz Kraft, *Studien zur Erzähltechnik des Luca Signorelli* (Diss. Munich; Munich: Salzer, 1980), 153. 르네상스 예술에 있어서 벌거벗음의 의미에 대해서는 다음을 참고하라. Leo Steinberg, *The Sexuality of Christ in Renaissance Art and in Modern Oblivion* (New York: Pantheon, 1984)
35. Bartolomeo Facio, *The Happiness of Life*는 Trinkaus의 *In our Image and Likedness*, I, 225에서 인용하였다.
36. Aquinas, *Sth*, Suppl. 84:2. 여행을 좋아했던 문제에 대해서는 다음을 참고하라. Valla, *On Pleasure*, 3:25,6 (Valla, *On Pleasure-De vuluptate*, 309), and Jacob Burckhardt, *The Civilization of the Renaissance in Italy* (New York: Harper & Row, 1929), 279-82.

제6장

1. *Imitation of Christ*: "Quando memorabor Domine tui solius?" 3:48 in *Thomae Hemerken a Kempis opera omnia*, ed. Michael J. Pohl (Freiburg: Herder, 1904), II, 231.
2. Altman K.Swihart, *Luther and the Lutheran Church* (London: P. Owen, 1961), 64; Luther, *WA Br*: "그리스도와 하나님의 은총을/does not sufficiently," 1:90; and *WA TR*: "우리가 거지라는 사실은/we are beggars" 5, no. 5677. 루터의 작품들은 *D. Martin Luthers Werke. Kritische Gesamtausgabe* ("Weimarer Ausgabe"; Weimar: Böhlau, 1883ff.)에 포함되어 있으며, 앞으로 이 책은 *WA*로 약칭한다. *WA*에는 루터의 '편지들Briefwechsel'이 포함되어 있으며, 이는 *WA Br*으로 약칭한다. 그리고 루터의 '탁상담화Tischreden'도 포함되어 있는데, 앞으로 이것은 *WA TR*로 칭하기로 한다. 여기에서 사용된 영어판은 *Luther's Works*, ed. Jaroslav Pelikan et al.(St. Louis and Philadelphia: Augsburg Press and Fortress Press, 1955ff.)이다.
3. Calvin, Institutes: "우리 인간은 하나님/our very being," 1:1 (CR 30:31); *CR*: "우리의 삶에서/there in no part," 77:471; "인간에게 있어서/that nothing worse," 34:9/10. 칼뱅과 다른 종교 개혁자들의 작품이 *Corpus Reformatorum*에 수록되어 있는데, 이것은 *CR*로 약칭하기로 한다. 여기에서 인용된 영어판은 *Institutes of the Christian Religion*, trans. Ford L. Battles, 8th ed. (Philadelphia: Westminster Press, 1977). 칼뱅의 내세관을 연구한 연구서로는 다음을 참고하라. Heinrich Quistorp, *Calvin's Doctrine of the Last Things*, trans. H. Knight (London: Lutterworth, 1965) and David E. Holwerda, "Eschatology and History: A Look at Calvin's Eschatological Vision," Donald K. McKim, ed., *Readings in Calvin's Theology* (Grand Rapids, MI: Baker, 1984), 311-42.
4. Luther, *WA TR* 3,no.3901. 이곳에서 「요한복음」 14:8도 언급하고 있다; Melanchthon, *CR*: "루터가 이제 하나님과/let us rejoice," 11:731.
5. Calvin, *CR*: "하나님을 보는 것에/wholly intent," 33:190; Institutes: "하나님이 우리들에게 자신의; 선택된 자들이 주님을/He will teveal; give himself to," 3:25,10 (CR 30:741f.); *CR*: "천국에서는 우리가 주님을/our glory will," 83:331f.
6. Melanchthon, *Apology of the Augsburg Confession*, art.17 (CR 27:583). Council of Florence(1439), *Laetentur Caeli*: "덕의 정도에 따라서/yet according to," [text in Heinrich Denzinger et al., eds., *Enchiridion symbolorum*, 32nd ed. (Freiburg: Herder, 1963), no.1305]; Calvin, Institutes:성서에 나오는 지주地主, 3:18,3 (CR 30:605f.) 「마태복음」 20:1-16.
7. Luther, *WA*: "우리들도 사도 바울과/will be equal," 12:266; "나는 예레미야와 함께/close to God," 이 구절은 Johannes Mathesius, *Leychpredigten* (Nuremberg: Johann vom Berg, 1559), Part 1, 6th sermon on 「고린도전서」 15장. 위의 아우구스티누스 견해가 가장 잘 나타난 곳은 *Sermon* 87이다. 이곳에서 그는 「마태복음」 20:1-16에 대해서 다음과 같이 설명하고 있다. "1데나리우스denarius(각각 다른 정도의 일을 한 사람들이 모두 함께 받은 것)는 영원한 삶을 의미한다. 즉 영원한 삶 안에서 모든 사람들은 평등하다." (PL 38:533). 이 문제에 대한 종교 개혁자들의 일반적인 견해는 다음을 참고하라. Luther, *WA* 36:635f.

and 32:538; Calvin, *Institutes*, 3:25, 10 (CR 30:742). Gerhard(1582-1637) 역시 "근본적인 축복essential beatitude"은 성도들 모두에게 똑같은 것이라고 말하고 있다. 이에 대해서는 다음을 참고하라. Johannes Gerhard, *Loci theologici* (Leipzig: Hinrichs, 1875), IX, 387-95 and 417.
8. Luther, *WA* 32:371.
9. Luther, *WA*:"복음으로는 전 세계는/to rule an," 11:252;"하나님은 인간 문명을/God has placed," 16:353.
10. Calvin. *CR* 60:328.
11. Luther, *WA TR* 1, no. 1149. 루터가 코페르니쿠스의 체계를 거부했던 반면에(*WA TR* 4, no. 4638), 칼뱅은 이 문제에 대해서 전혀 언급하지 않았다. 이에 대해서는 다음을 참고하라. Christopher B. Kaiser, "Calvin, Copernicus, and Castellio," *Calvin Theological Journal* 21 (1986), 5-31. 새로운 천문학은 신학적인 문제를 제기하지는 않았다. 왜냐하면, 최고천 개념은 태양 중심적인 우주 그 바깥에 위치해 있을 수 있었기 때문이다. 이에 대해서는 다음을 참고하라. Jürgen Hübner, *Die Theologie Johannes Keplers zwischen Orthodoxie und Naturwissenschaft* (Tübingen: Mohr, 1975),188 and 288f.
12. Luther, *WA*: "하늘과 땅들이 모두/all heaven [sky]," 14:72; "하늘, 땅, 태양/play with heaven [sky]," 36:660. 독일어의 'Himmel'은 하늘sky과 천국Heaven을 모두 다 지칭하는 단어이기 때문에 이 본문의 의미는 조금 모호하다고 할 수 있다.
13. Luther, *WA TR*: "꽃과 나뭇잎, 풀들이; 당신은 하늘과 땅에; 개미나 빈대와 같이/the flowers, leaves: you must not think; ants, bugs," 2, no. 2652b; *WA*: "사람들은 가장 강한 힘을/was stronger than," 42:46; 엘베 강, 36:599.
14. Luther, *WA TR*: "사과, 복숭아, 설탕/lots of apples," 2, no. 2584; *WA TR*: "홍거운 상상/cheerful speculation," 2, no. 2507, also *WA Br* 5:377 and *WA* 37:159; *WA Br*: "예쁘고 아름답고 즐거운/a pretty, beautiful and," 5:377; *WA*: 우유와 딱딱한 음식/milk and solid food, 5:602.
15. Luther, *WA*: "먹고 마시는 것을/forget about eating," 36:660; "보기에 아름답긴/will be delightful," 36:595.
16. 칼뱅은 *CR* 74:788에서 「마태복음」 5:5를 언급하면서, 낙원의 위치에 대해서 설명하고 있다; *Institutes*: "어떤 오점이나 결점도/dross and other; in the very" 3:25,11(*CR* 30:743); *CR*: 동물과 식물들의 완전성에 대해서는 77:153. 영국의 종교 개혁자인 John Bradford (1510~1555)은 새로운 창조에서 성도들의 움직임을 거부하고 동물과 식물의 존재도 부인했던 아퀴나스의 견해에 도전하고 있다. Bradford는 「로마서」 8장에 나오는 바울의 말, 즉 "세상의 모든 것들이 새롭게 된다"는 성서 구절을 언급하면서, "이 모든 것들(동물과 식물들)이 하나님의 자녀들의 영광을 위해서 영원함을 부여받고 새롭게 될 것이라는 가능성을 가지고 있다"고 주장하였다. Bradford, "The Restoration of All Things." *The Writings of John Bradford*, ed. Aubrey Townsend (Cambridge: Cambridge Univ. Press, 1848), I, 359.
17. Calvin, *CR*: "이 세상이 종말을 맞은/as the would," 77:547 (Luther, *WA* 36:595 and 634를 보라).
18. Luther, *WA*:가정이란 존재의 부정/no household, 36:634; *WA Br*:"잠깐 그리스도 앞에서

/ shortly see," 5:241; *WA*: "만약 내 아내가 / if my Wife," 36:659; Calvin, *CR*: "서로 헤어지게 / will be torn," 73:675. 가족과 권위에 대해서는 Steven Ozment, *When Fathers Ruled: Family Life in Reformation Europe* (Cambridge, MA: Harvard Univ. Press, 1983)을 보라.

19. 키케로의 『노년에 관하여』가 학교 교과서로 사용된 사실에 대해서는 Calvin, *CR* 38:78f., R.R.Bolgar, *The Classical Heritage and Its Beneficiaries* (Cambridge: Cambridge Univ. Press, 1954), 351-7. 그리고 M.L. Clarke, *Classical Education in Britain 1500~1900* (Cambridge: Cambridge Univ. Press, 1959), 12. Melanchthon, CR: "천국에서 우리는 다시 / in the heavenly," 9:822. 츠빙글리의 글은 전체를 인용할 가치가 있다. "이 세상이 시작된 이후 세상에 살았던 모든 성자와 신도들, 신실한 자와 용감한 자, 그리고 선한 사람들을 당신은 만나 보기를 기대하고 있을 것이다. 그리고 당신은 소망대로 이 사람들을 모두 만날 수 있다. 두 사람의 아담, 즉 구원을 받은 아담과 구원자이신 두 번째 아담, 아벨, 에녹, 노아, 아브라함, 이삭, 야곱, 유다, 모세, 여호수아, 기드온, 사무엘, 비느하스, 엘리야, 엘리사, 이사야, 그리고 이사야가 예언했던 그리스도의 어머니 동정녀, 다윗, 히스기야, 요시야, 세례 요한, 베드로, 바울: 또한 헤라클레스와 데시우스, 소크라테스, 아리스티데스, 안티고누스, 누마, 카밀리우스, 그리고 카토와 스키피오; 경건자 루이스와 당신의 전대 왕이었던 루이와 필립, 피핀, 이 세상에서 떠나간 당신의 모든 조상들," Zwingli, *Exposition of the Faith* in Geoffrey W.Bromiley, ed., *Zwigli and Bullinger* (London Exposition of hte Faith in Geoffrey W. bromley, ed., *Zwigli and Ballinger* (London; scm Press, 1953), 275f. with comments by Rudolf Pjister, Die Seligkeit erwählter Heiden bi Zwingli (Zolikon: Evangelischer Verlag, 1952), 88. The text was first written in 1531 for the king, but it was pulished with modifiations Bullinger in 1536 Bullinger omitted all references to the French king's acestors. Zwingli seems to have derived the combination of the "Catos and Scipios" from his favorite classical author Seneca, Consolation to Marcia, 25:2, who in turn relies on Cicero. Luther, WA: criticizes Zwingli, 54:143f.; *WA TR*: hope for Cicero, 3, no. 2412b and 4, no. 3925.

20. Calvin, *CR* 33:227; Georg Loesche, *Johannes Mathesius* (Gotha: Perthes, 1895), II: 마테시우스가 『노년에 관하여』를 알고 있었다는 사실, 147; Mathesius, *Leychpredigten*, part I: Scipio's Dream, 「고린도전서」 15장에 대한 아홉번째 설교; Alexander, Scipio, etc., 「고린도전서」 15장에 대한 여섯 번째 설교; Johannes Mathesius, *Augewählte Werke*, ed. Georg Loesche (Prague: Tempsky, 1896), I: 재회, 5. 19. 40f. 86f. 90; Melanchthon, "Funeral Oration," CR 11: 733.

21. *Oeuvres complètes du Cardinal de Bérulle* (1644; rprt. Monsoult: Maison d'Institution de l'Oratoire, 1960), 171f.; *The Complete Works of St. Teresa of Jesus*, Trans. E.A. Peers (London: Sheed & Ward, 1964), III, 288.

22. *Catechism of the Council of Trent for Parish priests*, trans. J.A. McHugh and C.J. Callan. 9th ed. (New York: Wagner, 1945), 136. 트렌트 공의회 이후에 카톨릭의 종말론에 나타난 신 중심적인 특성에 대해서는 다음을 참고하라. Philipp Schäfer, *Eschatologie: Trient und Gegenreformation* (Freiburg: Herder, 1984), 67-73.

23. Louys Richeôme, *Catechisme royal* (Lyon: I. Pilehorte, 1607): "qui d'un bon clin," 215.
24. Antonio Polti, *Della felicità suprema del cielo* (Perugia: G. B. Rastelli, 1575), 187f. Antonino di Collemancio로도 잘 알려진 위의 저자에 대해서는 다음을 참고하라. Jacques Quetif and Jacques Echard, *Scriptores ordinis praedicatorum recensiti* (1719/23; rprt. New York: Burt Franklin, n.d.), II/1,317.
25. Polti, *Della felicità*: "천국의 가장 고결한 / the most serene," 207; "천사들보다도 더 많은 / exalted adove all," 215. Polti, Della Belleza corporale e spirituale della B. Vergine (Perugia, 1590) Quétif and Echard, Scriptores, II/1, 317. 마리아의 아름다움에 대해서 논하고 있는 또 다른 도미니크 파 저술가로는 Richard of St. Laurent(13세기), *On the Praise of the Blessed Virgin Mary*, 5:2 [in B. *Alberti Magni opera omnia*, ed. S.C.A. Borgnet (Paris: Vives, 1896), XXXVI, 279-319]와 Antoninus Pierozzi of Florence (13891458), *Summa theologica*, IV 15:10.이 있다.
26. Polti, *Della felicita*: "네 얼굴을 보는 / to see your fase," 214. 그리고 창세기 3:10도 언급하고 있다. 마리아가 쓴 왕관은 스콜라 신학에서 말하는 aureola, 즉 '작은 왕관'이라고 하는 것인데, 이것은 마리아가 그녀의 동정성 때문에 특별히 받은 보상을 의미한다. 동시에 이것은 왕의 의미도 가지고 있다. 즉 마리아는 성인들 중에서도 가장 뛰어난 자로서, 천국의 여왕으로 여겨지고 있었던 것이다. 그녀는 중세 시대 왕의 배우자나 근대 초기의 여왕들처럼 아들이 갖고 있는 왕의 신분을 함께 공유하고 있는 것이다. 예를 들어 프랑스 여왕들은 1610년까지도 왕관을 썼으며, 때때로 동정녀 마리아로 비유되기도 했다. 마리아를 여왕으로 보는 사상에 대해서는 다음을 참고하라. Michael O'Carroll, "Queen of Angel," *Ephemerides Mariologicae* 34 (1984), 221-37; Edwin Hall and Horst Uhr, "Aurola super auream: Crowns and Related Symbols of Special Distinction for Saints," *The Art Bulletin* 67(1985), 567-603, esp. 575; Claire R. Sherman. "The Queen in Charles V's Coronation Book," *Viator* 8 (1977), 255-97, esp. 269, 263; Marina Warner, *Alone of All Her Sex: The Myth and the Cult of the Virgin Mary* (New York: Knopf, 1976), 81-117. 사보나롤라도 마리아에게 수여된 왕관을 다음의 책에서 묘사하고 있다. *Apocalyptic Spirituality*, trans. Bernard McGinn (New York: Paulist Press, 1979), 242-6.
27. Salve Regina와 Ave Maria는 중세 후기의 작품으로서, 1568년 로마 카톨릭 기도서(Roman Breviary)에 삽입되었다. 이에 대해서는 다음을 참고하라. *Lexikon für Theologie und Kirche*, 2nd ed. (Freiburg: Herder, 1957-67), I, 1141 and IX, 281f. 임종시에 마리아에게 기도하는 관습에 대해서는 다음을 참고하라. Petrus Canisius, *De Maria virgine incomparabili et Dei Genitrice sacrosancta* (Ingolstadt: D. Sartorius, 1577), 618-21 and 735. 최후 심판의 도상학에서 마리아가 담당하고 있는 기능에 대해서는 다음을 참고하라. Luther, *WA* 51:128 and Philippe Artiès, *The Hour of Our Death*, trans. H. Weaver (Harmondsworth: Penguin, 1983), 101f. and 108f.
28. 트렌트 공의회(1545~1563)에서 예술 분야에 대한 통제를 결정한 부분에 대해서는 다음을 참고하라. Elizabeth G. Holt, ed., *A Documentary History of Art*, 2nd ed. (Princeton, NJ: Princeton Univ. Press, 1982), II, 65 and Paolo Prodi, "Ricerche sulla teoria delle arte figurative nella riforma cattolica," *Archivio italiano per la storia della pietà* 4 (1965).

121-212, at 198. Emile Male에 따르면, 반종교개혁의 예술이 마리아 도상학을 촉진시켰다고 한다. Emile Mâle, *L'art religieux de la fin du XVI siècle, du XVIIe siècle, et du XVIIIe siècle* (Paris: A. Colin, 1951), 29-48. 마리아를 「계시록」 12:1에 나오는 '여인'으로 본 것은 8세기부터였다. Ambrosius Autpertus in *Corpus Christianorum, Continuatio mediaevalis* (Turnhout: Brepols, 1975), 27: 443f. and Georg Kretschmar, *Die Offenbarung des Johannes* (Stuttgart: Calwer Verlag, 1985), 131-3.
29. 천국에서 마리아의 지위에 대해서는 다음을 참고하라. Bonaventure, *Soliloquy*, 4: 26 in *The Works of Bonaventure*, trans. J. de Vinck (Paterson, NJ: St. Anthony Guild, 1966), III, 125; Savonarola, *The Compendium of Revelations* (1495) in *Apocalyptic Spirituality*, 256; and Canisius, *De Maria virgine*, 272. 천사들의 노래, "거룩하다, 거룩하다, 거룩하다, 하나님의 어머니 동정녀 마리아"가 담긴 중세 후기의 찬송가 「테 데움Te Deum」이 번역되어 실린 곳은 [Pseudo-] Bonaventure, *The Mirror of the Blessed Virgin Mary and the Psalter of Our Lady*, trans. Sr. Mary Emmanuel (St. Louis, MO: Herder, 1932), 294f.
30. Giles Fletcher, *Christ's Victory in Heaven* (1610), from nos. 46, 50, and 52 in Giles and Phineas Fletcher, *Poetical Works*. ed. Frederick S. Boas (Cambridge: Cambridge Univ. Press, 1908), I, 29f.
31. De Sales, *Oeuvres*, 9:117, 「아가서」 2:16을 언급하고 있다. De Sales의 작품은 *Oeuvres de Saint François de Sales. Edition complète* (Annecy: Niérat et al., 1892-1964) 에서 인용하였다.
32. De Sales, *Oeuvres* 9: 117f.
33. De Sales, *Oeuvres*: "천국에서 성도들은 부차적인 영광을 누리게 되는데, 이것은 성도들 서로간의 교제를 의미한다 / une certaine gloire accidentelle qu'ils reçoivent en la conversation qu'ils ont par ensemble," 10:239; "이 세상에서 맺었던 / the friendships," 10:240.
34. De Sales, *Oeuvres*: "나는 당신의 사랑이 / I find this," 18:273; Henri Bremond, *Histoire littéraire du sentiment religieux en France* (1923; rprt. Paris: A. Colin, 1967): "가장 편안하고 / seemed to be," 1,11.
35. Marvin O'Connell, *The Counter-Reformation* (New York: Harper & Row, 1974): "르네상스 시대 사람들이 / a kind of," 111; Justus Lipsius, *De constantia* (Antwerp: Oficina Plantiniana, 1605): "자신이 하늘에서 온 존재라는 / some vestiges," 7; "올바른 이성과 하나님 / right reason" 46; de Sales, *Oeuvres*: Epictetus, 4:36.81f 148. 17세기 스토아 철학의 영향에 대해서는 다음을 참고하라. Antoine Adam, *Sur le problème religieux dans la première moitié du XVIIe siècle* (Oxford: Clarendon Press, 1959).
36. Polti, *Della felicità*: "tera purgata, e fatta gloriosa," 180; 이곳에서 그는 지구가 세례 받지 못하고 죽은 아이들을 위한 '림보limbo'가 될 것이라고 주장했던 사보나롤라의 의견도 제시하고 있다. Girolamo Savonarola, *The Triumph of the Cross*, trans. John Procter (London: Sands, 1901), 122f. 36.
37. Pascal, "Le mémorial" (1954), in *Oeuvres de Blaise Pascal*, ed. Léon Brunschvieg (Paris: Hachette, 1904), XII,4.
38. 17세기의 '염세주의'에 대해서는 다음을 참고하라. Adam, *Le problème religieux*.

39. Max Weber, *The Protestant Ethic and the Spirit of Capitalism*, trans. T. Parsons (New York: Scribner, 1958); Bramhall, *A Just Vindication of the Church of England* (1654) in *The Works of John Bramhall* (Oxford: John H. Parker, 1842): "개혁자들이 주장하는 / I do not see," I,120.
40. Hartmut Lehmann, *Das Zeitalter des Absolutismus* (Stuttgart: Lohlhammer, 1980), 111. 이곳에서 Lehmann은 17세기의 위기 상황을 잘 설명해 주고 있다.
41. 독일과 영국, 프랑스에서의 경건한 중산층에 대해서는 다음을 참고하라. Hartmut Lehmann, "The Cultural Importance of the Pious Middle Classes in Seventeenth Century Protestant Society," Kasper von Greyerz, ed., *Religion and Society in Early Modern Europe* (London: Allen & UnWin, 1984), 33-41; Avihu Zakai, "The Gospel of Reformation: The Origins of the Great Puritan Migration," *Journal of Eccelsiastical History* 37 (1986), 584-602; Bernhard Groethuysen, *Die Entstehung der bürgerlichen Welt- und Lebensanschauung in Frankreich* (Frankfurt: Suhrkamp, 1978).
42. Madame de Sévigné, *Correspondence*, ed. Roger Duchêne (Paris: Gallimard, 1972~78): "어떠한 질투나 시기도; 영예와 영광은 오로지 / to avoid any; Soli Deo," II, 1035; 1057f. Mme. de Sevigne의 신앙에 대해서는 다음을 참고하라. Henri Busson, *La religion des classiques, 1660~1685* (Paris: Presses universitaires de France, 1948), 5-23, and Eva Avigdor, *Madame de Sévigné* (Paris: Nizet, 1974), 127-43.
43. Mme. de *Sévigné, Correspondence*: "이러한 일종의 / this kind," I, 238; "하나님께서 내 마음속에; 나는 너에 대한 생각에 / let me love; I found myself," I,723; "조금이라도 / un peu," III,572. 가족에 대한 애착을 부정적으로 본 것에 대해서는 다음을 참고하라. Jean-Louis Flandrin, *Families in Former Times: Kinship. Household, and Sexuality* (Cambridge: Cambridge Univ. Press, 1979), 160. 얀센주의 안에 내포된 반反개혁적 사상에 대해서는 다음을 참고하라. Gérard Ferreyrolles, *Pascal et la raison politique* (Paris: Presses universitaires de France, 1984), 25.
44. Pierre Nicole, "Des quatre dernières fins de l'homme," *Essais de Morale* (Paris: G. Desprez, 1733): "선택받은 자들이 천국에서 / God alone," IV, 247; "하나님을 사랑하고 / capacity to love," IV, 255. Nicole, "Traité de la préparation à la mort," *Essais de Morale*: "천국의 성도들은 / the human being," V, 348f. (rprt. I, 506).
45. 벡스터의 1665년 6월 14일자 편지는 다음에 삽입되어 있다. *The Works of the Honourable Robert Boyle* (London: W. Johnson, 1772), VI, 518f.; Howe, "The Blessedness of the Righteous," *The Works of John Howe* (London: The Religious Tract Society, 1862-3), I, 376.
46. Steere, "Earth Felicities, Heaven's Allowances," Harrison T. Meserole, ed., *American Poetry of the Seventeenth Century* (University Park: Pennsylvania State Univ. Press. 1985), 258. Steere의 견해는 동시대인에 대한 청교도의 태도라는 점에서 한계가 있지만, 그는 당시의 지배적인 시대 정신을 간략하게 요약해 주고 있다. 천국에서 누리게 될 영광에 대한 명상과 숙고에 대해서는 다음을 참고하라. Charles E. Hambrick-Stowe, *The Practice of Piety: Puritan Devotional Disciplines in Seventeenth-Century New England* (Chapel Hill, NC: Univ.

of North Carolina Press, 1982), 278-87; Frank L. Huntley, *Bishop Joseph Hall*, 1574~1656 (Cambridge: D. S. Brewer, 1979), 71-90.

47. Howe, "A Discourse Relating to the Expectation of Future Blessedness," *The Works of John Howe*, VI, 3. 17세기 초에 프로테스탄트 신학에서 '새 땅'에 대한 믿음은 거의 사라졌다. Arthur Dent(1607년 사망) 같은 사람들은 여전히 새 땅이 천사들이나 성도들을 위해서 실재하는 장소라고 믿고 있었지만, 후대의 청교도들은 이 개념을 원래의 뜻대로 이해하지 않았다. Hezekiah Holland는 '새 땅'이 영화롭게 된 인간의 육체를 의미한다고 했으며, James Durham은 인간이 사용하도록 하기 위해서가 아니라 오로지 "하나님의 영광을 위해서" 하나님이 창조한 어떤 것이라고 생각했다. 이에 대해서는 다음을 참고하라. Arthur Dent, *The Ruine of Rome* (London: N. Okes, 1631), 379f.: Hezekiah Holland, *An Exposition ·····upon the Revelation* (London: G. Calvers, 1650), 168; James Durham, *A Commentarie upon the Book of the Revelation* (London: Company of Stationers, 1658), 755. 대륙 신학에서 나타난 물리적인 우주의 소멸 사상에 대해서는 다음을 참고하라. Erhard Kunz, *Protestantische Eschatologie: Von des Reformation bis zur Aufklärung* (Freiburg: Herder, 1980), 62-4. 위의 사상(물리적인 우주의 소멸 사상)이 미국에서 발달한 것에 대해서는 다음을 참고하라. James West Davidson, *The Logic of Millennial Thouhgt* (New Haven: Yale Univ. Press, 1977), 81-121.
48. Thomas Browne, *Religio Medeci*. ed. L. C. Martin (Oxford: Clarendon Press, 1964), 47. 이와 유사한 견해를 독일 루터란 조직신학의 창설자인 Johann Gerhard(1582~1637)에게서, 그리고 프랑스 철학자 Malebranche(1638~1715)에게서 찾아볼 수 있다. Gerhard, *Loci theologici*, IX, 157, 323; *Oeuvres de Malebranche*, ed. André Robinet (Paris: J. vrin, 1976), XII/XIII, 399-403.
49. Richard Baxter, *The Saints' Everlasting Rest* (London: T. Underhill & F. Tyton, 1649), 98. 이것은 처음으로 나온 편집판이며, 이후로도 종종 재출판되었다.
50. Baxter, *The Saints' Everlasting Rest*: 루터, 츠빙글리 등등, 84f. (이 명단에는 12명의 성서 인물과 32명의 비성서 인물들이 포함되어 있다.); "얼굴도 보지 못했던/all the saints," 86; "성도들이 누리게 될 모든/all the glory," 24. Marvell, "A Poem upon the Death of O[liver] C[romwell]," *The Poems and Letters of Andrew Marvell*, ed. H.M. Margoliouth, 3rd. ed. (Oxford: Clarendon Press, 1971), I, 136f. 17세기 신학자들은 종종 성도들이 누리게 될 영광을 '일차적인' 것과 '부차적인' 것으로 구별하였는데, 일차적인 영광은 하나님을 보는 것이었으며, 부차적인 영광은 다른 성도들과 교제함으로서 얻는 기쁨을 의미하고 있었다. 이에 대해서는 다음을 참고하라. Gerhard, *Loci heologici*, IX, 352F. and de Sales, *Oeuvres*, 10:239.
51. *The Work of Joseph Hall* (Oxford: Talboys, 1837): "우리가 어떤 위대한 왕/when we casually," VIII, 262 (from Sussurrium cum Deo, 1651); "자연은 하나님의 영광에/nature has no," VI, 197.
52. 천사들의 음악에 대한 중세 시대의 관점은 다음을 참고하라. Reinhold Hammerstein, *Die Musik der Engel* (Munich: Francke, 1962). Baxter, *The Saints' Everlasting Rest*: "오 하나님과 그 어린 양의/o blessed employment," 30; "아비규환/shrieks and cries," 325.

N.I.Matar, "Heavenly Joy at the Torments of the Dammed in Restoration Writings," *Notes and Queries* 231 (1986), 466-7에서는 성도들이 저주받은 자들의 울부짖음을 듣고 즐거워하게 될 것이라는 사상을 Baxter의 견해로 설명하고 있는데, 이것은 잘못된 설명이다.

53. Baxter, *Poetical Fragments* (London: T. Snowden, 1681): "주님은 자비로운 섭리와 / the0 Lord," 서문; The Saint's Everlasting Rest: "내가 세상에 살면서; 주님의 탁월함과 / liveliest emblem; deep sense of," 680; "육체적인 기쁨에만 / sticking in the," 682; "그런 사람들은 천국에서 / a swine is," 273. *A Christian Directory*, 2nd ed.(London: R. White, 1678), part 3: "화음과 가락은 성도들에게 / harmony and melody," 166f. 청교도들이 노래를 좋아했던 것에 대해서는 다음을 참고하라. Hambrick Stowe, *The Practice of Piety*, 111-16; Horton Davies, *Worship and Thology in England* (Princeton, NJ: Princeton Univ. Press, 1965-75), II, 268-85; Percy A. Scholes, *The Puritan and Music in England and New England* (London: Oxford Univ. Press, 1934), 253-74.

54. *The Bay Psalm Book: A Facsimile Reprint of the First Edition of 1640* (Chicago: Univ. of Chicago Press, 1956), end of preface. Zoltan Haraszti, *The Enigma of the Bay Psalm Book* (Chicago: Univ. of Chicago Press, 1965), 19-27에 의하면, 이름이 없는 서문이 바로 John Cotton의 것이라고 한다. William Law, *A Serious Call to a Devout and Holy Life-The Spirit of Love*, ed. Paul G. Stanwood (New York: Paulist Press, 1978): "당신의 상상의 날개가 / till your imagination," 223. 「계시록」 7:9-12도 함께 언급하고 있다. 물론, 카톨릭 교인들도 천국에서 찬양하는 행위에 대해서 모르고 있었던 것은 아니었다. de Sales, *Oeuvres*, 9:49를 보라. "모든 것들은 하나님을 경배하기 위해서 창조되었다. 즉, 하나님께서 천사와 인간을 창조하셨을 때, 그는 이 피조물들이 천국에서 영원토록 자신을 찬양하도록 하기 위해서 이들을 창조하셨던 것이다."

55. Baxter, *The Saints' Everlasting Rest*: "천국의 성도들은 모든 / we shall know," 763; "천국에선 아무리 보잘것 / the poorest Christian," 103. *The Sermons of John Donne*, ed., George R. Potter et al. (Berkley: Univ. of California Press, 1962), Ⅳ, 128.

56. Increase Mather, *Meditations on the Glory of the Heavenly World* (Boston: Eliot, 1711), 81.

57. Baxter, *The Saints' Everlasting Rest*: "중심을 잡으면 더 이상 / not the rest," 28; "우리의 감각을 고양시키고; 하나님과 어린양의 / advanceth our sense; to stand before," 29.

58. 18세기 벡스터의 작품이 새로운 관심을 끌게 된 것에 대해서는 다음을 참고하라. Frederick J. Powicke, "Story and Significance of the Rev. Richard Baxter's Saints' Everlasting Rest," *Bulletin of the John Rylands Library Manchester* 5 (1918/20), 445-79. John and Charles Wesley, *Selected Writings and Hymns*, ed. Frank Whaling (New York: Paulist Press, 1981): "오 하나님, 내가 / deliver me," 80; "나는 처음에도 그리고 / do I think," 82. *Dictionary of Mational Biography* (London: Smith, Elder & Co., 1891), XXXVI, 282-4에 의하면, James Hervey, *Meditations and Contemplations* (London: Bourne & Evans, 1981) 이 처음 출판된 것은 1746년이었는데, 1791년까지 25쇄를 찍었다고 한다. graveyard poetry은 다음에 포함되어 있다. Edward Young, *Night Thoughts* (1742/5) and Robert Blair, *The Grave* (1743).

59. Hervey, *Meditations*, 15. 허비의 세상에 대한 태도는 *Meditations*에 나오는 다음의 이야기를 통해서 쉽게 이해할 수 있다. "얼마전에 나는 지각없는 멍청한 새 한 마리를 살펴 볼 기회가 생겼다. 그 새는 자신의 깃털을 치장하는 일로 분주했으며, 경망스럽게 이 가지에서 저 가지로 날아다니고 있었다. 그때, 운동을 하던 한 사람이 지나가다가 이 새를 발견하였다. 그리고, 그는 막대기를 하나 짚어 올리더니 힘껏 새를 향해 내리쳤다. 회오리 바람 보다도 더 가볍게 죽음이 날아왔다; 그리고 한순간에 그 멍청한 새는 숨도 쉬지 못한 채 땅바닥으로 떨어졌다. 이것이 바로 오늘날 하나님의 은총으로 똑같이 공정한 기회를 갖고 있는 사람, 그러면서도 이 기회를 유용하게 발전시키는 일을 내일로 미루기만 하고 방종하게 살고 있는 사람들의 운명이다. 현명한 존재가 되는 것은 나중에 되어도 좋다는 바보같은 생각을 하던 중에 죽음을 맞이하게 되었으며, 영원히 썩어 없어지게 되었다(3)."
60. Hervey, *Meditations*: 아브라함, 등등. 36f.; "성도들은 항상 천국의 / the saints always," 59.
61. Hervey, *Meditations*, 59.
62. Joseph Braun, *Die Kirchenbauten der deutschen Jesuiten* (Freiburg: Herder, 1908), 187f.에서는 1653년에 루벤스의 그림이 제거된 일에 대해서 언급하고 있다. 그리고 그 그림이 갖고 있는 르네상스적인 특징에 대해서는 다음을 참고하라. Reinhard Liess, *Die Kunst des Rubens* (Brounschweig: Waisenhaus, 1977), 359-69.

그림 및 표 찾아보기

표

1. 고대 셈족이 생각했던 우주 / 31
2. 고대 셈족의 의례적 우주 / 31
3. 초기 유대교의 의례적 우주 / 37
4. 계시록에 나타난 천국의 예배 의식 / 98
5. 단테의 우주. (1300년경) / 176

그림

1. 로마의 부인이 엘뤼시온으로 들어가고 있다 (4세기) / 51
2. 엘뤼시온에서의 생활 (4세기 후반) / 52
3. 회복된 낙원으로서 새 땅의 모습 (12세기) / 152
4. 도시로서의 천상의 예루살렘 (1200년경) / 158
5. 코스마스 인디코플레우스테스가 상상한 우주 (6세기) / 168
6. 장미 모양 창문. 림 대성당 정면 입구 위쪽 (13세기 후반) / 178
7. 죄사함을 받은 부부들이 손을 맞잡고 있다 (1210~20년경) / 199
8. 「여왕이 되어 그리스도와 함께 보좌에 앉은 영혼」 (12세기) / 208
9. 연인으로서 보좌에 앉은 그리스도와 마리아 (12세기) / 210
10. 지오토 「최후의 심판」 (1306년) / 224
11. 나르도와 안드레아 디 초네 오르카냐 형제, 「낙원의 영광」 (1350년대) / 225
12. 上 「구원받은 성도들이 주님을 바라보다」
    下 「낙원」. 「최후의 심판」 모자이크의 부분 (1200년경) / 227
13. 낙원. 「최후의 심판」의 부분 (1420~30년경) / 229
14. 히에로니무스 코그, 「낙원」. 히에로니무스 보쉬의 원화, 「최후의 심판」의 부분 (16세기) / 233
15. 지오반니 디 파올로, 「영혼과 삼위일체」 (1438~44년경) / 237
16. 지오반니 디 파올로, 「낙원에서의 영혼」 (1438~44년경) / 237
17. 지오반니 디 파올로, 「낙원에서의 축복받은 동정녀」 (1438~44년경) / 237
18. 루카스 크라나흐, 「황금 시대」 (1530년) / 241
19. 프라 안젤리코, 「최후의 심판」 (1431년경) / 247
20. 프라 안젤리코, 「낙원에서」, 「최후의 심판」의 부분 (1431년경) / 249
21. 프라 안젤리코, 「성도들의 춤」 「최후의 심판」의 부분 (1431년경) / 250
22. 지오반니 디 파올로, 「낙원」 (1445년경) / 252
23. 디에릭 부츠, 「낙원」 (15세기) / 257
24. 루카 시뇨렐리, 「축복받은 성도들의 대관식」 (1499~1502년) / 260
25. 루카 시뇨렐리, 「선택받은 성도들의 대관식」의 부분 (1499~1502년) / 261
26. 얀 벨레감베, 「낙원」 (1526~1530년경) / 265

27. 영원한 삶, 멜란흐톤의 「프로테스탄트 교리문답서」에서 (1554) / 282
28. 삼위일체 하나님을 찬양하는 성도들 (1569년) / 297
29. 「낙원」 (1607년) / 299
30. 천국의 거룩한 동정녀 (1575년) / 302
31. 영원한 삶 안에서의 동정녀에 대한 비전, 1560년 / 303
32. 장 푸케, 「축복받은 동정녀와 삼위일체 하나님」 (15세기) / 305
33. 「최후의 심판」 (1615~17년) / 332

찾아보기

(가)

『가장 우스꽝스러운 대화Most Ridiculous Dialogue』 220
게라르데스카Gerardesca, 피사의 157, 159~161, 164
게르트루데Gertrude 205~207, 209, 211, 212, 214, 217
『결혼의 사랑Conjugal Love』 465
『경건하고 신성한 삶으로의 진지한 부름Serious Call to a Devout and Holy Life』 325
『계시 해설Compendium of Revelations』 231
『계시록 해설The Apocalypse Explained』 463
『고백록Confessions』
    루소Rousseau, 장 자크 454
    아우구스티누스Augustine 119~121, 124, 125
고트솔크Gottschalk, 홀스타인의 156
과정신학process theology 658, 692, 693, 695, 699
괴테Goethe, 요한 볼프강 폰 429, 514~517, 547, 557
『교정록Retractations』 132
교회Church
    천국의 상징으로서 428, 429, 689~691 그림62
    새 예루살렘으로서 404, 405
『구원받은 자들의 내세에서의 초기 생활The First Years of the Life of the Redeemed After Death』 579
귀니첼리Guinizelli, 귀도 194
『그들은 천국에서 만났다They Met in Heaven』 554
그레그Gregg, 데이비드 578, 580, 589
『그리고 영원한 삶And the Life Everlasting』 623
『그리스도를 본받아The Imitation of Christ』 276, 295
『그리스도의 위대한 생애Large Life of Christ』 426
그린우드Greenwood, 프란시스 537, 554
『기독교 교리의 체계System of Christian Doctrine』 582
『기독교 신앙The Christian Faith』 654
『기독교와 사회적 위기Christianity and the Social Crisis』 672
『기독교 지형학Christian Topography』 168
기욤William of Auvergne 153
『길가메쉬Gilgamesh』 39
길버트Gilbert, 레비 575

(나)

『낙원에서의 감각적인 쾌락에 대한 만족할 만한 설명 Pleasing Explanation of the Sensuous Pleasures of Paradise』 256
『낯선 방문객Strange Visitors』 612, 616
「내세에서의 재회Meeting Again in the Other Life」 537
『내세의 경이로움Marvels of the Otherworld』 457
『내세의 인지Future Recognition』 535
『노년에 관하여On Old Age』 130, 239, 245, 293
노발리스Novalis 512~514, 521
『농부 피어스의 꿈The Vision of Piers Plowman』 161
「누구와도 비교할 수 없는 동정녀, 그리고 성스러운 성모 마리아에 대하여On Mary the Incomparable Virgin and Most Holy Mother of God」 304
뉴턴Newton, 아이작 403
니버Niebuhr, 라인홀드 658, 660, 661, 668
니콜Nicole, 피에르 317, 318, 323, 330, 333
니콜라이Nicolai, 필립 424~426, 430, 431, 452~454, 477

(다)

다미아니Damiani, 피에트로 156, 591
다윈Darwin, 찰스 572, 657, 675
단테 알리기에리Dante Alighieri 174, 175, 177, 184, 185, 195, 198, 223, 236, 238, 266, 523, 605, 705
『단테의 생애Life of Dante』 195
『대이교도대전Summa against the Gentiles』 180

더글러스Douglas, 앤 562
더피Duffey, 엘리자 비스비 602, 607, 608, 610
던Donne, 존 326
데스몬드Desmond, 쇼 613
데카르트Desccartes, 르네 477, 651, 652, 656
『데카메론Decameron』 236
도나텔로Donatello 246
『도덕 논집Essais de Morale』 317
도르너Dorner, 아이작 A. 582, 583
도미니크 회 154, 180, 195, 196, 231, 242, 248, 255, 300, 552, 651, 692
도일Doyle, 아서 코난 603
도즈워스Dodsworth, 예레미아 584
딕비Digby, 케넬름 651, 652
디드로Diderot 442, 456
디아나Diana, 안달로의 196
디킨슨Dickinson, 에밀리 519~523, 531, 554, 632

(라)

라너Rahner, 칼 657, 658, 674, 685~690
라몬트Lamont, 콜리스 657
라바터Lavater, 요한 캐스파 429~431, 456, 475
라우셴부쉬Rauschenbush, 월터 670, 671
라이프니츠Leibniz, 고트프리트 빌헬름 570, 573
렌티니Lentini, 지아코모 다 193, 194
랭턴Langton, 스티븐 209, 407
레너드Leonard, 글레디스 오스본 602, 605, 613
레오 13세 552
레이노Reynaud, 장 593, 594
로Law, 윌리엄 325
로우Rowe, 엘리자베스 456
로이스Royce, 요시야 599
롬바르두스Lombard, Peter 167
롱사르Ronsard, 피에르 드 243, 248
롱펠로우Longfellow 568, 577, 591
루벤스Rubens, 피터 폴 331 그림33
루스브로엑Ruusbroec, 존 171
루시퍼Lucifer 202
『루신데Lucinde』 511, 531

루잔테Ruzzante 220
루터Luther, 마르틴 205, 274~280, 283~295, 311, 313, 322, 323, 330, 333, 414, 424, 425, 555, 583, 683, 691
류터Ruether, 로즈메리 레드포드 673
르 고프Le Goff, 자크 191
린지Lindsey, 핼 677, 680, 683
립시우스Lipsius, 유스투스 310, 313

(마)

마니 교Manichaeism 120
마더Mather, 잉크리스 326
마로Marot, 클레망 244
마르탱 뒤 가르Martin du Gard, 로제 658, 659
마르틴Martin, 코헴의 426, 427, 458~460
마벨Marvell, 앤드류 322
마테시우스Mathesius, 요하네스 294
마페이Maffei, 첼소 258, 259
맥도널드MacDonald, 제임스 546, 555
메릭Méric, 엘리 533, 594
메시아Messiah 59, 83, 84, 111, 114, 116~118, 143
메흐틸트Mechthild, 마그데부르크 201~207, 209, 212, 214, 217, 230, 231, 269, 705
멜란흐톤Melanchthon, 필립 280, 281, 283, 293, 294, 303
모르몬 경 636
모르몬Mormon 교 / 말일 성도 예수 그리스도 교회 627, 628, 635~650, 698, 700, 701, 709
모리스Maurice, 프레데럭 584
모리스Moris, E.D. 583
모어More, 헨리 453, 454, 485
모지즈Moses, 윌리엄 스테인튼 604, 618, 619
『목가Eclogue』 238
『무덤에서의 명상Meditations among the Tombs』 328, 331, 509
『미래의 삶, 또는 내세의 모습들Future Life or Scenes in Another World』 551
「미스 E.P.에게To Miss E.P.」 518
밀턴Milton, 존 322, 485~494, 502, 503, 512, 540,

(바)

바렛Barrett, 윌리엄 615, 616
바르트Barth, 칼 658, 674, 685, 686, 688~690, 701
바리새 인/바리새 파Pharisees 29, 55, 58~60, 65, 66, 69, 82, 89
바울Paul 57, 58, 80~90, 99~102, 121, 126, 131, 185, 279, 284, 456, 555, 562, 669, 660, 696
바이런Byron 518, 519
『반지와 책The Ring and the Book』 517
발라Valla, 로렌초 244~246, 272
버닛Burnet, 토머스 408
버튼Burton, 데오도어 M. 637, 641, 644
베륄Bérulle, 피에르 드 296
베르길리우스Virgil 51, 235, 238
베르나르Bernard, 클레르보의 198, 200, 206, 207, 212, 258
베르나르Bernard, 클뤼니의 591
베버Weber, 막스 78, 314, 700
베이커Baker, 찰스 676, 681
베이커Baker, 돈 684
베이컨Bacon, 프랜시스 675
베일리Baillie, 존 623, 624
베튼Batten, 마벨 베로니카 634
벡스터Baxter, 리처드 313, 319, 321~328, 330, 333, 447, 450, 477, 492, 590
벤슨Benson, 에즈라 테프트 637
벨레감베Bellegambe, 얀 264, 266, 486 그림26
『변화된 천국Heaven Revised』 608, 611
보나벤투라Bonaventure 189, 190, 230, 304
보쉬Bosch, 히에로니무스 232, 234, 235, 238, 271, 486 그림14
보카치오Boccaccio 195, 236, 266
본Vaughan, 존 617
『볼 수 없는 것을 보다Seeing the Invisible』 683
부드로Boudreaux, F. J. 594
부츠Bouts, 디에릭 256 그림23
『불멸의 지평Horizons of Immortality』 609

불트만Bultmann, 루돌프 658, 665~668
브라우닝Browning, 로버트 517, 521
브라운Brown, 피터 140
브라운Browne, 토머스 321
브라운Brown, 윌리엄 애덤스 579, 586
블레이크Blake, 윌리엄 494~497, 499, 501~506, 508, 509, 511, 521~523, 530, 531, 547, 554, 557, 632 그림42~49
블로Blot, 프랑수아-르네 533, 550, 552
비더울프Biederwolf, 윌리엄 682
빅토리아(여왕) 539, 543
빌란트Wieland, 크리스토프 마르틴 456

(사)

사두개 인/사두개 파Sadduces 29, 55~57, 59, 60, 64, 66, 68, 69, 71, 72, 74, 100, 462, 465, 538
『사랑에 관하여On Love』 192
사보나롤라Savonarola 231, 232, 270, 276, 295, 304, 311
사탄Satan 91, 94~96, 98, 101, 503, 637, 642, 643, 677, 681
『사후의 도시The City Beyond』 549, 556, 601
『사후의 사랑Love after Death』 613
사후의 삶Afterlife
  그리스 50~52, 130
  페르시아 44, 45
  고대 이스라엘 26~35
  초기 유대교 35~61
  고대 근동 26~32
드 살de Sales, 프랑수아 307~312, 317, 318, 330, 333, 552
샌드버그Sandberg, 앤 683, 684
성당Cathedrals
  고딕 양식의 성당 154, 155
  글로체스터 성당 412 그림34
  노트르담 성당 198 그림7
  오르비에토 성당 259~263, 그림24, 25
  천국을 상징하는 성당 164~167, 175, 215
  토르첼로 성당 226 그림12

『성자들의 영원한 휴식The Saints' Everlasting Rest』 321, 322, 326, 450
『성자전Acta Sanctorum』 159
세비녜Sévigné, 마담 드 316, 317
『세속 도시Secular City』 691
세즈윅Sedgwick, 캐서린 561
쇼Shaw, 존 바이엄 528, 529
『수녀들의 규칙Anchoresses' Rule』 213
쉬제Suger 165, 166, 177, 179
슈나이더Schneider, 빌헬름 533, 534, 537~539, 595, 596
슈바르츠Schwarz, 한스 658
슐라이어마허Schleiermacher, 프리드리히 628, 654~656, 669, 689
스미스Smyth, 뉴먼 582
스미스Smith, 조셉 628, 636, 638, 650
스베덴보리Swedenborg, 에마누엘 401~407, 410~424, 429~455, 462~469
스코필드Scofield, 사이러스 677, 678, 681
『스키피오의 꿈Scipio's Dream』 130, 239, 244, 293, 294
스타인하우젠Steinhausen 순례 교회 428, 460, 461
스트라우스Strauss, 다비트 프리드리히 656
스트롱Strong, 찰스 579, 585
스티어Steere, 리처드 319, 320
스퍼전Spurgeon, 찰스 573, 574
스프링어Springer, 레베카 555, 558, 614, 618, 682
시뇨렐리Signorelli, 루카 259, 261~263, 297, 298 그림24, 25
『신곡Divine Comedy』 175, 177, 236, 705
『신국City of God』 128, 141
신들
 하늘의 신들 30~33, 40, 41
 죽은 자의 신들 27~34
『신앙과 신조에 대하여On Faith and the Creed』 126
『신앙의 해설Exposition of the Faith』 293
「신의 사랑에 대한 논고Treatise on the Love of God」 310
『신의 사랑의 사자Herald of Divine Love』 205
『신학대전Summa Theologica』 180, 264

『실락원Paradise Lost』 485, 488~492, 703

(아)

『아가서에 대한 설교Sermons on the Song of Songs』 200
아담과 하와
 아우구스티누스 135, 146
 중세 150~153
 밀턴 486~492, 512
 블레이크 502, 508, 그림45
아르노Arnaut, 다니엘 194~197
아르누Arnoux, 프랑수아 457, 458, 460
아벨라르Abelard, 피에르 156, 167, 590
『아에네이스Aeneid』 51
아우구스티누스Augustine 107, 108, 119~149, 162, 169, 170, 180, 181, 190, 197, 198, 206, 215, 217, 258, 262, 267, 277, 285, 300
아퀴나스Aqinas, 토마스 167, 172~174, 180~190, 212, 216, 217, 223, 230, 231, 238, 248, 254, 255, 262, 264, 268, 269, 271, 430, 439, 441, 450, 457, 488, 493, 538, 570, 594
『안개 속을 지나서Through the Mists』 612, 615
안드레아 르 샤플랭Andreas le Chaplain 192
안젤리코Angelico, 프라 246, 248, 250, 251, 253, 254, 259, 261, 271, 486 그림19~21
알렉산더Alexander, 헤일즈의 172
알베르투스 마그누스Albertus Magnus 173
암브로시우스Ambrose, 밀라노의 130, 131
애쉬튼Assheton, 윌리엄 443, 444
야훼-유일신론자Yahweh-alonist 36, 38, 40, 41, 55~58
야훼-유일신 운동Yahweh-alone movement 36, 37
얀센주의Jansenism / 얀센주의자 275, 312, 313, 315~317, 319, 333, 431, 457, 476, 532, 553, 706, 709
에덴/에덴 동산Eden(Garden of)
 천국으로서의 에덴 동산 153, 155, 215, 216, 234~236, 238
 에덴에서의 성관계 487~492, 539, 540
 밀턴의 견해 485~492

에디슨Addison, 조셉 443, 444
에라스무스Erasmus 로테르담의 221, 240, 255, 256, 270, 278
에머슨Emerson, 랄프 왈도 404, 562, 572
에세네 인/에세네 파Essenes 29, 55, 59, 60, 65, 66
연옥 173, 175, 202, 229, 406, 407, 409, 441, 584, 596, 609, 630
『열린 문The Gates Ajar』 482, 545~550, 552, 554, 558
『영성 훈련Spiritual Exercises』 211
『영원계의 전망Prospects of Eternity』 429
『영원한 삶에 대한 이론Theory of Eternal Life』 424
오르카냐Orcagna, 안드레아 디 치오네 223
오언Owen, 베일 604, 608, 618, 619
오잔나Osanna, 만토바의 254, 255
오토Otto, 프라이싱의 153, 174, 216
오트프리트Otfrid, 바이젠부르크의 151
옥스넘Oxenham, 존 605, 607, 608, 613
올리펀트Oliphant, 마가릿 603
와츠Watts, 아이작 409, 410, 418, 444~451, 456, 461, 569, 573, 577, 587, 591
요나스Jonas, 한스 668, 691, 692
요세푸스Josephus 56, 58, 60
우드Wood, 제임스 551
우드Wood, 조지 551
우드러프Woodruff, 윌포드 638
『우주의 수수께끼Riddle of the Universe』 657
울야트Ulyat, 윌리엄 클라크 579~581
웨더헤드Weatherhead, 레즐리 568
웨즐리Wesley, 존 327, 328, 476, 477, 492, 555, 584
위僞-아우구스티누스Pseudo-Augustine 258
『위대한 혹성 지구의 말기The Late Great Planet Earth』 680
『육체로부터 탈출하여Out of the Body』 607, 611
이레네우스Irenaeus, 리용의 106~119, 128, 143, 144, 707, 710
『임종의 환상Death-Bed Visions』 615

(자)

자크Jacques, 비트리의 200
『장 바루아Jean Barois』 658, 659
『장로교 백과사전Encyclopaedia of Presbyterian Church』 548
『장미 이야기Roman de la Rose』 235
재회/재회 사상Meeting-again motif
 초기 기독교 129~132
 중세 190~199 그림7
 르네상스 239~267 그림22
 근대 초 292~295, 309, 322, 323, 329
 19세기 493~565 그림42, 43, 44, 47, 48, 51
 20세기 629~635, 639~641 그림56, 57, 59
적그리스도Antichrist 112
『절제에 대하여On Continence』 141
『젊은 베르테르의 슬픔The Sorrows of Young Werther』 515, 516
제임스James, 보라지네의 230
조로아스터Zoroaster 44~46
조르단Jordan, 작센의 195, 196
조명illumination 183
조아키노Joachim, 피오레의 156
『조직신학Systematic Theology』 663
『존재에의 용기The Courage to Be』 663
종교개혁자들Reformers
 카톨릭 295, 296, 331~335
 프로테스탄트 274~295, 319~335
『종교에 대하여On Religion』 531
『죽은 성도The Sainted Dead』 535
「죽은 자의 노래The Song of the Dead」 513, 514
『죽을 운명에 대하여On Mortality』 131
죽음Death
 호메로스적 개념 50, 52
 죽음의 중요성 319, 320, 328, 329, 333, 334
 휴식 상태로서의 죽음 407~409
『죽음과 영원한 삶Death and Eternal Life』 665
『죽음 이후After Death』 568, 569
『쥘리 또는 신新엘로이즈Julie ou la nouvelle Héloïse』 454, 455, 515
지복의 비젼Beatific vision
 아우구스티누스 128, 129, 149

스콜라 신학 181, 184, 186, 188
중세 신비주의 202~205, 212, 213
르네상스 227, 228
지복의 섬the Isles of the blest 51, 54, 60, 234, 266
지아코모Giacomo, 다 렌티니 193
지아코미노Giacomino, 베로나의 156, 163, 164
지오반니 디 파올로Giovanni di Paolo 236, 238, 246, 251, 253, 254, 259 그림15, 16, 17
지오토Giotto 223 그림10
『진주Pearl』 161
질레스Giles, 로마의 188, 189
짐머만Zimmermann, 도미니쿠스 428

(차)

『창세기에 대한 문자적 해석Literal Commentary on Genesis』 169
채닝Channing, 윌리엄 엘러리 553, 578, 586
채임버스Chambers, 아서 585
천국Heaven
  인간 중심적 천국 451, 452, 620~624
    여성 중심적 천국 304, 306, 516, 517, 527~529, 558
    가정으로서의 천국 544~561
    천국의 단계 161~163, 201~203, 230~232, 431~436, 584, 585, 604, 605, 표6
    천국의 위치 167~172, 411, 412
    천국의 물질적인 특성 418~430
    근대 405~407, 509, 511, 562, 563, 697, 698, 700
    계급이나 차별의 소멸 291, 292, 298
    회복된 낙원으로서의 천국 230, 254, 262, 263, 267, 268
    천국에서의 휴식 592, 593
  신 중심적 천국
    초기 기독교 78, 79, 99, 100, 122, 129, 135, 136
    중세 163, 164, 188, 192, 197
    근대 초 273~335, 401~479
    19세기 590~598, 621
    20세기 683~686, 686~690

『천국과 지옥Heven and Hell』 402, 411
『천국과 지옥의 결혼The Marriage of Heaven and Hell』 495
『천국에서 우리들은 자기 자신을 알게 된다In Heaven We Know Our Own』 552
「천국에서의 그리스도의 승리Christ's Victory in Heaven 306
『천국의 가정The Heavenly Home』 535, 577, 585
『천국의 비의Arcana Coelestia』 404
『천국의 삶The Heaven-Life』 578
『천국의 인식Heavenly Recognition』 535
『천국의 저지Lowlands of Heaven』 608
『천국의 지복에 관하여On the Supreme Felicity of Heaven』 300
천년왕국설Millenarianism
  유대교 69
  초기 기독교 95, 115~119, 141, 143
  근대 초 407, 408
  20세기 641~643, 679~682
『천사 자녀들Angel Children』 639
최후 심판Last Judgment
  계시록 96, 97
  르네상스 223, 224, 229, 230, 246~249, 259~261 그림10, 12, 13, 14, 19~21, 26
  블레이크 495~508, 그림42, 43, 48
  도상학 486 그림7, 10, 19, 27, 33
츠빙글리Zwingli 293, 322
치버Cheever, 조지 551, 588
『친숙한 대화Familiar Colloquies』 240
『70인 역 성경Septuagint Bible』 110

(카)

카니시우스Canisius, 피터 301, 303, 304, 306
카우프만Kaufman, 고든 692
칸트Kant, 임마누엘 404, 571, 573, 624, 628, 652~657
칼뱅Calvin, 장 274~281, 284~287, 290~295, 311, 313, 319, 322, 323, 325, 333, 407~409, 416, 440, 441, 444~446, 557, 588, 620, 683
커Kerr, 존 535, 536, 584

커크Kirk, 에드워드 534, 555
코스마스Cosmas 인디코플레우스테스 169
코튼Cotton, 존 325
코페르니쿠스Copernicus, 니콜라우스 287
콕스Cox, 하비 691
콜론나Colonna, 프란체스코 242
콩도르세Condorcet 442
『쾌락에 관하여On Pleasure』 244
크라우더Crowther, 듀엔 645, 646
크레머Cremer, 헤르만 583
키케로Cicero 51, 130, 131, 138, 221, 239, 240, 242, 244, 245, 267, 270, 293, 294, 322, 708
키프리아누스Cyprian, 카르타고의 131
킴벌Kimball, 제임스 590
킹즐리Kingsley, 찰스 539~543, 556

(타)

탈머지Talmage, 토머스 드윗 574
테레사Teresa, 아빌라의 296, 707
테일러Taylor, 아이작 575~577, 581, 582
토마스 아 켐피스Thomas a Kempis 276, 277
『트렌트 공의회의 교리문답Catechism of the Council of Trent』 297, 311
트렌트 공의회Council of Trent 296, 303
트로브리지Troubridge, 우나 634
트웨인Twain, 마크 561
티불루스Tibullus 240~242
틸리히Tillich, 폴 658, 660~665, 668, 699, 700

(파)

파라Farrar, 프레더릭 584
파스칼Pascal, 블레즈 312, 316, 317, 477, 555
『파우스트 제2부Faust II』 515~517
파치오Facio, 바르톨로메오 264
팔웰Falwell, 제리 680
팜스티에르나Palmstierna, 에릭 606, 609
패터슨Patterson, 로버트 533, 536, 559, 574, 586, 617
페레Ferre, 넬스 664

페리Perry, 마이클 689
페트라르카Petrarch 197, 198, 236, 239, 240, 266
펠프스Phelps, 엘리자베스 스튜어트 482, 545~549, 553~558, 561, 564, 579, 581, 601, 606, 607, 612, 615, 618, 650
펠프스Phelps, 오스틴 581, 601
포스터Foster, 랜돌프 S. 584, 585
포이만드레스Poimandres 123
포이어바흐Feuerbach, 루드비히 656, 657
포이에Pohier, 자크 692
폴리카르프Polycarp 111
『폴리카르프의 순교the Martyrdom of Polycarp』 111
폴티Polti, 안토니노 300, 301, 311, 330, 333
푸케Fouquet, 장 304 그림32
프라이스Price, 리처드 456
프란체스코 회Francisco 154, 156, 164, 189
프랫Pratt, 아그네스 549, 550, 556, 601
플라톤Plato 51~54, 455, 493, 494, 496, 663
플레처Fletcher, Giles 306
플렉스만Flaxman, 존 412, 414
플로티노스Plotinus 123, 124, 126, 130
피스크Fiske, 존 622
피에졸레의 지오반니Giovanni da Fiesole 246
피우스 10세Pius X 597
피우스 9세Pius IX 597
필론Philo 52~54, 59, 60
필립스Phillips, 사무엘 536, 547, 555

(하)

하보Harbaugh, 헨리 534, 535, 547, 577, 585, 587
하우Howe, 존 319~321
하우Howe, 레지날드 허버 575
『하이프너오토마키아Hpnerotomachia』 242
하트숀Hartshorne, 찰스 692~696
『해설Elucidation』 151~153, 162, 218, 230, 263, 708
허비Hervey, 제임스 328~331
헤인즈Haynes, 르네 651
헤켈Haeckel, 에른스트 657
헴스케르크Heemskerck, 마에르텐 반 297, 298 그림28

헵워스Hepworth, 조지 554
혼Horn, 헨리 610, 617
홀Hall, 조셉 322, 323, 634
홀Hall, 레드클리프 634
화이트헤드Whitehead, 알프레드 노스 692~694, 696
『황금 전설Golden Legend』 230
휴Hugh of St. Victor 191
휴거rapture 679, 680, 682, 684
히슬롭Hyslop, 제임스 603
히에로니무스Jerome 255, 256, 270, 300
힉Hick, 존 665
힐Hill, 메리 639~641
힐데가르트Hildegard of Bingen 213